广东省岸基雷达网辅助海上执法智能平台

黄妙芬 等 著

科 学 出 版 社
北 京

内 容 简 介

本书在分析海洋观测体系、广东省近岸海域利用现状和发展规划的基础上，基于已建设的广东省岸基雷达网，系统地介绍了雷达与AIS传感器的探测原理、多传感器数据融合算法、辅助海上执法智能平台构建的技术架构、WebGIS技术在雷达网数据处理与分析应用中的机理；提出了针对广东省岸基雷达网探测目标的数据清洗和海上目标预警算法；介绍了基于浏览器/服务器模式和WebGIS技术的辅助海上执法应用信息服务平台和辅助海上现场行政监管与执法的雷达网移动端App系统的构建方法及其功能实现。

本书适合政府、企业相关部门从事岸基雷达应用研究与开发的人员参阅，也可作为高等院校计算机科学与技术、海洋工程、海洋技术等相关专业学生的教材。

图书在版编目（CIP）数据

广东省岸基雷达网辅助海上执法智能平台 / 黄妙芬等著. —北京：科学出版社，2021.9

ISBN 978-7-03-069302-0

Ⅰ. ①广… Ⅱ. ①黄… Ⅲ. ①雷达网－应用－海洋法－行政执法－研究－广东 Ⅳ. ①D993.5

中国版本图书馆CIP数据核字（2021）第132746号

责任编辑：郭勇斌　彭婧煜　方昊圆 / 责任校对：杜子昂

责任印制：师艳茹 / 封面设计：众轩企划

科学出版社出版

北京东黄城根北街16号

邮政编码：100717

http://www.sciencep.com

北京画中画印刷有限公司 印刷

科学出版社发行　各地新华书店经销

*

2021年9月第　一　版　开本：787×1092　1/16

2021年9月第一次印刷　印张：22 3/4　插页：4

字数：477 000

定价：149.00元

（如有印装质量问题，我社负责调换）

作 者 简 介

黄妙芬，博士、广东海洋大学教授、博士生导师

邢旭峰，硕士、广东海洋大学副教授

杨　锋，硕士、湛江市海洋与渔业环境监测站高级工程师

杨光照，硕士、湛江海兰寰宇海洋信息科技有限公司工程师

前　言

基于 X 波段的民用导航雷达是近年来兴起的一种用于海上目标主动探测的设备，具有海上目标捕获信息量大和更新速度快的优势。船舶自动识别系统（automatic identification system，AIS），是指一种应用于船与岸、船与船之间的海事安全与通信的新型助航系统，属于海上目标被动探测技术，其优势是在船舶密集的地方能根据海上移动服务标识（maritime mobile service identities，MMSI）识别出目标，但如果海上目标没有安装 AIS 设备或者关闭 AIS 设备时，目标的行动就不能被跟踪。目前，在我国近海海域活动的船舶，并不是所有都会安装 AIS 设备，海上非合作船舶（称为“三无”渔船，即无船名船号、无渔船证书、无船籍港的渔船）的占比还是比较大，增加了海上安全的管控难度，因而迫切需要对海上目标进行实时动态监测。由雷达传感器、AIS 接收天线和起着闭路电视监控系统（closed circuit television，CCTV）作用的光电摄像设备三者构成的岸基雷达网，能对近海 20 n mile 海上目标实现实时动态监测，成为海上目标实时动态数据收集的一种有效的技术手段。

《广东省岸基雷达网辅助海上执法智能平台》是作者这几年在雷达目标探测、人工智能、数据清洗、海洋地理信息系统等方面研究成果的一个展现。基于已建设的广东省岸基雷达网，构建了广东省岸基雷达网辅助海上执法智能平台，该平台由岸基雷达网数据处理与智能分析平台、基于 WebGIS 技术和浏览器/服务器（browser/server，B/S）模式的辅助海上执法的行业应用系统、与岸基雷达网衔接的辅助海上行政监管和执法的现场（执法船）移动端应用（application，App）系统构成。广东省岸基雷达网辅助海上执法智能平台可为海洋综合管控能力的提升提供技术及海洋信息的支撑，可在渔政执法、安全生产、权益维护、环境保护、防灾减灾、海洋保护区保护、涉海旅游监管、海事救捞、应急处置等领域发挥重要作用，并可为国家海洋观测系统提供海上目标分布态势数据，对于保障涉海民生和保障涉海经济活动的平稳运行具有重要意义。

本书主要学术价值体现在以下几个方面：①将 X 波段的民用导航雷达、AIS、光电摄像等进行集成，构建用于海上目标观测与跟踪的岸基雷达网系统。②在雷达数据传输与服务系统中，采用了基于线程池的数据访问与解析入库技术，提高数据采集效率；采用了基于 Spring Boot 开发的 Web 应用，提高了开发与部署的效率。③将数据清洗与融合、大数据、云服务等技术集成到一个具体应用案例中，体现出理论—技术—应用三位一体的模式。

本书共分为 9 章。第 1 章系统地讨论了岸基、离岸和移动等类型的海洋观测平台，以及国内外主要的海洋与海底观测网，分析了我国现有的岸基雷达网的建设现状，指出了小目标岸基雷达网构建在海洋观测体系中的重要性。第 2 章结合广东省出台的多个涉及海洋与渔业的规划与措施，从渔港建设、海洋牧场、海砂开采和海上风电 4 个方面，介绍了广东省近岸海域利用现状及发展规划，分析了由此引出的在复杂的海上经济活动背景下，广东省海上执法和海上安全生产所面临的问题；从渔政执法和海上设施看护两个方面论述了岸基雷达网辅助海上执法与设施看护的作用。第 3 章系统介绍了导航雷达测向、测距及测速的机理，高频地波雷达测量海流、海浪和海风的机理，AIS 探测信息的机理等，讨论了导航雷达与 AIS 在海上目标探测中的优劣势与互补性，最后分析了广东省岸基雷达网中导航雷达与 AIS 的构成及技术特征。第 4 章从系统设计、硬件构成、软件构成等角度介绍了广东省岸基雷达网系统的构成、硬件的选型、系统中雷达跟踪处理算法、部分硬件设备的调试方法以及基于客户端/服务器（client/server，C/S）模式的雷达站专有软件的应用。第 5 章围绕海上目标监测领域的相关内容，在阐述数据融合的功能层次、结构模型及常用算法的基础上，着重分析了面向海上目标监测领域的信息融合技术；讨论了广东省岸基雷达网中雷达与 AIS 数据融合、多雷达组网的数据融合算法，并给出雷达网数据与北斗数据及船舶数据库数据进行关联的方法。第 6 章介绍了岸基雷达网智能平台构建中用到的技术架构，包括平台开发过程中所采用的面向对象编程语言 Java、服务器端中间件技术、前端中间件技术、项目源代码管理技术、数据库管理技术、信息推送技术等。第 7 章围绕现有的广东省岸基雷达网系统存在缺少数据预处理（大数据清洗）、未能实现针对不同涉海部门的业务应用定制化信息服务、缺少与其他海洋地理属性信息的叠加应用等问题，介绍了平台研发中针对这些问题的解决所涉及的数据库设计与数据存储、数据清洗算法、数据分析方法、预警算法及实现等方面的内容。第 8 章主要介绍 C/S 与 B/S 模式各自的特点、WebGIS 技术的应用、基于 WebGIS 技术和 B/S 模式应用信息服务平台的构建方案、整个平台的部署方式、各服务模块的实现算法及主要功能操作。第 9 章主要介绍为现场监管与执法人员配备基于互联网的移动端 App，将基于广东省岸基雷达网辅助海上执法智能平台的目标信息推送到手机或者掌上电脑上，实现 PC 端与移动端信息同步，具体内容包括移动端和 Web 端数据对接相关接口设计、移动端 App 主要功能的实现算法，以及移动端工作平台的相关功能及操作等内容。书中第 1 章、第 3 章、第 6 至 9 章由黄妙芬执笔，第 2 章由黄妙芬、邢旭峰、杨锋执笔，第 4 章由邢旭峰、黄妙芬、杨光照执笔，第 5 章由邢旭峰、黄妙芬执笔。

本书由广东省 2018 年省级促进经济发展专项资金（海洋经济发展用途）重点项目“广东省岸基雷达网辅助海上执法智能平台”（项目编号：GDME-2018E003）资助出版，同时本书的部分研究内容受国家自然科学基金面上项目“石油污染水体辐射传输特性研究”（批准号：41771384）、广东海洋大学 2017 年“创新强校工程”自主创新能力提升项目“近海养殖环境综合观测与信息服务平台”（课题号：GDOU2017052501）和广东海洋大学科研启动经费资助项目“构建面向海水养殖环境虚拟星座关键技术研究”（课题号：E16187）资助。本书所涉及的研究工作，从立项、开展到完成，得到青岛海洋科学与技术试点国家实验室唐军武研究员的悉心指导，在此一并致谢！

由于作者水平有限，书中难免存在不足之处，敬请专家和读者不吝批评指正，以便今后修订完善。

黄妙芬

2021年3月27日

目　录

前言
第 1 章　海洋观测 …… 1
1.1　概述 …… 1
1.2　海洋观测平台 …… 2
1.3　海洋观测网 …… 10
1.4　海底观测网 …… 18
1.5　小目标岸基雷达网 …… 21
参考文献 …… 25
第 2 章　广东省近岸海域利用现状与发展规划 …… 28
2.1　近岸海域自然状况 …… 28
2.2　海洋与渔业相关规划与措施 …… 29
2.3　海洋渔业经济 …… 40
2.4　近岸海域利用及发展 …… 43
2.5　岸基雷达网辅助海上执法与设施看护的作用 …… 51
参考文献 …… 57
第 3 章　雷达与 AIS 探测原理 …… 60
3.1　雷达概述 …… 60
3.2　导航雷达探测目标信息 …… 66
3.3　高频地波雷达探测海洋参数原理 …… 70
3.4　船舶自动识别系统 …… 74
3.5　雷达和 AIS 探测海上目标的特点 …… 82
3.6　广东省岸基雷达网系统中的导航雷达与 AIS …… 83
参考文献 …… 87
第 4 章　广东省岸基雷达网系统 …… 90
4.1　系统总体架构 …… 90
4.2　雷达信号处理算法 …… 105
4.3　雷达数据处理算法 …… 110
4.4　雷达处理软件 …… 116
4.5　数据处理软件 …… 122
4.6　光电与雷达联动跟踪 …… 125
4.7　终端显示软件 …… 129
参考文献 …… 150

第 5 章 雷达网数据融合算法 ······ 152
5.1 数据融合简介 ······ 152
5.2 数据融合的功能模型 ······ 153
5.3 数据融合的结构模型 ······ 156
5.4 数据融合的数学模型 ······ 161
5.5 雷达与 AIS 数据融合 ······ 165
5.6 多雷达组网数据融合 ······ 172
参考文献 ······ 174
第 6 章 广东省岸基雷达网辅助海上执法智能平台构建的技术架构 ······ 177
6.1 面向对象的 Java 编程语言 ······ 177
6.2 服务器端中间件 ······ 181
6.3 前端中间件 ······ 197
6.4 项目管理 ······ 202
6.5 信息推送技术 ······ 205
参考文献 ······ 212
第 7 章 雷达网数据处理及算法 ······ 214
7.1 数据库系统 ······ 214
7.2 数据库设计 ······ 217
7.3 数据传输 ······ 237
7.4 数据清洗算法 ······ 243
7.5 数据收发中心 ······ 247
7.6 预警算法及实现 ······ 249
参考文献 ······ 259
第 8 章 辅助海上执法的雷达网应用信息服务平台 ······ 261
8.1 平台构建模式 ······ 261
8.2 基于 WebGIS 技术的构建方案 ······ 263
8.3 平台总体设计 ······ 268
8.4 基本操作功能设计与实现 ······ 277
8.5 辅助执法功能设计与实现 ······ 294
参考文献 ······ 329
第 9 章 辅助海上现场行政监管与执法的雷达网移动端 App ······ 330
9.1 移动端和 Web 端数据对接相关接口设计 ······ 330
9.2 主要功能实现 ······ 335
9.3 移动端工作平台 ······ 338
参考文献 ······ 351
彩图

第 1 章　海 洋 观 测

本章主要在阐述海洋观测作用的基础上，对岸基、离岸和移动三类海洋观测平台，以及国内外的海洋观测网和海底观测网的发展现状进行了介绍，分析我国现有的岸基雷达网建设情况，指出小目标岸基雷达观测网构建在海洋观测体系中的重要作用。

1.1　概　　述

海洋面积非常辽阔，约占地球总面积的 71%，是地球上最为稳定的生态系统，也是资源的宝库、环境的重要调节器。海洋以其丰富的资源、浩瀚的空间、多变的环境影响着人类社会的生存与发展，开发海洋资源、利用海洋空间、保护海洋环境，是实现人口、资源、环境相互协调和可持续发展的有效途径。21 世纪以来，各沿海国家以资源为核心，推进海洋经济发展，海洋权益斗争日益激烈，获取常态化、立体化、精细化、大范围的海洋信息，对于沿海国家具有十分重要的军用和民用意义。海洋观测是认识和了解海洋的有效手段。我国是海洋大国，海洋国土面积达到 470 多万 km^2，同时我国有大陆海岸线约 18 000 km，海域分布有大小岛屿 7600 多个，岛屿海岸线 14 000 多 km，拥有丰富的海洋资源。党的十八大报告提出建设海洋强国，这标志着在今后相当长的时间内，海洋经济将成为我国经济发展的重中之重。党的十九大报告明确提出：坚持陆海统筹，加快建设海洋强国。合理开发海洋资源，对于实现海洋强国的目标，具有巨大的科学、社会和经济意义。

离开对海洋的观测和数据获取，就不可能认识和了解海洋。海洋观测是人类探索海洋、认识海洋及开发利用海洋的基础，是掌握海洋环境及其要素的重要手段之一，也是支撑海洋经济发展的必要条件，其发展越来越受到人们的广泛关注。海洋观测为海洋环境及其要素的观测提供了理论支持和技术支撑，对海洋环境及其要素进行系统现场观测，可以更好地了解海洋，同时也能更加充分合理地开发和利用海洋资源。面对近年来海上风暴潮、台风、海啸等极端气候灾害和赤潮、海上溢油等日益频繁的生态环境破坏，需要获取更多、更密集的观测要素数据，建立快速有效的海洋环境观测机制和预警辅助平台。因此，对海洋进行实时有效的观测具有十分重要的现实意义和迫切性。[1]

在国际海洋观测技术快速发展的背景下，我国实施了“透明海洋”战略，开展了海洋多层次、多维度、多平台的智能协同观测与探测，旨在提升全球海洋信息获取与分析能力、提高海洋预报和海洋信息服务能力。“透明海洋”战略是指集成应用现代海洋观测（探测、监测）技术、信息技术和预测预报技术，在全球和区域等不同尺度下实时或准实时地获取和评估不同空间尺度的海洋环境信息，研究其多尺度变化及其气候资源效应机理的科技创新战略。[2]

海洋观测是关注海洋、认识海洋和经略海洋的基本途径。当前，全球海洋观测体系正处在技术变革的关键时期。新一代信息技术、能源技术、材料技术与海洋观测技术装备的结合，推动了海洋观测技术向综合化、立体化、网络化方向发展；构建海洋观测网成为一种发展趋势[3]。

1.2 海洋观测平台

海洋观测平台是指搭载进行海洋观测所需仪器、设备的海上及空间载体，可分为三类：岸基海洋观测平台、离岸海洋观测平台和移动海洋观测平台。

1.2.1 岸基海洋观测平台

岸基海洋观测平台指在沿岸或石油平台设置固定式的海洋观测站，对沿岸海域的水文气象环境进行观测，或对环境质量进行监测，是发展最早、最为成熟的海洋观测平台，主要包括岸基海洋观测站（点）、河口水文站、海洋气象站、验潮站、岸基雷达站等。随着海洋防灾减灾工作的需求日益增长，增加了海啸预警观测台。岸基海洋观测站（点）主要开展海洋水温和海洋气象要素的观测工作；河口水文站主要开展河口区域的水文观测工作；海洋气象站主要开展海洋气象要素观测工作，以及海气相互作用等的观测工作；验潮站主要开展港口码头的潮位观测工作；岸基雷达站主要开展海流、波浪、海冰和海洋气象要素等的观测工作，并对海上目标的态势进行监控。本节主要介绍岸基海洋观测站（点）和岸基雷达站。

1. 岸基海洋观测站（点）

岸基海洋观测站（点）是指进行长期、定点、连续海洋观测和监测的岸基、海岛和平台测站（测点）。在美国、日本和欧洲等海洋观测、监测发达的国家和地区，岸基海洋观测站（点）主要用于开展潮汐、海洋气象要素、波浪、水温和海流的观测工作。所建设的岸基台站分布于沿岸、岛礁、灯塔和码头。我国岸基海洋观测站（点）技术也较成熟，所建设的岸基台站分布在我国沿海岛礁、港口码头，实现了对水文、海洋气象、波浪、海流等要素的监测。[4] 截至 2018 年 9 月，我国共有岸基海洋观测站（点）376 个（不包括台湾省、香港特别行政区和澳门特别行政区的站点），另外，我国在北极和南极建立了 4 个岸基海洋观测站，分别是北极黄河站、南极长城站、南极中山站和南极昆仑站[5]。岸基海洋观测站（点）主要依靠海洋观测仪器设备来实现对海洋环境基本参数的观测，不同的岸基海洋观测站（点）根据各自的具体情况，安装不同的环境监测设备。

除了建设岸基海洋观测站（点）来布放海洋环境要素观测仪器外，还有另外一种方式是建设平台。目前我国用于海洋环境要素观测的平台主要有两种，一种是专门建造的海上固定平台，另一种是用于海上油气开采的海洋石油平台。[6] 为改变我国海上固定式长期海洋综合观测平台少，且不能满足海洋科学研究长期、连续、实时、多学科同步的综合性观测要求的现状，我国于 2008 年建设了我国第一个深海台站——西沙海洋观测研究站，观测站拥有观测气象参数的自动气象站，并配备波浪、潮位测量仪，实现对海洋风速、风向、气温、相对湿度、气压、波浪、潮位、水温等参数的实时测量。[7]

除了建设岸基海洋观测站（点）、平台等进行常规海洋环境要素观测外，建设海洋综合试验场为仪器设备研发提供测试的场地也是一种新发展趋势。我国在山东省威海市褚岛的北部海域建设了一座国家浅海海洋综合试验场，该试验场包括海上和陆地两部分，海上部分主要用于建设海洋装备试验平台、观测与监测系统、波浪能与潮流能试验泊位，陆地部分主要用于建设试验场控制与试验中心、岸基测试与观测站、配电站等基础设施。国家浅海海洋综合试验场是公益性科技支撑平台，集科学观测、技术装备试验、方法研究和模式检验等功能于一身，是我国海洋观测、监测和调查的仪器设备研发，海洋科学研究，促进高新技术成果转化及海洋可再生能源开发的重要试验平台。

2.岸基雷达站

岸基雷达站是设立在岸上，以全天候超视距对海洋环境（风、浪、流）进行连续观测的站点，其主要是利用电磁波进行工作。用于海洋观测的雷达按电磁波频段主要分为高频和微波两大类。前者有高频地波雷达、高频天波雷达和天-地波一体化雷达，后者包括 X、C、S 等波段的探海微波雷达，雷达波长为厘米至分米量级。这两种雷达的共同特征都是以非接触方式获取海面海洋动力学参数分布信息。另外与台站定点或走航观测相比，海洋雷达覆盖面积广、信息量大；与卫星观测的方式相比，它具有时间分辨力和空间分辨力高的优势，可连续获得所观测海域较完整的动力学参数的时空变化信息。[4]

高频地波雷达能够获取近岸 100～200 km 内 10 km^2 量级空间分辨力、10 min 时间分辨力的海流、波浪和海风等海洋动力学要素分布，是对卫星遥感数百到数千平方公里空间分辨力、数小时到数天时间分辨力的重要补充。[8] 微波雷达具有较高的空间分辨力，可以获取数公里范围内较为精细的波浪方向谱和海流等信息，以 X、S 波段雷达为代表的微波遥感设备已经应用到波浪、海表层流场、海面风场、近岸地形、溢油、海洋内波等参数或现象的观测中。[9-14]

目前全球有 500 多个高频地波雷达在沿海地区运行，亚洲地区有超过 100 多个高频地波雷达投入应用，有大体相同数量的微波雷达也在线运行中，它们在海洋环境动力研究、海洋环境观测与保护、海洋预报、军事海洋等方面开始发挥重要作用。美国已形成覆盖其近岸和沿海的岸基雷达观测网，实现了海流、波浪和海风的实时连续、全自动监测。[15]

我国高度重视海洋雷达技术的研究与应用，在《国家海洋事业发展规划纲要》中明确提出要完善海洋观测监测基础平台，建立海洋雷达监测网；《国家中长期科学和技术发展规划纲要（2006—2020 年）》也明确指出，岸基远程雷达技术是海洋环境立体监测技术中需要研究的一项重要前沿技术。在高频地波雷达方面，我国已系统掌握了近程/中程/远程、阵列式/便携式、多站/多频地波雷达研制技术。在微波雷达方面，国内多家单位研发了X、S等波段雷达样机，产业化工作也已经开展起来[8]。截至2018年9月我国已建成59座分别基于地波或者X/S波段的岸基雷达站（表1.1）。

表1.1　中国岸基雷达站一览表

序号	雷达站点名称	雷达类型	测量参数	序号	雷达站点名称	雷达类型	测量参数
1	威海	地波	风、浪、流	31	温州	X波段	测波
2	蓬莱	地波	风、浪、流	32	小衢山	X波段	测波
3	小麦岛	地波	风、浪、流	33	崇武	X波段	测波
4	薛家岛	地波	风、浪、流	34	龙海	X波段	测波
5	千里岩	地波	风、浪、流	35	东山	X波段	测波
6	平岛	地波	风、浪、流	36	台山	X波段	测波
7	洋口港	地波	风、浪、流	37	厦门	X波段	测波
8	吕四	地波	风、浪、流	38	佘山	X波段	测波
9	芦潮港	地波	风、浪、流	39	大丰	X波段	测波
10	大戢山	地波	风、浪、流	40	外磕脚	X波段	测波
11	石浦	地波	风、浪、流	41	沙埕	X波段	测波
12	大陈	地波	风、浪、流	42	松兰山	X波段	测波
13	嵊山	地波	风、浪、流	43	海口	X波段	测波
14	朱家尖	地波	风、浪、流	44	南澳	X波段	测波
15	龙海	地波	风、浪、流	45	惠州	X波段	测波
16	东山	地波	风、浪、流	46	遮浪	X波段	测波
17	连云港	地波	风、浪、流	47	硇洲	X波段	测波
18	滨海	地波	风、浪、流	48	大万山	X波段	测波
19	花鸟山	地波	风、浪、流	49	闸坡	X波段	测波
20	老虎滩	X波段	测波	50	海安	X波段	测波
21	秦皇岛	X波段	测波	51	防城港	X波段	测波
22	塘沽	X波段	测波	52	涠洲	X波段	测波
23	北隍城	X波段	测波	53	西码头	X波段	测波
24	石岛	X波段	测波	54	西沙	X波段	测波
25	小麦岛	X波段	测波	55	鲅鱼圈	X波段	测冰
26	北茭	X波段	测波	56	万宁石梅湾	X波段	测波
27	北礵	X波段	测波	57	三亚三亚湾	X波段	测波
28	大陈	X波段	测波	58	三亚海棠湾	X波段	测波
29	平潭	X波段	测波	59	鲅鱼圈	S波段	测冰
30	大戢山	X波段	测波				

1.2.2 离岸海洋观测平台

离岸海洋观测平台主要包括浮标和潜标、船基海洋观测系统、海洋卫星观测系统和海床基观测系统。

1.浮标和潜标

浮标和潜标都是获取海洋气象、水文、水质、生态、动力等参数的漂浮式自动化观测平台，优点是可实现长期、定点、连续、多层次、同步观测。两者不同之处在于浮标位于水面之上，潜标位于水面之下。

1）浮标

浮标是随着科技发展和海洋环境观测、预报的需要而迅速发展起来的新型海洋环境观测平台，与岸基站、海岛站、平台站、潜标、遥感等实时观测系统一起，形成覆盖近岸到远海不同层面的海洋立体观测网，为业务化海洋观测预报、防灾减灾等提供实时的综合海洋环境观测资料。[9-10]截至2019年，浮标上搭载的设备能对多达26类要素进行观测，除海洋观测站所要求的内容外，还包括水位、二氧化碳、溶解氧、浊度等。[11]

目前浮标主要包括两种类型，一种是锚系浮标，另外一种是漂流浮标。锚系浮标是进行海洋动力环境、气象及海洋生态化学要素长期连续观测的主要平台，具有采集持续、能够长期稳定的数据等特点。常用的锚系浮标主要有三种：用于几百至几千米水深海域的直径为10 m和12 m的圆盘形大型浮标，6 m盘形、船形中型浮标，以及用于近海观测的3 m圆盘形小型浮标。[12]漂流浮标是随海流漂流，自动连续采集海洋水文、海洋气象、海流等要素数据的小型浮标，具有体积小、重量轻、不受人为限制等特点[4]。漂流浮标分为两类，一类称为表面漂流浮标，浮体位于表面，测量的是浮体下面悬挂的水帆所处深度的海流；另一种称为次表面漂流浮标，浮体位于1000～2000 m之间的某一深度，测量的是该深度的海流。

2）潜标

潜标是离岸海洋观测的重要设备，是岸基站、舰艇和飞机在空间和时间上的延伸扩展，具有其他调查方法无法代替的作用。[16]潜标也称为水下浮标，作为一种探测水下环境的重要平台，具有隐蔽性好、不易被破坏的优点。它能够在恶劣的海洋环境条件下，实现无人值守，长期、连续、自动地对海底情况进行全面综合监测。与浮标相比，虽然潜标只能调查海洋动力要素（温、盐、深、流），但由于潜标主体隐匿在水下一定深度，既可以避开海面风浪和人为破坏，又可以在恶劣海况条件下长期、隐蔽的进行海洋动力要素观测，因而潜标在应用海域范围和观测的数据质量上具有很强的优势。

目前已开发出的潜标按驱动形式分为水下绞车式、电机驱动沿锚系缆爬行式和净浮力式3种，可实现对海洋剖面的实时观测。潜标技术的不断发展，不仅体现在使用新的测量仪器和测量方法，还体现在解决了水下测量数据的下载和实时传输问题。

2.船基海洋观测系统

船基海洋观测是以船舶作为平台进行海洋调查和观测。船舶具备长时间续航能力、大容量承载力及灵活机动性等特点，以船舶为平台进行海洋调查和观测是海洋观测技术发展的重要方面，是建设海洋环境立体监测网的重要内容[17]。目前作为海洋观测平台的船舶主要有海洋调查船、科学考察船、地质勘察船、海洋监视船等。

欧洲的 FerryBox 项目是一个典型的利用商业船平台的船基海洋观测系统，这些船只普遍都安装了 FerryBox 水环境自动化监测系统，该系统的特点是可以自动提供船只所经过的水体表层的环境状态信息。除此之外，该系统还安装了水文气象观测仪器、对沿航线的水体进行鱼情状况分析的浮游植物取样器，以及对海洋生态环境进行监测的海上生态多参数自动监测仪。[15]

我国的船基海洋观测系统以海洋调查船为主，船上主要安装有海流剖面仪、投弃式测量仪器和船载拖曳系统等船基海洋环境观测设备，观测资料要素包括海流剖面、温盐剖面、生物化学监测等。[18]

船基海洋观测虽然可以获取海洋大面站所需的观测数据，但存在获得的数据都是瞬时、单点、局部，而且数据量非常有限的问题。因此，需要结合其他观测方式，以更加全面地获取海洋观测数据。

3.海洋卫星观测系统

海洋卫星观测系统主要是指海洋卫星遥感，它是利用电磁辐射（如可见光、红外、微波等）探测仪器，对海洋进行远距离非接触式的观测，具有大面积、长时序、高频度动态观测的特点，为人类认识和深入了解海洋提供了其他观测方式都无法替代的数据源。海洋卫星遥感作为海洋观测体系中不可或缺的重要组成部分，已广泛应用于海洋生态与资源监测调查、海洋灾害监测、海洋权益维护、海洋环境预报与安全保障等领域。

海洋卫星遥感从功能上一般可以分为两类：海洋光学卫星遥感和海洋微波卫星遥感，还有一些属于海洋综合探测卫星，即可以同时具备海洋光学卫星遥感和海洋微波卫星遥感功能。海洋光学卫星遥感上搭载的传感器为海洋水色水温扫描仪（ocean color&temperature scanner，OCTS）、电荷耦合器件（charge-coupled device，CCD）相机、中分辨率成像光谱仪，主要用于获取海水中的叶绿素、悬浮泥沙、有色可溶有机物、海表面温度、污染物、海冰、海流等水质与生态环境信息。海洋微波卫星遥感搭载的传感器为雷达高度计、微波辐射计、合成孔径雷达、微波散射计、红外辐射计等，主要用于获得海面风场、海面高度场、浪场、海洋重力场、大洋环流、海流潮汐和海表面温度场等海洋动力环境参数。

近年来，美国、俄罗斯、加拿大等国家已相继发射多颗海洋卫星，包括搭载有更先进水色成像仪的新型海洋光学卫星遥感、海洋微波卫星遥感和海洋综合探测卫星等，探测范围已涵盖全球的海洋。我国从 20 世纪 80 年代开始进行自主海洋卫星的研发工作，构建了海洋水色环境卫星（海洋一号，HY-1）、海洋动力环境卫星（海洋二号，HY-2）、海洋监视监测卫星（海洋三号，HY-3）3个系列卫星的发展规划。[19] 2002年至今我国已经发射了9颗海洋卫星，如表1.2所示。HY-1D及HY-2C卫星，与HY-1C、HY-2B形成星座进行业务化海洋观测。与HY-2A相比，HY-2B、HY-2C和HY-2D增加了2个有效载荷，其中数据收集系统（data collection system，DCS）用于接收中国近海及其他海域的浮标测量数据，自动识别系统为海洋防灾减灾和大洋渔业生产活动等提供服务。[20] HY-2D与HY-2B卫星和HY-2C卫星实现三星组网观测。2016年8月我国发射了搭载C波段合成孔径雷达（synthetic aperture radar，SAR）的GF-3卫星，虽然该卫星不属于海洋卫星系列，但其高分辨率SAR数据已广泛应用于海上目标识别、海洋内波、赤潮、溢油、洪灾、台风灾害等海洋应用领域。

海洋卫星遥感技术具有宏观大尺度、快速、同步和高频度动态观测等优点。但受制于云量、扫描轨道和频率等因素，只能观测到海面的一些环境参数，对于海洋次表层以下的环境动力特征则鞭长莫及。

表1.2 我国已发射的海洋卫星明细表

序号	卫星名称	类型	发射日期	装载的遥感器
1	HY-1A	水色，试验卫星	2002年5月15日	一台是10波段的海洋水色扫描仪和一台4波段的CCD成像仪
2	HY-1B	水色，试验卫星	2007年4月11日	一台10波段的海洋水色扫描仪和一台4波段的海岸带成像仪
3	HY-1C	水色，业务化卫星	2018年9月7日	10波段海洋水色水温扫描仪、4波段海岸带成像仪、紫外成像仪、星上定标光谱仪和船舶自动识别系统
4	HY-1D	水色，业务化卫星	2020年6月11日	10波段的海洋水色水温扫描仪、4波段海岸带成像仪、2波段的紫外成像仪、星上定标光谱仪和一套船舶监测系统
5	HY-2A	动力环境，试验卫星	2011年8月16日	雷达高度计、微波散射计、微波辐射计、校正辐射计
6	HY-2B	动力环境，业务化卫星	2018年10月25日	雷达高度计、微波散射计、扫描微波辐射计、校正辐射计、数据收集系统和船舶自动识别系统
7	HY-2C	动力环境，业务化卫星	2020年9月21日	雷达高度计、微波散射计、校正辐射计、数据收集系统和船舶自动识别系统
8	HY-2D	动力环境，业务化卫星	2021年5月19日	雷达高度计、微波散射计、校正辐射计、数据收集系统和船舶自动识别系统
9	CFOSAT	科研试验卫星——中法海洋卫星	2018年10月29日	微波散射计和微波波谱仪

4.海床基观测系统

海床基观测系统是一种布放在海底的观测平台，可布设于河口、港湾或者近海海底[21]，通过搭载海洋观测仪器，如水质传感器、溶解氧传感器、声学多普勒海流剖面仪（acoustical Doppler current profiler，ADCP）等，实现对我国海洋沿岸和近岸浅海海洋环境定点、长期、连续的观测。它具有工作持续、平台稳定的特点[4]，在海洋监测领域的应用十分广泛。其所获取的观测数据有助于沿岸和近岸海洋环境的评估和规划、海洋开发和工程建设等。

国外经过近几十年的不断发展，海床基的应用已初步实现了产业化，多个海洋仪器公司和科研机构，如 OceanScience、MSI、PROTECO SUB、Approtekmooring、TECHNICAP、FLOTEC 等都设计有各自特色的海床基。根据海床基布放的水深，可将海床基划分为两种，即浅海型（水深小于 200 m）和深海型（水深大于 200 m）。

海床基的设计研制是一个系统工程，涉及平台实现的功能、适用海域的环境特点、安全保障、加工生产、布放回收、成本和安装等诸多方面，研究适应于不同海域环境和作业条件的海床基，加强平台供电通信保障功能，拓展平台监测功能，提高平台应用的稳定性和可靠性，标准化海床基观测系统布放回收作业模式等，是国际海床基结构设计和调查应用的发展方向。[22]

1.2.3 移动海洋观测平台

前面介绍的海面观测台（站）、浮标、潜标、海床基等，有效地解决了定点探测、特定海域的断面或剖面探测等问题。但随着全球各国对海洋资源的重视程度不断提高和对海洋资源开发利用进程的不断推进，未来的海洋环境观测将把不同尺度和不同物理机制的观测手段经过多种方式融合，形成系统集成，最后向海洋环境立体监测网方向发展。

移动海洋观测平台是指可集成传感器、信息传输和航行控制等系统，能按事先规划的航路，进行海洋环境感知、海洋作业、情报收集的水下自航式海洋观测设备[23]，包括无人水下航行器、水下滑翔机、水面无人船、波浪能滑翔器、半潜式航行器等。

1.无人水下航行器

无人水下航行器（unmanned undersea vehicle，UUV）是一种无人驾驶、依靠遥控或自主控制的潜航器，又称水下机器人。实际上 UUV 是遥控潜水器（remote-operated vehicle，ROV）和自治式潜水器（autonomous underwater vehicle，AUV）的统称。它具有作业机动灵活、作业海域广、下潜深度大、使用成本低及测量范围大等特点，作为一种新型的移动海洋观测平台，UUA 已逐步成为全球海洋探测领域技术研究的重点和热点之一。[24]

无人水下航行器在单独执行海洋环境观测任务时，可获取接近实时的多学科海洋环境数据，突破水深对海洋观测手段的限制。根据自身搭载的海洋环境观测设备（如温盐深测量仪、流速计及声学设备等），可以实现对海洋环境参数大范围、多维度、大深度的近实时广泛测量。

目前无人水下航行器在海洋环境参数水平范围的近实时观测、海洋底层环境参数近实时观测、海洋大断面环境参数近实时观测及海洋环境立体监测网中的移动通信中继等方面均有广泛应用。[25]

2.水下滑翔机

水下滑翔机（autonomous underwater glider，AUG）是一种无动力装置，以浮力作为推进动力，从而实现上升和下沉的水下平台，并借助固定翼的水动力进行水下“滑翔运动”。水下滑翔机在海洋中可搭载温盐深等多种传感器，适用于较大范围、长时间、垂直剖面连续的海洋环境观测，是一种通用的海洋观测平台。

水下滑翔机具有能源消耗小、续航能力强、可操控性强、实时性强，以及制造成本和维护费用相对较低等优点，因此可重复使用和大量投放，目前在全球已经广泛应用于海上溢油追踪、飓风预警和海事活动等。[4]

利用水下滑翔机进行海洋环境观测，可以获取海水温盐深数据；加载扩展的传感器，可获取海水浊度、pH、叶绿素含量、溶解氧含量、营养盐含量、海水湍动混合、海水中的声波等参数；搭载高频流速剖面仪，可进行高精度海洋湍流测量。[26]

3.水面无人船

水面无人船（unmanned surface vessel，USV）是一种新型的传感器搭载平台，它可以无须遥控，借助精确卫星定位和船载传感器，就可按照预设任务以自主或者半自主方式在水面航行，融合了船舶、通信、自动化、机器人控制、远程监控、网络化系统等领域的技术，实现了自主导航、智能避障、远距离通信、视频实时传输和网络化监控等功能。

水面无人船除了能装载定位、导航与控制装备外，还可搭载多种海洋监测传感器，譬如温盐深测量仪（conductivity-temperature-depth system，CTD）、叶绿素测定仪、溶解氧测定仪、流速仪、单/多波速测深仪、ADCP等。水面无人船能以遥控或自主运行的方式完成连续性海洋环境参数测量，可应用于近岸、岛礁周边等复杂区域的多要素同步测量。[27] 其工作区域可覆盖封闭式管道、内陆湖泊、内陆河流、近海、远海等多种场景。

另外，水面无人船还可搭载激光雷达、相机（包括可见光和红外相机）、主被动声呐和自动识别系统等。在其上还可以安装机械扫描浅地层剖面声呐和其他的声呐，完成在杂乱和较浅的环境下的水下环境建模工作[28]，因而可广泛应用于海洋运输、海洋环境参数观测、海洋资源探测、海洋考古、水上搜救、情报收集等方面[29]。

4.波浪能滑翔器

波浪能滑翔器（wave glider）是一种利用波浪动力实现前向驱动，吸收太阳能为通信、定位、控制、导航、数据采集系统供电的新型移动海洋观测平台。它是目前唯一不需要外部能源供给即可实现长周期海洋环境观测的无人航行器。

波浪能滑翔器作为一个多功能海洋自主运动平台，可以在不同部位搭载各式传感器以完成相应的海洋环境观测任务，实现外海大洋海气界面的实时连续观测和监测。目前已开展的观测项目主要包括：①搭载多种传感器进行海气界面风、湿度、气温、气压，以及海表面温度、盐度和流速等多参数的实时监测；②搭载主被动声呐进行海洋环境背景噪声观测及声学目标探测及识别；③搭载水质水文传感器观测水体溶解氧、叶绿素、pH 及浊度等环境参量。另外利用波浪能滑翔器能开展长期无人自主导航的观测作业的特点，可进行敏感海区、重点和危险海域的长期海上巡逻、监视等作业。[30-31]

5.半潜式航行器

半潜式航行器（semi-submersible vehicle，SSV）是一种可执行多种任务的新型航行器，其特点是航行主体在水下，通气桅管浮在水面，采用柴电混合动力方式进行推进，这种结构大大降低了海浪对航行主体的影响，提高了其在恶劣海况下的生存能力。与普通自主水下航行器相比，半潜式航行器具有适航性好、动力大、速度快、搭载能力强等优势，但其系统复杂、体积较大、航行安全保障难度大。[31]

1.3 海洋观测网

1.3.1 全球海洋观测系统

全球海洋观测系统（Global Ocean Observing System，GOOS）是 1992 年由政府间海洋学委员会（Intergovernmental Oceanographic Commission，IOC）创建并负责执行，由 IOC、世界气象组织（World Meteorological Organization，WMO）、联合国环境规划署（United Nations Environment Programme，UNEP）和国际科学联盟理事会（International Council of Scientific Unions，ICSU）共同赞助的项目，其构建的目的是弄清海洋在全球气候中所扮演的角色。

全球海洋观测系统 GOOS 作为当前全球最大、综合性最强的海洋观测系统，集成了卫星、飞机、船舶、水下滑翔机、浮（潜）标等先进技术手段，对海洋动力环境、海洋生态、海洋地质、海洋生物资源等进行跨地区、跨部门，长期、连续地观测。[32]

围绕 GOOS 的目标和任务，国际海洋科学界共同组织发起了世界海洋观测大会（OceanObs），约定每十年召开一次，该会议对全球海洋观测领域发展起着重要的引导作用。首届世界海洋观测大会（OceanObs’99）于 1999 年在法国举办，主要成果是推动全球实时地转海洋学阵计划（Array for Real-time Geostrophic Oceanography，ARGO）、印度洋观测系统（India Ocean Observing System，IndOOS）、南大洋观测系统（Southern Ocean Observing System，SOOS）三个观测计划，极大促进了 GOOS 的发展。第二届世界海洋观测大会（OceanObs’09）于 2009 年在意大利举办，主要成果是推动建立了海洋观测框架（ocean observing framework，OOF），该框架奠定了海洋观测规范化发展的技术基础。第三届世界海洋观测大会（OceanObs’19）于 2019 年在美国夏威夷举办，主要成果是确定了未来十年全球海洋观测发展的方向和战略，会上通过的一项共同宣言作为联合国海洋科学促进可持续发展十年（2021—2030 年）的补充，用具体行动来指导该领域内未来十年的工作。第四届世界海洋观测大会计划于

2029年在中国青岛召开。

1.ARGO浮标观测网

ARGO是1998年推出，2000年启动的一个全球海洋观测试验项目。这是人类历史上建成的首个全球海洋立体观测系统，实现了真正意义上的对全球海洋上层温度、盐度和海流剖面资料的实时观测，帮助人类应对全球气候变化，提高防灾抗灾能力，以及准确预测诸如发生在太平洋的台风和厄尔尼诺等极端天气与海洋事件等[33]。目前这一计划已经在全球放置了约4800个浮标，分布在全球各大洋、各个海域，每个浮标间隔大约300 km，随洋流自由漂流，ARGO浮标搭载不同的传感器，可建立一个实时、高分辨率的全球海洋中、上层监测系统，用于快速、大范围地收集全球海洋上层的海水温度和盐度剖面信息，弥补了卫星遥感只能观测海洋表面的温度、盐度等海洋环境信息，无法获得上层海洋（1000 m水深以内）的环境要素资料的不足。

从海面到2000 m水深范围内，每个浮标可以收集至少70层、最多250层的垂向观测数据，科学家将此称为一条“剖面”。通常，一个浮标在其生存期内可以获得140～180条剖面。这些数据在全球都是免费共享的，已被广泛应用于沿海国家的海水养殖、污染监测、海洋教育和国防事业等。ARGO已经成为科学家用来追踪全球气候系统变暖速率，特别是海洋热量波动和耗散过程的重要科学依据。[34]

2.国际主要海洋观测网

世界各国都在根据自身的国情，以国家需求为目标大力发展海洋观测技术，开展海洋观测网建设。目前国际上已建成的海洋观测网主要分布在欧洲、美洲、大洋洲和亚洲，总体来讲，海洋观测已进入立体化观测的时代。

美国是世界上发展海洋长期观测最早的国家之一，在20世纪80年代初就建立了全国永久性的海洋立体观测系统，其中，美国综合海洋观测系统（Integrated Ocean Observing System，IOOS）和大洋观测计划（Ocean Observatories Initiative，OOI）两大海洋观测系统在战略设想、科技含量方面都引领着国际海洋观测领域的潮流。[35] IOOS由美国国家海洋大气局主持协调，属于侧重于应用的业务化网，其任务是推进海洋观测资料的迅速获取、传播和应用。OOI是由美国国家科学基金会支持和组织的，它不是以观测海洋、研究海洋为目标，属于侧重于研究的科学网；而是以开发观测海洋用的仪器、平台、网络、通信等设施和传感器为框架，连通多海域各种平台的整合项目；其目的在于获取新知识、创造新技术。IOOS大量的设施是对水层从海面到海底进行观测，而且配有AUG和AUV等活动装置[36-37]。IOOS由多个岸基台站、高频雷达和浮标构成主体部分，部分配有滑翔器、遥测系统和观测船等观测平台，现已实现业务化。

欧洲海洋观测与数据网络（European Marine Observation and Data Network，EMODnet）是GOOS区域性系统的重要组成部分，是一个实现端到端的系统，该系统由传感器与平台、调查研究、通信系统、数据管理和信息工具等模块组成，是对现有欧洲海洋观测系统的网络整合。EMODnet 的主要任务是建立和整合远海遥感观测系统、大陆架和海岸带观测系统；协调技术方法与战略，在协议原则下加强数据管理、数据格式和质量控制；确保数据（包括区域性数据转化、环境评估和模型等）能够持续地传输给用户。

1.3.2 中国海洋观测网

我国的海洋观测网从“十一五”开始规划，“十二五”期间进行建设，“十三五”期间大力发展。国务院于 2012 年颁布中华人民共和国国务院令第 615 号《海洋观测预报管理条例》（以下简称《条例》），对海洋观测网的规划、建设与保护作出规定，旨在加强海洋观测预报管理，规范海洋观测预报活动。在《条例》中明确规定国务院海洋主管部门负责编制全国海洋观测网规划，沿海省、自治区、直辖市海洋主管部门编制本辖区海洋观测网规划，海洋观测网的建设应当符合海洋观测网规划。

为提高我国海洋综合实力，2014 年 12 月，国家海洋局印发了《全国海洋观测网规划（2014—2020 年）》（以下简称为《观测网规划》）。《观测网规划》指出“面对海洋经济发展的新形势，海洋观测网发展现状已不适应沿海地区海洋资源开发、海上交通运输、海洋渔业、海洋海岛旅游、海洋工程建设的需求，急需进一步加强基础海洋环境要素观测和产品服务能力的建设”，“我国已初步形成涵盖岸基海洋观测系统、离岸海洋观测系统以及大洋和极地观测的海洋观测网基本框架，在我国海洋防灾减灾、科学研究等领域中发挥了重要作用”。为实现发展目标，《观测网规划》提出了 4 项建设海洋观测网的主要任务：①强化岸基观测能力，包括加强岸基海洋观测站（点）、岸基雷达站、海啸预警观测台建设；②提升离岸观测能力，包括浮（潜）标、标准断面调查、海上观测平台、海上志愿观测平台和志愿观测船、海底观测系统、卫星观测系统的设置和运行；③开展大洋和极地观测，包括增加浮（潜）观测站位和观测要素，扩大观测范围；④建设综合保障系统包括新建改建或扩建 4 个海洋观测网综合保障基地。2019 年 5 月，《全国海洋观测网规划（2021—2030 年）》第一次编写组讨论会召开，新《观测网规划》将整合观测、监测、调查，形成三位一体业务布局，进一步明确海洋生态预警监测的内涵，增加原位在线、航空遥感等监测手段。

从“十三五”开始，我国有效整合国家海洋观（监）测能力，建成布局合理、规模适当、体系完整的国家全球海洋立体观测网，包括国家基本海洋观测网和地方基本海洋观测网，形成覆盖我国管辖海域和大洋重点海域的业务化观（监）测能力。[38] 国家基本海洋观测网包括国家海洋站网、海洋雷达站网、浮潜标网、海底观测网、表层漂流浮标网、剖面漂流浮标网、志愿船队、国家海洋调查团队、卫星海洋观（监）测系统、海洋机动观（监）测系统及服务和保障系统。[39] 通过这些网络，可以实时获取海温、海流、海浪等海洋环境要素信息，在此基础上进行综合分析研判，及时发出台风、飓风、风暴潮及海啸等灾害侵袭预警，为海洋经济发展、海洋防灾减灾、海洋生态预警、渔业捕捞、海洋资源开发利用和海上航行安全保障等多个方面提供服务。[38]

1.3.3 广东省海洋观测网

2017 年，广东省人民政府批复并正式印发实施了《广东省海洋观测网建设规划（2016—2020 年）》（以下简称为《规划》），提出广东要建设岸基、海基、空基、天基“四位一体”的综合性立体观测网。到 2020 年，将初步建成集岸基、海基、空基、天基于一体，布局较合理、结构较完善、功能较齐备的海洋观测网，从而满足广东省海洋防灾减灾的需要。图 1.1 为广东省海洋观测网组成图。

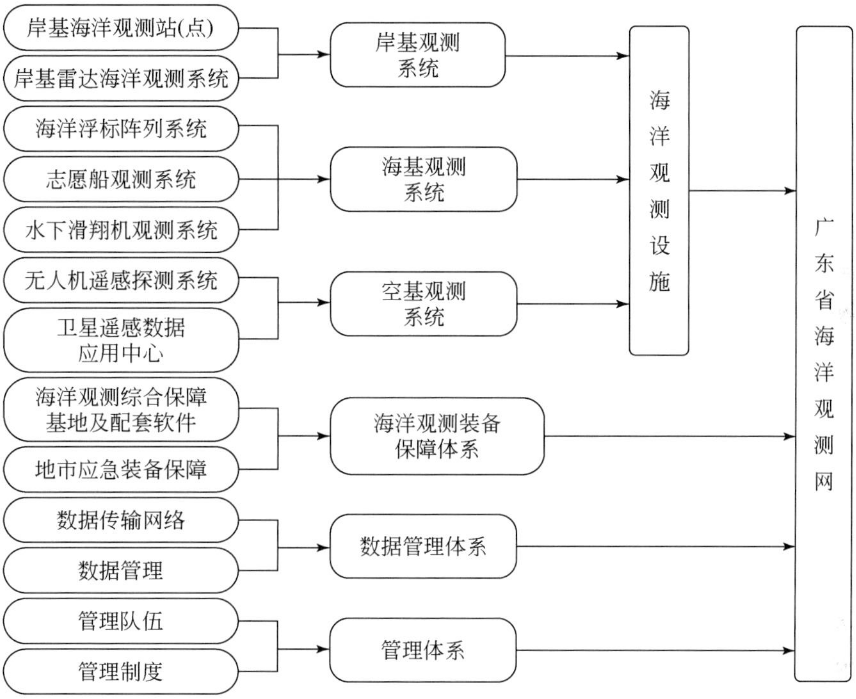

图 1.1 广东省海洋观测网组成图

1.岸基观测系统

根据《规划》的要求：①沿海每 50 km 将设置 1 个岸基海洋观测站（点）；中心渔港、重要港口、重要产业园区、重大滨海工程附近至少有 1 个岸基海洋观测站（点）。②加强由台风引起的海洋灾害观测，在广东省沿海城市开展台风浪、台风风场的观测，布设 11 个浮标观测站位和 39 个岸基海洋观测站（点）。

1）岸基海洋观测站（点）

在现有 21 个海洋站、2 个平台和 6 个浮标（具体见表 1.3）的基础上，新建 39 个岸基海洋观测站（点）（表 1.4），其中汕头市 4 个，揭阳市 2 个，汕尾市 3 个，惠州市 4 个，深圳市 2 个，东莞市 4 个，珠海市 3 个，江门市 3 个，阳江市 4 个，茂名市 1 个，湛江市 9 个；这些岸基海洋观测站（点）主要观测要素包括潮位、海水盐度、海水温度和常规气象参数（风向、风速、气压、气温、湿度、降水等）。

表 1.3　现有岸基海洋观测站（点）

序号	名称	类型
1	大万山	海洋站
2	闸坡	海洋站
3	海安	海洋站
4	台山	海洋站
5	水东	海洋站
6	湛江	海洋站
7	南澳	海洋站
8	遮浪	海洋站
9	汕尾	海洋站
10	深圳	海洋站
11	珠海	海洋站
12	广州	海洋站
13	硇洲	海洋站
14	汕头	海洋站
15	惠州	海洋站
16	赤湾	海洋站
17	饶平	海洋站
18	南澳岛	海洋站
19	惠来	海洋站
20	陆丰	海洋站
21	雷州	海洋站
22	番禺 53	平台
23	惠州 19-3	平台
24	QF303	浮标
25	QF304	浮标
26	QF305	浮标
27	QF306	浮标
28	QF307	浮标
29	SF304	浮标

表 1.4 新建岸基海洋观测站（点）位置部署

序号	站名	行政辖区	选址考虑
1	东里镇	汕头市澄海区	海洋灾害易发区、重要的养殖区和基本农田区
2	华侨公园	汕头市龙湖区	滨海旅游度假区、人口密集区、汕头港
3	海门镇	汕头市潮阳区	滨海旅游度假区、海洋灾害易发区、洪潮耦合区
4	田心镇	汕头市潮南区	海洋灾害易发区、田心镇滨海旅游区
5	石碑山角	揭阳市惠来县	滨海旅游度假区、保护区
6	神泉镇	揭阳市惠来县	海洋灾害易发区、洪潮耦合区、大南海石化工业区
7	湖东镇	汕尾市海丰县	海洋灾害易发区、河口
8	大湖镇	汕尾市海丰县	海洋灾害易发区、洪潮耦合区
9	鲘门港	汕尾市海丰县	渔港、海洋灾害易发区、百色半岛旅游区
10	黄埠镇	惠州市惠东县	人口密集区、考洲洋
11	港口镇	惠州市惠东县	滨海旅游度假区、海洋灾害易发区、洪潮耦合区
12	稔山镇	惠州市惠东县	滨海旅游度假区、人口密集区、范和港
13	霞涌镇	惠州市惠阳区	霞涌滨海旅游度假区、人口密集区
14	大鹏镇	深圳市	人口密集区、大鹏湾
15	南澳镇	深圳市	滨海旅游度假区、大亚湾
16	交椅湾	东莞市	人口密集区、洪潮耦合区、东莞交椅湾工业区
17	虎门镇	东莞市	人口密集区、洪潮耦合区、东莞港
18	麻涌镇	东莞市	海洋灾害易发区、人口密集区、洪潮耦合区
19	沙田镇	东莞市	海洋灾害易发区、人口密集区、洪潮耦合区
20	淇澳岛	珠海市	人口密集区、高校区、广东珠江口中华白海豚国家级自然保护区
21	高栏港	珠海市	海洋灾害易发区、洪潮耦合区、高栏港区重点保障目标
22	洪湾港	珠海市	海洋灾害易发区、洪潮耦合区、洪湾港区
23	黄茅海	江门市新会区	人口密集区、洪潮耦合区、崖门
24	赤溪镇	江门市台山市	洪潮耦合区、台山核电
25	海侨镇	江门市台山市	洪潮耦合区、滨海旅游度假区、镇海湾
26	牛岗头	阳江市阳东区	洪潮耦合区、人口密集区、漠阳江口
27	保丰港	阳江市江城区	海洋灾害易发区、阳江港重点保障目标
28	上洋镇	阳江市阳西县	海洋灾害易发区、河北渔港
29	沙扒镇	阳江市阳西县	海洋灾害易发区、洪潮耦合区、月亮湾滨海旅游度假区
30	博贺镇	茂名市电白区	滨海旅游度假区、人口密集区、茂名港博贺新港区
31	塘尾镇	湛江市吴川市	海洋灾害易发区、洪潮耦合区
32	乾塘镇	湛江市坡头区	海洋灾害易发区、洪潮耦合区、南三航道
33	太平镇	湛江市麻章区	海洋灾害易发区、河口、渔业生产区

续表

序号	站名	行政辖区	选址考虑
34	和安镇	湛江市徐闻县	海洋灾害易发区、渔业生产区
35	海安镇	湛江市徐闻县	海洋灾害易发区、海安港
36	白蝶贝保护区	湛江市雷州市	海洋灾害易发区、雷州珍稀水生动物自然保护区
37	江洪镇	湛江市遂溪县	海洋灾害易发区、江洪渔港
38	草潭镇	湛江市遂溪县	海洋灾害易发区、草潭渔港
39	龙头沙	湛江市廉江市	海洋灾害易发区、龙头沙渔港

2）岸基雷达海洋观测系统

在岸基雷达海洋观测系统中，规划新增 1 对中程阵列式高频地波雷达及 24 套 X 波段雷达，观测范围可覆盖广东省沿岸及珠江口外 120 km 内的海域。1 对中程阵列式高频地波雷达部署在珠江口，分别布放于海龟湾和担杆岛东北角，观测半径为 120 km，如表 1.5 所示。新配置的 24 套 X 波段雷达部署在广东沿海重点港湾、近岸重要通道和沿海重大工程海域，主要用于广东省沿岸的海浪全天候观测，其布局如表 1.6 所示。

表 1.5 新建高频地波雷达海洋观测系统位置部署

序号	站名	经度	纬度	行政辖区	选址考虑
1	海龟湾	114.88°E	22.55°N	惠州市惠东县	流场观测区覆盖珠江口、大亚湾、大鹏湾和红海湾沿海，以及实现雷达站邻近海域波浪和海面风场的实时观测能力
2	担杆岛	119.95°E	26.37°N	珠海市万山海洋开发试验区	

表 1.6 X 波段雷达海洋观测系统位置部署

序号	站名	行政辖区
1	乐民镇	湛江市
2	乌石镇	湛江市
3	角尾乡	湛江市
4	海安港	湛江市
5	罗斗沙	湛江市
6	硇洲岛南	湛江市
7	硇洲岛北	湛江市
8	放鸡岛	茂名市
9	竹洲岛	潮州市
10	双山岛	阳江市
11	海陵岛	阳江市
12	上川岛	江门市
13	高栏港	珠海市
14	三灶	珠海市

续表

序号	站名	行政辖区
15	横琴	珠海市
16	万山岛	珠海市
17	大鹏半岛	深圳市
18	海龟湾	惠州市
19	江牡岛	汕尾市
20	遮浪角	汕尾市
21	田尾角	汕尾市
22	巽寮湾	惠州市
23	海门镇	汕头市
24	南澳县	汕头市

2.海基观测系统

海基观测系统包含海洋浮标阵列系统、志愿船观测系统、水下滑翔机观测系统。

1）海洋浮标阵列系统

在广东沿海建设 1 套海洋浮标阵列系统，距海岸线 40～50 km 处，新增布放 11 套（3～6 m）海洋浮标，浮标主要搭载气象（风向、风速、气压、气温、湿度）、海浪（浪高、浪向）和海流（流速、流向）传感器，增强广东省在台风登陆前 2～3 h 的应急观测能力。

在充分考虑和论证海洋浮标建设对海事规划、交通管制、国际航线、通航安全影响的基础上，合理选择浮标的布放位置，主要包括湛江市西海岸 1 套、湛江市东海岸 2 套、茂名市 1 套、阳江市 1 套、珠海市 2 套、惠州市 1 套、汕尾市 2 套、汕头市 1 套。

2）志愿船观测系统

组建由 20 艘船组成的志愿船观测系统，选取在各渔场作业的渔船，根据实际需要加装气象观测仪器设备，观测常规气象参数（风向、风速、气压、气温、湿度、降水等）。

3）水下滑翔机观测系统

在广东省沿海配置 2 套水下滑翔机观测系统，一套在湛江至珠江口区域运行，另一套在珠江口至潮州区域运行。主要搭载温盐传感器，开展业务化观测。未来可根据实际业务的需要，增加搭载生态要素传感器及声呐等。

3.空基观测系统

1）无人机遥感探测系统

无人机遥感探测系统建设包括无人机航测系统、摄影测量软件、像控点采集内外业处理软件、立体测图软件、地形地籍成图软件、航测数据处理平台。

2）卫星遥感数据应用中心

卫星遥感数据应用中心可接收的卫星遥感影像资源主要包括（准）2 m分辨率级别的高分一号系列（GF-1、B/C/D）、高分六号（GF-6）、资源一号系列（ZY-102C、ZY1E）、资源三号系列（ZY-3），1 m分辨率级别的高分二号（GF-2）、高分七号（GF-7）、北京二号（BJ-2）、吉林一号（JL-1），多极化合成孔径雷达的高分三号（GF-3），高光谱的高分五号（GF-5），HY-1和HY-2系列卫星，风云系列卫星，高分三号卫星，MODIS等国内外海洋卫星数据，并实现预处理、资料处理、产品制作、产品存档与分发以及用户定制专题产品等功能；建立服务于广东沿海的卫星服务发布平台；开展有针对性的海洋卫星产品应用服务，逐步建立海洋预报减灾、海岸带动态遥感监测、海洋渔场环境信息、海洋溢油遥感监测业务化运行系统。

1.4 海底观测网

海洋科学正经历着从海面作短暂的“考察”向海洋内部作长期“观测”的明显变化。如果把地面与海面看作地球科学的第一个观测平台，把空中遥测遥感看作第二个观测平台，那么在海底建立的观测网将成为第三个观测平台。海底观测网是指将各种观测仪器安装到海底，对海水层、海底和海底以下的岩石进行长期、动态、实时的观测。海底观测网既能向下观测海底，又能通过锚系观测大洋水层，还可以投放活动深海观测站，因而成为今后理解和预测海洋过程的主要观测方式之一。[40]

目前建设的海底观测网主要为铺设海底光电缆，通过光电缆进行能源输送、数据传输等，因此海底观测网的规模受光电缆的铺设长度限制，很难做到全球海洋全覆盖。

1.4.1 国外主要海底观测网

目前有缆海底观测网发展迅猛，美国、加拿大、日本和欧洲诸国都依据自己的科学目标，建立了相应的有缆海底观测网。

1. 美国海底观测网

美国的OOI包括了海洋观测网和海底观测网，实现了海洋的观测范围从陆地延伸至深海，实现了从海底到海表面的全方位立体观测，能够长期连续地获取海底到海表面的海洋观测资料。[41] OOI的海洋观测网部分在前文中已做介绍，在此不赘述。OOI的海底观测网部分包括了区域尺度节点（regional scale node，RSN）、近岸尺度节点（coastal scale node，CSN）、全球尺度节点（global scale node，GSN）和通信基础设施等。OOI-RSN是在科学机遇和需要驱动下建立的，更为重要的是它能够推动科学创新与教育传播。OOI-RSN在海底总共布设了7个科学节点，其中在水合物脊（hydrate ridge）、轴向海山（axial seamount）和耐久阵列新港线（Edurance Array Newport Line）各布设了2个，在中部板块（mid-plate）布设了1个，同时作为将来一个可扩展的位置。[42]

美国海底观测网主要特点包括：①建立了近海尺度的美国生态海底观测站 LEO-15（the Long-term Ecosystem Observatory）、马莎葡萄园岛海岸带观测网（Martha's Vineyard Coastal Observatory，MVCO）、蒙特雷加速研究系统（Monterey Accelerated Research System，MARS）海底观测网及区域尺度的 OOI-RSN；②建立了不同研究重点的网络，如 LEO-15、NeMo（New Millennium Observatory）海底观测链等；③不同观测平台相互连接，不断完善，趋向成熟，如浮标、锚系与有缆海底观测网的连接，具有全球性，并可实现短期和长期的观测；④使用高新技术设备，如 ROV、AUV 和水下滑翔机等。[42]

2. 加拿大海底观测网

加拿大海底观测网（Ocean Networks Canada Observatory，ONC）是由 2009 年建成的加拿大东北太平洋的时间序列海底联网试验（North-East Pacific Time-series Undersea Networked Experiment，NEPTUNE）海洋观测网（简称海王星），与 2006 年建成的加拿大维多利亚海底实验网络（Victoria Experimental Network Under the Sea，VENUS）于 2013 年合并组建而成。NEPTUNE 是一个有缆海底观测网，其标志性架构是拥有 5 个海底节点的 800 km 环形主干网络，每个节点连接一个或几个接驳盒，再由接驳盒与观测仪器和传感器相连。NEPTUNE 通过海底电缆连接安装在海底的仪器设备，进行实时、连续的观测，并通过电缆将观测数据传回陆地实验室[43-44]。VENUS 也是一个有缆的海洋观测系统，观测水域在 300 m 左右。它由 2 个单独的电缆列阵下的 3 个节点、2 个岸基站、1 个网络运营中心和 1 个数据归档中心组成，其数据、信号和图像经由数据管理归档中心通过网络实时传播；世界各地的研究人员都可以访问 VENUS[45]。ONC 是一个开放的系统，除了节点自带的标准仪器外，没有其他仪器。它的主要目的是通过提供光电缆这一基础设施，吸引并协调全球科研单位来安装各自的仪器，采得的数据通过网络向全球发布。[46]

3.欧洲海底观测系统

根据全球环境和安全监测计划（Global Monitoring for Environment and Security，GMES），英国、德国、法国在 2004 年制定了欧洲海底观测网（European Seafloor Observatory Network，ESONET）计划。ESONET 是 GMES 的海底分段，它是一个有缆海底观测网，海缆总长达 5000 km 以上，由分布在从北极圈到黑海范围内的 12 个关键区域网络集合而成。ESONET 在各区域网有不同研究主题和支持国家，它计划通过在这些海域连接电缆式观测系统或者引入浮标系统来实现 GMES 的计划。因而 ESONET 计划不像 NEPTUNE 计划那样是一个独立完整的海底观测网络系统，而是由不同地域间的网络系统组成的联合体。

欧洲多学科海底观测系统（European Multidisciplinary Seafloor Observatory，EMSO）是以早期的 ESONET 为基础而建立的，它能明显提升 ESONET 获取观测数据的能力。EMSO 是一个由 14 个国家的 50 多个研究机构共同管理，分布在欧洲的大范围、分散式科研观测设施。在 EMSO 网络平台上已经部署验证的传感器有宽带 3-C 地震仪、磁力计、重力仪、水听器、高精度海底压力计、差分压强计、ADCP、三分量流速计、CTD、透射仪、浊度计、气体传感器、化学分析仪、辐射计和自动水体采样计。EMSO 能够对海底和海水层的地球物理学、化学、生物化学、海洋学、生物学等相关学科研究中所需的数据进行长期观测。[46]

4. 日本海底观测网

日本作为一个地震多发海岛国家，为实现对地震、海啸的实时观测和预警，先后建设了高密度地震和海啸海底观测网（Dense Oceanfloor Network System for Earthquakes and Tsunamis，DONET）及日本海沟海底地震海啸观测网（Seafloor Observation Network for Earthquakes and Tsunamis Along the Japan Trench，S-net）等海底观测网络。日本海洋科学技术中心（Japan Agency for Marine-Earth Science and Technology，JAMSTEC）于 2006 年开始着手建设 DONET，以期监测日本南海海槽的高危地震-海啸活动，其中日本东南海区段的 DONET1 于 2011 年竣工，日本南海区段的 DONET2 于 2016 年竣工。DONET 由观测装置、科学节点（scientific nodes）、基础线缆系统组成。DONET 系统的台站平均间距为 15～20 km，DONET1 布设了 22 个观测点，DONET2 布设了 29 个观测点，覆盖了从近岸到海沟的广大海域，形成一个高密度的网络，以开展大范围、高精度的连续观测工作。DONET2 系统由 450 km 光电复合缆、2 个登陆站、7 个科学节点和 29 个观测平台组成，其水下部分的关键设备主要是海底地震仪、海啸压力计和主干光电缆末端多传感器平台，而多传感器平台主要由一些测量环境参数的传感器组成，如测流计、ADCP、CTD、温度探针、水听器、照相设备和石英压力计等。[47]

2011 年东京大地震发生后，日本立项建设 S-net。S-net 是由日本文部科学省立项投资，专为地震海啸布设的专用网，预警地震可望提前 30 s，预警海啸提前 20 min。该网于 2015 年建成，由 6 个系统组成，沿日本海沟布设，缆线总长 5700 km，覆盖了从海岸到海沟总计 250 000 km^2 的广大区域，每个系统包括 800 km 缆线和 25 个观测站，观测站之间南北相距约 50 km，东西相距约 30 km，每个里氏（M）7.5 级的地震源区有 1 个观测站。[48]

1.4.2 中国海底观测网

海底观测网作为我国发展海洋经济、维护国家权益、迈向海洋强国的重要前提，是国家重要战略发展方向。从 2005 年起，我国开始关注国外网的进展。2012 年我国政府发布的《国家重大科技基础设施建设中长期规划（2012—2030 年）》，将海底观测网的建设放在 16 项优先安排的重大科技基础设施的首项。在《中国制造 2025》中，明确重点发展海洋工程装备等十大领域，其中，海洋探测工程装备是海洋工程装备中最基础、最重要的一个领域。目前，我国建成了以海底地震和海啸为主要目标的中国台湾地区水下观测网、中国东海海底观测小衢山试验站、中国东海摘箬山海底观测系统及中国南海深海海底观测网试验系统等。

1.中国台湾地区水下观测网

中国台湾地区水下观测网建设中最具代表性的是台湾东部海底电缆观测网（Marine Cable Hosted Observatory，MACHO）计划，因读音与“妈祖”近似，而称“妈祖”计划。[48]该观测网于2011年12月建成，借鉴了DONET的建设方案，在第一期就建成了一条45 km的主干光电缆观测网，水深在300 m以内。主干光电缆尾部采用两根分支单元的方式，其中一根分支作为海水地线，以构成海水中电能供应回路，另外一根连接终端设备及水下观测仪器。水下观测仪器主要包括宽频海底地震仪、加速度地震仪、CTD、水听器和海啸压力计传感器。水下系统功能是监测台湾岛东北部的地震和海啸。[48]

2.中国东海和南海海底观测网络

目前我国分别在南海和东海建设了海底观测网试验系统。我国海底观测网将于2022年底建成，届时我国的综合海底观测网可以实现多学科覆盖，并在海洋大数据处理能力及海洋仪器装备等领域实现高速发展。

中国东海海底观测网络以小衢山海底观测网和摘箬山海底观测网为代表，其中前者是2009年建成的海底观测试验站点，2011年升级建设成综合海底观测网；后者2014年建成。两者都位于舟山，以舟山为岸基站，布设一定长度的海底光电复合缆，实现海洋化学、物理海洋学、地球物理等多领域参数指标的原位、实时监测，积累适用于东海宽陆架、高混浊、通航密度大等海区特定环境下的海底观测网布设工程以及海底海面设施安全防护的技术与经验[50]。

中国南海海底观测网络以三亚海底观测示范系统和南海深海海底观测网试验系统为代表。前者建立于2013年5月，以海南三亚为岸基站；后者于2016年9月建成运行，以海南陵水为岸基站。三亚海底观测示范系统由岸基站、长度2 km的光电复合缆、基于自主技术的1个主接驳盒和1个次接驳盒、3套观测设备、1个声学网关节点与3个观测节点构成，并具有扩展功能；岸基站提供10 kV高压直流电，接驳盒布放在20 m水深的海底。南海深海海底观测网试验系统通过铺设长度约150 km的光电复合缆为深海观测平台提供能源供给和通信传输链路，实现南海区域海底环境多参数实时、连续观测。其中海底动力平台于2017年6月布放，其上搭载了CTD与ADCP，获取了相关海域温、盐、流、深的年度变化，地磁，硫酸根离子浓度等数据，以及深海生物视频。

1.5 小目标岸基雷达网

1.5.1 岸基雷达站

在海洋观测技术领域，无论是岸基海洋观测平台、离岸海洋观测平台，还是海洋移动观测平台，它们中的大部分都是以各种大小目标的形式存在于海上，对这些目标进行监控也需要相关的技术。除此之外，目前在海上对各种船舶（近海捕捞渔船、采砂和运砂船、倾废船）、养殖设备（网箱、鱼排）、各种浮标（航海浮标），以及在台风期和休渔期对各种渔船归港的监控与管理等均需要相应的监控手段。沿海经济活动是海洋经济发展的一个重要环节，对于沿海经济活动带来的海洋环境问题进行监控，也需要相应的措施，由此出现了小目标岸基雷达网。

小目标岸基雷达网可用于船载、岸基等多种海面监控管理，支持多传感器融合、多站点组网，能为对海监控任务提供高度融合的实时海上态势认知信息。通过对海面目标的筛选、跟踪、区域警戒、光电联动等功能，实现对海上船只等目标的 24 小时实时监控、取证和航迹记录，对海岸线、海岛、保护区等区域海洋开发利用活动实施全天候、实时监控。同时，通过对近海捕捞渔船、采砂和运砂船、倾废船、网箱等海上目标进行全自动跟踪、探测和取证，加强海洋和渔业执法部门对港口及近海渔船的动态监管力度，强化对涉渔违法违规行为的精准打击和伏季休渔精细化管理。[51]

小目标岸基雷达网可通过对探测数据信息的智能化分析判断，为安全生产、港口监控、防灾减灾、海事交通、海洋生态环境保护等监测任务提供信息化手段，极大提升对管辖海域的综合管控能力和水平。该系统作为一套专业化的海洋感知和海洋信息网络，正纳入国家和地方的“智慧海洋”体系，以及海洋观测网体系中。

1.5.2 全国小目标岸基雷达网建设情况

我国沿海的省（区、市）有辽宁省、河北省、天津市、山东省、江苏省、上海市、浙江省、福建省、台湾省、广东省、香港特别行政区、澳门特别行政区、广西壮族自治区、海南省共 14 个，这些沿海省（区、市）都面临着近海目标监控与管理的问题。因而建设全国近海雷达一张网的目标并融合高精尖的水下、空中探测仪器，对于强化和支撑国家海洋立体监测、近海观测及中远海海洋信息获取能力，构建海洋大数据与服务平台，实现“海洋强国”建设、“21 世纪海上丝绸之路”倡议，保障“海陆联运”等具有重要意义。

目前全国规划建设小目标岸基雷达网站点 311 座［包括在石油平台上规划的 26 座、长江 2 座、青海省 1 座、沿海省（区、市）282 座］，船载雷达 50 座，合计 361 座。

1.5.3 广东省小目标岸基雷达网建设情况

1.广东省岸基雷达网总体概况

为提升海洋综合管理信息化水平、保障海洋经济发展环境，2014 年 12 月 9 日，国家海洋局印发了《全国海洋观测网规划（2014—2020 年）》，其主要任务之一就是强化岸基观测能力，提出了在我国管辖海域的沿岸和岛礁布局岸基海洋观测站（点）、岸基雷达站和海啸预警观测台。为落实《全国海洋观测网规划（2014—2020年）》《广东省海洋经济发展“十三五”规划》《广东省现代渔港建设规划（2016—2025 年）》《广东省现代渔业发展“十三五”规划》等的要求，提升海洋综合管理信息化水平、保障海洋经济发展环境，广东省海洋与渔业厅联合中船电子科技有限公司、三亚海兰寰宇海洋信息科技有限公司等社会力量，共建了“广东省近海雷达网”。最初该系统计划由50座X波段岸基雷达站组成，可实现对全省近海20 n mile以内的海上目标及其分布态势进行探测与跟踪，组网后获取5万个以上海上目标实时数据。截至2020年12月该系统雷达站个数已经达到58座，后期随着海域监控以及相关行业部门生产管理的需求不断增加，岸基雷达站数量还会增加。另外，广东省的禁渔线为近海约20 n mile，因而雷达覆盖范围线与禁渔线基本是重合的，对于渔政管理将发挥巨大的作用。

2.粤港澳大湾区小目标岸基雷达网

粤港澳大湾区是由香港、澳门两个特别行政区和广东省的广州、深圳、珠海、佛山、中山、东莞、惠州、江门、肇庆九市组成的城市群，是继纽约湾区、旧金山湾区、东京湾区之后的世界第四大湾区，是国家建设世界级城市群和参与全球竞争的重要空间载体。

该区域水道纵横、航运繁忙、岛屿众多，保障海上活动的合法、有序、安全，是湾区海洋经济发展的重要基础条件。粤港澳大湾区也是遭受海洋灾害最为严重的地区之一，岸基雷达网的建设可为湾区海上活动保驾护航。目前在粤港澳大湾区分布的20多个雷达站构成了小目标岸基雷达网，可有效地服务于湾区内的海上目标监控与海域管理。

3.湛江市小目标岸基雷达网

湛江位于雷州半岛，其大陆海岸线长达1243.7 km，约占广东省海岸线的30.2%和全国的6.9%，岛屿海岸线长度为779.9 km，海岸线总长2023.6 km，是全国海岸线最长的城市。2017年初国务院批复的《北部湾城市群发展规划》将湛江定位为北部湾中心城市，2017年底广东省政府发布的《广东省沿海经济带综合发展规划（2017—2030年）》将湛江定位为广东省域副中心城市，因而建设湛江市小目标岸基雷达网是顺应形势的要求，对于湛江乃至广东省的海洋经济发展和防灾减灾是非常必要的。

湛江市小目标岸基雷达网由11座雷达站组成，表1.7为湛江市小目标岸基雷达网站点建设情况一览表。

表1.7 湛江市小目标岸基雷达网站点规划及分布（截至2019年12月）

序号	站点名称	主要作用	建成日期
1	刘张村	自然保护区监控	2017年12月
2	盐井村	采砂区监控	2017年12月

续表

序号	站点名称	主要作用	建成日期
3	龙头沙	采砂区监控	2018 年 5 月
4	沙城	采砂区监控	2018 年 5 月
5	角尾情人谷	海缆保护	2017 年 12 月
6	天轩村	采砂区监控	2017 年 12 月
7	硇洲渔政大楼	采砂区监控	2017 年 12 月
8	下港	一般站点	2018 年 5 月
9	蓝海城市广场	琼州海峡	2018 年 5 月
10	盐灶村	采砂区监控	2017 年 12 月
11	海大主楼	台风期归港渔船监控	2018 年 11 月

在 2018 年省级促进经济发展专项资金（海洋经济发展用途）重点项目“广东省岸基雷达网辅助海上执法智能平台”的资助下，广东海洋大学湖光校区主楼（以下简称为“海大主楼”）建设了 1 座雷达站，如图 1.2 所示，该雷达站由雷达、光电传感器和 AIS 接收天线组成。位于广东海洋大学主楼的雷达站与广东省岸基雷达网中的硇洲岛渔政大楼楼顶的雷达站，相互配合并进行组网可覆盖整个湛江湾海域，实现以下功能：①对雷州湾中华白海豚自然保护区电鱼非法作业船以及雷州湾以南区域的拖网作业船进行监控；②对硇洲岛海域国家级海洋牧场示范区渔业设施进行看护；③对通明海、龙王湾和硇洲岛台风期船只归港进行跟踪和预报，并可为全面提升湛江湾海域海洋综合管理信息化水平提供数据基础，为海洋经济发展环境提供保障。

(a) 雷达与光电传感器　　(b) AIS接收天线

图 1.2　海大主楼雷达站现场图（后附彩图）

参考文献

[1] 王祎，李彦，高艳波. 我国业务化海洋观测仪器发展探讨——浅析中美海洋站仪器的差异、趋势及对策［J］. 海洋学研究，2016，34（3）：69-75.

[2] 李大海，吴立新，陈朝晖. "透明海洋"的战略方向与建设路径［J］. 山东大学学报（哲学社会科学版），2019（2）：130-136.

[3] 赵吉浩，高艳波，朱光文，等. 海洋观测技术进展［J］. 海洋技术，2008，27（4）：1-4，16.

[4] 漆随平，厉运周. 海洋环境监测技术及仪器装备的发展现状与趋势［J］. 山东科学，2019，32（5）：21-30.

[5] 中华人民共和国自然资源部. 中国海洋观测站（点）代码：HY/T 023-2018［S］. 北京：中国标准出版社，2019.

[6] 黄必桂，唱学静，石新刚. 我国海上固定平台水文气象观测网发展现状及存在的问题［J］. 海洋开发与管理，2016，33（5）：104-108.

[7] 李健，陈荣裕，王盛安，等. 国际海洋观测技术发展趋势与中国深海台站建设实践［J］. 热带海洋学报，2012，31（2）：123-133.

[8] 吴雄斌，张兰，柳剑飞.海洋雷达探测技术综述［J］. 海洋技术学报，2015，34（3）：8-15.

[9] Chen Z B，He Y J，Zhang B，et al. A new algorithm to retrieve wave parameters from marine X- band radar image sequences［J］. IEEE Transactions on Geoscience and Remote Sensing，2014，52（7）：4083-4091.

[10] McGregor J A，Poulter E M，Smith M J. S band Doppler radar measurements of bathymetry，wave energy fluxes，and dissipation across an offshore bar［J］. Journal of Geophysical Research Oceans，1998，103（C9）：18779-18789.

[11] Nieto Borge J C，Rodriguez G R，Hessner K，et al. Inversion of marine radar images for surface wave analysis［J］. Journal of Atmospheric and Oceanic Technology，2004，21（8）：1291-1300.

[12] Trokhimovski Y G，Irisov V G. The analysis of wind exponents retrieved from microwave radar and radiometric measurements［J］. IEEE Transactions on Geoscience and Remote Sensing，2000，38（1）：470-479.

[13] Senet C M，Seemann J，Flampouris S，et al. Determination of bathymetric and current maps by the method DiSC based on the analysis of nautical X-band radar image sequences of the sea surface（November 2007）［J］. IEEE Transactions on Geoscience and Remote Sensing，2008，46（8）：2267-2279.

[14] Perkovic D. Radar Remote Sensing of Ocean Surface Currents and Waves：Nearshore Applications［M］. Saarbrücken：Lambert Academic Publishing，2010.

[15] 李慧青，李燕，刘玉，等. 海洋科学观测及其技术发展浅析与思考［J］. 海洋开发与管理，2015，32（3）：63-67.

[16] 王婷. 国外海洋潜标系统的发展［C］//《声学技术》编辑部. 中国声学学会水声学分会 2011 年全国水声学学术会议论文集. 上海：《声学技术》编辑部，2011：324-326.

［17］蔡树群，张文静，王盛安. 海洋环境观测技术研究进展［J］. 热带海洋学报，2007，26（3）：76-81.
［18］杨锦坤，武双全，杨扬. 海洋观测网规划支撑体系与系统架构设计探讨［J］. 海洋信息，2015（3）：29-33.
［19］蒋兴伟，何贤强，林明森，等. 中国海洋卫星遥感应用进展［J］. 海洋学报，2019，41（10）：113-124.
［20］林明森，何贤强，贾永君，等. 中国海洋卫星遥感技术进展［J］. 海洋学报，2019，41（10）：99-112.
［21］孙思萍. 海床基自动监测平台技术的研究应用［J］. 海洋技术，2003，22（3）：81-84.
［22］胡展铭，史文奇，陈伟斌，等. 海底观测平台：海床基结构设计研究进展［J］. 海洋技术学报，2014，33（6）：123-130.
［23］张云海，汪东平. 海洋环境移动平台观测技术发展趋势分析［J］. 海洋技术学报，2015，34（3）：26-32.
［24］Ahmed M E A，Duan W Y. Overview on the development of autonomous underwater vehicles（AUVs）［J］. Journal of Ship Mechanics，2016，20（6）：768-787.
［25］鲁鹏，耿文豹. 水下自主航行器在海洋环境监测中的应用及试验研究［J］. 中国造船，2017，58（3）：245-250.
［26］庞重光，连喜虎，俞建成. 水下滑翔机的海洋应用［J］. 海洋科学，2014，38（4）：96-100.
［27］金久才，张杰，邵峰，等. 一种海洋环境监测无人船系统及其海洋应用［J］. 海岸工程，2015，34（3）：87-92.
［28］Leedekerken J C，Fallon M F，Leonard J J. Mapping complex marine environments with autonomous surface craft［J］. Springer Tracts in Advanced Robotics，2014，79：525-539.
［29］彭艳，葛磊，李小毛，等. 无人水面艇研究现状与发展趋势［J］. 上海大学学报（自然科学版），2019，25（5）：645-654.
［30］秦玉峰，史健，洪学武，等. 波浪能滑翔器工作原理及应用研究［C］//海洋开发与管理第二届学术会议论文集. 北京：《海洋开发与管理》杂志社有限公司，2018：101-109.
［31］杨燕，张森，史健，等. 波浪动力滑翔机海洋环境监测系统［J］. 海洋技术学报，2014，33（1）：109-114.
［32］罗续业. 海洋技术进展［M］. 北京：海洋出版社，2015：243-264.
［33］刘增宏，吴晓芬，许建平，等. 中国 Argo 海洋观测十五年［J］. 地球科学进展，2016，31（5）：445-460.
［34］许建平，朱伯康. ARGO 全球海洋观测网与我国海洋监测技术的发展［J］. 海洋技术，2001，20（2）：15-17.
［35］王春谊，李芝凤，吴迪，等. 美国海洋观测系统分析［J］. 海洋技术，2012，31（3）：90-92.
［36］Clark H L，Isern A. The OOI and the IOOS：Can they be differentiated? An NSF perspective［J］. Oceanography，2003，16（4）：20-21.
［37］同济大学海洋科技中心海底观测组. 美国的两大海洋观测系统：OOI 和 IOOS［J］. 地球科学

进展，2011，26（6）：650-655.
[38] 朱彧，张保淑. 我国助力打造全球海洋观测网［N］. 中国矿业报，2019-07-30（3）.
[39] 朱彧. 国家全球海洋立体观测网：认知海洋的宏伟计划［N］. 中国海洋报，2019-07-17（3）.
[40] 尹路，李延斌，马金钢. 海洋观测技术现状综述［J］. 船舶电子工程，2013，33（11）：4-7，13.
[41] Delaney J R，Heath G R，Howe B，et al. NEPTUNE：Real-time ocean and earth sciences at the scale of a tectonic plate［J］. Oceanography，2000，13（2）：71-79.
[42] 朱俊江，孙宗勋，练树，等. 全球有缆海底观测网概述［J］. 热带海洋学报，2017，36（3）：20-33.
[43] 吴自军，周怀阳.加拿大海底科学长期观测网的研究进展［J］. 工程研究——跨学科视野中的工程，2016，8（2）：131-138.
[44] 李建如，许惠平. 加拿大"海王星"海底观测网［J］. 地球科学进展，2011，26（6）：656-661.
[45] 陈绍艳，张多，麻常雷. 加拿大 VENUS 海底观测网［J］.海洋开发与管理，2015（11）：17-19.
[46] 陈建冬，张达，王潇，等. 海底观测网发展现状及趋势研究［J］. 海洋技术学报，2019，38（6）：95-103.
[47] 申中寅.日本海洋实时监测系统 DONET 简介［J］. 国际地震动态，2018（7）：34-40.
[48] 李风华，路艳国，王海斌，等. 海底观测网的研究进展与发展趋势［J］. 中国科学院院刊，2019，34（3）：321-330.
[49] 张伙带，张金鹏，朱本铎. 国内外海底观测网络的建设进展［J］. 海洋地质前沿，2015，31（11）：64-70.
[50] 张艳伟，范代读，许惠平. 东海海底观测网小衢山试验站记录的 2010 年智利海啸信号分析［J］. 科学通报，2011，56（32）：2732-2740.
[51] 黄妙芬，杨光照，邢旭峰，等. 构建岸基雷达网辅助海上执法智能平台的关键技术分析［J］. 海洋技术学报，2020，39（2）：64-70.

第2章　广东省近岸海域利用现状与发展规划

本章主要介绍广东省近岸海域自然状况，以及涉及海洋与渔业的相关规划与措施，包括禁渔区和禁渔期、海洋功能区划、沿海经济带发展规划、海洋生态红线划定等；分析广东省海洋生产总值构成情况，从渔区划分、海洋捕捞、海洋养殖和渔船现状4个方面讨论海洋渔业经济情况；根据历年的《海洋经济统计公报》和《中国渔业统计年鉴》等资料，从渔港建设、海洋牧场、海砂开采、海上风电4个方面分析近岸海域的利用现状与发展，由此引出面对如此庞大与复杂的海上经济活动，广东省海上执法和海上安全生产所面临的问题；最后从渔业渔政执法和海上设施看护2个方面论述了岸基雷达网对辅助海上执法与设施看护所起的作用，阐明广东省岸基雷达网的建设可为广东海洋和渔业经济的发展提供强有力的支撑。

2.1　近岸海域自然状况

广东省位于北纬20°09′～25°31′和东经109°45′～117°20′之间，陆地面积为17.98万km^2，全省海域总面积41.93万km^2，近岸海域面积达6.47万km^2。广东海域辽阔，海岸线长，大陆海岸线长4114 km，居全国首位；港湾优越，岛屿众多，海岛数量1431个，其中面积在500 m^2以上的岛屿有759个，仅次于浙江、福建。位于广东海域的领海基点有南澎列岛（1）、南澎列岛（2）、石碑山角、针头岩、佳蓬列岛、围夹岛、大帆石共7处。广东省海域可以分为两个部分：近岸海域和外海。近岸海域是指靠近大陆或大陆架的海域，大部分近岸海域可以通航，尤其是港口、江河入海口等水域。外海主要指南海北部海域，在全国海洋经济开发中占有举足轻重的战略地位。入海河流众多，自东向西主要有韩江、榕江、珠江、潭江、漠阳江、鉴江。

广东省濒临南海，南海属于深海，大陆架、大陆坡和深海海盆等形态相当齐全。南海海域海岸线绵长，曲折多变，形态类型复杂，但以各种形式的生物海岸占优势，如红树林海岸和珊瑚礁海岸。南海位于热带和亚热带区域，属于典型的季风气候区。台风是南海的主要灾害性天气，伴随着风暴潮等灾害，对广东沿岸的天气影响很大。

广东海港建设条件优越，拥有适宜建港的深水岸线海湾200多个。滩涂广布，生物种类繁多，滩涂、浅海可养殖面积为8360 km^2，占全国的32.2%，是全国著名的海洋水产地。沿海风能等可再生能源蕴藏量巨大，开发前景良好，南海可开采石油储量达5.8亿t、天然气6000亿m^3，南海北部天然气水合物（可燃冰）资源储量约15万亿m^3。广东自然与人文景观别具特色，沿海沙滩众多，拥有亚洲唯一的海龟自然保护区、全国唯一的大陆缘型珊瑚礁。区域内各类海洋与渔业保护区达110个，总面积约52万hm^2，海洋自然保护区数量、面积和种类均居全国首位[1]。

广东处于泛珠江三角洲经济区和华南经济圈的核心区，粤港澳、粤闽、粤桂琼三大海洋经济合作圈分别是连接港澳、海峡西岸经济区、北部湾经济区和海南国际旅游岛的重要区域，具有优越的地理区位条件，是我国推进海洋强国建设的主力省。

广东是我国大陆与东南亚、中东以及大洋洲、非洲、欧洲各国海上航线最近的地区，同时也是"一带一路"建设的重要战略枢纽和经略南海的前沿，是我国参与经济全球化的核心区域之一和对外开放的重要窗口，具有极其重要的战略地位。

2.2　海洋与渔业相关规划与措施

2.2.1　禁渔区和禁渔期

渔业是国民经济重要产业，海洋渔业是海洋产业的重要内容之一。长期以来，我国沿海各级政府对海洋渔业发展给予了高度重视，制定并出台了许多有利于保障海洋渔业发展的法规、条例和政策、措施等，对我国海洋渔业的快速发展起到了一定的促进作用，使我国海洋总产值和海洋渔业产量不断攀升。但是，受以消耗资源为代价，以外延扩大再生产为主要发展手段的影响，加之管理不善，法制不健全等多方面原因，海洋渔业开发在迅速为人类创造着巨大财富的同时，海洋渔业经济资源也遭到了掠夺性的破坏，海洋渔业陷入了不可持续发展的境地。为了对海洋渔业资源进行保护，我国设定了禁渔区和禁渔期。

1.禁渔区线的设定

1980 年 5 月 6 日，国务院、中央军委批转国家水产总局《关于划定南海区和福建省沿海机动渔船底拖网禁渔区线的意见》（以下简称《意见》），确定了南海和北纬 27°以南的福建省沿海禁渔区线的位置。禁渔区线的划分旨在保护海洋渔业资源，维护我国海洋渔业资源权限，避免机动渔船与风帆渔船、大船与小船、境内外渔船之间的矛盾。

1）南海禁渔区线位置

从东端接近南海与东海之间的分界线，西端至海南岛东部，在全线长达 910 n mile 之间划定南海区禁渔区线。表 2.1 为《意见》中设定的南海禁渔区线的 10 个基点坐标位置，将它们做成联结线，在此线以北、以西的我国海域，定为禁渔区。

表 2.1　南海禁渔区线位置

基点序号	经度	纬度
第一基点	117°40′E	23°10′N
第二基点	117°25′E	23°00′N
第三基点	115°10′E	22°05′N
第四基点	114°50′E	22°05′N

续表

基点序号	经度	纬度
第五基点	114°00′E	21°30′N
第六基点	112°20′E	21°00′N
第七基点	111°35′E	20°00′N
第八基点	110°40′E	18°30′N
第九基点	109°50′E	17°50′N
第十基点	109°00′E	18°00′N

2）北部湾禁渔区线位置

在北部湾海域划分禁渔区线，可与海南岛南面的禁渔区线联结起来，对保护资源、海防有利，因而《意见》中对北部湾也划定了禁渔区线，其基点如表 2.2 所示。

表 2.2 北部湾禁渔区线位置

基点序号	经度	纬度
第十基点（即前述南海禁渔区线的第十基点）	109°00′E	18°00′N
第十一基点	108°30′E	18°20′N
第十二基点	108°20′E	18°45′N
第十三基点	108°20′E	19°20′N
第十四基点	109°00′E	20°00′N
第十五基点	108°50′E	20°50′N
第十六基点	108°30′E	21°00′N
第十七基点	108°04′E	21°31′N

2. 禁渔期

为加强水生生物资源保护，《中华人民共和国渔业法》明确要求渔业主管部门在重要渔业水域实行禁渔和禁渔期制度。禁渔期是指政府规定的禁止或者是限制捕捞海内动物的活动期间。[2]

为加强水域生态文明建设，深入推进渔业高质量发展，2020 年 3 月 5 日，农业农村部发出通知，印发《“中国渔政亮剑 2020”系列专项执法行动方案》[3]，该方案中提出了“海洋伏季休渔专项执法行动”，明确了行动时段为 5 月 1 日至 9 月 16 日，各海区休渔时间按照《农业部关于调整海洋伏季休渔制度的通告》（农业部通告〔2018〕1 号）执行。主要任务包括：①多角度、全方位宣传海洋伏季休渔政策；②坚持船籍港休渔原则，以县（区）为单位建立休渔渔船台账，实施“依港管船”“定人联船”“船位报告”“信息周报”；③充分发挥渔船船位监控、安全生产监管平台等的作用，实时掌握所辖渔船动态；④突出重点区域，强化“机动渔船底拖网禁渔区线”“北纬 35°线”“北纬 26.5°线”“省际交界线”等分界线两侧海域执法。

2021 年 3 月 5 日，农业农村部印发《“中国渔政亮剑 2021”系列专项执法行动方案》[4]，对于海上伏季休渔专项执法行动，明确了各海区休渔时间按照《农业农村部关于调整海洋伏季休渔制度的通告》（农业部通告〔2021〕1 号）执行。继续实施船籍港休渔，以县（区）为单位建立应休渔渔船台账，落实“依港管船”“定人联船”“船位报告”“定期点船”“信息周报”等管理制度，突出“机动渔船底拖网禁渔区线”“省际交界线”和渤海、黄海北部、长江口外等重点海域巡航监管。

2.2.2 海洋功能区划

海洋功能区划是根据海域区位、自然资源、环境条件和开发利用的要求，按照海洋功能标准，将海域划分为不同类型的功能区，目的是为海域使用管理和海洋环境保护工作提供科学依据，为国民经济和社会发展提供用海保障。同时海洋功能区划也是海域使用管理和海洋环境保护的重要制度，是海域资源开发、控制和综合管理以及编制各类涉海规划的法定依据。我国海洋功能区划的范围包括我国管辖的内水、领海、毗连区、专属经济区、大陆架以及管辖的其他海域。2012 年 11 月，国务院批复了《广东省海洋功能区划（2011—2020 年）》[5]。

1.海域总体布局

我国全部管辖海域划分为农渔业、港口航运、工业与城镇用海、矿产与能源、旅游休闲娱乐、海洋保护、特殊利用、保留八类海洋功能区。根据《全国海洋功能区划（2011—2020 年）》和海洋开发与保护的总体布局，按照科学分析、准确定位、综合平衡、合理分区的原则，《广东省海洋功能区划（2011—2020 年）》（以下简称为《海洋功能区划》）将广东管理海域划分为 14 个管理区域，旨在将广东打造成为提升我国海洋经济国际竞争力的核心区、促进海洋科技创新和成果高效转化的集聚区、加强海洋生态文明建设的示范区、推进海洋综合管理的先行区。表 2.3 为这 14 个管理区域的具体海域范围及主要功能。

表 2.3 管理区域组成范围及主要功能一览表

序号	管理区域	组成范围	海岸线长度/km	海域面积/km^2	主要功能
1	大埕湾—柘林湾及周边海域	大埕湾、英港、柘林湾及周边海域	75	262	农渔业、工业与城镇用海、港口航运
2	南澳岛及周边海域	南澳岛至南澎列岛周边海域	—	2 356	旅游休闲娱乐、农渔业、海洋保护
3	汕头港及周边海域	东屿湾、莱芜湾、汕头港、广澳湾及周边海域	230	2 015	港口航运、工业与城镇用海、旅游休闲娱乐
4	海门湾—神泉港及周边海域	海门湾、靖海港、神泉港及周边海域	119	1 297	工业与城镇建设、农渔业和旅游休闲娱乐
5	碣石湾—红海湾及周边海域	甲子港、碣石湾、红海湾及周边海域	460	6 372	农渔业、旅游休闲娱乐、工业与城镇用海
6	大亚湾及周边海域	考洲洋、大亚湾、大鹏湾及周边海域	435	5 156	海洋保护、港口航运、旅游休闲娱乐、农渔业

续表

序号	管理区域	组成范围	海岸线长度/km	海域面积/km^2	主要功能
7	狮子洋—伶仃洋及周边海域	黄埔港、深圳湾、虎门、蕉门、洪奇门、横门及周边海域	480	1 973	港口航运、工业与城镇用海、旅游休闲娱乐
8	万山群岛及周边海域	担杆列岛、佳蓬列岛、万山列岛、外伶仃岛、桂山岛及周边海域	—	4 803	旅游休闲娱乐、港口航运、农渔业
9	磨刀门—黄茅海及周边海域	银洲湖、磨刀门、鸡啼门、虎跳门、崖门、黄茅海及周边海域	242	3 765	港口航运、工业与城镇用海、农渔业、旅游休闲娱乐
10	广海湾—川山群岛及周边海域	广海湾、镇海湾、川山群岛及周边海域	325	4 621	农渔业、工业与城镇用海、旅游休闲娱乐
11	海陵湾及周边海域	海陵湾、面前海、沙扒港和南鹏列岛周边海域	324	10 315	港口航运、农渔业、旅游休闲娱乐
12	博贺湾—水东湾及周边海域	博贺湾、水东湾和大放鸡岛周边海域	182	5 981	农渔业、港口航运、旅游休闲娱乐
13	湛江湾及周边海域	鉴江口、湛江湾、雷州湾和东海岛、南三岛、硇洲岛周边海域	619	9 067	港口航运、工业与城镇用海、农渔业、旅游休闲娱乐
14	琼州海峡—英罗港及周边海域	琼州海峡、流沙湾、海康港、安铺港和英罗港及周边海域	623	5 908	海洋保护、农渔业、旅游休闲娱乐、工业与城镇用海

2.海洋基本功能分区

由前可知，根据国家关于海洋功能区划的技术规范，将海洋功能区划分为八大类。对于每一类海洋功能区又分为海岸基本功能区和近海基本功能区两种类型。海岸基本功能区是指依托海岸线，向海一侧有一定宽度的海洋区域。近海基本功能区是指海岸基本功能区向海一侧的外界与管理海域外部界线之间的海洋区域。

在这些功能区中与岸基雷达网监控密切相关的有农渔业区、港口航运区、海洋保护区和矿产与能源区，在本节着重主要介绍前三个海洋功能区。

1）农渔业区

农渔业区是指适于拓展农业发展空间和开发利用海洋生物资源，可供围垦、渔港和育苗场等渔业基础设施建设，海水增养殖和捕捞生产，以及重要渔业品种养护的海域。包括农业围垦区、养殖区、增殖区、捕捞区、水产种质资源保护区、渔业基础设施区等二级类功能区。《海洋功能区划》划定了 22 个农渔业区，面积达到 4 914 324 hm^2。其中，属于海岸基本功能区的农渔业区有 20 个，面积为 587 583 hm^2，具体信息见表 2.4；属于近海基本功能区的有 2 个，具体信息见表 2.5。

表 2.4　农渔业区海岸基本功能区

序号	海岸基本功能区	地区
1	汕头港—大埕湾	汕头市、潮州

续表

序号	海岸基本功能区	地区
2	牛田洋	汕头市
3	海门湾—广澳湾	揭阳市、汕头市
4	田尾山—石碑山	汕尾市、揭阳市
5	碣石湾	汕尾市
6	红海湾	汕尾市
7	考洲洋	惠州市
8	港口	惠州市
9	大鹏澳	深圳市
10	南澳湾—大鹿湾	深圳市
11	都斛	江门市
12	川山群岛	江门市
13	平岗—东平	阳江市
14	丰头河	阳江市
15	电白—江城	茂名市、阳江市
16	南三—博贺	湛江市、茂名市
17	雷州湾	湛江市
18	流沙港	湛江市
19	乌石—西连	湛江市
20	英罗港—海康港	湛江市

表 2.5 农渔业区近海基本功能区

序号	近海基本功能区	地区
1	湛江—珠海	湛江市、茂名市、阳江市、江门市
2	珠海—潮州	珠海市、深圳市、惠州市、汕尾市、揭阳市、汕头市、潮州市

针对农渔业区的管理要求是：按照提升近海、开发深海、拓展远洋的原则，优化配置现代海洋渔业发展用海。在农渔业区重点支持深水网箱养殖基地、人工鱼礁和现代海洋牧场建设，切实保障传统渔民生产用海、渔业基础设施建设用海。科学控制海湾养殖规模和密度。防止养殖自身污染和水体富营养化，防止外来物种入侵。严格控制近海捕捞强度。加强水生生物产卵场、索饵场、越冬场及洄游通道保护，保持海洋生态系统结构与功能的稳定。严格执行农渔业区海水水质标准。

2）港口航运区

港口航运区是指适于开发利用港口航运资源，可供港口、航道和锚地建设的海域。包括港口区、航道区、锚地区等二级类功能区。《海洋功能区划》划定了 43 个港口航运区，面积达到 90 678 hm^2。其中，属于海岸基本功能区的有 33 个，面积为 80 995 hm^2，具体信息见表 2.6；属于近海基本功能区的有 10 个，面积为 9683 hm^2，具体信息见表 2.7。

表 2.6 港口航运区海岸基本功能区

序号	海岸基本功能区	地区
1	流沙湾	湛江市
2	南山—海安	湛江市
3	湛江港	湛江市
4	水东湾	茂名市
5	博贺—爵山	茂名市
6	海陵湾	阳江市
7	恩平	江门市
8	银洲湖	江门市
9	高栏	珠海市
10	斗门	珠海市
11	横琴岛	珠海市
12	九洲港	珠海市
13	香洲湾	珠海市
14	横门岛	中山市
15	南沙	广州市
16	黄埔	广州市
17	麻涌	东莞市
18	沙尾	东莞市
19	沙田	东莞市
20	大铲湾—蛇口湾	深圳市
21	沙头角—盐田正角咀	深圳市
22	惠州	惠州市
23	碧甲	惠州市
24	品清湖	汕尾市
25	施公寮	汕尾市
26	前詹	揭阳市
27	靖海	揭阳市
28	海门	汕头市
29	广澳湾	汕头市
30	榕江	汕头市、揭阳市
31	莱芜	汕头市
32	三百门	潮州市
33	柘林湾—大埕湾	潮州市

表 2.7　港口航运区近海基本功能区

序号	近海基本功能区	地区
1	大万山岛	珠海市
2	三角岛	珠海市
3	桂山岛	珠海市
4	三门列岛	珠海市
5	龙穴岛	广州市
6	泥洲岛	东莞市
7	马鞭洲	惠州市
8	达濠岛北部	汕头市
9	前江湾	汕头市
10	烟墩湾	汕头市

针对港口航运区的管理要求是：按照深水深用、布局合理、结构优化、层次分明的原则，深化港口岸线资源整合，完善港口布局，推进沿海港口规模化、专业化协调发展，提升港口现代化水平。切实保障沿海主要港口和地区重要港口的用海需求。维护沿海主要港口、航路和锚地海域功能，保障航运安全。港口基础设施及临港配套设施建设应集约高效利用岸线资源和海域空间。加强港口应急设施建设和海域水质监管，减少对临近功能区主导功能的影响。

3）海洋保护区

海洋保护区指专供海洋资源、环境和生态保护的海域。包括海洋自然保护区和海洋特别保护区等二级类功能区。《海洋功能区划》划定了海洋保护区 59 个，面积 590 906 hm^2。其中，属于海岸基本功能区的有 13 个，面积 177 436 hm^2，具体信息见表 2.8；由表 2.8 可知，在 13 个海洋保护区海岸基本功能区内，湛江市有 7 个，占全省的 53.8%。属于近海基本功能区的有 46 个，面积 413 470 hm^2，具体信息见表 2.9；由表 2.9 可知，在 46 个海洋保护区近海基本功能区内，湛江市有 13 个，占全省的 28.3%。湛江两种类型的海洋保护区加起来共 20 个，是广东省海洋保护区最多的城市。

表 2.8　海洋保护区海岸基本功能区

序号	功能区名称	地区
1	英罗港	湛江市
2	角头沙东北部	湛江市
3	企水—乌石	湛江市
4	徐闻西部	湛江市
5	北莉口	湛江市
6	通明海	湛江市
7	五里山港	湛江市
8	水东湾	茂名市

续表

序号	功能区名称	地区
9	程村	阳江市
10	万顷沙	广州市
11	深圳湾	深圳市
12	大亚湾	深圳市、惠州市
13	港口	惠州市

表 2.9 海洋保护区近海基本功能区

序号	功能区名称	地区
1	江洪港西	湛江市
2	角头沙西	湛江市
3	流沙湾口	湛江市
4	南渡河口	湛江市
5	东里	湛江市
6	特呈岛	湛江市
7	后海岛北	湛江市
8	硇洲岛南	湛江市
9	硇洲岛东	湛江市
10	吴阳	湛江市
11	博茂港西南	湛江市
12	博茂港南	湛江市
13	茂港	茂名市、湛江市
14	放鸡岛南	茂名市
15	青洲	阳江市
16	大树岛	阳江市
17	海陵岛北	阳江市
18	海陵岛东北	阳江市
19	南鹏列岛	阳江市
20	头芦排	阳江市
21	大帆石	江门市
22	乌猪洲	江门市
23	大襟岛	江门市
24	淇澳岛	珠海市
25	珠江口	珠海市、深圳市
26	佳蓬列岛	珠海市
27	担杆列岛	珠海市
28	虎门	东莞市

续表

序号	功能区名称	地区
29	针头岩	惠州市
30	遮浪南	汕尾市
31	遮浪	汕尾市
32	碣石湾近海	汕尾市
33	神泉	揭阳市
34	前詹	揭阳市
35	广澳湾	汕头市
36	莱芜	汕头市
37	新津	汕头市
38	平屿	汕头市
39	南澎列岛	汕头市
40	乌屿南	汕头市
41	赤屿	汕头市
42	乌屿	汕头市
43	大埕湾	潮州市
44	大埕湾南	潮州市
45	溜牛礁	潮州市
46	东沙群岛珊瑚礁和海鸟自然保护区	广东省

针对海洋保护区的管理要求是：加强红树林、珊瑚礁、海草床、滨海湿地、海岛、海湾、入海河口、重要渔业水域等具有典型性、代表性的海洋生态系统，珍稀、濒危海洋生物的天然集中分布区，具有重要经济价值的海洋生物生存区，以及具有重大科学文化价值的海洋自然历史遗迹和自然景观的保护，逐步建立类型多样、布局合理、功能完善的海洋保护区体系。严格限制影响保护对象和保护区环境质量的用海活动。海洋保护区执行一类海水水质标准。

2.2.3　沿海经济带发展规划

2017 年 12 月广东省人民政府印发了《广东省沿海经济带综合发展规划（2017—2030 年）》（粤府〔2017〕119 号）（以下简称为《发展规划》）。《发展规划》针对海洋主体功能区划分为优化开发区域、重点开发区域、限制开发区域、禁止开发区域 4 类区域。优化开发区域是指现有开发利用强度较高，资源环境约束较强，产业结构急需调整和优化的海域，面积 21 589 km^2；重点开发区域是指在沿海经济社会发展中具有重要地位，发展潜力较大，资源环境承载能力较强，可以进行高强度集中开发的海域，面积 8348 km^2；限制开发区域是指以提供海洋水产品为主要功能的海域，包括用于保护海洋渔业资源和海洋生态功能的海域，面积 28 499 km^2；禁止开发区域是指对维护海洋生物多样性，保护典型海洋生态系统具有重要作用的海域，包括海洋自然保护区、领海基点所在岛屿等，扣除重复面积后为 6279 km^2，依法对各类自然保护区实行强制性保护，对领海基点所在岛屿实行全岛保护。《发展规划》还确定了“六湾区一半岛”和“五岛群”的发展格局。

1.“六湾区一半岛”的发展格局

“六湾区一半岛”是指环珠江口湾区、环大亚湾湾区、大广海湾区、大汕头湾区、大红海湾区、大海陵湾区和雷州半岛。将它们作为保护开发单元，串联广东沿海，优化海洋空间分区规划，明确湾区发展指引，以湾区统筹滨海区域发展，推进跨行政区海洋资源整合，构建各具特色、功能互补、优势集聚、人海和谐的滨海发展布局。表 2.10 为“六湾区一半岛”所涉及的陆域和海域及发展定位。[1]

表 2.10 “六湾区一半岛”的范围及发展定位

序号	湾区及半岛名称	陆域	海域	发展定位
1	环珠江口湾区	珠海、中山、广州、东莞和深圳	由西江、北江和东江冲积而成的 3 个小三角洲及珠江口外海的岛群共同组成	具有国际影响力的世界级城市群和宜居优质生活圈，我国南方海洋科技中心和国际航运中心，粤港澳大湾区核心区域，我国最重要的海洋产业集聚区之一
2	环大亚湾湾区	深圳、惠州	由大亚湾、大鹏湾以及大鹏半岛共同组成	国际级石化与港口物流基地、广东重要的海洋先进制造业基地、现代海洋服务业基地和重要的清洁能源生产基地
3	大广海湾区	江门	由黄茅海、广海湾、镇海湾和上下川群岛共同组成	广东海洋经济发展的新引擎、珠江三角洲辐射粤西及大西南的枢纽型节点和珠江西岸粤港澳合作重大平台
4	大汕头湾区	汕头、潮州、揭阳	由韩江和榕江出海口形成的冲积平原及南澳岛共同组成	粤台海洋产业合作的桥头堡，广东重要的国际港、物流中心和海洋产业基地
5	大红海湾区	汕尾	由碣石湾和红海湾两个海（港）湾共同组成	广东新型能源基地、临海型先进制造业基地、海洋渔业深加工基地和海洋产业转移示范区
6	大海陵湾区	阳江、茂名	由北津港、海陵湾、沙扒港、博贺港、水东湾、海陵岛及附近其他岛屿共同组成	广东沿海临港工业基地、先进装备制造业基地、滨海旅游和海洋文化基地
7	雷州半岛	湛江	雷州半岛及其周边岛群共同组成	我国西南重要通道、广东临海重化工业及物流基地和国家级海洋重点保护区

2.“五岛群”的发展导向

《发展规划》提出了着力加强“五岛群”保护利用。基于海岛的自然属性、分布特征，结合相关规划，将全省海岛分为珠江口岛群、大亚湾岛群、川岛岛群、粤东岛群和粤西岛群五大岛群，明确发展导向和发展重点。充分利用海岛及邻近海域渔业、旅游、港口和海洋可再生能源等，拓展海洋综合开发空间。表 2.11 给出了“五岛群”的岛区范围和发展导向[1]。

表 2.11　“五岛群”的岛区范围和发展导向

序号	岛群名称	岛区范围	发展导向
1	珠江口岛群	深圳东部沿海岛区、狮子洋岛区、伶仃洋岛区、万山群岛区、磨刀门—鸡啼门沿岸岛区、高栏岛区 6 个岛区	重点发展海洋交通运输业、滨海旅游业、临港现代工业、海洋高新技术产业
2	大亚湾岛群	虎头门以北沿岸岛区、虎头门—大亚湾口岛区、平海湾沿岸岛区、沱泞列岛区、考洲洋岛区 5 个岛区	重点发展海洋交通运输业、滨海旅游业和临港现代工业
3	川岛岛群	川山群岛区、大襟岛区、台山沿岸岛区 3 个岛区	重点发展滨海旅游业、海洋交通运输业
4	粤东岛群	南澳岛区、柘林湾岛区、达濠岛区、海门湾—神泉港沿岸岛区、甲子湾—碣石湾沿岸岛区、红海湾岛区、东沙群岛区 7 个岛区	重点发展现代海洋渔业、海洋交通运输业、海洋生态旅游业
5	粤西岛群	南鹏列岛区、阳江沿岸岛区、茂名沿岸岛区、吴川沿岸岛区、湛江湾岛区、新寮岛区、外罗港—安铺港沿岸岛区 7 个岛区	重点发展现代海洋渔业、滨海旅游业

2.2.4　海洋生态红线

从目前的分类体系看，海洋功能区划只是将需要保护的海域划分为海洋保护区，而已经遭到破坏的生态系统并没有做具体的整治和恢复规划。在此背景下，海洋生态红线制度的推出弥补了海洋功能区划在海洋生态保护方面的不足。海洋功能区划与海洋生态红线两者的管控制度不同。海洋功能区划是在《中华人民共和国海域使用管理法》约束下的对人类活动的指导性、规范性制度，要求各涉海项目都应符合该功能区的要求。海洋生态红线区划是禁止性制度，在重要保护区内禁止或限制任何可能对生态系统造成影响的开发活动。

2012 年国家海洋局印发了《关于建立渤海海洋生态红线制度的若干意见》，开始了我国海洋生态红线的划定工作。海洋生态红线是依据海洋自然属性以及资源和环境特点，划定对维护国家和区域生态安全及经济社会可持续发展具有关键作用的重要海洋生态功能区、海洋生态敏感区或脆弱区，并实施严格保护的海洋管理制度。海洋生态红线区划目的是控制海洋资源开发利用规模，保护海洋生态健康，扭转生态环境恶化趋势，维持海洋生态系统功能的完整性和连通性。

海洋生态红线区共分为禁止开发区和限制开发区两个管控类别，主要包括重要河口、重要滨海湿地、特别保护海岛、海洋保护区、自然景观及历史文化遗迹、珍稀濒危物种集中分布区、重要渔业水域、重要滨海旅游区、重要砂质岸线及邻近海域、沙源保护海域、红树林、珊瑚礁及海草床等类型。在禁止开发区内严禁实施任何与保护无关的开发活动，无特殊原因禁止人类进入，严格控制人为干扰；在限制开发区内严格执行《中华人民共和国自然保护区条例》和《海洋特别保护区管理办法》的相关制度，禁止任何破坏行为并加强对受损生境的修复。[6-7]

2017 年 9 月 29 日，广东省人民政府对广东省海洋与渔业厅《关于印发〈广东省海洋生态红线〉的请示》做出了批复，同意《广东省海洋生态红线》。

《广东省海洋生态红线》划定了 13 类、268 个海洋生态红线区，确定了广东省大陆自然岸线保有率、海岛自然岸线保有率，近岸海域水质优良（一、二类）比例等控制指标，指出生态红线是广东省海洋生态安全的基本保障和底线，必须严守，不得突破。将构建全覆盖的综合监视监测体系，及时监测、分析、评价海洋开发利用活动和海洋生态环境状况。

《广东省海洋生态红线》所划定的海洋生态红线区总面积 18 163.98 km^2，占全省管辖海域的 28.07%。其中，禁止类红线区 47 个，总面积 2425.05 km^2；限制类红线区 221 个，总面积 15 738.93 km^2。13 类海洋生态红线区包括：海洋保护区、重要河口生态系统、重要滨海湿地、重要渔业海域、特别保护海岛、自然景观与历史文化遗迹、重要砂质岸线及邻近海域、沙源保护海域、重要滨海旅游区、珍稀濒危物种集中分布区、红树林、珊瑚礁、海草床。[8]

2.3 海洋渔业经济

广东一般拥有先行先试的政策优势，深圳、珠海、汕头是改革开放之初设立的经济特区，广州和湛江是改革开放之初全国首批 14 个沿海开放城市。近年来又有开发开放广东自贸区、粤港澳大湾区等政策。广东是中国的经济大省，经济总量连续 29 年蝉联中国第一，是中国经济的发动机之一。广东的海洋经济也连续 29 年蝉联中国第一，因而广东的海洋渔业产业在中国经济发展中有着举足轻重的地位。

2.3.1 渔区的划分

为便于对捕鱼渔船生产的指挥和调度，进行渔获物的种类和数量统计，国家对捕捞生产水域划分区域单位。渔区是海洋渔业水域的区划单位，渔区的划分还可用于掌握渔船位置、海损事故的调查处理、水产资源调查、科学研究等。

我国依据经度和纬度将海面划成若干个区，以经纬度各 30′所围成的范围称为一个渔区。我国渔区的编号顺序是自北向南，在同一纬度上，则由西向东进行编号，每个渔区的号码是固定的。为了使用方便，又按经度和纬度各 10′，把 1 个渔区划分成 9 个小渔区，每个小渔区也分别标有号数，编号顺序是从上到下、从左到右，如图 2.1 所示，图中的 140 为渔区的区号，数字 1～9 为按经度和纬度各 10′划出来的针对区号为 140 的这个渔区的 9 个小渔区。

我国渔区的范围是以东经 125°为界，从渤海开始，然后黄海、东海和南海，共计 945 个渔区。由于地球是个椭圆体，在海图上经度 1′的长度在不同的纬度处都是相等的，而纬度 1′的长度随着纬度的升高在逐渐增长，所以每个渔区的面积也随着纬度的增高而逐渐缩小，只有在同纬度上面积是相等的。例如，南海最南端水域，每个渔区的面积约等于 900 n $mile^2$，而在北纬 40°水域，每个渔区的面积约为 687 n $mile^2$。测量渔区面积时应首先量取所求渔区的纵向长度，然后在其附近的纬度比例尺上确定其长度数值，再与横向长度（均为 30 n mile）相乘，则为该渔区面积。[9]

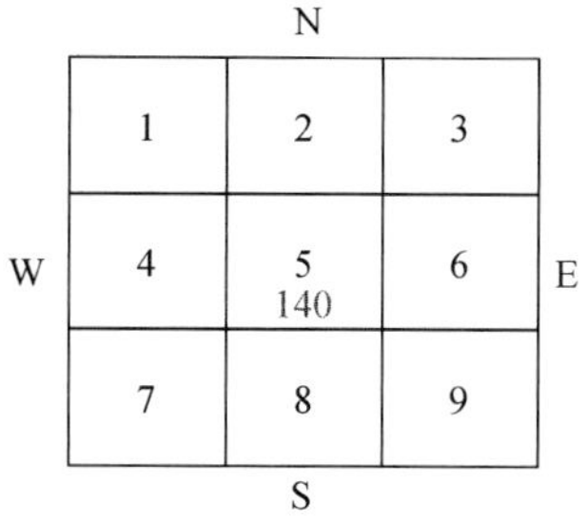

图 2.1　我国渔区划分与编号的示意图

2.3.2　海洋生产总值

国内生产总值（gross domestic product，GDP）是指按国家市场价格计算的一个国家（或地区）所有常住单位在一定时期内生产活动的最终成果，被公认为是衡量国家经济状况的最佳指标。国内生产总值是核算体系中一个重要的综合性统计指标，也是我国新国民经济核算体系中的核心指标，它反映了一国（或地区）的经济实力和市场规模。

海洋生产总值（gross ocean product，GOP）是海洋经济生产总值的简称，指按市场价格计算的沿海地区常住单位在一定时期内海洋经济活动的最终成果，是海洋产业和海洋相关产业增加值之和，包括海洋渔业、海洋油气业、海滨砂矿业、海洋盐业、海洋化工业、海洋生物医药业、海洋电力和海水利用业等。它是反映地区海洋经济活动的总量指标，与国民经济核算中的 GDP 相对应。同理，海洋生产总值年均增长率同 GDP 增速一样是描述地区海洋经济增长情况最重要的宏观经济指标。[10]

1996～2019 年全国和广东省的海洋生产总值如图 2.2 所示。从 1996 年开始，我

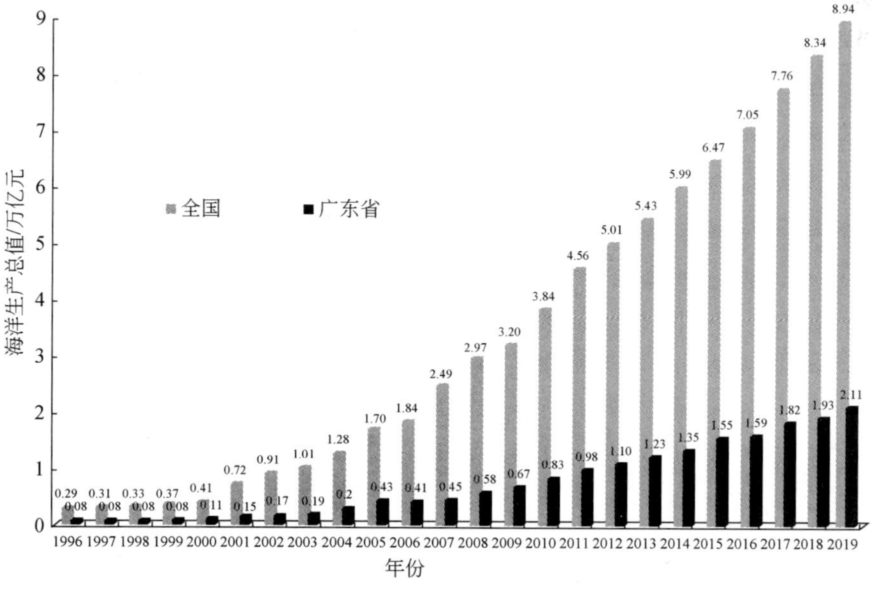

图 2.2　1996～2019 年全国和广东省的海洋生产总值

注：资料来源于历年《中国海洋经济统计公报》

国海洋生产总值逐年增加，2003 年突破了 1 万亿元，2012 年超过了 5 万亿元而且增长速度加快，到了 2019 年达到 8.94 万亿元；广东省海洋生产总值于 2012 年首次超过 1 万亿元，2019 年达到 2.11 万亿元。广东海洋经济一直领跑全国，海洋经济已经成为广东经济发展的新增长极，广东也成为全国海洋经济发展的核心区之一。

2.3.3　海洋渔业经济总产值

渔业经济是农业经济的重要组成部分，在我国国民经济中占有重要地位。海洋渔业是我国海洋经济中发展较早的传统产业之一，也是最传统的基础产业，居重要地位。

由中华人民共和国国家质量监督检验检疫总局和中国国家标准化管理委员会发布并于 2007 年 5 月 1 日起实施的《海洋及相关产业分类》（GB/T 20794—2006），给出了海洋渔业的定义和分类。海洋渔业包括海水养殖、海洋捕捞、海洋渔业服务及海洋水产品加工等活动。其中海水养殖分为海上养殖、滩涂养殖、路基养殖和其他海水养殖。海上养殖是指在大潮低潮线以下从事海水养殖的生产活动，包括底播增殖、浮筏养殖、网箱养殖等方式；滩涂养殖是指利用潮间带软泥质或沙泥质滩涂，加以平整、筑堤、建坞，养殖海水经济动植物的生产活动。海洋捕捞分为远洋捕捞和近海捕捞。远洋捕捞是指在非本国管辖海域（外国专属经济区、大陆架或者公海）从事的对各种天然水生动植物的捕捞活动，包括大洋渔业和跨洋渔业；近海捕捞是指在中国专属经济区、大陆架以内海域从事的对各种天然水生动植物的捕捞活动，分为定置网具捕捞、拖网、围网捕捞。由国家统计局、中国标准化研究院起草，国家质量监督检验检疫总局、中国国家标准化管理委员会批准发布，并于 2017 年 10 月 1 日起实施《国民经济行业分类》（GB/T 4754—2017），将渔业分为水产养殖和水产捕捞。其中，水产养殖又分为海水养殖和内陆养殖，水产捕捞分为海洋捕捞和内陆捕捞。

从生产产量的角度看，海洋渔业经济总产值主要包括海水养殖和海洋捕捞两个方面。海洋捕捞是一个渔业词汇，是指在海洋中对各种天然水生动植物的捕捞活动，包括对各种鱼、虾、蟹、贝、珍珠、藻类等天然海水动植物的捕捞。海水养殖是利用浅海、滩涂、港湾、围塘等海域进行饲养和繁殖海产经济动植物的生产方式，是人类定向利用海洋生物资源、发展海洋水产业的重要途径之一。

2019 年广东省渔业经济总产值为 36 239 420.5 万元，其中，渔业产值 14 584 612.84 万元，在渔业产值中海洋捕捞为 1 484 156.00 万元，占渔业产值的 10.2%；海水养殖①为 6 218 722.00 万元，占渔业产值的 42.6%。2019 年广东省水产品总产量为 86.6 万 t，其中海洋水产品总量为 45.4 万 t，占全省水产品总量的 52.4%；海水养殖 32.9 万 t；海洋捕捞 11.9 万 t。海洋渔业提供了大量的就业岗位，2019 年广东省渔业从业人员达到 123 万人。[11]

图 2.3 和图 2.4 分别为全国和广东省 1996～2019 年海洋水产品产量、海洋捕捞产量、海水养殖产量走势图，数据取自于历年的《中国渔业统计年鉴》[12]。

---

① 《中国渔业统计年鉴》中使用的是“海洋养殖”一词，两者意义相同，本书统一使用“海水养殖”一词。

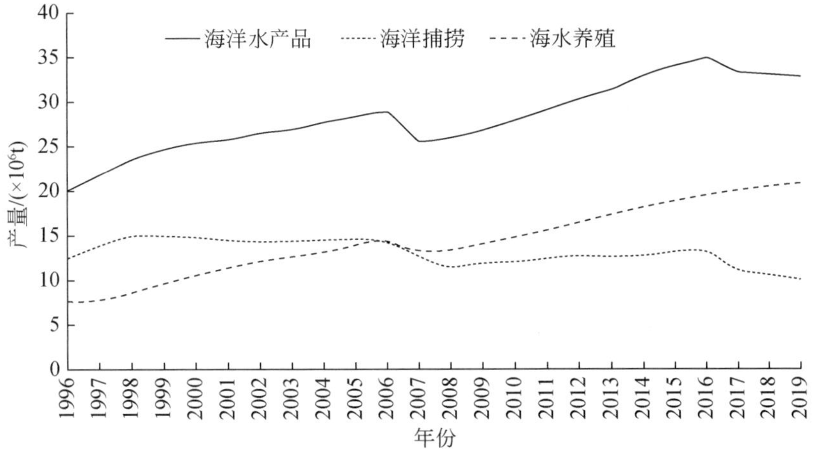

图 2.3　我国 1996～2019 年海洋水产品产量、海洋捕捞产量和海水养殖产量走势图

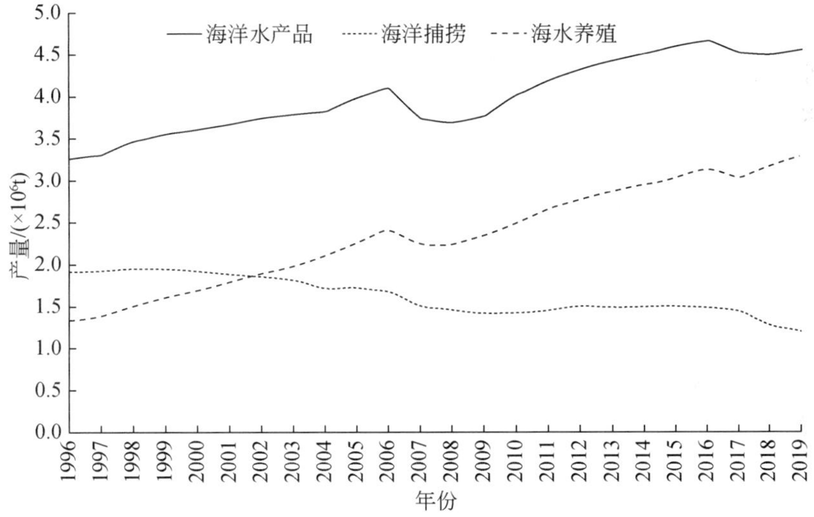

图 2.4　广东省 1996～2019 年海洋水产品产量、海洋捕捞产量和海水养殖产量走势图

由图 2.3 和图 2.4 可知，全国和广东省海洋水产品产量和海水养殖产量一直处于增产的态势。全国海洋捕捞的产量 24 年来徘徊在 10×10^6～15×10^6 t，而广东省的变化不大，一直没有突破 2×10^6 t，且 2019 年达到最低值，为 1.19×10^6 t，而且整体看，呈现下降趋势，这符合《中华人民共和国渔业法》中捕捞量低于渔业资源增长量的要求。[13]

2.4　近岸海域利用及发展

2.4.1　渔港建设

我国是世界渔业大国之一，渔船数、渔民数和水产品产量均居世界第一。我国又是海洋大国，自北至南分别为渤海、黄海、东海、南海四大海区，分布有黄海北部、辽东湾、渤海湾、莱州湾、烟威、连青石、海州湾、吕四、舟山、温台、闽东、闽南、粤东、珠江口、粤西、北部湾、西南中沙等 17 个主要渔场。渔业是我国经济发展的重要组成部分，同时也是渔民的重要经济来源。而渔港在我国渔业经济的发展中起到了至关重要的作用，它是渔业安全生产的重要基础，也是开发海洋资源的重要基地和枢纽。

渔港指为渔业生产服务和供渔业船舶停泊、避风、装卸渔获物、补给渔需物资的人工港口、自然港湾及综合港的渔业港区，包括水域、海岸线、陆域等。渔港的建设具有以下的重要作用：①渔港是推动海洋渔业发展的重要基础设施；②渔港是构建防灾减灾体系的重要屏障；③渔港是推进沿海经济社会发展的重要平台；④渔港是加快建设海洋强国的重要支点。

为促进海洋渔业持续健康发展，加快形成渔港经济区，提高渔业防灾减灾能力，2018 年 4 月 19 日，国家发改委、农业农村部联合印发《全国沿海渔港建设规划（2018—2025 年）》（发改农经〔2018〕597 号）（以下简称《国家渔港建设规划》）[14]，确定了渔港的分级标准，如表 2.12 所示；提出将规划建设辽东半岛、渤海湾、山东半岛、江苏、上海—浙江、东南、广东、北部湾、海南岛、南海等十大沿海渔港群，并具体明确了到 2025 年主要渔港群的安全避风容量和有效避风率，如表 2.13 所示。南海渔港群的建设目的是推动在永兴岛、晋卿岛和三大礁建设渔业补给基地，为南海渔业生产渔船提供避风锚泊和补给服务，提升南海渔船避风能力。

表 2.12　渔港的分级标准

渔港类别	鱼货卸港量/万 t	有效掩护水域面积/万 m^2	满足停泊、避风、补给渔船数/艘	服务范围
中心渔港	≥8	≥40	≥800	为跨省（区、市）渔船提供服务
一级渔港	≥4	≥30	≥600	为本省及邻近省（区、市）渔船提供服务
二级渔港	≥2		≥200	为本省（区、市）渔船提供服务
三级渔港	—	—	≥50	为本县（市）渔船提供服务
其他渔港	—	—	—	为传统及自然形成的渔船停泊点（岙口）或避风锚地

表 2.13　2025 年各渔港群安全避风容量和有效避风率*

渔港群名称	现有避风率/%	规划期末海洋渔船数量/艘	规划期末渔船安全避风容量需求/艘	拟布局渔港/座					规划期末渔港数量/座					规划期末渔船安全避风容量/艘	规划期末有效避风率/%
				合计	中心		一级		中心	一级	二级	三级	三级以下及未评级		
					新建	改扩建	新建	改扩建							
辽东半岛沿海渔港群	43.25	35 680	42 816	11	3	2	6	—	10	17	30	68	114	27 600	64.46

续表

渔港群名称	现有避风率/%	规划期末海洋渔船数量/艘	规划期末渔船安全避风容量需求/艘	拟布局渔港/座					规划期末渔港数量/座					规划期末渔船安全避风容量/艘	规划期末有效避风率/%
				合计	中心		一级		中心	一级	二级	三级	三级以下及未评级		
					新建	改扩建	新建	改扩建							
渤海湾沿海渔港群	59.27	8 906	10 687	2	1	—	1	—	4	5	12	1	11	8 650	80.94
山东半岛沿海渔港群	39.90	41 806	50 167	15	2	3	10	—	18	20	19	30	187	31 700	63.19
江苏沿海渔港群	80.86	8 224	9 869	6	—	3	3	—	7	7	16	1	19	13 050	100.00
上海—浙江沿海渔港群	71.66	26 152	31 382	23	1	10	3	9	14	17	28	45	152	29 250	93.21
东南沿海渔港群	40.87	55 129	66 155	40	3	16	21	—	21	25	45	96	58	45 600	68.93
广东沿海渔港群	31.51	46 786	56 143	27	3	8	15	1	14	23	34	13	20	32 450	57.80
北部湾沿海渔港群	48.05	9 592	11 510	12	—	4	6	2	5	9	6	1	2	10 650	92.53
海南岛沿海渔港群	29.80	25 117	30 140	13	1	4	8	—	7	12	10	8	31	15 400	51.09
合计	43.67	257 392	308 869	149	14	50	73	12	100	135	200	263	594	214 350	69.40

*有效避风率是指满足渔船跨区域流动避风需求特点的避风率，此表计算方法为：有效避风率=（渔船安全避风容量/渔船安全避风容量需求）×100%，渔船安全避风容量需求=海洋渔船数×1.2。依据“十三五”期间农业农村部减船目标 2 万艘，至 2025 年渔船安全避风容量需求为已考虑减船后的需求。

广东拥有丰富的港口资源、海洋生物资源、滨海旅游资源以及矿产和能源资源。拥有大小海湾 510 多个，其中适宜建港的有 200 多个，沿海分布有南北航线和通往东南亚各国的天然航道。全省现有渔港（包括综合港的渔业港区和渔船停泊区）共

136 座，其中经农业农村部公布的渔港 110 座，经农业农村部批复建设的中心和一级渔港 15 座（约占全国批复渔港数量的 12%）。根据《国家渔港建设规划》，广东沿海渔港群涉及潮州市、汕头市、揭阳市、汕尾市、惠州市、深圳市、东莞市、广州市、中山市、珠海市、江门市、阳江市，茂名市、湛江市。规划期内广东省农业农村厅将支持建设中心渔港 11 座（其中新建中心渔港 3 座、由现有中心渔港扩建 5 座、由现有一级渔港升级为中心渔港 3 座），建设一级渔港 16 座（改扩建现有一级渔港 1 座、新建一级渔港 15 座），渔船安全避风容量达到 32 450 艘，有效避风率达到 57.80%，推动形成饶平、南澳岛、汕头海门、揭阳、陆丰、汕尾（马宫）、惠州—深圳、珠江口、珠海、江门、阳东、海陵岛—阳西、茂名、湛江湾、遂溪—廉江、雷州、徐闻 17 个渔港经济区。

广东省也出台了《广东省现代渔港建设规划（2016—2025 年）》（以下简称为《广东省渔港规划》）[15]，在规划中明确指出广东省港口建设目前存在的问题，包括：渔港建设标准偏低、管理技术手段落后、数量不足等。《广东省渔港规划》表明，全省沿海拥有各类渔港 136 座，但大部分为天然形成的港湾或岙口，港口水域狭小，防波堤等建设标准偏低，防台减灾能力较弱，能够提供有效避风的渔港数量有限。大部分渔港防波堤设计波浪标准仅达到二十五年一遇的水平，只能抵御 10 级以下台风，远低于当前东南沿海百年一遇的设计标准，渔港设施根本不能满足渔船安全避风要求。避风型渔港（避风锚地）缺少整体规划、建设标准低，抗强台风能力十分薄弱。提出了“重点建设区域性避风锚地 6 座，示范性（一级）渔港 10 座，二级渔港 33 座、三级渔港 29 座……形成‘一轴、三区、多群’的空间布局结构，基本满足我省海洋渔船就近安全避风的需要，保障水产品安全稳定供给，逐渐实现渔港功能多元化，促进渔业增效、渔民增收和渔区社会经济和谐发展”的建设目标。“一轴”即以十大示范性（一级）渔港为节点的沿海发展轴，将各类渔港串珠成链，构建全省现代渔港主轴；“三区”包括粤东渔港湾区、珠江三角洲渔港湾区、粤西渔港湾区；“多群”即构建以沿海 62 座二级、三级渔港为基础、配套齐全的九大渔港群，如表 2.14 所示。

表 2.14　九大渔港群布局表

渔港湾区	渔港群	区域内渔港布局
粤东渔港湾区	潮州渔港群	示范性（一级）渔港：三百门渔港 二级、三级渔港：柘林渔港、大澳渔港、海山渔港
	揭汕渔港群	区域性避风锚地：海门避风锚地 示范性（一级）渔港：云澳渔港、海门渔港、神泉渔港 二级、三级渔港：后江渔港、莱芜渔业港区、达濠渔港、靖海渔港、资深渔港
	汕尾渔港群	区域性避风锚地：品清湖避风锚地 二级、三级渔港：甲子渔港、湖东渔港、碣石渔港、遮浪渔港、捷胜渔港、马宫渔港、鲘门港渔业港区、小漠港渔业港区

续表

渔港湾区	渔港群	区域内渔港布局
珠江三角洲渔港湾区	珠江口渔港群	示范性（一级）渔港：莲花山渔港 二级、三级渔港：港口渔港、稔山渔港、澳头港渔业港区、南澳渔业港区、盐田渔业港区、新湾渔港、新垦十九涌渔港、横门渔港、大冲口渔港、洪湾渔港、万山渔港、担杆渔港、白藤头渔业港区
	广海湾—川山群岛渔港群	区域性避风锚地：烽火角避风锚地 示范性（一级）渔港：沙堤渔港 二级、三级渔港：广海渔港、三洲渔业港区、横山渔港
粤西渔港湾区	阳江渔港群	区域性避风锚地：青草渡避风锚地 示范性（一级）渔港：闸坡渔港 二级、三级渔港：东平渔港、对岸渔港、江城渔业港区、溪头渔港、河北渔港、沙扒渔港
	茂名渔港群	示范性（一级）渔港：博贺渔港 二级、三级渔港：东山渔港、陈村渔港、水东渔业港区
	雷州湾渔港群	区域性避风锚地：硇洲避风锚地 示范性（一级）渔港：硇洲渔港 二级、三级渔港：王村渔港、博茂渔港、乾塘（三合窝）渔港、湛江港渔业港区、通明渔港、东南渔港、三吉渔港
	琼州海峡—北部湾渔港群	区域性避风锚地：乐民避风锚地 示范性（一级）渔港：乌石渔港 二级、三级渔港：和安渔港、外罗渔港、海安渔港、三塘渔港、角尾（港门）渔港、流沙渔港、海康港渔港、企水渔港、江洪渔港、草潭渔港、杨柑港、北潭渔港、营仔渔业港区、龙头沙渔港

2.4.2 海洋牧场

海洋牧场是基于海洋生态学原理和现代海洋工程技术，充分利用自然生产力，在特定海域，通过人工鱼礁、增殖放流、大型网箱等措施，构建或修复海洋生物繁殖、生长、索饵或避敌所需的场所。[16-17] 海洋牧场不仅是养护海洋渔业资源，修复海域生态环境的重要手段，也是拓展和合理配置渔业发展空间，优化海洋渔业发展布局，加快渔业发展方式转变，促进近海渔业可持续发展的有效举措。我国海洋牧场建设起步于 20 世纪 70 年代末，近 20 年来，顺应海洋渔业转型升级和海洋生态环境保护的需要，开始加速发展。[18]

2017 年 10 月农业部印发了关于《国家级海洋牧场示范区建设规划（2017—2025 年）》的通知（以下简称《海洋牧场规划》）[19]，规划到 2025 年在全国建设 178 个国家级海洋牧场示范区（包括 2015～2016 年已建的 42 个），探索放流与投礁相结合、渔业与旅游相整合、生态效益与经济效益相融合的现代海洋牧场发展道路。2019 年 12 月农业农村部办公厅印发《关于修订〈国家级海洋牧场示范区建设规划（2017—2025 年）〉的通知》[20]，对示范区规划建设数量进行适当调整，即到 2025 年，在全国创建区域代表性强、生态功能突出、具有典型示范和辐射带动作用的国家级海洋牧场示范区 200 个（包括截至 2018 年底已创建的 86 个）。表 2.15 和表 2.16 分别为 2017～2025 年广东省国家级海洋牧场示范区规划建设表，以及2015～2020年广东省已建国家级海洋牧场示范区的清单。[21-24]2020年12月25日农业农村部公布了第六批国家级海洋牧场示范区名单，广东省无新增国家级海洋牧场示范区。

表 2.15　2017～2025年广东省国家级海洋牧场示范区规划建设表（共27个）

序号	区域	海域名称
1	汕头	平屿
2	揭阳	前詹
3	汕尾陆丰	碣石湾金厢南
4	惠州	大辣甲
5		东山海
6		小星山
7	湛江	江洪
8		硇洲
9		盐灶
10		南三岛
11	珠海	庙湾
12		外伶仃
13		直湾岛
14	江门	乌猪洲
15		沙堤
16		下川西南
17	阳江	山外东
18		青洲岛
19		红鱼排
20		海陵岛
21	茂名	大放鸡岛
22		第一滩海域
23	吴川	博茂渔港西南部
24	深圳	大鹏湾
25		鹅公湾
26		杨梅坑
27		东涌—西涌

表 2.16 2015～2020 年广东省已经建设的国家级海洋牧场示范区清单

序号	批次	名称	所在海域	所占海域面积/hm^2	管理维护单位
1	第一批	广东省万山海域国家级海洋牧场示范区	珠海市万山海洋开发试验区	31 200	万山海洋开发试验区海洋与渔业局
2		广东省龟龄岛东海域国家级海洋牧场示范区	汕尾市城区	2 028	汕尾市城区海洋与渔业局
3	第二批	广东省南澳岛海域国家级海洋牧场示范区	汕头市南澳县	3 000	南澳县海洋与渔业局
4		广东省汕尾遮浪角西海域国家级海洋牧场示范区	汕尾市红海湾	2 100	汕尾市海洋与渔业局
5	第三批	广东省陆丰金厢南海域国家级海洋牧场示范区	汕尾市陆丰市	3 200	陆丰市海洋与渔业局
6		广东省阳江山外东海域国家级海洋牧场示范区	阳江市海陵岛东北、江城区山外东以南海域	6 800	阳江市海洋与渔业局
7		广东省茂名市大放鸡岛海域国家级海洋牧场示范区	茂名市大放鸡岛海域	3 308	茂名市海洋与渔业局电白分局
8		广东省遂溪江洪海域国家级海洋牧场示范区	湛江市遂溪县江洪港西部海域	6 700	遂溪县海洋与渔业局
9	第四批	广东省湛江市硇洲岛海域国家级海洋牧场示范区	湛江市硇洲岛海域	438	湛江市海洋与渔业局
10		广东省珠海市外伶仃海域国家级海洋牧场示范区	珠海市外伶仃海域	983	万山海洋开发试验区海洋与渔业局
11	第五批	广东省惠州小星山海域国家级海洋牧场示范区	惠州小星山海域	960	惠州市渔业研究推广中心
12		广东省阳西青洲岛风电融合海域国家级海洋牧场示范区	阳江市阳西县西南部青洲岛海域	49 730	阳西县农业农村局
13		广东省吴川博茂海域国家级海洋牧场示范区	吴川博茂海域	1 940	吴川市农业农村局

2.4.3 海砂开采

海砂开采是全球仅次于海洋油气开采的海洋开采产业，福建、广东一带是中国海砂资源最丰富的地方。但海砂开采属于一种改变海洋自然属性的生产活动，海砂开采会对水环境、水动力条件、海底地形及海床物质组成和海洋生态环境产生影响。

随着我国经济建设的高速开展，矿砂等陆地资源供需矛盾日益凸显，使得盗采海砂等海洋资源的现象日益猖獗，盗采、盗挖过程中造成国家经济损失、资源浪费、环境污染、生态破坏，影响渔民生活的事件也频频发生。这已经成为多种社会问题和环境问题的发生诱因。随着广东省沿海经济的快速发展，海砂在大型工程项目建设和填海造地中被广泛使用，海砂需求量急剧上升，沿海各地海砂开采活动十分活跃。合理地开发利用海砂能够使其服务于经济建设，促进海洋经济的发展，但盲目地、非科学地开采海砂将对海洋环境、海洋产业产生重大负面影响。海砂作为建设用砂补充砂源，在沿海地区有成本优势，但必须通过严格的淡水净化处理，去除氯离子等有害物质，才能达到建设用砂的标准，否则会引起混凝土结构中的钢筋快速锈蚀，导致混凝土结构失效，房倒屋塌，危胁人民群众生命财产安全。

海砂资源的开采必须经过勘探、招标、开采等流程。海砂资源的调查规划和海域生态环境影响论证是合理开采海砂资源、规划海砂开采活动的重要前提和基础，因而要通过海砂资源的调查，摸清海砂分布情况和资源储量，在科学论证的基础上进行合理规划。在完成海砂资源勘查，海域使用论证确定可进行海砂开采的区块后，进一步明确开采范围、开采规模、时限及评估标价（包括勘察费、论证费、海域使用金及资源补偿费等），以此为基础，报上级主管部门批准后，由省政府通过招标的方式出让海域使用权和海砂开采权。广东省制定了《广东省海砂开采三年行动方案(2019～2021)》，对供重点工程使用的珠江口黄茅海域、湛江东海岛东海域等 3 个区块海砂开采进行公开出让，以缓解当前广东河砂供应不足、砂石市场需求庞大的矛盾。《广东省海砂开采三年行动方案（2019～2021)》具体规定了海砂的开采区和海砂禁采区。距海岸线 12 n mile 以内的海域限制采砂，军事用海区、海底电缆管道保护范围、航道、锚地、船舶定线制海区和重要海洋生物的产卵场、索饵场、越冬场及栖息地禁止采砂。严格限制在可能危及跨海桥梁、海底隧道、海堤、海底电缆管道、海上油气开采等涉海工程安全的海域，以及可能对海岸线、海岸防护林带造成侵蚀危害的海域开展海砂开采、海域使用活动。

由于利益驱动和市场需求，在海上必然会同时存在合法采砂与非法采砂的情况，因而需要对从事海上采砂的船舶目标进行监控。

2.4.4 海上风电

海上风电，就是利用海上的风力资源，通过风力发电机来产生电能并输送至内陆电网。广东省沿海处于亚热带和南亚热带海洋性季风气候区，冬、夏季季候风特征十分明显。冬季风出现在 11 月到翌年 3 月，沿海被大陆性极地冷高压控制，盛行偏北风，气流比较干冷；夏季风发生在 4～10 月，受来自海洋的暖湿气流影响，盛行偏南风，气流比较湿暖。独特的自然地理条件，形成了特殊的风能资源分布特点。广东省沿海海面 100 m 高度层年平均风速可达 7 m/s 以上，并呈现东高西低的分布态势，在离岸略远的粤东海域，年平均风速可达 8～9 m/s 或以上；有效风能密度≥200 W/m^2 的等值线平行于海岸线，沿海岛屿的风能密度在 300 W/m^2 以上，粤东海域甚至可到 750 W/m^2。粤东海域风功率密度等级可达 5～6 级，粤西、珠江三角洲海域为 3～4 级，呈现出自东向西递减、自近岸向海中递增的趋势。全省海域≥3 m/s 的风速全年出现时间 7200～8200 h，有效风力出现时间百分率可达 82%～93%，可利用有效风速小时数较高。风向频率和风能密度的方向分布主要集中在 NNE（东北偏北）—ENE（东北偏东）方向上。综合湍流强度、强风湍流强度（≥15 m/s）和主导风向湍流强度（NNE—ENE）一般不超过 0.10，湍流强度较低。可见，广东省沿海平均风速较大，风功率密度和风能利用小时数较高，湍流强度较低，风能资源丰富、品质较好。[25]

2019 年 12 月 20 日广东省自然资源厅联合广东省发展和改革委员会、广东省工业和信息化厅发布了《关于印发〈广东省加快发展海洋六大产业行动方案（2019—2021 年）〉的通知》（粤自然资发〔2019〕51 号）[26]，针对加快发展海洋电子信息、海上风电、海洋生物、海洋工程装备、天然气水合物、海洋公共服务六大产业，制定了行动方案。明确海上风电产业的重点任务主要包括：①建设珠江三角洲海上风电科创金融基地。推进珠海、惠州等市海上风电项目建设。推动建设广东海上风电大数据中心。研发深海漂浮式海上风力发电成套设备，重点突破长距离输电等关键技术。探索建立海上风电全生命周期研发公共平台和台风多发领域试验场。②建设粤西海上风电高端装备制造基地。依托阳江海上风电产业基地，建设海上风电培训中心；依托粤西地区海上风电项目的规划布局，选址建设专业化、规模化海上风电总装与出运码头，打造南中国海海上风电装备出运母港。推进阳江、湛江等市海上风电项目建设。③建设粤东海上风电运维和整机组装基地。在汕头市建设海上风电整机组装基地；在揭阳建设海上风电运维基地，并配套一定规模的海上风电整机组装产能；在汕尾建设海上工程及配套装备制造产业基地。推进揭阳、汕尾、汕头等市海上风电项目建设。

2018 年 4 月，广东省发展和改革委员会发布了《广东省发展改革委关于印发〈广东省海上风电发展规划（2017—2030 年）（修编）〉的通知》（粤发改能新〔2018〕193 号）。根据《广东省海上风电发展规划（2017—2030 年）（修编）》，全省规划海上风电场址 23 个，总装机容量 6685 万 kW。包括：近海浅水区（35 m 水深以内）海上风电场址 15 个，装机容量 985 万 kW，其中粤东海域 415 万 kW，珠江三角洲海域 150 万 kW，粤西海域 420 万 kW；近海深水区（35～50 m 水深）规划海上风电场址 8 个，装机容量 5700 万 kW，分布在粤东、粤西海域。[25]

2.5　岸基雷达网辅助海上执法与设施看护的作用

一般情况下违法违规船舶常关闭 AIS 设备或使用无 AIS 设备的无证船舶，使得海上执法部门现有的基于 AIS 技术的船舶监控系统无法对其进行监控。另外，在我国，渔船归属渔政管理，较大的渔船都安装了 B 类 AIS 设备，由于小渔船不具备安装 AIS 设备的条件，因此还有相当数量的渔船无 AIS 设备。近海海域主要是小渔船，因而基本都没有安装 AIS 设备，如何对这些无 AIS 设备的渔船进行跟踪、监控和管理是渔政部门面临的一大问题。

岸基雷达具有远距离、全天候、全天时监控的特点，且是主动探测，通过 AIS、GPS 等信息对比，可及时发现船舶，保证海上执法部门对所管辖海域全时段、无盲区、实施动态的监控。对于非法捕捞、“三无”渔船监控、渔业设施和海上风电场的看护，能发挥重要的作用。

广东省岸基雷达网系统通过对海面目标的筛选、跟踪、区域警戒、光电联动等功能，能实现对海上船只等目标的 24 小时实时监控、取证和航迹记录，对近海捕捞渔船、采砂和运砂船、倾废船、网箱等海上目标，海岸线、海岛、保护区等区域海洋开发利用活动，海上安全生产等实施全面的、实时的监控，将极大提升广东省管辖海域的综合管控能力和水平，同时也可辅助进行“三无”渔船的清理工作以及针对电鱼活动的专项执法行动[3-4]。

2.5.1　海上执法

1.海上船舶分布现状

海上船舶是海洋经济发展的一种重要支撑设备。海上船舶作为一种主要工具，主要从事海洋运输以及为海洋运输提供服务的活动，包括远洋旅客运输、沿海旅客运输、远洋货物运输、沿海货物运输、水上运输辅助活动、管道运输业、装卸搬运及其他运输服务活动。渔船属于海上船舶的一种，主要用于捕捞和采集水生动植物，按照作业水域可分为海洋渔船和淡水渔船，海洋渔船又分沿岸、近海、远洋渔船。按照所担负的任务可分为捕捞渔船和海洋渔业辅助渔船两大类。

图 2.5 和图 2.6 为根据 2003～2019 年《中国渔业经济统计年鉴》统计的广东省各类船舶总量表，其中，图 2.5 为海洋机动渔船，包括生产渔船、捕捞渔船、养殖渔船。

由图 2.5 和图 2.6 可知，广东省海洋机动渔船数量有逐年下降的趋势，但其中的养殖渔船数量变化不大。海洋渔业辅助渔船总数变化也不大，渔业执法船的数量一直都很低，未超过 200 艘。以 2019 年为例，目前用于渔政监管的 AIS 基站只有 18 个、渔业执法船 162 艘（平均每 125 km 海岸线、1500 条渔船配备 1 艘渔业执法船），渔政监管的工作强度高、难度大。

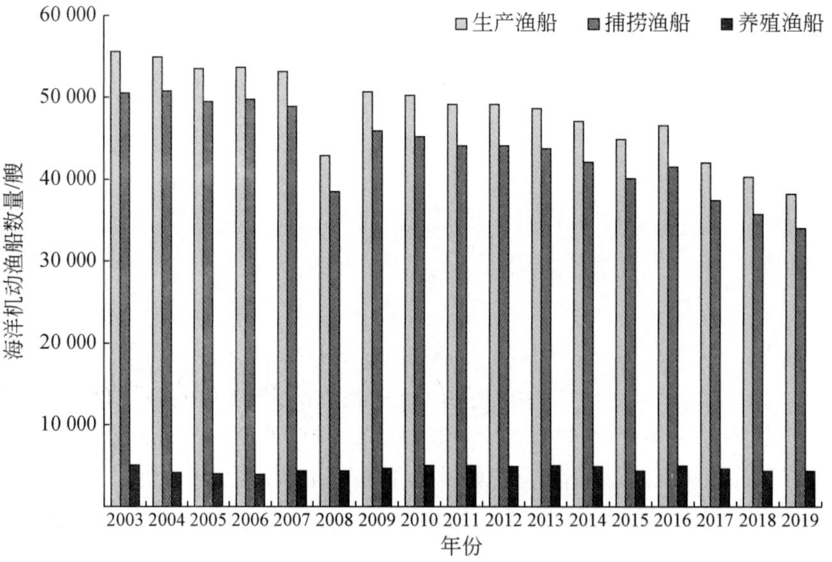

图 2.5　2003～2019 年广东省海洋机动渔船数量

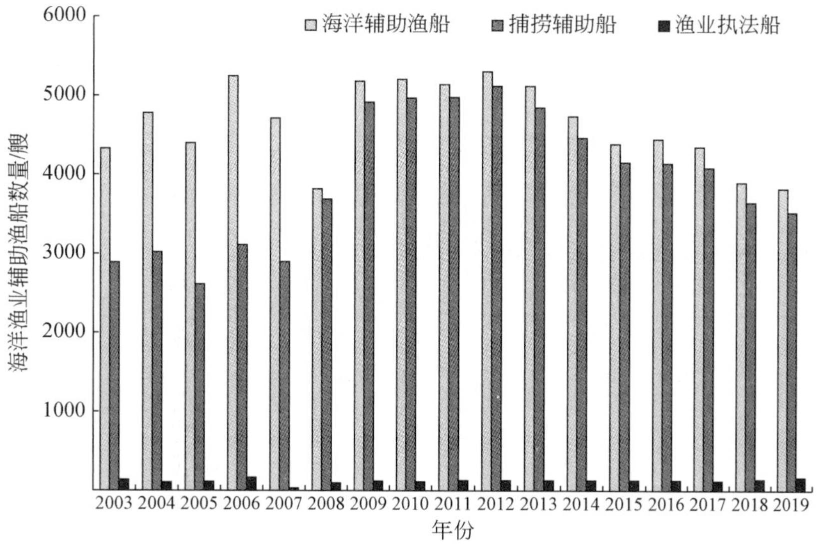

图 2.6　2003～2019 年广东省海洋渔业辅助渔船数量

2.禁渔期和禁渔区线船只管理

为了保护水生渔业资源，我国设置了禁渔期和禁渔区线，在禁渔期和禁渔区线范围内，禁止所有捕捞作业以及其他任何形式的破坏渔业资源和渔业生态环境的作业活动。此时要求“水域中无渔船、水中无网具、市场无禁区鱼”。

禁渔期内船舶是严禁进出港的，在禁渔区线渔船是禁止捕捞的。由于广东省的渔业执法船数量非常有限，渔政从业人员人手远远不足，因而不能单靠渔业执法船和执法人员对禁渔期和禁渔区线船只进行管理，必须借助现代化的技术手段，其中岸基雷达网对于海域的管理将发挥巨大的作用，协助提高执法效率。广东省小目标岸基雷达网对海上目标的探测范围与禁渔区线基本一致，目的就是为禁渔区线内的海上船舶活动情况提供实时监控的手段。

3.台风期船舶归港监控与跟踪

在台风期，掌握海上渔船的进出港动态、台风前海上船舶的分布态势是一项重要的渔业防灾减灾工作，而岸基雷达网作为海上目标主动探测系统，可以为渔船安全管理提供全面、实时位置、航向、最近避风渔港距离等信息。

4.“三无”船舶清理

“三无”船舶是指无船名船号、无船舶证书、无船籍港的船舶。禁渔期海产品价格是一年中最高的，利益驱使“三无”船舶总是在禁渔期偷捕乱捞，扰乱正常的渔业秩序。目前存在海上“三无”船舶群体大、海上管控难、暴力抗法现象突出等情况，为了查处一艘暴力抗法的违规渔船往往需要 2～3 艘渔业执法船联合行动。为贯彻落实

《中华人民共和国渔业法》《国务院对清理、取缔“三无”船舶通告的批复》等相关法律法规，深入推进涉渔“三无”船舶和“绝户网”清理取缔、拆解销毁工作，《“中国渔政亮剑2020”系列专项执法行动方案》提出了“清理取缔涉渔‘三无’船舶和‘绝户网’专项执法行动”。[3] 主要任务是加大水上执法力度，发现涉渔“三无”船舶及套牌渔船，一律扣押回港；加强在港渔船排查，对嫌疑船舶采取禁止离港、指定地点停靠等强制措施；经查实的涉渔“三无”船舶，坚持谁查获、谁处罚，一律依法依规予以取缔；继续深入推进海洋违规渔具整治“清网”行动，严厉打击使用禁用渔具和“绝户网”行为，依法严处渔获物幼鱼比例不符合国家通告要求的捕捞渔船。2021年3月5日，农业农村部又印发了《“中国渔政亮剑2021”系列专项执法行动方案》，继续提出“清理取缔涉渔‘三无’船舶和‘绝户网’专项执法行动”[4]，主要任务与《“中国渔政亮剑2020”系列专项执法行动方案》一致。目前，渔业执法船的数量很少，因而对“三无”船舶的管控难度相当大。借助岸基雷达网对港口船舶的出入进行监控，有助于及时掌握船舶的实施态势和根据船舶的行为，把涉渔的“三无”船舶筛选出来；根据渔船的作业特征，把使用违规渔具的渔船筛选出来；实现清理取缔“三无”船舶和“绝户网”的目标。

5.电鱼活动专项执法行动

电鱼是对海洋生物不分品种、不分大小的灭绝性扑杀，属于违法作业活动，它严重破坏了渔业资源和水域生态环境。《中华人民共和国渔业法》第三十八条第一款规定：使用炸鱼、毒鱼、电鱼等破坏渔业资源方法进行捕捞的，违反关于禁渔区、禁渔期的规定进行捕捞的，或者使用禁用的渔具、捕捞方法和小于最小网目尺寸的网具进行捕捞或者渔获物中幼鱼超过规定比例的，没收渔获物和违法所得，处5万元以下的罚款；情节严重的，没收渔具，吊销捕捞许可证；情节特别严重的，可以没收渔船；构成犯罪的，依法追究刑事责任。[11]《“中国渔政亮剑2020”系列专项执法行动方案》提出了打击电鱼活动专项执法行动，旨在使得各地电鱼活动持续减少，大范围、群体性电鱼活动现象有效遏制，打击电鱼活动的部门协作机制有效运转。《“中国渔政亮剑2021”系列专项执法行动方案》继续提出打击电鱼专项执法信工，旨在确保大范围、群体性电鱼行为现象基本杜绝，散发性电鱼行为持续减少，部门协助机制有效运行。

据了解，电鱼船只有以下特征：①大多数电鱼船只都是“三无”船舶（小木船、玻璃钢船），船头有竹竿，竹竿上面缠绕着电缆，而且船上有变压器；②大多数船长在12 m左右；③电鱼船航速能达到15 kn以上；④作案区域一般为蚝排附近或者在大船以及其他一些船只无法作业的区域；⑤作案区域不确定性，一段时间内电鱼船只一般不会重复出现在同个区域，因为经电鱼后的区域鱼群恢复需要很长一段时间。

根据这些特征，充分利用小目标岸基雷达网的监控作用，通过雷达网提供的信息，提高执法精准度和效率。

2.5.2 海上设施看护

1.海洋牧场与养殖设施看护

《国家级海洋牧场示范区管理工作规范》和《人工鱼礁建设项目验收工作规范（试行）》中提出海洋牧场的建设区域的界点要建立标识，目的是对海洋牧场区域进行保护。[27-28] 在岸基雷达网中，充分利用地理信息系统的地理围栏功能，通过船舶越界报警的方式，可以实现对海洋牧场区域的看护。

目前海洋的养殖设施主要是网箱，网箱养殖一般都离岸一定的距离。每年 7～9 月为鱼收成的季节，常有人在夜间偷鱼，给渔业设施造成一定的损害，同时，由于鱼被盗捕，给养殖户也造成极大的经济损失。充分利用岸基雷达网的监控功能，筛选出违规闯入养殖区域的船舶，同时引入地理信息系统的最佳路线选择功能，为养殖管理者提供对偷鱼船舶的驱赶路线，可协助对养殖设施进行看护。

2. 风电场区域看护

《广东省海上风电发展规划（2017—2030 年）（修编）》[25] 规划了两种类型的海风电场址：近海浅水区（35 m 水深以内）和近海深水区（35～50 m 水深）。表 2.17 和表 2.18 分别为近海浅水区和近海深水区风电场址离岸距离、用海面积以及水深等情况表。

表 2.17 近海浅水区风电场址情况表

序号	所属海域	所属地市	场址名称	场址离岸距离/km		用海面积/km²	水深/m
				最近距离	最远距离		
1	粤西	阳江市	南鹏岛海上风电场	20	40	112	21～30
2			沙扒海上风电场	12	35	368	23～30
3		湛江市	外罗海上风电场	10	20	—	＜19
4			新寮海上风电场	10	16	32	6～9
5			徐闻海上风电场	20	35	96	5～21
6	珠江三角洲	惠州市	港口海上风电场	24	38	160	31～39
7		珠海市	桂山海上风电场	13	22	32	5～9
8			金湾海上风电场	10	20	48	12～19
9	粤东	汕头市	洋东海上风电场	10	20	40	26～32
10			勒门海上风电场（场址一）	12	25	56	16～29
			勒门海上风电场（场址二）	12	场址中间预留间距 1.5 km 的小型船舶通道	56	16～29

续表

序号	所属海域	所属地市	场址名称	场址离岸距离/km		用海面积/km^2	水深/m
				最近距离	最远距离		
11	粤东	汕头市	海门海上风电场（场址一）	20	45	96	30～35
			海门海上风电场（场址二）	20	场址间距 4 km	32	30～35
			海门海上风电场（场址三）	20	场址间距 4 km	16	30～35
12		揭阳市	靖海海上风电场	20	30	24	31～35
13			神泉海上风电场	25	35	120	32～37
14		汕尾市	后湖海上风电场	10	14	80	23～27
15			甲子海上风电场	25	35	144	30～35

表 2.18 近海深水区风电场址情况表

序号	所属海域	场址名称	场址离岸距离/km		用海面积/km^2	水深/m
			最近距离	最远距离		
1	粤东	粤东近海深水场址一	25	40	368	35～40
2		粤东近海深水场址二	60	85	2272	40～50
3		粤东近海深水场址三	60	120	1200	40～50
4		粤东近海深水场址四	60	150	864	40～50
5		粤东近海深水场址五	60	160	1056	40～50
6		粤东近海深水场址六	62	170	2240	40～50
7	粤西	阳江近海深水场址一	45	82	800	35～50
8		阳江近海深水场址二	55	82	320	40～50

广东省岸基雷达网雷达的探测距离是 20～25 n mile，即 37～46 km，分析表 2.17 可知，所有规划的近海浅水区风电场，离岸最远为 45 km，因而在雷达网的探测范围内。由表 2.18 可知，近海深水区的风电场基本离岸都比较远，但海上风电场建设有自己的平台，因而可选择在平台上安装雷达、AIS 设备和光电摄像机，这能对风电场的设施起到很好的看护作用。图 2.7 是应用广东省岸基雷达网对湛江外罗海风电场进行看护的现场图。从图像上看，每个风电机在雷达探测下是规则的小目标，航速为零。因而在有其他目标介入的时候，很容易识别出来，对于安装了 AIS 设备的船舶，与船舶数据库相连后，可根据数据库提供的联系方式，提示船主离开风电海域。对于未装 AIS 设备的船舶，可根据需要，派遣看护船前往，进行现场处理，有效地提高对风电场设施的看护效率。

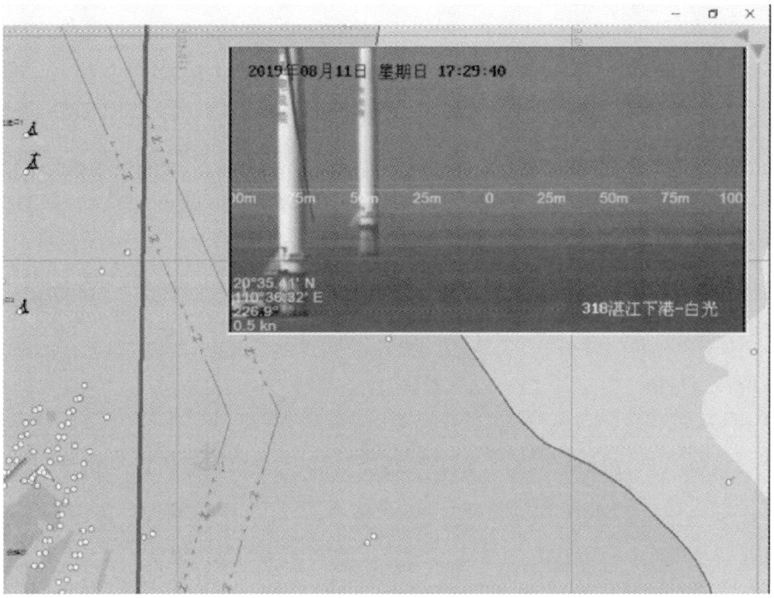

(a) 发电装置

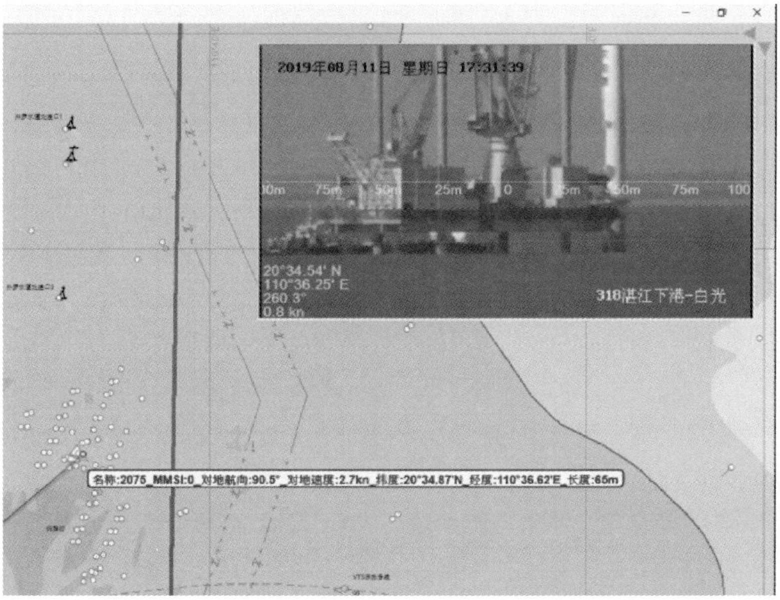

(b) 平台

图 2.7　广东省岸基雷达网对外罗海风电场的看护（后附彩图）

参 考 文 献

［1］广东省人民政府. 广东省人民政府关于印发广东省沿海经济带综合发展规划（2017—2030 年）的通知［EB/OL］.（2017-12-05）［2020-04-30］. http://www.gd.gov.cn/gkmlpt/content/0/146/post_146463.html#7.

［2］马爱平. 渔业产业迎来新风向 科学设置禁渔期势在必行［J］. 中国农村科技，2009（2）：70-73.

[3] 中华人民共和国农业农村部. 农业农村部印发《“中国渔政亮剑 2020”系列专项执法行动方案》[EB/OL].(2020-03-10)[2020-04-30]. http://www.yyj.moa.gov.cn/gzdt/202003/t20200310_6338502.htm.

[4] 中华人民共和国农业农村部. 农业农村部关于印发《“中国渔政亮剑 2020”系列专项执法行动方案》的通知[EB/OL].(2021-03-05)[2020-03-29].http://www.moa.gov.cn/gk/tzgg_1/tz/202003/t20200306_6338386.htm.

[5] 国务院. 国务院关于广东省海洋功能区划（2011—2020 年）的批复[EB/OL].（2012-11-06）[2020-04-30]. http://www.gov.cn/zwgk/2012-11/06/content_2258577.htm.

[6] 曾江宁，黄伟，高月鑫，等. 优化海洋功能区划定生态红线区——谈海洋开发利用与综合管理[N]. 中国国土资源报，2018-05-10（005）.

[7] 黄伟，陈全震，等. 中国海洋生态红线区划理论与方法[M]. 北京：科学出版社，2019.

[8] 岳文. 广东省海洋生态红线区渔业生产活动现状[J]. 海洋与渔业，2018（8）：20-21.

[9] 陈新军. 渔业资源与渔场学[M]. 2 版. 北京：海洋出版社，2014.

[10] 国家海洋局. 中国海洋统计年鉴 2003[M]. 北京：海洋出版社，2003.

[11] 农业农村部渔业渔政管理局，全国水产技术推广总站，中国水产学会. 2020 中国渔业统计年鉴[M]. 北京：中国农业出版社，2020.

[12] 中国水产科学研究院. 渔业统计年鉴[EB/OL].[2021-04-30]. https://www.cafs.ac.cn/ssjgym.jsp?wbtreeid=1001.

[13] 中华人民共和国农业农村部.中华人民共和国渔业法（2013 年修正本）[EB/OL].（2018-12-03）[2020-04-30]. http://www.moa.gov.cn/ztzl/xfxcz/flfg/201812/t20181203_6164267.htm.

[14] 国家发展改革委，农业农村部. 国家发展改革委 农业农村部关于印发全国沿海渔港建设规划（2018—2025 年）的通知[EB/OL].(2018-05-03)[2020-04-30]. http://www.moa.gov.cn/gk/ghjh_1/201805/t20180503_6141333.htm.

[15] 广东省海洋与渔业厅. 关于印发《广东省现代渔港建设规划（2016—2025 年）》的通知[EB/OL].（2017-04-06）[2020-04-30]. https://www.zhanjiang.gov.cn/zjsfw/bmdh/zrzyj/zwggk/csgh/ghfz/content/post_1332493.html.

[16] 杨红生. 我国海洋牧场建设回顾与展望[J].水产学报，2016，40（7）：1133-1140.

[17] 陈勇. 中国现代化海洋牧场的研究与建设[J]. 大连海洋大学学报，2020，35（2）：147-154.

[18] 罗刚，吴珊珊，邴旭文，等. 新发展理念下我国海洋牧场高质量发展建议[J]. 中国水产，2020（2）：36-39.

[19] 农业部.农业部关于印发《国家级海洋牧场示范区建设规划（2017—2025 年）》的通知[EB/OL].(2017-11-20)[2020-04-30]. http://www.moa.gov.cn/nybgb/2017/201711/201802/t20180201_6136235.htm.

[20] 农业农村部办公厅. 农业农村部办公厅关于修订《国家级海洋牧场示范区建设规划（2017—2025 年）》的通知[EB/OL].（2019-07-01）[2020-05-02]. http://www.moa.gov.cn/gk/ghjh_1/201907/t20190729_6321692.htm.

[21] 农业部. 中华人民共和国农业部公告第 2476 号[EB/OL].(2016-12-14)[2020-05-02]. http://www.

moa.gov.cn/govpublic/YYJ/201612/t20161214_5406488.htm?knophdjeknopphdb.

[22] 农业部. 中华人民共和国农业部公告第 2605 号[EB/OL].(2017-11-13)[2020-05-02]. http://www.moa.gov.cn/govpublic/YYJ/201712/t20171204_5961786.htm.

[23] 农业农村部. 中华人民共和国农业农村部公告第 115 号[EB/OL].(2019-01-20)[2020-05-02]. http:// www.moa. gov.cn/nybgb/2019/201901/201905/t20190503_6288238.htm.

[24] 农业农村部. 中华人民共和国农业农村部公告第 248 号[EB/OL].(2020-04-14)[2020-05-02]. http://www.moa.gov.cn/nybgb/2020/202002/202004/t20200414_6341554.htm.

[25] 广东省发展和改革委员会. 广东省发展改革委关于印发广东省海上风电发展规划(2017—2030 年)(修编)的通知[EB/OL].(2018-04-11)[2020-05-02]. http://drc.gd.gov.cn/ywtz/content/post_833760.htm.1060/post_ 1060661.html#876.

[26] 广东省自然资源厅. 关于印发《广东省加快发展海洋六大产业行动方案(2019—2021 年)》的通知[EB/OL].(2019-12-20)[2020-05-02]. http://nr.gd.gov.cn/zwgknew/zcfg/flfg/gfxwj/content/post_2793031.html.

[27] 农业农村部办公厅. 农业农村部办公厅关于印发《国家级海洋牧场示范区管理工作规范》的通知[EB/OL].(2020-09-12)[2020-05-02]. http://www.moa.gov.cn/gk/tzgg_1/tfw/201909/t20190917_6328061.htm.

[28] 农业农村部渔业渔政管理局. 关于印发《人工鱼礁建设项目验收工作规范(试行)》的通知[EB/OL].(2019-09-05)[2020-05-02]. http://www.yyj.moa.gov.cn/gzdt/201909/t20190917_6328073.htm.

第 3 章　雷达与 AIS 探测原理

本章在介绍雷达的分类、雷达工作频谱的基础上，从雷达分辨力和目标信息探测两个方面分析了导航雷达的探测原理；从海浪、海流、海风三个方面剖析了高频地波雷达探测海洋参数的原理；阐述了 AIS 设备的工作平台和探测原理；对比分析雷达和 AIS 探测的工作特点和各自优劣势；最后对广东省岸基雷达网所采用的雷达传感器和 AIS 接收天线的主要技术指标，以及它们组网后在近岸海域海上目标探测方面的技术优势进行分析。

3.1　雷 达 概 述

雷达（radar）是无线电探测和定位（radio detection and ranging）几个英文单词的缩写，它是一种通过发射电磁波和接收回波，对目标进行探测和测定目标信息的电子设备。

3.1.1　雷达的分类

雷达的种类繁多，分类的方法也非常复杂。按照雷达的用途分类，大致可分为预警雷达、搜索警戒雷达、引导指挥雷达、炮瞄雷达、测高雷达、战场监视雷达、机载雷达、无线电测高雷达、雷达引信、气象雷达、航行管制雷达、导航雷达以及防撞和敌我识别雷达等。

按平台分类，可分为地基雷达、机载雷达和星载雷达。地基雷达平台包括岸基、车载、船载，所使用的传感器主要是导航雷达。船载雷达主要将雷达安装在各类船舶上，民用船舶是导航雷达的主要市场，通过安装的雷达可探测船舶载体周围的各类物体，如船只、航标、桥墩、堤岸、浮冰、海岛、冰山等，给船员提供直观清晰的目标距离与方位数据，根据需要发出警告信息，规避危险障碍物，防止碰撞事故，保证船舶安全航行或顺利泊锚。岸基雷达主要将雷达安装在岸上，对近岸海域目标进行主动探测，常用的为 X 波段雷达。[1]

机载雷达主要包括机载截击雷达、机载护尾雷达、机载导航雷达、机载火控雷达、机载预警雷达。机载导航雷达一般装于飞机或舰船上，用以显示地面或者港湾图像，以便在黑夜、大雨和浓雾情况下，飞机和舰船能正确航行。机载雷达要求分辨力较高，目前多用于军事方面。

星载雷达采用卫星平台，其通信、引导与控制系统也安装在卫星上，运行轨道高、观测视野广，可以触及世界的每一个角落。与机载雷达相比，星载雷达具有许多不可替代的优势。星载雷达采用主动微波遥感技术，主要包括合成孔径雷达（synthetic aperture radar，SAR）、高度计和散射计。SAR属于成像雷达，其主要工作原理是发射机发出一系列脉冲，由开关将脉冲导向天线，然后通过天线将其发射向地面。由天线接收地物后向散射信号（雷达回波），并把它通过开关转入接收机。接收机输出的是一系列接收到的雷达回波脉冲，这些脉冲又进入到相干器中，最后处理生成雷达图像。[2]在海洋上，可以用SAR来探测海洋环境要素，如油污染和生物膜等生化要素，以及海洋内波、海洋巨浪和海浪谱等动力要素。高度计是一种垂直探测的主动雷达，可以测量卫星与地球之间的距离、海面地形和海表面粗糙度，并由此估计海面风速、表面海流和平均波高。散射计是一种非成像雷达传感器，它将产生的高频极化能量脉冲发射至地表，待脉冲到达地面后，部分入射波经散射返回至散射计，散射回波的比例依赖于所照射之地表的特性，故能够提供被天线照射表面的后向散射截面，通过利用后向散射系数与方位角之间的关系及海表面粗糙度的测量可以计算海面风速和风向。[3]

3.1.2 雷达工作频谱

大多数雷达工作在短波（short wave）、超短波（ultra-short wave）及微波波段，频率在3 MHz～3000 GHz，相应波长为100 m至1 dmm。其中，短波也称高频（high frequency，HF），波长10～100 m，工作频率3～30 MHz；超短波亦称甚高频（very high frequency，VHF），波长1～10 m，工作频率30～300 MHz；微波波段波长为1 m～1 dmm，工作频率300 MHz～3000 GHz，又可分为特高频（ultra-high frequency，UHF）、超高频（super high frequency，SHF）、极高频（extremely high frequency，EHF）和至高频（to the high frequency，THF）。短波、超短波及微波波段的频段名称、频段范围、波段名称和波长范围如表3.1所示。

由表3.1可知，短波是指频率为3～30 MHz的无线电波，短波的基本传播途径有两个：一个是地波，一个是天波。地波沿地球表面传播，海面介质的电导特性对于电波传播最为有利，短波地波信号可以沿海面传播1000 km左右。高频地波雷达就是利用短波在导电海洋表面绕射时传播衰减小的特点，通过采用垂直极化天线辐射电波，能超视距探测在海平面视线以下出现的舰船、飞机、冰山和导弹等运动目标，作用距离可达300 km以上。同时，高频地波雷达利用海洋表面对高频电磁波的一阶散射和二阶散射机制，从雷达回波中提取风场、浪场、流场等海况信息，实现对海洋环境大范围、高精度和全天候的实时监测。

表3.1 短波、超短波及微波波段频谱和波段划分

雷达工作波段名称	频段名称	频段范围	波段名称	波长范围
短波	高频（HF）	3～30 MHz	短波	10～100 m
超短波	甚高频（VHF）	30～300 MHz	米波	1～10 m
微波	特高频（UHF）	300～3000 MHz	分米波	1～10 dm
	超高频（SHF）	3～30 GHz	厘米波	1～10 cm

续表

雷达工作波段名称	频段名称	频段范围	波段名称	波长范围
微波	极高频（EHF）	30～300 GHz	毫米波	1～10 mm
	至高频（THF）	300～3000 GHz	丝米波	1～10 dmm

超短波波段通信频率较高，电波沿地面传播时衰减很大，遇到障碍时绕射能力又很弱，难以利用地波传播方式，而高空电离层又难以将其反射回地面，因而不能利用天波的传播方式，超短波通常利用视距传播方式。所谓视距传播，是指发射天线和接收天线相互能看见的视线距离内的传播方式。

超高频无线电波在空间传播具有电磁波特性，主要表现在：①发射的电磁波和回波均为直线传播；②在同一媒质中为匀速传播且以光速传播；③在任何两种媒介的边界面产生反射。导航雷达正是利用了这些特性实现对海上目标信息的测量。

导航雷达是保障船舶航行的雷达，也称为航海雷达，有两个常用波段：S 波段（3 GHz）和 X 波段（9 GHz），分别被称为 10 cm 雷达和 3 cm 雷达，两者都属于超高频无线电波。在天线尺寸相同的情况下，X 波段有较高的方位分辨力，有利于近距离探测，同时还具有时间和空间分辨力高、成本低廉、工作稳定、安装方便等优点；S 波段雷达穿透能力较强，受雨雪杂波和海浪杂波的干扰较小，有利于远距离探测。[4]同时安装这两种波段的雷达，可取长补短。

根据国际海事组织（International Maritime Organization，IMO）规定，国际海上人命安全公约（International Convention for the Safety of Life at Sea，SOLAS）涉及的所有船只（超过 300 t 的船舶）都必须装备 9 GHz 的 X 波段雷达，大型商船还必须装备 3 GHz 的 S 波段雷达。实际上，随着经济的发展，吨位很小的各种船舶也都装备了导航雷达。一般而言，小型船舶只装备 X 波段雷达，大中型船舶装备 S 波段与 X 波段两套雷达系统。[5]

在海洋上常用的是导航雷达和高频地波雷达。前者主要用于对海上目标的监测，后者主要对海洋环境进行监测。

3.1.3 雷达主要术语

本书用到的雷达基本术语主要包括以下内容[6-7]。

1）机载雷达（airborne radar）

装在飞行器（飞机、直升机、无人机和气球等）上的雷达。

2）舰载雷达（ship-borne radar）

装在舰船等海洋运载体上的雷达。

3）天基雷达（space-borne radar）

装在航天器上的雷达，亦称航天雷达，包括星载雷达、航天机载雷达及其他航天器雷达。

4）星载雷达（satellite radar）

装在卫星上的雷达，包括预警、遥感和交会等类型。

5）合成孔径雷达（synthetic aperture radar）

利用与目标做横向相对运动的小孔径天线，采用相参信号处理方法产生一等效的长天线效应来获取高方位分辨力的相参成像雷达，亦称综合孔径雷达，一般为机载或星载雷达。

6）雷达组网（radar netting）

对特定监视区域，由多部雷达适当部署成网状，对数据进行融合处理，并对各雷达统一有序控制的雷达系统。

7）多传感器系统（multi-sensor system）

采用雷达、光电设备，以及声音探测器等有源和无源传感器组网的系统。

8）雷达波段（radar frequency band）

雷达使用的电磁波的频率范围，用规定的名称表示。例如，米波、厘米波、毫米波等波段。

9）雷达监控（radar monitor and control）

指对雷达全机或主要部件工作状态和性能的监测、故障检查及开关机的控制。

10）雷达方程（radar equation）

表示一次雷达的发射功率、接收功率、天线增益与雷达截面积和目标距离之间关系的数学方程。

11）雷达分辨力（rafar resolution）

在规定的条件下，雷达能区分邻近目标的最小间隔。如距离力、角度力、速度分辨力。

12）雷达反应时间（radar response time）

雷达从发现目标起到输出有效的点迹、航迹或稳定跟踪所需的最短时间。

13）雷达目标识别技术（radar target recognition technique）

根据雷达接收的目标信息对目标性质、特征进行准确分类的技术。

14）磁控管（magnetron）

采用谐振型慢波结构、重入式的正交场振荡器件。

15）雷达截面积（radar cross section）

用一等效的反射面积来表征目标相对雷达方向的散射特性，此面积称为目标的雷达截面积（RCS）。

16）主瓣［main（major）lobe］

天线最大辐射防线的波瓣，亦称主波束。

17）副瓣［side（minor）lobe］

主瓣以外的任何方向上的波瓣，亦称旁瓣。

18）绕射（diffraction）

电磁波在传播途中遇到障碍物或在非均匀介质中传播时，其方向发生偏离的现象。地波绕射就是利用球面绕射（即电波沿弯曲的地球表面绕射）以及障碍物存在时产生的刃形绕射等。

19）回波（echo）

①从某一物体反射后所接收到的射频能量。②在雷达显示器上的效应。

20）海面目标回波（sea returns）

雷达（站）接收到的来自海面的有用回波。

21）海面杂波（sea clutter）

海浪引起的杂波。

22）散射截面积（scattering cross-sectional area）

散射截面积为目标在雷达视线中的大小，定量表示目标散射能力的强弱，描述其电磁散射特性。

23）探测范围（detection coverage）

在规定条件下，雷达能否发现（检测）目标并测量目标坐标的空间范围。

24）盲区（blind zone）

雷达不能发现目标或不能满足规定发现概率的区域，亦称雷达视界死角。

25）最大作用距离（maximum detection range）

雷达在规定的检测概率、规定的虚警率、规定的目标起伏模型与数据率等条件下，对一定的目标雷达截面积进行探测的最大距离。

26）最小作用距离（minimum detection range）

在一定发现概率下，雷达能发现和跟踪目标的最小距离。

27）采样周期（sampling period）

对连续信号或者随机过程进行采集的时间间隔。

28）波门录取（window extraction）

录取设备根据录取的目标坐标，外推下一个天线扫掠中该目标位置，并产生一个波门，对波门所限定空域内的目标进行自动录取。

29）目标识别能力（target identification capability）

对目标信息进行分析、鉴别，从而判断目标的性质、特征和威胁程度的能力。

30）目标参数（target parameter）

雷达所探测到目标的距离、方位、高度（俯仰）、速度和加速度等　。

31）伺服系统（servo system）

控制天线在方位和俯仰上转动、定位指向的系统。

32）轨迹识别（locus recognition）

通过测出目标的运动轨迹进行目标识别。

33）波形识别（waveform recognition）

通过分析或检测目标的波形进行目标识别。

34）速度识别（speed recognition）

通过测出运动目标的速度进行目标识别。

35）点迹（plot）

表征目标某一时刻空间位置（距离、方位、高度）及相关特性的一组参数。

36）航迹相关（track correlation）

从录取的点迹中识别属于同一目标的数据归在一起并连成航迹的过程，即对点迹进行辨别、形成或延伸目标航迹的过程。

37）平滑外推（smooth extrapolation）

根据无偏和最小均方误差条件，预测目标航迹上未来点迹的外推方法。

38）点迹录取（plot extraction）

根据检测结果，对目标参数进行估值的过程。

39）参量估计（parameter estimation）

对目标回波的有限取样进行统计分析以估计目标的空间坐标及相关特性的方法。

40）目标容量（target capacity）

雷达在搜索一周时间内所能够处理的最大目标数。

41）航迹容量（track capacity）

在天线扫描周期内所能处理的最大航迹批数和在同一方位不同距离上所能录取目标的批数。

42）目标距离和（target range sum）

电磁波由发射站传到目标，再由目标散射传到接收站的距离之和。

43）密度检测（density detection）

应用双门限检测时，如某一单元方位距离单位内的回波强度超过第一门限就以“1”表示，否则就以“0”表示。在 N 个周期内，在同一单元之内“1”的数目如等于或大于 M（$M<N$）就判断为有目标，否则就判断为无目标，这种在 N 个周期内以“1”的密度大小作为准则的检测过程，称为密度检测。

44）信号检测（signal detection）

对雷达回波信号进行处理和识别，以判决是否有目标存在的过程。

45）卡尔曼滤波器（Kalman filter）

按最小方差线性递推估算法实现的最佳线性滤波器。

46）门限（threshold）

为判定目标而规定的电平。信号处理设备输出信号电平超过（某虚警率所设定的）门限时，则可判定为目标。

47）自适应门限（adaptive threshold）

可根据噪声和杂波电平，自动调整的门限。

48）发现概率（detection probability）

在规定条件下，目标存在，而雷达判为有目标，这一随机事件发生的概率，亦称检测概率。

49）虚警率（false alarm probability）

在规定条件下，目标不存在，而雷达判为有目标，这一随机事件发生的概率。

50）虚警时间（false alarm time）

两次虚警之间的平均间隔时间。

51）恒虚警率（constant false alarm rate）

为抑制引起电平变化的噪声、杂波或电子干扰所造成的虚警，而特别设计的门限或增益控制部件的特性。

52）恒虚警率检测（constant false alarm rate detection）

当雷达回波信号背景电平发生变化时，以恒定的虚警率进行检测的过程。

53）角跟踪（angle tracking）

对目标角度的自动跟踪。

54）距离跟踪（range tracking）

对目标距离的自动跟踪。

55）速度跟踪（velocity tracking）

对目标径向速度的自动跟踪。

3.2　导航雷达探测目标信息

导航雷达的基本功能是探测目标并测量相关参数，包括目标的距离、方位、航速和航向等，同时 X 波段的导航雷达还能探测海上风浪参数。本节主要介绍 X 波段岸基导航雷达探测海上目标信息的原理。

3.2.1　雷达分辨能力

以 X 波段岸基导航雷达为例，雷达系统包括发射机、天线和接收机等部分。其工作原理是雷达发射机发射信号，通过天线将放大后的信号以电磁波能量的形式射向空间某一方向，在此方向遇到目标后会反射回波，回波被天线接收，将天线接收到的信号经过放大并进行信号处理，提取有关该物体的某些信息（目标物体至雷达的距离、距离变化率、径向速度、方位、高度等）。在雷达的探测范围内，岸线、岛屿、船舶、飞行物、浮标、海浪、低云、雨雪等均能对雷达发射的信号产生有效的散射，生成雷达回波，这些目标统称为雷达目标。这些目标的后向雷达散射波被天线接收，成为目标回波。在实际探测中，往往把想要探测的物体称为“目标”，而将其他物体的回波称为“杂波”。

如前所述，在规定的条件下，雷达具有能区分邻近目标最小间隔的分辨能力，包括距离、角度、速度等分辨力，这些指标能够表征雷达目标的分辨能力的高低。雷达目标分辨能力是由多因素决定的，例如天线、接收系统以及信息处理等，除此之外，海上的环境、对雷达的操作也直接或者间接地影响着雷达分辨能力。

1. 距离分辨力

距离分辨力是指同一方位上距离相邻的两个目标之间可被区分出来的最小距离间距。雷达在距离上区分邻近目标的能力，通常以最小可分辨的距离间隔Δr来度量，Δr越小，表示雷达距离分辨力越高。对于传统的脉冲雷达，距离分辨力取决于发射机的脉冲宽度、接收机通频带等因素，具体可用下式[8]表示：

$$\Delta r = \frac{c}{2}\left(\tau + \frac{1}{\Delta f}\right) \tag{3.1}$$

式中，Δr 为两目标的最小可分辨的距离间隔（m）；τ 为脉冲宽度（μs）；Δf 为接收机通频带（MHz)，用于衡量放大电路对不同频率信号的放大能力；c 为光速，取值 $c = 3\times10^8$ m/s=300 m/μs。

脉冲宽度 τ 表示单个脉冲的传输时间。在船用雷达中常以微秒（μs）为单位，其大小一般选取 0.05～2 μs，近距离挡用较短脉冲，以提高距离分辨力；远距离挡用较长脉冲，以增加作用距离。[9]

2. 方位分辨力

方位分辨力是指同一距离上方位相邻的两个目标之间可被区分的最小方位间距，以两目标间的最小方位夹角 $\Delta\alpha$ 表示，$\Delta\alpha$ 越小，雷达的方位分辨力越高。雷达来自目标回波的方位特性几乎由天线的特性决定，方位波束宽度与天线长度成反比，因而雷达的方位分辨力取决于天线的波束宽度。[10]在天线功率方向特性图中主瓣波束的两个半功率点间的夹角称为主瓣的波束宽度，简称半功率点，在场强方向特征图中，它等于场强值为 0.707 时的两个方向间的夹角。在水平面内的波束宽度称为水平波束宽度，用 θ_H 表示。船用雷达的 θ_H 一般在 2°以内（3 cm 雷达），大部分在 1°左右。水平波束宽度与天线的结构、尺寸 L 及使用波长 λ 有关，它们的关系可用下式表示：

$$\theta_H = 70\lambda/L \tag{3.2}$$

雷达的方位分辨力取决于波束水平宽度 θ_H、光点角尺寸 d（光点直径对屏幕中心的张角）及回波在屏幕扫描线上所处的位置。具体可由下式表示：

$$\Delta\alpha = \theta_H + d \tag{3.3}$$

根据国际海事组织（IMO）规定，雷达用 1.5 n mile 或 2 n mile 量程时，在量程 50%～100%的距离范围内观测两个等距离的相邻点目标，它们能分开显示的最小方位间隔应不大于 2.5º。

3. 速度分辨力

速度分辨力是指雷达在径向速度上区分目标的能力。雷达的速度分辨力取决于雷达工作波长 λ 和相干信号处理器的积累时间 T，约为 $\lambda/(2T)$。[10]例如，一部工作在 5 cm 波长的雷达，相干积累时间为 250 ms，则速度分辨力约为 0.1 m/s。

3.2.2　目标信息的探测

1.距离测量

雷达通过发射电磁波脉冲信号和接收目标所产生的反射回波脉冲信号，实现对目标的测量。有回波信号即有目标存在，因而只要知道无线电波从雷达天线发出到目标，再从目标发射回到雷达天线这个过程中所用的时间及光速就可以计算出精确距离。[11]

假设雷达发射电磁波脉冲的时刻为 t_1，接收反射回来的电磁波脉冲的时刻为 t_2，那么电磁波往返于雷达天线与目标之间的时间差 t_r，则是发射电磁波脉冲与回波脉冲之间的时间差，即 $t_r = t_2 - t_1$，根据式（3.4）求出雷达与目标的距离 R_T（m）：

$$R_{\mathrm{T}} = \frac{1}{2} c \times t_{\mathrm{r}} \tag{3.4}$$

式中，c 为光速。

2.方位测量

雷达测向的物理基础是电磁波在均匀介质中传播的直线性和雷达天线的方向性。船舶导航雷达为两坐标雷达，雷达天线（辐射器）是以天线为中心做定向圆周扫描（0°～360°），由于雷达天线发射波束近似垂直于天线，因而可实现天线波束的空间扫描。在水平面内，天线辐射宽度 1°～2°，即雷达在某一瞬间以 1°～2°的水平空间角发射电磁波脉冲信号，天线转速大约为 20 rad/min。雷达只能向一个方向发射电磁波，同时也只能在这个方向接收目标回波，实现这个方向的测向。

测向的方法可分为相位法和振幅法两大类。相位法测向是利用多个天线所接收回波信号之间的相位差进行测向。振幅法测向是利用天线收到的回波信号幅度值来做角度测量，该幅度值的变化规律取决于天线方向及天线扫描方式，如图 3.1 所示。雷达天线将电磁能量汇集在窄波束内，当天线波束轴对准目标时，回波信号最强，如图 3.1 中的实线所示。当天线波束轴偏离目标时，回波信号减弱，如图 3.1 中虚线所示。振幅法测角的其中一种典型方法是最大信号法，即在多个回波信号中找出幅度最大值，将幅度最大值对应的方位判定为目标方位。显然，雷达天线方位波束宽度越窄，测量方位角精度越高。[12]

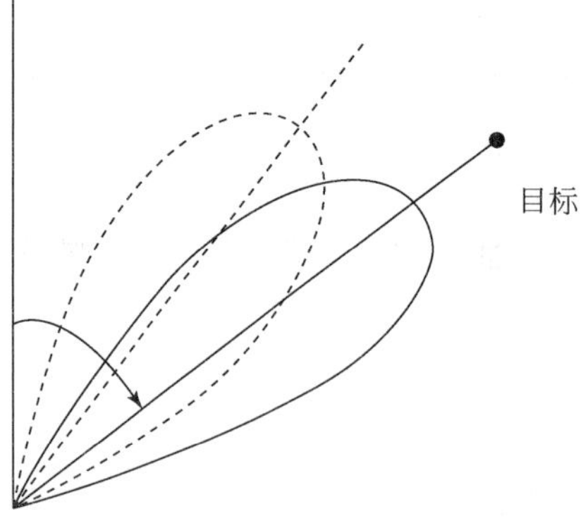

图 3.1　雷达测角原理

3.航速测量

雷达测速主要是利用多普勒效应（Doppler effect）原理。多普勒效应是指因波源和观测者有相对运动而出现的观测频率与波源频率不等的现象。换句话说，如果雷达所发射的无线电波遇到海上的目标是固定不动的，那么被反射回来的回波波长是不会改变的；如果遇到的目标是运动的，那么反射回来的回波其波长会发生变化。这种波长变化的特点是：在运动的波源前面波被压缩，波长变短，频率变高，即当目标向雷达天线靠近时，反射信号频率将高于发射机频率；在运动的波源后面波长变长，频率变低，当目标远离天线而去时，反射信号频率将低于发射机频率。波源的速度越高，产生这种频率变化越大。

航速的测量就是利用雷达自身和目标之间相对运动产生的多普勒频移来实现的。雷达接收到的目标回波频率与雷达发射频率不同，两者的差值称为多普勒频移，可用式（3.5）计算：

$$f = \frac{2v}{\lambda} \tag{3.5}$$

式中，v 是波源与观察者的相对运动速度，即目标相对于雷达基站的径向速度；λ是波源的波长，即雷达发射波的载波波长；f 是相对于波源频率的改变，即多普勒频移。根据观测频率变化的过程，就可以依特定比例关系经计算之后，得知该移动目标与雷达之间的相对运动速度。[13]

对于船舶的速度而言，如果目标是靠近雷达方向行进则 $v\geqslant 0$；反之，则 $v<0$。

4.航迹信息

雷达的目标航迹信息主要包括目标的位置、航向和航速。目标在某个时刻的位置、航向和航速数据是根据某个时刻目标的测量数（距离和方位）和前一时刻所获得的航迹数据滤波估计值来进行预测，利用航迹滤波估算方法，求得当前时刻目标航迹的滤波估计值。

目标跟踪算法是根据所确定的目标运动模型和一定的最优估计准则建立起来的。目前在船舶导航雷达中，一般是采用基于匀速直线运动模型而建立起来的α-β 跟踪算法和卡尔曼滤波算法。

目标跟踪需要以下三个过程。

1）航迹相关处理

航迹相关处理的目的是确定邻近的多个目标中，哪个目标属于被处理的航迹。通常的方法是以被处理航迹前一时刻对当前时刻航迹点的预测位置为中心，建立航迹关联波门，按照一定的航迹关联准则，确定落入关联波门内的目标，落入关联波门的目标则属于被处理航迹的目标。

2）航迹滤波处理

经过航迹相关处理后确认属于被处理航迹目标的量测数据，根据航迹滤波估算方法，对当前时刻的目标航迹点进行滤波估计，获得当前时刻的目标航迹数据（位置、航向、航速等）。

3）航迹外推处理

为了有效确定下一时刻所检测和录取的目标与航迹间的隶属关系，需要对处理航迹下一录取时间的航迹参数进行估计，按照目标做匀速运动或目标在一个空间扫描周期内速度不会发生很大变化的假设，目标的航迹参数的估计值与量测值之间应满足一定的相关关系。航迹外推所获得的目标航迹预测值，作为建立航迹相关波门的中心位置。[14]

3.3 高频地波雷达探测海洋参数原理

沿地面传播的无线电波叫地波。由于海面是电波的良导体，地波雷达发射的电波会沿着海面“爬行”，因此可以突破地平线，探测到 300 km 外的目标。尽管探测距离较短，但是地波雷达体积很小，探测精度较高。表 3.2 为地波雷达探测的主要参数。

表 3.2 地波雷达探测的主要参数

探测类别	具体探测参数
海洋流场	流速和流向
海洋浪场	海浪浪高、海浪方向
海洋风场	风速、风向
海上移动目标	监测、跟踪移动目标方位、径向速度、径向距离

高频地波雷达是一种最近二十年发展的海洋环境观测高新技术产品，它是利用高频电磁波在地球表面的绕射效应，使电磁波沿地球曲面层传播，实现超视距探测。高频地波雷达属于主动探测，因而探测的目标包括合作与非合作两种情况。

当高频电磁波沿海水表面传播时，一方面电磁波绕地球表面爬行传播，另一方面电磁波与海面波浪和海上目标相互作用而被散射，雷达系统正是通过接收海面和海上目标散射回波来实现对海洋环境的监测和海上目标的探测定位。不过对于船只的探测，高频地波雷达只能连续性获取船只的径向速度、距离和角度等参数信息，不能识别出船只的真实身份，这点和导航雷达是一样的。

垂直极化的高频电磁波可以沿海面超视距传播，同时高频电磁波的波长与海洋表面最重要海浪的波长尺度相当，二者相互作用可产生增强型谐振散射，这一特性被用来探测海表面的海流、海面风场和海浪谱。高频地波雷达利用海洋表面对高频电磁波的一阶散射和二阶散射机制，从雷达回波中提取风场、浪场、流场等海况信息，实现对海洋环境大范围、高精度和全天候的实时监测。

3.3.1　海流信息提取

1.布拉格散射

海面在海风、洋流、海面温度和重力的综合作用下，产生大大小小的波动，所以海面通常情况下是一个粗糙面。当电磁波从一个介质进入另一个介质时，在分界面会产生散射。同样，对于到达海面的雷达波，会被海面散射到各个方向。我们所观测到的是入射方向的散射波，这个方向的散射就称为后向散射[15]。

海面对高频电磁波会产生散射作用，散射的回波信号叠加在目标回波信号上，形成影响雷达对目标探测的杂波，即海杂波。海面上的波浪十分复杂，只有满足一定条件的海浪才能反射回波。雷达向海面发射波长为λ的垂直极化电磁波，电磁波将与海面上所有随机正弦波波列产生作用。当某一频率的电磁波与任意方向行进的一列海浪作用时，在各个方向都会产生散射，当正朝向和背离雷达运动的且波长为雷达波长一半的两列海浪与电磁波发生“谐振”后会产生最强的后向散射，此散射就是布拉格（Bragg）散射，也称为一阶散射，或者一阶回波。由此可见，Bragg 散射就是指波长等于雷达波长一半的海浪产生的最强的后向散射，通过对 Bragg 散射峰一阶谱计算，可以提取出海流信息。

2.径向海流速度探测

研究表明[16]，海面回波的多普勒频谱与海态无关，主要由两个关于零多普勒频率（雷达工作频率）对称的尖峰构成，由 Bragg 散射产生的多普勒频移，称为 Bragg 频率，用f_B表示。雷达回波多普勒频谱的特征之一是：在$\pm f_B$有两个一阶峰，如前所述，这是雷达信号受到海浪一阶散射形成的。无海流时，海洋回波谱的一阶峰出现在$\pm f_B$的位置上。如果存在朝向雷达方向的海流分量，左右一阶峰会同时向正的频率方向偏移，根据偏移量$\Delta f = 2v_{cr}/\lambda$可以导出径向海流速度$v_{cr}$。当海风吹向海岸，向着雷达方向传播的海浪分量的波高大于背离雷达方向传播的海浪分量的波高，相应地在回波多普勒频谱中，处于$+f_B$位置上的一阶峰的幅度将高于处于$-f_B$位置上的一阶峰的幅度。[17]

f_B可由公式（3.6）求出：

$$f_B = |\Delta f| = 2v_{cr}/\lambda \tag{3.6}$$

式中，径向海流速度v_{cr}与海浪波长L及其频率f_{cr}之间的关系式为

$$v_{cr} = Lf_{cr} \tag{3.7}$$

在深水条件下（$h > L/2$）：

$$v_{cr} = \sqrt{\frac{gL}{2\pi}} = \sqrt{\frac{g}{k}} \tag{3.8}$$

其中，$k = \dfrac{2\pi}{L}$。

已知$L=\lambda/2$，将其与式（3.8）一起代入式（3.7），可得到

$$f_B(\mathrm{Hz}) = 0.102\sqrt{f_0(\mathrm{MHz})} \tag{3.9}$$

式中，f_0 为波源的频率。

因而在已知波源的频率 f_0 的情况下，根据公式（3.9）可以求出 f_B，再根据公式（3.6）就可以导出径向海流速度 v_{cr}。

一部雷达只能测量海洋表面径向海流流速。使用相间一定距离的两部雷达探测同一海域，把同一海元（海洋表面雷达散射单元）的两个径向流速进行矢量合成，可以得到这一海元上的矢量海流。图 3.2 是双站雷达获取矢量海流的示意图。[18]

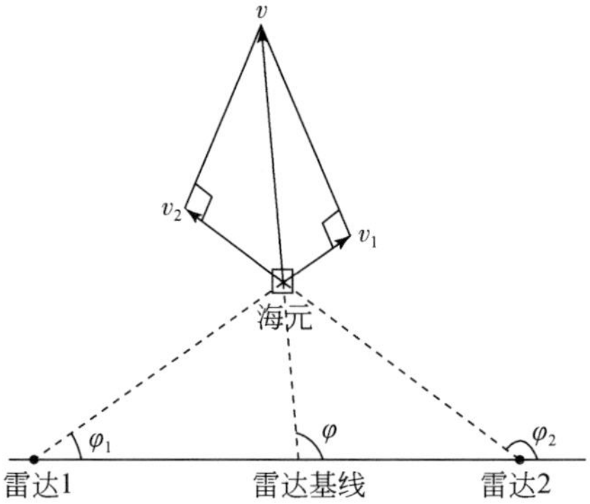

图 3.2　矢量海流图

3.3.2　海浪信息提取

海浪除了存在一阶回波，还有二阶回波及高次谐波，它们比一阶回波的强度要低许多，通常在噪声较小且风浪较大的时候才可以明显观测到。造成二阶回波的原因有两个：一个是满足“角反射器（corner reflector）”的电磁散射机理，另一个是流体力学散射机理。在深水条件下，产生二阶回波的因素主要有两个方面，其一是电磁波与海浪波列的二次相互作用，其二是两列海浪耦合形成新的海浪波列的 Bragg 散射。

电磁波照射到海面上，在各个方向都会产生散射，在海浪波前的镜反射方向会产生一个最强的散射，就是上述的 Bragg 散射。如果 Bragg 散射投射到传播方向与第一列海浪垂直的另一列海浪上，经第二列海浪的散射，会产生一个与发射电磁波方向相反的后向散射回波，此后向散射回波将有一个多普勒频移，此多普勒频移将包含前面两列相互垂直的海浪的多普勒频移信息。满足前述条件的两列相互垂直的海浪形成一个“角反射器”，当这个“角反射器”连续转动时，会产生一系列频率连续的后向散射，这就是电磁波二阶散射。不同方向的“角反射器”产生频率连续变化的后向散射。对于后者，两列正弦海浪相互作用后会形成新的海浪波列，如果它具有朝向或背离雷达方向传播的正弦分量，且其波长满足 Bragg 散射条件，则合成的海浪会产生具有特定多普勒频移的散射回波。在一阶峰周围，还有幅度比一阶谱低得多的连续谱（一般会低于 20～30 dB），是由海浪对电磁波的高阶散射（主要是二阶散射）形成的。通过对 Bragg 散射峰二阶谱的计算，可以提取出海浪信息。[18]

3.3.3 海风信息提取

如前所述，高频地波雷达通过向海洋表面发射电磁波，当海浪波长为雷达波长一半时，发生后向散射回波，称为海洋一阶谱。[19] Barrick 定量解释了海洋回波的一阶和二阶散射形成机理，为高频地波雷达探测海洋提供了理论基础。[20] 一阶回波和二阶回波有着不同的形成机理，它们各自包含着不同的海态信息。[21]

1.风向提取算法

风向提取利用两个一阶 Bragg 峰值的多普勒频谱，如式（3.10）所示：

$$\phi_{\mathrm{w}} = \phi \pm 2\arctan\left[10^{R/(10s)}\right] \tag{3.10}$$

式中，ϕ_{w} 为风向；ϕ为雷达波速方位角；R 为频谱中正、负 Bragg 峰的比值，其单位为 dB，它是一阶谱中 2 个频移分量强度比值；s 为扩展因子。因为表达式中存在正、负号，即当海面风向分别为［$\phi+2\tan^{-1}$（$R^{1/s}$）］和［$\phi-2\tan^{-1}$（$R^{1/s}$）］时，所得到的一阶海面回波是相同的，另外表达式中的正、负号表示了风向的不确定性，这从另一方面说明单独一部地波雷达的方向是不能确定唯一风向的。[22]

2.风速提取算法

由于风速对海面的压力与大气密度的比值和距离海面的高度有关，所以海面上不同高度处大气对风的阻尼系数不同，那么离海面不同高度处的风速也就不同，但它们之间存在一定的关系。[23] 假设离海面上高度为 Z 处（单位：m）的风速为 V_Z，离海面 10 m 高处的风速为 V_{10}，则有

$$V_Z = V_{10}\left\{1+\left[\left(C_{10}\right)^{1/2}/K\right]\ln\left(Z/10\right)\right\} \tag{3.11}$$

其中，卡门（Karman）常数 K=0.4，C_{10} 是海面上 10 m 高处的阻尼系数，它与 V_{10} 的关系为

$$C_{10} = \left(0.8+0.114V_{10}\right)\times 10^{-3} \tag{3.12}$$

由式（3.11）、式（3.12）可知，只要知道 V_{10}，便可求出海面上任意高度处的风速。

海面上只要存在数米每秒的风就会产生海浪，因而这些海浪的发展状态必然与风况有关。描述海浪发展状态的海浪参数主要有有效浪高 h_s 和浪高谱峰值频率 f_p。它们可根据海面回波多普勒频谱对二阶雷达截面方程进行反演求得。

有效浪高 h_s 的反演可根据经验模型求解[20]，如式（3.13）所示：

$$h_s^2 = 2\int_{-\infty}^{+\infty}\frac{\sigma^{(2)}}{W(\omega)}\mathrm{d}\omega / k_0^2\int_{-\infty}^{+\infty}\sigma^{(1)}(\omega)\mathrm{d}\omega \tag{3.13}$$

式中，k_0为雷达波数，ω为多普勒频率，$\sigma^{(2)}$和$\sigma^{(1)}$分别为二阶和一阶雷达散射截面，$W(\omega)$表示与两列海浪波矢之间耦合作用相关的权函数。

在得到有效浪高h_s和浪高谱峰值频率f_p后，根据风速V_{10}与h_s、f_p之间的关系式便可求出V_{10}。对于海面上方 10 m 高处的风速V_{10}的求解可采用 SMB 模型，SMB 模型是由 Sverdrup 和 Munk 于 1947 年提出，后来 Bretschneider 于 1952 年进行了修正，由三人名字的首字母组成[24]。SMB 模型的表达式如（3.14）所示：

$$\frac{gh_s}{V_{10}^2}=0.26\tanh\left[\left(\frac{1}{f_pV_{10}}\right)^{\frac{2}{3}}\frac{(3.5)^{\frac{3}{2}}}{10^2}\right] \tag{3.14}$$

式中，g为重力加速度，采用迭代法求解式（3.14），就可求出V_{10}。然后将V_{10}代入式（3.11）就可求出海面风速。

3.4 船舶自动识别系统

船舶自动识别系统（AIS）由岸基（基站）设施和船载设备共同组成，是一种新型的集网络技术、现代通信技术、计算机技术、电子信息显示技术为一体的数字助航系统和设备，主要应用于船和岸、船和船之间的海事安全与通信，工作波段为甚高频，即表 3.1 的超短波。AIS 诞生于 20 世纪 90 年代，由国际电信联盟（International Telecommunication Union，ITU）制定标准，由国际海事组织实施，是可提供船舶身份、类型、航向、速度、航行状态及其他有关航行安全方面信息的导航系统。[25] 国际海事组织强制要求：对不同航区、不同种类的船舶，必须按照不同的限期安装 AIS 设备。

3.4.1 AIS 设备的工作平台

AIS 是一种船载通信设备，可以不间断地发送本船的相关信息，安装在不同平台上的 AIS 设备的接收机即可接收到该船舶的相关信息。根据接收机安装平台的不同，可将 AIS 设备的工作平台分为岸基、船载、机载、星载 4 种。

1.岸基 AIS 设备

岸基 AIS 设备主要是指 AIS 设备的接收机安装在港口附近的陆地上，可接收到基站附近 30～50 n mile 海域范围内的船舶数据。

目前我国岸基 AIS 系统主要有：①交通运输部海事局的通用 AIS 岸基网络，该网络于 2018 年 9 月建成，覆盖了沿海和内河船舶，这是全球规模最大的岸基 AIS 网络系统；②其他的岸基 AIS 网络系统，这些系统基本没有全面覆盖的接收网络，某些航海院校、中国海洋石油集团有限公司在特定位置有覆盖；③小目标岸基雷达网，该网络中每个雷达站都配置了 AIS 接收天线（参见“1.5 小目标岸基雷达网”和“3.6 广东省岸基雷达网系统中的导航雷达与 AIS”）。

2.船载 AIS 设备

对于安装有 AIS 设备的船舶，一般都安装有两台多信道甚高频设备，一台是 VHF 发射机（VHF TX），一台是 VHF 接收机（VHF RX）。VHF TX 的作用是将本船的信息发送给所有配备有 AIS 设备的目标，VHF RX 的作用是获得周围目标船舶的信息，从而实现自动交换船位、航速、航向、船名、呼号等重要信息。

从平台角度看，船载 AIS 设备是指 AIS 接收基站安装在船舶上。安装了船载 AIS 设备的接收机后，该船舶可自动接收来自其他船舶的有关信息；能识别船只、检测和跟踪船只；能简化信息交流和提供其他辅助信息以避免碰撞。

目前，船载 AIS 设备分为 A 类 AIS 和 B 类 AIS 两种类型，根据国际海事组织（IMO）规定：大型船舶（300 总吨）以上必须安装 A 类 AIS 设备，中小型船舶必须安装 B 类 AIS 设备；辅助导航设施包括无线浮标和灯塔，必须安装助航标志（aids to navigation，ATON）AIS 设备。A 类 AIS 设备采用自组织时分多址（self-organized time division multiple access，SOTDMA）通信模式，符合 IMO 国际规范；B 类 AIS 设备采用 SOTDMA 或载波监听多路访问（carrier sense multiple access，CSMA）两种通信模式，属于非 IMO 国际规范。[2]

3.机载 AIS 设备

机载 AIS 设备是将 AIS 接收基站安装在机载平台上（巡逻机、电子侦察机、警戒直升机等）。机载 AIS 设备相当于把民用 AIS 设备搬上飞机但不需要像民用 AIS 设备一样具有发射部分，而只需具有接收部分，做到能够接收和掌握监控海域 AIS 信号的能力即可。[26]

传统的船与岸之间通信距离有限，一般为 37～74 km（20～40 n mile），且岸基接收基站受地理条件等因素制约，无法对更大范围、更远海域内船只的航行安全进行监控，出于国防安全、打击走私、海防情报获取等方面的考虑，需利用机载站（或天基站）对更大范围或特定区域内各种 AIS 设备发送的消息进行监控。AIS 设备搭载在飞机上，相较于岸基 AIS 设备和船载 AIS 设备，信号视距明显增加，可以提高 AIS 信号接收距离。因而机载平台接收的 AIS 消息在一定程度上也可满足机载平台在目标属性识别、特定区域海面目标关注等方面的需求，一定程度上提高了对海上民用船舶的感知、获取能力。[23] 另外机载 AIS 设备具有比船载 AIS 设备更为灵活、广阔的监控范围，这在军事侦察监视方面尤为重要。[27]

4.星载 AIS 设备

现有的船载 AIS 设备和岸基 AIS 设备，受天线高度的限制，其最大作用距离通常在离岸 50 n mile 以内。由于受船岸通信距离和通信设施等因素的影响，岸基 AIS 设备难以及时有效地监督船舶的航行动态，从而导致其在大范围甚至全球海洋监视中的重要作用与地位无法得到完全体现。随着航天技术，特别是小卫星系统技术的快速发展，星载 AIS 设备实现大范围甚至全球海洋监视已成为可能[28]，卫星探测 AIS 技术的出发点就是为了实现船舶远距离监控，掌握船舶的全球分布态势。星载 AIS 设备是指将接收机安装到卫星上，这样即可不受地域范围限制，接收到全球船舶的 AIS 信息。尤其是对于大洋上的船舶监控来说，提供了一种革命性的技术手段。

我国的海洋卫星 HY-1C 和 HY-2B 都搭载有 AIS 设备，主要为海洋防灾减灾和大洋渔业生产活动等提供服务。[29]2017 年 11 月 15 日，由北京和德宇航技术有限公司联合上海航天技术研究院共同研制的“和德一号”商用 AIS 海事卫星，在中国太原卫星发射中心由长征四号丙运载火箭成功发射；[30]“和德一号”作为国内第一颗商用 AIS 海事卫星，填补了国内星载 AIS 设备市场的空白，对于我国主权及领土（海）安全、经济社会发展、“一带一路”倡议实施以及海事航运业发展具有重要意义。

当前卫星 AIS 服务已经具备商用价值，截至 2019 年 12 月，全球在轨且有 AIS 接收天线的卫星数量大约 102 颗，平均更新率为 0.13 h，平均船位个数为 184.2 个/d。我国的船讯网就是利用 AIS 系统特性，建立 B/S 模式船舶信息服务系统，提供直观的船位和船舶信息服务，为海事管理、人命搜救和港口调度、码头管理、航运经济等提供帮助。

2015 年，我国三亚中科遥感研究所就着手筹划“海南一号”卫星项目，结合国家“一带一路”倡议和海南建设海洋强省的长远规划，经过反复研讨，逐渐形成建设海南卫星星座的构想[31]，拟在 500 km 的低倾角轨道组成低纬度观测星座，星座组成后可对全南海海域进行每天一次、重点区域每天多次的全覆盖观测。预计在 2021 年年底发射“海南一号“卫星，该卫星是以星座的形式发射，包括 4 颗光学卫星，同时都搭载 AIS 传感器。具体信息如表 3.3 所示。[32]

表 3.3　“海南一号”卫星搭载传感器明细表

卫星序号	搭载传感器	幅宽/km	作用
01	5m 宽幅相机	110	对区域进行普查
	AIS 传感器		识别船只，对移动目标进行监测
02	1.5m 高分相机	12	对区域进行普查
	BayerRGB 推扫视频一体化相机	5.8×3.3	对港口、海岛、船舶等目标进行重点观测
	AIS 传感器		识别船只，对移动目标进行监测
03	5m 宽幅相机	115	对区域进行普查
	AIS 传感器		识别船只，对移动目标进行监测
04	5m 宽幅相机	115	对区域进行普查
	AIS 传感器		识别船只，对移动目标进行监测

3.4.2　船载 AIS 设备工作原理

AIS 设备的接收机无论是以岸基、船载、机载还是星载的方式安装，最终都是接收 AIS 发射站发送的信号，因而本节主要介绍船载 AIS 设备的工作原理、发送的信息及更新率。

1.船载 AIS 设备的组成

船载 AIS 设备主要包括一个 GPS 接收机、一个通信处理器、两台多信道 VHF 数据收发机，以及多个输入接口和输出接口，其构成如图 3.3 所示。为了获得船舶的航向、航位、航速、水深和回转速率等信息，船舶上相应地安装电罗经、电子定位仪、计程仪和测深仪等，这些仪器通过输入接口并入 AIS，把测量的信息传送到 AIS 的处理器。

对于装有 AIS 设备的船舶，其位置信息由 GPS 接收机获得（由此获得的数据具有很高的精度）。GPS 或差分全球定位系统（differential global position system，DGPS）接收机能提供船位、对地速度和航向，并可通过 SOTDMA 数据链提供世界协调时。[33]

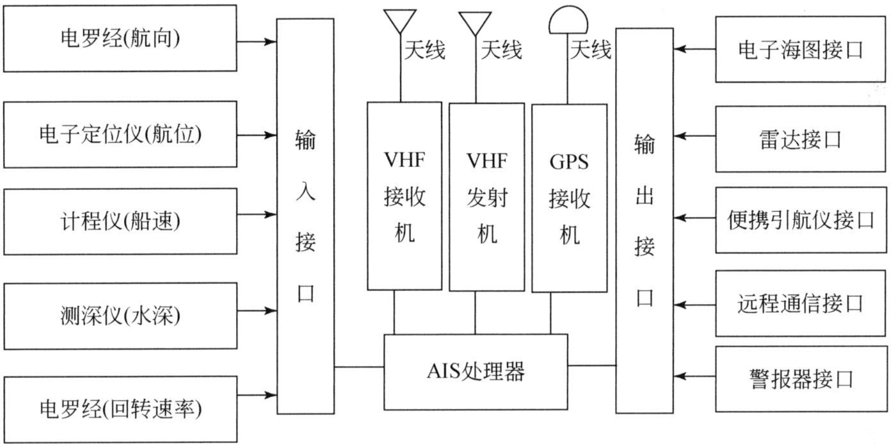

图 3.3　船载 AIS 设备组成

船载 AIS 设备中有多个输出接口，包括电子海图接口、雷达接口、便携引航仪接口、远程通信接口、警报器接口等，可将船舶的信息和获取的周围目标信息，根据需要输出到相应的设备上。

2.船载 AIS 设备的工作模式

AIS 信息发送的工作模式主要有三种。[34-35]

1）自主连续模式

此模式是三种模式中最主要也是最常用的，可用于所有的工作区域。在这种模式下，在所有区域内都使用自发的和连续的方式发送信息，系统可以不需要人员操作，自行工作。当信号的发射、接收与周围电台发生冲突时，可以根据当时的实际情况自行对发射和接收时间进行调整。对于船舶的静态信息每 6 min 或者遇到请求时就更新一次，与航次相关的消息也是每 5 min 或者遇到请求时更新一次，动态信息则根据不同的航行状态进行更新，安全相关短消息根据需要进行更新。

2）分配模式

此模式一般用于有交通管制区域或船舶交通服务中心管辖的指定区域。主管机关根据所辖区域的实际情况指定一些矩形区域，在此区域内，AIS 设备的信道、收发模式、信息发送时隙、AIS 发射机的功率以及报告的更新间隔都要遵循主管机关的分配，这样有助于在船舶较多的水域由主管机关实现统一的安排调度，避免出现发射信息的冲突和混乱局面。

3）轮询模式

此模式也被称作控制模式或者查询模式。这种模式多用于船岸之间的数据传送过程中出现疑问时，或者船舶收到其他船舶或者主管机关的询问时。这种模式的优点是有助于主管机关对其关心的船舶进行单独细致的信息查询，提高船舶的信息更新间隔。此外，这种模式还常用于海上搜救时与其他部门进行信息交换，提高效率。

3.船载 AIS 设备的传播信息

AIS 广播信息可以分为两类，即 VDM（VHF data-link message）和 VDO（VHF data-link own-vessel report）。其中，VDM 是指本船接收到其他船舶的信息，VDO 为船舶自身的广播信息。AIS 设备定期地播发位置和识别信息，以便自动对船舶进行识别和监测。它可以提供船舶所需的大量信息，包括目标识别、运动状态、位置参数、运动参数、时间参数等，这些信息大致可分为静态信息、动态信息、航行信息和安全信息 4 类。

（1）静态信息：静态信息主要指船只本身的信息，通常不会轻易改变，在船舶安装 AIS 设备时已经手动输入了，包括 IMO 编号、海上移动业务标识（maritime mobile service identity，MMSI）、呼号（maritime identification digit，MID）、船名、船长和船宽、船舶类型、GPS 天线在船上的位置等信息。

IMO 编号即船舶编号，它是国际海事组织负责海上航行安全和防止船舶造成海洋污染的一个专门机构给予的编号。

MMSI 是船舶无线电通信系统在其无线电信道上发送，能独特识别各类台站和成组呼叫台站的一列 9 位数字码，是船舶全球的唯一编码，又叫船舶识别号。每一艘船舶从开始建造到船舶使用结束解体，给予一个全球唯一的 MMSI 码。IMO 于 1987 年就通过推广应用 MMSI 码的决议。[36-37]

每个国家分配一组三位数的 MID 码，中国的 MID 码是 412，船台是 MID 后加 6 位数字，如 412119710；岸台在 MID 码前面加两个 0，在 MID 码后面用 4 位数字代表岸台，如 004122100 表示上海岸台。

（2）动态信息：动态信息是指船只在运动过程中随时播报自身的经纬度、航向、航速等信息，具体包括位置、世界协调时、对地航向、船首真航向、对地航速、航行状态、转向率等。

对地航向和船首真航向是两个不同的概念。前者是船只在导航定位系统中真实的航行方向，即航线，它相对于船舶是固定的；后者是船只船首指向方向，由于船舶在航行中，遇到洋流、风浪等外界因素影响时，就有可能偏离航线，因而它不一定是船只真实航行方向，这时就需要对其进行修正。对地航向和船首真航向的关系在平面几何中相当于勾股弦的关系：两直角边分别是航线和当位距离内与航线的偏离值，斜边就是船首真航向。

（3）航行信息：即航次相关信息，它是船只本次航行的基本信息，每次航行该信息都保持相对固定，一般包括船舶吃水深度、危险货物类型、目的港、预计到港时间（estimated time of arrival，ETA）、航行计划和船上人员等。

（4）安全信息：重要的航行警告，或者船只遇到危险时的求救信号。

4.船载 AIS 设备的分类

目前 AIS 设备的种类有：AIS 基站、船载 AIS 设备、航标 AIS 设备、搜救用 AIS 设备。其中船载 AIS 设备数量要占到总数量的 95%以上。

船载 AIS 设备根据其使用船舶可分为 A 类（class A）和 B 类（class B）两种。A 类 AIS 设备主要用于远洋船舶以及 300 总吨以上的沿海船舶。B 类 AIS 设备主要用于渔船、其他小型沿海船舶、内河船舶和游艇等。对于这两类设备，国际海事组织（IMO）、国际电信联盟（ITU）和国际电工委员会（International Electrotechnical Commission，IEC）分别对其功能、性能以及测试标准作了非常严格的规定。

船载的 AIS 设备中所使用的收发机也分为 A 类和 B 类两种。A 类的船载 AIS 设备发射 A 类 AIS 报文，接收 A 类和 B 类 AIS 报文。B 类的船载 AIS 设备发射 B 类 AIS 报文，接收 A 类和 B 类 AIS 报文。岸基设备能够同时接收 A 类和 B 类 AIS 报文。[38] 因此在船载 AIS 设备中，会安装 2 个 TDMA 接收机、1 个 TDMA 发射机，工作频率分为两种：AIS 1（VHF 87B，161.975 MHz），AIS 2（VHF 88B，162.025 MHz）；获得的无线传输信道带宽分别为 25 kHz 和 12.5 kHz；数据传输速率为 9600 bit/s。

5.AIS 采用的通信模式

AIS 是一种新型的采用时分多址（time division multiple access，TDMA）接入模式的船舶导航系统。不同类型的 AIS 产品采用的通信模式是不相同的。表 3.4 为 AIS 产品分类及采用的通信模式。

表 3.4　AIS 产品分类及采用的通信模式

序号	AIS 产品	通信模式
1	船载 AIS 设备（A 类）	SOTDMA
2	船载 AIS 设备(B 类 SO）	SOTDMA
3	船载 AIS 设备(B 类 CS）	载波侦听时分多址（carrier-sense time division multiple access，CSTDMA）
4	搜救飞机 AIS 设备	—
5	航标 AIS 设备	—
6	AIS 基站	—

自组织时分多址（SOTDMA）和载波侦听时分多址（CSTDMA）这两种模式的工作机理如下。

1）时分多址

TDMA 是把时间分割成周期性的帧（frame），每一个帧再分割成若干个时隙向基站发送信号，在满足定时和同步的条件下，基站可以分别在各时隙中接收到各移动终端的信号而不混扰。同时，基站发向多个移动终端的信号都按顺序安排在预定的时隙中传输，各移动终端只要在指定的时隙内接收，就能在合路的信号中把发给它的信号区分并接收下来。[39]

2）自组织时分多址

SOTDMA 是在 TDMA 基础上发展起来的一种新型的、用于未来航海和航空交通管理的通信模式，是全球定位及通信系统的核心。SOTDMA 是一种具有避免和解决通信冲突能力的时分多址接入模式，应用于以自主、连续模式运行的移动台。在没有通信基础设施支持、网络节点变化剧烈的场合，自组织网络引起越来越多的关注。国际海事组织第 42 次会议上，决定 AIS 采用 SOTDMA 模式。[40]

SOTDMA 模式将每个 VHF 信道的时间划分成固定长度的时隙，1min 为 1 帧，1 帧分成 2250 个时隙，1 个时隙是 26.7 ms，可传输 256 b 的信息，一个位置报文占用一个时隙，其他报文可根据需要占用 2～3 个时隙，AIS 设备按照 SOTDMA 模式，寻找空闲时隙发送船的信息，时隙分配根据通信链路的工作状态进行动态调整。

3）载波侦听时分多址

CSTDMA 主要是 B 类载波侦听（carrier sense，CS）采用，它是一种依靠 CS 技术的具有避免通信冲突能力的时分多扯接入模式。CSTDMA 是通过侦听现存的通信情况来决定一个空闲时隙的，如果侦听到某一时隙没有被使用，它就用这个时隙发射。在标称时隙开始 2 ms 后发射，这 2 ms 是用来侦听 A 类 CS 发射的存在。由于 B 类 CS 发射不预约未来的时隙且每次发射只占一个时隙，因此它们对 VHF 数据链负载的影响是非常小的。B 类 CS 是否发射是根据在候选时隙内有没有另一台在发射，以及接收到的信号强度是不是比最后 60 s 内收到的最小信号大 10 dB 来决定。这意味着 CS 不但能在时隙没有被占用且没有明显的信号时进行工作，而且也能在时隙部分或全部被占用时进行工作。假如在占用的时隙内接收到的信号强度不大于临界值 10 dB，该时隙就可用于发射，这自动复用了被较远距离台占用的时隙。此外，随着通信量的增加，该临界值也增加，使得有效运行的区域缩小。[41]

B 类 AIS 设备主要考虑小型船舶安装 AIS 设备的需要，其基本出发点是价格低廉，在不至于造成 AIS 网络过度拥堵的前提下具有类似于 AIS 设备的基本性能。B 类 SO 采用与 A 类相同通信模式 SOTDMA，会同 A 类 AIS 设备争夺网络资源，影响 AIS 的设备容量；B 类 CS 采用 CSTDMA 模式，是国际上普遍采用的模式，设备数量的大量增加不会对已有 A 类 AIS 设备的正常工作造成影响。目前，我国渔船 AIS 设备安装的情况是 B 类 SO 和 B 类 CS 并存。

6.船载 AIS 设备信息更新率

如前所述，大型船舶，特别是国际航行船舶均采用 A 类 AIS 设备；对于小型船舶，特别是渔业船舶，一般采用 B 类 AIS 设备。A 类 AIS 设备和 B 类 AIS 设备的动态信息更新率不一样，表 3.5 和表 3.6 为 A 类 AIS 设备的信息更新率，表 3.7 为 B 类和其他类型 AIS 设备的信息更新率。[42] 从表中可以看出，报告消息的时间会随着船舶的航行速度而改变。

表 3.5　A 类 AIS 设备信息更新率

信息内容	信息更新率
静态信息	每 6 min 或根据需要
动态信息	根据航速和航向变化率而定
航行信息	每 5 min 或根据需要
安全信息	根据需要

表 3.6　A 类 AIS 设备动态信息更新率

船舶航信状态	信息更新率
锚地	3 min
航速 0～14 kn	10～12 s
航速 0～14 kn 并改变航向	4 s 或 3.33 s
航速＞14～23 kn	6 s
航速＞14～23 kn 并改变航向	2 s
航速＞23 kn	3 s
航速＞23 kn 并改变航向	2 s

表 3.7　B 类和其他类型 AIS 设备的信息更新率

AIS 类别和信息	信息更新率
B 类船载 AIS 设备，航速≤2 kn	3 min
B 类船载 AIS 设备，航速＞2～14 kn	30 s
B 类船载 AIS 设备，航速＞14～23 kn	15 s
B 类船载 AIS 设备，航速＞23 kn	5 s
搜救用 AIS 设备（记载 AIS）	10 s
航标 AIS 设备	3 min
AIS 基站设备	10 s

从表 3.5～表 3.7 还可看到，AIS 设备的信息更新率取决于船舶的运动状态，不同运动状态的信息更新率不同，静态信息和与航次相关的信息更新率相对较慢，而动态信息更新率取决于航速和航向的变化情况。这与雷达固定周期扫描不同，而且报告的更新时间非常短，正常匀速直线航行的状态下，报告时间仅有 6 s，这就为 AIS 实现船舶避碰、跟踪和海上救援等提供了可能性。

通常在较稳定状态的时候信息更新率较慢，而在高速航行或者转向的时候，可能每隔数秒就播报一次信息。[43]

3.5 雷达和 AIS 探测海上目标的特点

3.5.1 雷达探测海上目标的特点

雷达目标探测具有以下的特点[44-45]：①雷达发射的电磁波具有穿云透雾的能力，无论是雾天还是晴天，黑夜还是白天，雷达都能够探测信号，不受视距的影响，提高了安全性能；②雷达系统是自主的监测跟踪手段，无论船舶上是否装有 AIS 或雷达，或它们是否正常工作，雷达系统对目标的监测跟踪均不受影响，对一些突发性交通事故的监测、记录，雷达系统更能发挥作用；③雷达能够发现周围许多事物，不仅能对船舶目标的探测，还可以探测到其他的事物，甚至可对周围海域进行监测；④雷达目标回波在一定程度上可以反映目标的大小和形状；⑤雷达能够充分利用多种传感器的信息，使用多种导航方式，实现多种不同的定位导航功能，因而能在复杂环境中安全航行；⑥雷达分辨力较高，能够从复杂的杂波背景中提取出目标比较详细的信息；⑦雷达系统可以得到水域的全景交通图像，除了所有的运行目标，还有静止和固定的目标，如助航设施等。

3.5.2 AIS 探测海上目标的特点

AIS 目标探测具有以下特点：①AIS 可以提供船舶的船名、呼号、船舶类型、船长、天线位置等静态信息，又可以提供航向、航速、船位等动态信息，以及航行信息和安全信息；②AIS 采用无线电波传输，工作在 VHF 海上频段，由于电波绕射能力强使得它作用距离远，定位数据来自全球导航卫星系统（global navigation satellite system，GNSS），所以它的工作并不受距离、位置的影响；③AIS 提供的船位信息是从内置的或外界的全球定位系统接收机获得，精度高；④提供的信息内容丰富且精度高，不受天气、海况等外在环境的影响；⑤由于每条船舶分配的 MMSI 码不同，在船舶密集和目标距离较近时，不会出现误跟踪或漏跟踪现象。[14]

3.5.3 雷达与 AIS 协同工作的优势

如前所述，AIS 提供的数据是基于 VHF 信号发送的，因而在使用 AIS 的船舶上，目标的行动不是被“跟踪”的，而是被“接收”的。显然，接收他船主动提供的数据的可靠性要比用本船设备“跟踪”目标得到的数据可靠性高得多。AIS 对目标数据接收的特性体现在 AIS 不存在误跟踪及跟踪过程中丢失率低这两个方面。

AIS 的数据提供了船舶的船位、航向和航速信息，这保证了不需要本船的雷达设备对他船进行跟踪，因此当目标靠近时基本不会出现目标调换现象，从根本上解决了雷达所无法解决的误跟踪问题。

由于 AIS 数据来源于 VHF 信号的传输，信号受到海上杂波干扰很少，数据传输媒介较为稳定，获取的数据始终是接收到的目标数据，目标信号的信杂比在一定程度上满足了信号传输的要求；同时也不会因目标快速机动等原因，造成已跟踪目标的丢失现象。因此，可以说，AIS 的数据接收在很大程度上解决了丢失率高的问题。

AIS 提供的信息存在量大、精度高、快速等特点，但 AIS 自身也存在着一些问题，主要表现在以下几个方面：①AIS 设备是被动接收的，并不能主动去获取特定目标信息；②并不是所有的船舶都安装了 AIS 设备，对于没有配备 AIS 设备的船舶，就不能通过 AIS 探知船舶信息；③AIS 对礁石、未装助航标志 AIS 的航标等静态目标无法探测；④AIS 提供的位置数据仅是 GPS 天线所在的位置，不能反映目标的大小和形状；⑤AIS 提供的船舶位置是坐标点，它不能够获取目标的视频信息和周围环境信息。这些都说明 AIS 并不能完全替代雷达单独完成导航任务。[46]

由于 AIS 和雷达各自的优缺点，因而它们是船上配备的两种非常重要的助航仪器，它们提供的信息各有一定的局限性，但同时存在着互补的特点。通过信息融合处理，能够弥补雷达和 AIS 各自存在的系统缺陷，发挥各自优势，使探测的目标信息更加可靠和精确，从而能提高船舶航行的安全性。

关于雷达和 AIS 的信息融合内容，将在第 5 章详细介绍。

3.6　广东省岸基雷达网系统中的导航雷达与 AIS

3.6.1　导航雷达

广东省岸基雷达网系统中各雷达站安装的导航雷达为美国生产的型号为 ADIOS 的船用导航雷达。该型号雷达价格低廉，但存在下列问题：①采用磁控管，因而能耗高；②磁控管属易损件，要经常更换，带来很高的运行维护费用；③磁控管还要从国外进口，如果不及时就会影响系统的正常运行。目前市面上的固态雷达，价格比较昂贵，但是有能耗低、运行稳定和极大降低运行成本的优点。因而随着技术的发展和应用范围的扩大，广东省岸基雷达网会逐渐用固态雷达代替磁控管雷达。表 3.8 为 ADIOS 导航雷达的硬件技术参数，表 3.9 为其观测的海上目标参数。

表 3.8　ADIOS 导航雷达的硬件技术参数

项目	技术参数
天线	8 英尺*，裂缝波导天线
极化方式	水平极化
水平波束宽度（-3 dB，最大值）	1.0°
垂直波束宽度（-3 dB，典型值）	24°
增益（典型值）	31 dB
转速	28 rad/min
发射波段	X 波段

续表

项目	技术参数
工作频率	9410 MHz±30 MHz
峰值功率	25 kW
脉冲长度及重复频率	短脉冲：0.05 μs/1800 Hz；中脉冲：0.25 μs/1800 Hz；长脉冲：0.75 μs/785 Hz
接收中频频率	60 MHz
接收中频带宽	短脉冲和中脉冲 20 MHz，长脉冲 3 MHz
噪声因数	≤3.5 dB
抗风能力	≤50 m/s（工作），≤70 m/s（生存）
供电	AC 220 V（±10%），250 W（标准），370 W（高速）
质量	55 kg
安全防护	具有马达报警功能
扇形发射区数	4 个
扇形发射分辨力	1°
环境适应性	工作温度：−25～65℃；防盐雾、防霉菌、防潮

＊ 1 英尺＝0.3048 米。

表 3.9　海上目标观测参数

项目		参数	条件
作用距离		大型目标（RCS≥50 m^2，高度 20 m）：雷达视距； 中目标（RCS≥10 m^2，高度 5 m）：≥10 n mile； 小目标（RCS≥1 m^2，高度 1 m）：≥3 n mile	在雷达高度 20 m，发现概率 P_{d}≥90%，恒虚警率 P_{f}≤10^{-6}，3 级海况的条件下
方位分辨力		≤1°	—
距离分辨力		≤25 m	—
雷达处理精度	方位精度	约 0.01°	—
	距离精度	约 2 m	—
	航向精度	2°	速度大于 5 kn 时
	航速精度	0.5 kn，5%	—
跟踪速度		直线速度≥20 kn	—
跟踪目标		≥2000 个	—

3.6.2　AIS

AIS 选择的 NAR-1000 AIS 收发机，包括 VHF 天线和馈线。它具有以下性能特点：①主要为陆上 AIS 船舶监控设计，也可以安装在船上使用；②内含两个 TDMA/DSC 收发机，可以在默认频道和基站控制的任何频道上工作；③能接收并解析所有通用船载 AIS（A 类）设备、其他船载 AIS（B 类）设备、航标 AIS 设备、AIS 基站发送的

AIS 数据；④符合 IEC 62287-1、IEC 61108-1、IEC 60945、IEC 61162-1、ITU-R M.1371-5、ITU-R M. 825-3 等国际标准。其具体参数如表 3.10 所示。

表 3.10　NAR-1000 AIS 收发机技术参数

参数名称	参数技术指标
组成	VHF 天线、接收机、馈线
频道	161.975 MHz（CH873）、162.025 MHz（CH88B）
传输速率	38 400 bit/s
天线长度	1.26 m
频率范围	156.025～162.025 MHz（全频道）
默认频道	CH2087、CH2088
带宽	25 kHz
接收灵敏度	–112 dBm
数据接口	RS-232 一个，RS-422 一个，LAN 输出口（可选）
数据输出格式/速率	NMEA-0183，38400 bit/s
天线插座形式	50 Ω，TNC（GPS 天线）、BNC（VHF 天线）
电源电压	DC 24 V
物理尺寸	81 mm（长）×174 mm（宽）×160 mm（高）

3.6.3　广东省岸基雷达网系统的技术特点及探测功能指标

1.技术特点

广东省岸基雷达网系统的技术特点主要体现在以下 7 个方面。

1）民用导航雷达基础上的高技术性能与功能拓展

该系统采用商用成熟可靠的 X 波段导航雷达，结合国际先进的具有自主知识产权的小目标雷达探测硬件和算法，既可在岸站电信基站上安装，也可在偏远岛屿、岛礁、海岸自建塔架及船舶上安装。

配套国内先进高精度视频监控（光电取证）设备，具备高清光学与红外海上目标取证能力，适应海上环境条件。

2）实现近岸海域无盲区主动监控

通过对雷达站的合理布局，可实现最远 25～30 n mile 海上目标监控，光电平台可实现最远 10～15 n mile 视频监控。

系统除了满足全天候、实时监控要求外，其最大特点在于能够改被动接收为主动探测，在海上目标未开启 AIS、北斗定位等设备情况下，仍可对其进行有效探测和跟踪，在非法作业船舶（渔船、采砂船、倾废船等）的监管、海上渔船安全生产监管和救助方面可发挥重要作用。

3）大批量目标和极小目标跟踪探测能力

单个雷达站能够有效探测、跟踪 3000 个以上目标［常规雷达一般在 100 个以内、海事船舶交通管理（vessel traffic service，VTS）雷达一般为 500～1000 个］，且能够多级联网监控 3 万个以上目标，探测率达到 90%以上。该系统可对 5 n mile 范围内 RCS 为 0.1 m^2 的极小目标进行有效探测，包括小型渔业船舶、竹排、舢板，乃至网箱、浮标、渔网浮球、浮冰和海上漂浮垃圾等，均能探测跟踪，可满足对近岸海域所有作业船只包括小型“三无”船舶监管的需求。

4）目标实时定位跟踪取证与船岸联动功能

系统通过雷达探测距离、方位、角度，可以准确获得探测目标的具体位置，进而自动控制光电设备对相应目标进行实时持续视频跟踪取证。系统可进行多个岸基/船载雷达和光电设备组网联动，应用于海上行政执法、维权活动时，可实现船岸实时联动、远程指挥调度和海上目标态势信息共享。

5）多源信息融合与综合管控

该系统的数据处理平台，通过融合分析多个基站的雷达、光电、AIS 及北斗定位等数据，结合目标的航向、航速、位置、航迹信息进行综合判断，结合船舶数据库，实现了同一目标多信息源的融合、处理与显示。

在多信息源融合基础上，即使船只航行中关闭设备，在雷达探测范围内，仍可实现对其动态跟踪监控；即使在无法获取海上目标详细身份识别信息情况下，仍可根据其作业特点进行综合筛选和判定，有效辅助管理和执法决策。

系统可设置海上功能区、保护区、禁渔区等相关图层，定义警戒区，对非法出入、滞留警戒区的海上目标实现自动报警。

6）可兼顾近海溢油、海浪监测

该系统还兼有海浪、海上溢油探测功能。其中，海浪探测采用经验正交函数（empirical orthogonal function，EOF）分解和一维快速傅里叶变换（fast Fourier transform，FFT）算法，探测精度高，适应多种环境和平台条件，可纳入我国预报减灾网，发挥重要作用；溢油带最小探测面积为 150 m^2，具有对溢油块形态变化、漂移速度和方向实时跟踪功能。

7）多种观探测手段与数据兼容

系统可以将其他海洋观测装备，如地波雷达（海流）、浮标（水文、气象、水质生态）、无人机/无人艇等数据纳入系统。同时，在雷达网中，一个雷达可对应多个光电设备，可扩展更多的光电监控取证设备资源。

2. 探测功能指标

广东省岸基雷达网系统的探测功能指标主要包括以下几个方面：

（1）雷达站为 7×24 小时无人值守设计；

（2）系统所有雷达目标录取均在雷达站点进行，数据带宽比较低，从而保证了网络的总带宽；

（3）雷达目标探测采用国际先进的基于自适应门限的检测前跟踪算法（track before defect，TBD），能够全自动跟踪雷达覆盖范围的所有大小目标，全自动抑制杂波；

（4）所有雷达站的覆盖区域联合，实现广东省禁渔线以内连续覆盖监控；

（5）系统支持目标类型、速度等参数筛选，按照渔业作业行为规则快速定位非法作业船只位置，通过用户的主动设置，可对重点渔港、渔区、海区等进行重点关注，并按要求进行动态统计分析、报警；

（6）雷达站配置有光电跟踪设备，通过雷达联动能够实时对触警目标、特定目标进行持续稳定跟踪识别；

（7）在岸基雷达的基础上可增加船载系统，并可与岸基系统组网运行，为指挥中心和现场渔业执法船舶提供船岸一体的海面综合态势及执法信息；

（8）系统支持雷达视频、目标信息、光电视频的同步记录、同步回放，为事故分析、渔船救助提供有力保障信息；

（9）系统可与现有海洋渔政管理信息系统融合，将海上目标信息与多种海域基础属性信息进行叠加，如海域区划、行政边界、岛屿名称、保护区范围、倾废区、采砂区等，并可逐步丰富完善。

参考文献

[1] 吴顺军，梅晓春. 雷达信号处理和数据处理技术［M］. 北京：电子工业出版社，2008.

[2] 郭华东，等. 中国雷达遥感图像分析［M］. 北京：科学出版社，1999：1-2.

[3] Martin S. 海洋遥感导论［M］. 蒋兴伟，等，译. 北京：海洋出版社，2008.

[4] 常会振. 船舶导航雷达发展趋势研究［J］. 中国水运，2013，1：6-7.

[5] 彭祥龙. 船用导航雷达的技术发展及最新应用［J］. 电讯技术，2013，53（9）：1247-1252.

[6] 中国人民解放军空军标准化办公室. 军用雷达术语：GJB 4429—2002［S/OL］.北京：总装备部军标出版发行部，2003［2021-04-07］. https://www.doc88.com/p-9935620031276.html?s=rel&id=5.

[7] 全国电工术语标准化技术委员会. 电工术语　雷达：GB/T 3784—2009［S］. 北京：中国标准出版社，2009.

[8] 中航雷达与电子设备研究院. 雷达系统［M］. 北京：国防工业出版社，2008.

[9] 李维运.VTS 中雷达和 AIS 信息融合算法探讨［J］. 中国水运（学术版），2006，6（7）：116-118.

[10] 王世远. 航海雷达与 ARPA［M］. 大连：大连海事大学出版社，1998.

[11] Briggs J N. 航海雷达目标检测［M］. 席泽敏，等，译. 北京：电子工业出版社，2009.

[12] 丁鹭飞，耿富录. 雷达原理［M］. 3 版. 西安：西安电子科技大学出版社，2006.

[13] 尹国盛. 多普勒效应的研究［J］. 广西物理，2003，24（3）：33-34，36.

[14] 刘社. 雷达和 AIS 目标航迹融合处理方法的研究［D］. 大连：大连海事大学，2016.

[15] 宋盟瑞. 基于智能学习的 X 波段海浪信息参数反演算法［D］. 成都：电子科技大学，2017.

[16] 杨春. 高频地波雷达基本原理介绍［J］. 中国无线电，2018（10）：49-51.

[17] Barrick D E，Evans M W，Weber B L. Ocean surface currents mapped by radar［J］. Science，1977，198（4313）：138-144.

[18] 王若琨. 基于 AIS 辅助信息的便携式高频地波雷达目标探测研究 [D]. 武汉：武汉大学，2018.
[19] 文必洋，黄为民，王小华. OSMAR2000 探测海面风浪场原理与实现 [J]. 武汉大学学报（理学版），2001，47（5）：642-644.
[20] Barrick D E，Weber B L. On the nonlinear theory for gravity waves on the ocean's surface. Part II：Interpretation and applications [J]. Journal of Physical Oceanography，1977，7（1）：11-21.
[21] 李自立，曹红燕，贾春洋. 北部湾海面基于地波雷达观测"天兔"台风风场 [J]. 热带海洋学报，2016，35（4）：31-34.
[22] Barrick D E. Remote sensing of the sea state by radar [C] //Derr V E. Remote Sensing of the Troposphere. Washington D C：NOAA/Environmental Research Laboratories，U S Government Printing Office，1972.
[23] Pierson W J. The interpretation of wave spectrums in terms of the wind profile instead of the wind measured at a constant height [J]. Journal of Geophysical Research，1964，69（24）：5191-5203.
[24] Bretschneider C L. The generation and decay of wind waves in deep water [J]. Transaction American Geophysical Union，1952，33（3）：381-389.
[25] Scorzolini A，De Perini V，Razzano E，et al. European enhanced space-based AIS system study [C] //IEEE 5th Advanced Satellite Multimedia Systems Conference（ASMA）and the 11th Signal Processing for Space Communications Workshop（SPSC），2010：9-16.
[26] 霍立平，陈必然，贾绍文，等. 发展机载 AIS 的设想 [J]. 科技信息，2010，2（23）：941，951.
[27] 马壮，赵光磊，杨琨. 机载船舶自动识别系统测试评估技术研究 [J]. 航空科学技术，2016，27（1）：47-52.
[28] 王晓海，郑立生. 星载 AIS 技术及其应用发展 [J]. 数字通信世界，2016（6）：30-31.
[29] 张可立，丁振宇，高杰. 海洋一号 C/D 卫星全球船舶自动识别系统设计与应用 [J]. 航天器工程，2019，5（5）：26-31.
[30] 李振宁，刘正全，刘培，等. 和德一号在轨 AIS 数据商业应用及发展前景探讨 [C] //中国科学院软件研究所，天基综合信息系统重点实验室，软件定义卫星技术联盟. 2018 软件定义卫星高峰论坛论文汇编. 西安：西安电子科技大学出版社，2018：1.
[31] 海南一号卫星启动"星地对接"[EB/OL].（2020-08-04）[2021-04-07].http://digitalpaper.stdaily.com/http_www. kjrb.com/kjrb/html/2020-08/04/content_450095.htm?div=-1.
[32] "海南一号"一期 4 颗光学卫星计划今年底择机发射 [EB/OL].（2021-04-07）[2021-04-07]. https://www.hainan.gov.cn/hainan/5309/202104/ab96bf2e937640bd98bff88db4f2a762.shtml.
[33] 关政军. 航海仪器：上册：船舶导航设备 [M]. 大连：大连海事大学出版社，2009：146-148.
[34] 王晨熙. 雷达与 AIS 信息融合综述 [J]. 指挥控制与仿真，2009，31（2）：1-4.
[35] 王夺. AIS 与雷达信息融合的研究 [D]. 大连：大连海事大学，2015.
[36] 孙文力，孙文强. 船载自动识别系统 [M]. 大连：大连海事大学出版社，2004：21-45.
[37] 朱金发，孙文力，汤华. 船载自动识别系统手册 [M]. 北京：人民交通出版社，2005：2-54.
[38] 刘瑜. 基于 AIS 的船舶动态监控及其应用 [D]. 大连：大连海事大学，2008.

［39］刘怀远，陈志为，王柯. 基于时分多址的网络时隙资源分配研究［J］. 舰船电子对抗，2020，43（2）：30-32.

［40］金鸣. 船载 AIS 信道接入协议的改进与仿真［D］. 大连：大连海事大学，2017.

［41］中华人民共和国国家质量监督检验检疫总局，中国国家标准化管理委员会. 船舶自动识别系统（AIS）B 类设备技术要求第 1 部分：载波侦听时分多址（CSTDMA）：GB/T 35552.1—2017［S］. 北京：中国标准出版社，2017.

［42］刘畅. 船舶自动识别系统（AIS）关键技术研究［D］. 大连：大连海事大学，2013.

［43］周必全. 雷达与 AIS 的数据融合及雷达性能评估［D］. 哈尔滨：哈尔滨工业大学，2013.

［44］宇忠源. 船舶导航雷达目标检测算法研究及程序开发［D］. 大连：大连海事大学，2010.

［45］董英凝，张宁，许荣庆. 高频地波雷达工作环境对系统性能影响的分析［J］. 电波科学学报，2007，22（2）：325-330.

［46］Stateczny A，Kazimierski W. Multisensor tracking of marine targets：Decentralized fusion of Kalman and neural filter［J］. International Journal of Electronics and Telecommunications，2011，57（1）：65-70.

第 4 章　广东省岸基雷达网系统

本章主要从系统设计、硬件组成、软件组成等方面介绍了广东省岸基雷达网系统的构成、硬件的选型、系统中雷达信号和数据处理算法及雷达站专有软件的应用。

4.1　系统总体架构

广东省岸基雷达网系统的总体架构如图 4.1 所示，该系统由信息感知层、信息传输层、信息处理层、应用服务层 4 层架构组成。

1）信息感知层

信息感知层位于整个体系架构的最底层，由具有感知和测量功能的设备组成，主要部署了雷达、光电、AIS 等设备的传感器，负责对海上目标的相关信息进行采集。在这一层还预留了卫星、无人机、无人艇、水下观测网等设备的接口。

2）信息传输层

信息传输层位于信息感知层之上，主要作用是通过光纤通信、4G 通信、数据链通信、卫星通信等方式将传感器获得的信息传输到数据处理中心，再将由数据处理中心处理后的结果推送到政府业务部门；同时还可将业务部门的监控指令传达至前端雷达和光电系统，控制光电取证等。

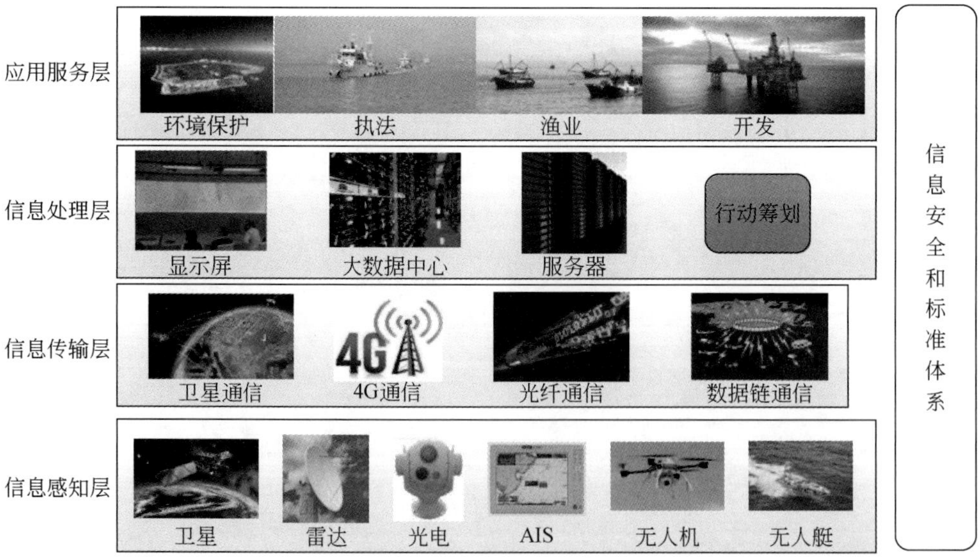

图 4.1　广东省岸基雷达网系统总体架构

3）信息处理层

信息处理层位于信息传输层之上，通过服务器和各种软件算法，将通过信息感知层获取和通过信息传输层传输的信息，根据不同用户的需要，进行分门别类的处理和存储，然后将处理结果按需进行推送。

4）应用服务层

根据不同用户的需求，提取相应的信息，为渔业、海洋、海事、海警、海军等相关部门提供决策和行动依据。

除了上述 4 层架构外，系统还采取了恰当的信息传输、网络访问安全和加密解密措施。

从体系监控架构的角度看，整个广东省岸基雷达网系统采用三级监控体系架构形式，分别为监控中心（1 个）、数据中心（1 个）、雷达监测站（n 座）和用户终端（m 个）。雷达监测站负责数据采集和目标探测；监控中心负责雷达监测站数据的记录、融合、处理、分发及监控，并将融合后的数据传输至各用户终端。

4.1.1 系统硬件构成

广东省岸基雷达网系统硬件主要包括雷达监测站设备、数据中心和监控中心所必需的硬件。每座雷达监测站由雷达设备、雷达处理主机、光电设备、远程电源管理设备、AIS 接收天线、服务器、防雷设备组成，另外还包括交换机、路由器等必要网络设备。其配置如图 4.2 所示。

广东省岸基雷达网系统中硬件的部署方式为：雷达、光电设备、AIS 接收天线等架设于室外，一般安装在铁塔上或者高楼的楼顶；雷达处理主机安放在室内，如租用通信机房或者自建机房。

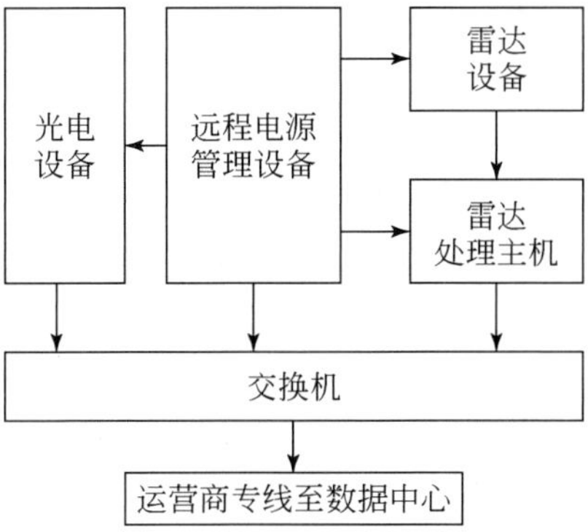

图 4.2 雷达监测站配置示意图

考虑上述设备处于无人值守，且大多数机房不具备服务器机房的全部标准配置，运行环境相对比较恶劣；另外由于是近海目标探测，海况比较复杂，对雷达探测数据传输的实时性要求较高[1]，因此广东省岸基雷达网系统对设备进行了选型。

1.雷达及配件

1）雷达

雷达选用的是 X 波段导航雷达，详情参见 3.6.1 节的介绍。

2）雷达处理主机

雷达处理主机的作用是完成雷达控制、回波信号采集压缩、目标提取跟踪、数据发送等功能，主要由工业控制计算机、雷达高速数据采集卡组成。

工业控制计算机选型为国产的研华 ACP-4320 工业控制计算机，其主要功能特点：①支持 Intel®Core i3/i5/i7 移动系列处理器（rPGA）+Intel QM77 芯片组；②第三代 Core i 处理器，支持独立三显：DVI+HDMI+DisplayPort；③内存支持 DDR3/DDR3L SO-DIMM，最高达 16GB；④两个扩展槽位，可支持 PCI、PCIex1、PCIex4 扩展卡；⑤2×miniPCIe 插槽，带 SIM 卡槽位；⑥9～34 V 宽压直流电源输入；⑦丰富 I/O 接口，包含 4×USB 3.0 和 8×COM；⑧弹性化存储选择，支持 2×mSATA，1×CFast 和 2×2.5” SATA HDD/SSD；⑨支持 iManager、SUSIAccess 和嵌入式应用程序编程接口（application programming interface，API）。

研华 ACP-4320 工业控制计算机的具体技术参数如表 4.1 所示。由表 4.1 可知，ACP-4320 属于工控系列，能在温度为−10～60℃和相对湿度为 95%的环境下工作，在雷达站运行环境相对比较恶劣的情况下也能工作。

表 4.1 研华 ACP-4320 工业控制计算机技术参数一览表

参数名称		参数技术指标
处理器系统	CPU	Intel®Core i7-3610QE
	主频	2.3 GHz（四核）
	L3 Cache	6 MB
	功率	45 W
	系统芯片	Intel QM77
	BIOS	AMI EFI 64 Mbit
内存	技术	DDR3/DDR3L 1600 MHz
	容量	16 GB
	插槽	2×204-pin SO-DIMM
	芯片组	Intel QM77 集成显卡 GFX Gen 7
图形	图形引擎	Direct×11，OpenGL3.1，OpenCL11；硬解加速：AVC/H.264，MPEG-2，VC-1
	CRT	集成 DVI-I 转 VGA
	DVI-I	1920×1200@60 Hz
	HDMI	支持 HDMI1.4，1920×1200@60 Hz
	独立双显	VGA+DVI，VGA+HDMI，VGA+DP，DVI+HDMI，DVI+DP，HDMI+DP
以太网	LAN1	10/100/1000 Mbit/s Intel 82579LM 以太网控制器，支持网络唤醒
	LAN2	10/100/1000 Mbit/s Intel I-210IT 以太网控制器，支持网络唤醒

续表

参数名称		参数技术指标
音频	接口	Realtek ALC892，高保真音频，音频输出，麦克风输入
I/O 接口	串行端口	4×RS-232 端口，4×RS-232/422/485 端口，带自动流控
	USB	4×USB 3.0 端口（USB1，2，3，4）；2×USB 2.0 端口（USB5，6）
	DIO	16bit DIO
存储	HDD	256SSD
	固态盘	64 G
软件支持		Windows7
电源需求	电源类型	AT/ATX
	电压输入	9～34 V(DC)
	功耗	60 W
机械	结构	铝制外壳
	安装	桌面式/壁挂式
	质量	4.8 kg
环境	工作温度	配备 SSD：−10～60 ℃(0.7 m/s 风速)
	存储温度	−40～85 ℃
	相对湿度	95% @ 40 ℃（非凝结）
	EMC	CE/FCC Class A，CCC，BSMI
	安规认证	CB，UL，CCC，BSMI

3）雷达数据采集卡

雷达数据采集卡采用的型号为 RVAQ（radar video acquisition）2000，RAVQ 是一个高性能的雷达信号接口板，用于接收与处理雷达信号，并为应用程序提供了外围组件互连高速（peripheral component interconnect express，PCI-E）接口的访问。RVAQ 2000 技术参数见表 4.2。

RVAQ2000 的主要任务是提供一个实时的雷达或其他传感器（AIS、GPS 或罗经）数据流，包括原始视频、天线方位信息和串行数据流。其工作原理是把雷达视频和其他数据分为两路数据流传送到 PCI-E 总线，经过灵活的触发门限设置，模拟信号和数字信号输入可以以多种多样的方式结合，形成数据流。

RVAQ 板卡带有 4 个独立的高性能通道、专用集成电路应用（application specific integrated circuit，ASIC）和外围组件互连高速接口，经过这些专门设计的物理接口，可以在短时间内适配大部分的现代雷达型号。ASIC 是指应特定用户要求和特定电子系统的需要而设计、制造的集成电路，在批量生产时与通用集成电路相比具有体积小、功耗低、可靠性高、性能优、保密性强、成本低等优点。PCI-E 是新一代的总线接口，它是一种点对点串行连接的设备连接方式，每个设备在要求传输数据的时候各自建立自己的传输通道，对于其他设备这个通道是封闭的，换句话说，点对点意味着每一个 PCI-E 设备都拥有自己独立的数据连接，各个设备之间并发的数据传输互不影响，这种操作模式保证了通道的专有性，避免其他设备的干扰。在传输速率方面，PCI-E 因总线位宽不同而有所差异，包括 X1、X2、X4、X8 及 X16 等模式（X2 模式将用于内部接口而非插槽模式），X1 的传输速率为 250 MB/s，而 X16 就是 16 倍 X1 的速度，即是 4 GB/s。与此同时 PCI-E 总线支持双向传输模式，还可以运行全双工模式。

表 4.2　RVAQ2000 的技术参数明细表

参数名称	参数取值
采样率	125 MHz
采样深度	14 bit
模数转换器	两路，125Msps*/14 位
附加模数转换器	两路，62.5Msps/10 位
独立串口通道	两路，带隔离的 RS-422/485
视频电平范围	−8～8 V
其他信号电平	−24～24 V
输入信号	所有输入信号可以内部物理断路
更新固件	远程操作
方位分辨力	65 535 像素
FTC 处理	128 阶高性能数字滤波器
时间校正精度	12.5 ns

* Msps 表示 million samples per second，即每秒采样百万次

（1）RVAQ2000 的板卡结构。

RVAQ2000 板卡可以灵活地对模拟、数字等复合信号进行采集。从小的海事雷达到大的对空雷达，从老式的军用雷达到现代的固态雷达，RVAQ2000 都提供了接口。RVAQ2000 具有常规的输入通道，另外还有视频信号输入通道（模拟）、同步触发（synchronization，SYNC）信号输入通道（模拟）、附加信号输入通道（模拟、支持差分）、串口输入通道。

RVAQ2000 的同步触发信号输入通道（模拟）通常作为短脉冲触发信号（> 50 ns）输入通道，也可以作为附件的雷达视频信号输入通道，其技术参数如下：

①标准 SMA 接口；

②输入电平范围−24～24 V；

③输入阻抗 10 kΩ；

④模拟带宽 35 MHz；

⑤软件可配置 75 Ω 终结电阻。

RVAQ2000的附加信号输入通道（模拟、支持差分）技术参数如下：

①单信号或差分信号支持；

②免焊接接头设计；

③输入电平范围-24～24 V；

④输入阻抗100 kΩ；

⑤模拟带宽5 MHz；

⑥软件可配置1 kΩ上拉电阻；

⑦软件可配置120 Ω终结电阻。

RVAQ2000板卡带有两个独立的串口输入通道，其技术参数如下：

①隔离电压2500 V；

②波特率高达921 kbit/s；

③软件可配置120 Ω终结电阻；

④初始工作模式：RS-422全双工；

⑤软件可配置环回模式；

⑥免焊接头设计；

⑦完全兼容UART16550；

⑧电源控制；

⑨隔离端活动状态监控。

板卡使用高精度模数转换器对模拟视频输入信号采用采样率为125 MHz、采样深度为14 bit的方式进行采集。在采样视频传送到PCI-E总线之前，可以选择对视频进行降采样处理，以减少数据率。具有内部时钟同步引擎，其技术参数如下：

①数据流带有64位时间戳；

②6个常规用途事件检测器，支持多种滤波功能；

③高达2个串口事件检测器，可以独立于UART接收字节数据；

④可编程脉冲鉴别器；

⑤可编程脉冲门限/迟滞检测。

（2）雷达处理子系统参数。

雷达处理子系统的主要功能是：①目标的检测、识别与跟踪；②监视与报警；③目标显示；④信息的记录与重放。

目标的检测、识别与跟踪功能主要完成以下工作：①通过对目标进行检测和跟踪，计算目标位置、航向、航速、目标尺度，并记录；②通过船舶报告或AIS对目标进行识别；③在目标被遮挡时，对目标进行航迹推算；④在目标被多个雷达探测和跟踪到时，对该目标的多个雷达跟踪数据进行融合；⑤在系统能接受AIS信息时，将AIS数据与目标跟踪数据进行融合。

监视与报警功能主要完成以下工作：①目标航行危险的监视与报警；②锚位监视与走锚报警；③航行标志监视与漂移报警。

目标显示功能主要完成以下工作：①目标的跟踪数据、雷达视频及电子海图的显示；②船舶基本数据、航行计划等信息的显示；③气象与水文条件的显示；④其他辅助信息的显示（方位线等）。

信息的记录与重放功能主要完成以下工作：①硬盘存放 24 小时到数百小时的短时连续记录、磁带长期存档记录、光盘和软盘长期存档和异地重放；②记录内容为雷达目标数据、雷达数据视频、通信语音、系统工作状态和操作；③信息重放形式为与其他记录内容（工业电视图像）按时间同步本地或异地重放。

雷达处理子系统主要性能指标见表 4.3。

表 4.3　雷达处理子系统主要性能指标

参数名称	指标
采样频率	125 Msps
采样深度	14 bit
方位量化	65 536
处理范围	雷达覆盖域
陆地掩膜	0.044°
目标处理方位精度	360/65536=0.005°
目标处理距离精度	300/125/2=1.2 m
目标探测数量	3000 个/批
目标刷新频率	1/8 周扫*（典型转速下约 268 ms）
最大稳定跟踪时间	7 周扫
模拟外推时间	0～150 s（可调）
模拟目标数量	100 个
数据压缩率	数据率为 0.064～1.5 Mbit/s

* 周扫表示扫描周期

（3）雷达数字信号处理库。

在广东省岸基雷达网系统中建立了一个雷达数字信号处理库，它是一个可扩展的工具包，根据雷达功能特性生成相应的处理链。使用这个处理库可以完成诸如杂波移除、干扰移除、增益增强和扫描转换等信号预处理。

与模拟信号处理相比，采用数字信号处理的优点是：①把许多功能综合设计在一部处理机中，可以根据外来指令或预先编好的程序灵活地进行选择和组合使用；②精度仅与字长有关，由于不像模拟信号处理那样，性能与使用人员的调整有关，因此性能稳定可靠；③有利于高速大规模集成电路的应用，从而可使信号处理机的重量减轻和体积缩小。与其他领域的数字信号处理相比，雷达数字信号处理的特点是信号带宽大，因而采样率高，并且实时输出。

雷达数字信号处理库具有以下特点：①高精度数字增益、偏移模块；②高精度异步采样率转换器；③可编程 40 抽头有限冲激响应（finite impulse response，FIR）数字滤波器。

2.光电跟踪系统

光电跟踪系统主要采用起着闭路电视监控系统（CCTV）作用的光电摄像设备，CCTV 的主要功能是在综合显控终端系统上通过选取目标，实现对安装在监控点的光电设备自动选取目标的关联。这一功能可以让操作员实现摄像机的远程精确操控，进行目标识别、跟踪，实现全天候、全方位对地、海、空目标进行搜索和自动跟踪。同时将光电设备记录的视频信息实施存储，以便事后调阅分析。

广东省为台风登陆较多的省份，因而 CCTV 的选型要求是重载防风型转台，含高清探头，支持透雾功能，满足全天候监视监控要求，并配置制冷型红外热成像设备。另外岸基雷达站都是建设在海边，因而要求 CCTV 适用于海边环境，在能见度 20 km、湿度 80%、温度 20～33℃的条件下，光电作用距离的要求如表 4.4 所示；对不同类型船舶的探测及识别距离要求如表 4.5 所示。

表 4.4　光电作用距离

技术参数	目标大小	
	3m×2m	10m×5m
电视探测距离/km	5	8
电视识别距离/km	3	4
对人认清距离（取证）/m	500	—
红外探测距离/km	4	6
红外设备距离/km	3	4

表 4.5　对不同类型船舶的探测及识别距离要求

项目	船舶类型	探测目标距离/n mile	识别船舶类型和工作方式的距离/n mile
可见光	小型渔船	≥4	≥4
	中型渔船	≥10	≥8
	大型渔船	≥18	≥18
红外热成像	中小型渔船	≥4	—
	大型渔船	≥10	—

为此采用型号为 HLI-ITV200 的光电设备，该光电设备由光学透雾白光摄像机、红外热成像仪集成，保证在晴天、有星光、低照度等多种气象条件下昼夜成像。具体功能包括：①白天成像及透雾功能；②红外热成像功能；③雷达引导跟踪功能；④视频增强功能（针对低照度、雾霾天气的特殊处理）。其组成如图 4.3 所示。表 4.6～表 4.12 为 HLI-ITV200 各传感器、伺服平台、接口等的技术参数等。

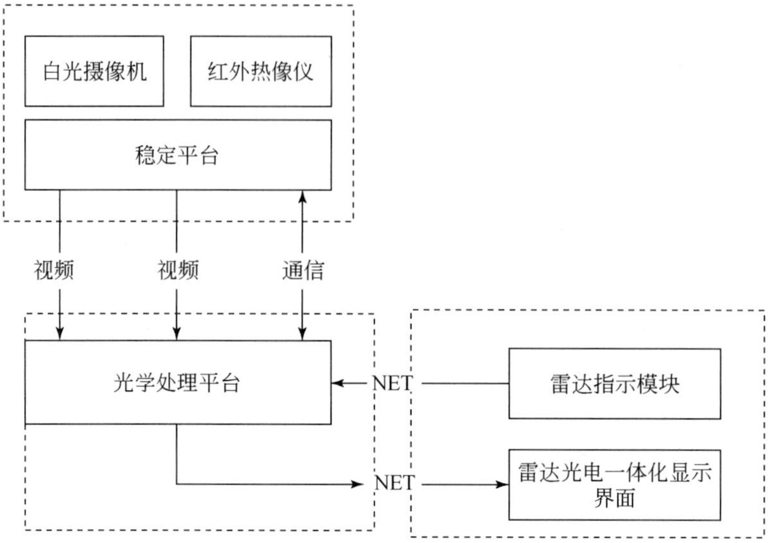

图 4.3　HLI-ITV200 光电设备的组成

表 4.6　白光传感器技术参数

参数名称	参数值
CCD 尺寸/mm	14.11
CCD 像素	1920×1080
镜头焦距/mm	12.5～750（连续变焦）

表 4.7　红外传感器技术参数

参数名称	参数值
探测器类型	制冷焦平面
响应波段/μm	3～5
像素	320×256
光学系统	360 mm F4

表 4.8　作用距离（18m 船只类型判断能力）

探测类型	距离/km
白光探测	15
红外探测	15

表 4.9　伺服平台技术参数

参数名称	参数值
水平转角	360°连续旋转
俯仰转角/(°)	−80～+80
位置误差/mrad	≤1

续表

参数名称	参数值
最大角速度/（°/s）	≥60
瞄准线稳定精度	1mrad（1σ）（1°/2Hz、2°/1Hz 扰动）
跟踪最小角速度/（°/s）	0.02
最大角加速度/（$°/s^2$）	≥100

表 4.10　光电设备物理参数

参数名称	参数值
供电	DC 24 V，15 A
质量/kg	≤70

表 4.11　环境指标

参数名称	参数值
工作温度/℃	−20～60
防风	60 m/s 以上

表 4.12　接口技术参数

参数名称	参数值
输入电源	DC 24 V
通信	2 路 RS-422（1 路伺服平台、1 路光学部分）
输出	2 路模拟视频
输出数据	伺服平台的位置、俯仰角度、速度、加速度、故障提示、镜头视角、镜头聚焦位置

图 4.4 为光电转台与雷达主机接口示意图。由图可知，光电转台有 2 路 RS-422 和 1 路局域网络（local area network，LAN）。在 2 路 RS-422 中，其中一路用于传输光电转台的指令和返回数据，另一路用于传输光电载荷的指令和返回数据；LAN 通过路由器与雷达主机相连接，用于传输光电载荷（包括可见光和红外热成像仪的视频流）。2 路 RS-422 均通过路由器连接到串口服务器，串口服务器属于网络转串口的设备，是连接光电转台和雷达主机的枢纽，故串口服务器的设置至关重要。

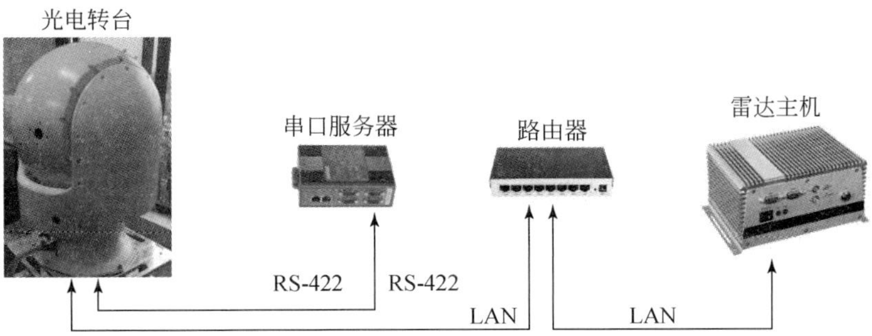

图 4.4　光电转台与雷达主机接口示意图

3.远程电源管理设备

远程电源管理设备是指通过自有的集中管理界面对其下联用的设备进行集中化统一管理，能远程和智能控制设备的开关及重启，同时监测设备用电及其所处环境参数，便于突破时间和空间限制，对庞杂分散的用电设备进行智能化远程集中管理，从而实现无人值守。该设备适用于对本地或远程设备的各种管理领域。

广东省岸基雷达网系统中，远程电源管理设备选用型号为PC300，表4.13和表4.14为该设备前、后面板的主要功能介绍。该设备具有以下功能：①具有本地控制和远程控制切换功能；②可远程控制6路交流电源管理；③具有雷达站交流电源在线监测功能；④具有实时传输雷达站电源数据至中心的功能；⑤具有雷达专网网络中断时延时切断雷达电源功能，延时时间和此功能均能远程设置；⑥预留双雷达冗余控制接口；⑦预留3路RS-422\RS-232数据接口；⑧具有数据回传功能；⑨具有电源指示功能。

表4.13 远程电源管理设备PC300前面板主要功能

名称	作用	备注
第3路输出	AC 220 V 第3路（本地控制）	本地模式：按下通电，弹起断电
第2路输出	AC 220 V 第2路（本地控制）	远程模式：电源不受按下/弹起控制，红灯代表通电，灯灭代表断电，亮灭与电源实际通电状态一致，与按键是否按下无直接关系
本地/远程切换	本地/远程模式切换开关	远程模式：按键弹起，红灯灭 本地模式：按键按下，红灯亮
12V 开/关	设备开关（控制板、串口服务器电源）	开：按键按下，红灯亮 关：按键弹起，红灯灭

表4.14 远程电源管理设备PC300后面板主要功能

名称	作用	备注
220V IN	AC 220 V 输入	接线柱直径6 mm，1800 W，左正右负
12V1-12V4	4路DC 12 V输出	端子支持最大线径2.5 mm^2，单路不超过50 W，合计不超过120 W，左正右负
220V1-220V3	3路DC 220 V输出	接线柱直径6 mm，单路600 W，左正右负
TX+/TX-/RX-/RX+	4路RS-422接口	默认使用第1路
JX/JX-2/JX-1	6路触电接口	默认为JX与JX-1短接

4. AIS设备选型

AIS选择NAR-1000 AIS收发机，参见3.6.2节。

5.其他硬件

1）附件

主要包括标准机柜和千兆网络交换机，其中标准机柜采用的是大唐保镖 A36642

机柜。其特点是：①前后六角网孔门，散热好，侧门可拆卸；②可安装交换机、路由器、配线架等 19 英寸[①]标准网络设备；③可放置设备数量：1U 高网络设备 20 台左右或 2U 设备 10 台左右，或根据客户实际情况选配。其技术参数见表 4.15。

千兆网络交换机采用的是型号为 EKI-2728 的工业以太网交换机，有 8 个端口，传输模式为全/半双工自适应，传输速率为 10（Mbit/s）/100（Mbit/s），电源电压为 24 V。

表 4.15　大唐保镖 A36642 机柜技术参数

参数名称	参数值
外部规格	1200 mm（高）×600 mm（深）×600 mm（宽）
立柱间距/mm	485
立柱到门的距离/mm	100
材质	SPCC 优质冷轧钢，表面处理采用脱脂、酸洗磷化静电喷塑
厚度/mm	2.0（立柱），1.0（框架帽子底座），1.2（托盘、四周门）

2）监控中心硬件

监控中心硬件包括服务器、存储设备和显控终端。服务器技术参数如表 4.16 所示。存储设备的总空间不低于 24 TB。显控终端选用型号为 Z240 的主机和型号为 Z24i 的显示器，具体的技术参数见表 4.17。

表 4.16　服务器技术参数

参数名称	参数值
CPU	2 个 Intel Xeon E5-2630 v4，六核、十二线程，主频 2.4 GHz，总线规格 QPI8GT/s，三级缓存 15 MB
内存	2×16G RDIMM DDR4 内存（共 32 G）
硬盘	5×600G 热插拔 SAS 硬盘
网卡	主板集成千兆网卡×2
光驱	SLIMDVD 刻录机×1
电源	双电源-NF5280M4
操作系统	Windows Server 2008 R2

表 4.17　显控终端技术参数

参数名称	参数值
CPU	Intel i5-6500 四核处理器，3.2 GHz
内存	8 GB DDR4-ECC（4 GB×2 双通道）
磁盘	1TB SATASSHD，7200RPM
显卡	NVIDIA Quadro-M2000、4 GB 显存
操作系统	正版 Windows7×64
显示器	Z24i
显示器分辨率	1920×1200

① 1 英寸=2.54 厘米。

另外在监控中心设置了由 6 块大屏幕拼接而成的显示屏，用于展示广东省岸基雷达网海上目标实施态势分布情况，表 4.18 为大屏幕显示屏的技术参数。

表 4.18　大屏幕显示屏的技术参数

名称及型号	主要规格及技术指标
55 寸超窄边液晶拼接屏 L55ULED\S	LG 55 寸工业级 DID 超窄边液晶面板，标配图像拼接器 支持 1920×1080p 输入高清显示； 单屏尺寸：长 1213.5 mm，宽 684.3 mm 亮度：500 cd/m^2 对比度：3000∶1； 双边物理拼缝：3.5 mm 观看角度：178° 色彩饱和度：97% 控制信号：RS-232 显示模式：全屏拼接显示，支持 $M\times N$ 多屏组合拼接显示、分屏显示 控制方式：中控拼接屏软件
拼接处理器	支持 8 路 DVI 输入、6 路 DVI 输出、支持任意分屏显示、任意拼接显示、任意信号切换显示；支持回显功能；支持 8 层图像开窗、叠加、漫游移动、任意放大缩小拉伸功能
拼接屏软件	中控拼接屏软件（中文界面）
高清线缆	DVI 线 3～5 m

3）防雷设备

每座岸基雷达监测站都有 4 处设备需要采取防雷措施，分别是雷达视频、控制信号、电源、网络。这些设备承受的冲击电流波幅值为：1 级≥3 kA（交流电源接口线对地应承受）；2 级≥10 kA（直流电源接口线对地应承受）；3 级≥20 kA（通信电源接口线对地应承受）。针对这些特性分别选用不同型号的防雷设备，如表 4.19 所示。

表 4.19　防雷设备的型号列表

防雷模块名称	型号
雷达视频防雷模块	FRX-SL-BSC
控制信号防雷	FRX-SL-422
电源浪涌防护	FRD-40/2P
网络防雷	FRX-SL-RJ45

4.1.2　系统软件总体构成

图 4.5 为广东省岸基雷达网的系统软件架构。从前后端的角度分为：①前端雷达站软件；②后端数据中心与监控中心软件。系统软件从技术架构上，分为数据采集处理、数据融合、中心显示三层。由图 4.5 可以看到整个系统软件架构主要包括 8 个软件，其中数据采集处理层主要包括雷达处理软件（RadPro）、雷达控制软件

（RadarControl）、AIS 接收软件（AIS）、光电控制软件（TVCtrl）四部分；数据融合层主要包括雷达电源管理软件（RelayAdapter）、数据处理软件（Collector）两部分；中心显示层主要包括终端显示软件（GeoViewer）、系统管理软件（SystemConsole）。

各软件的主要功能描述如表 4.20 所示，由表 4.20 可知，这些模块大致的关系是：

（1）雷达处理软件（RadPro）负责采集雷达原始视频数据，将数据送至数据处理软件（Collector）中进行数据融合；

（2）数据处理软件（Collector）接收各个雷达站目标数据、AIS 数据和光电摄像数据后进行目标融合，同时分发数据至各行业部门的应用服务器；

（3）其余软件负责相应的设备管理和控制；

（4）相应行业部门的服务器接收数据中心传来的雷达数据和 AIS 数据后，可与北斗数据及渔船数据库数据进行数据融合，并按照权限发送至各自负责的显控终端。

在本小节主要介绍雷达控制软件（RadarControl）、AIS 接收软件（AIS）、雷达电源管理软件（RelayAdapter）、系统管理软件（SystemConsole）。雷达处理软件（RadPro）、光电控制软件（TVCtrl）、数据处理软件（Collector）和终端显示软件（GeoViewer）单独成一节进行介绍。

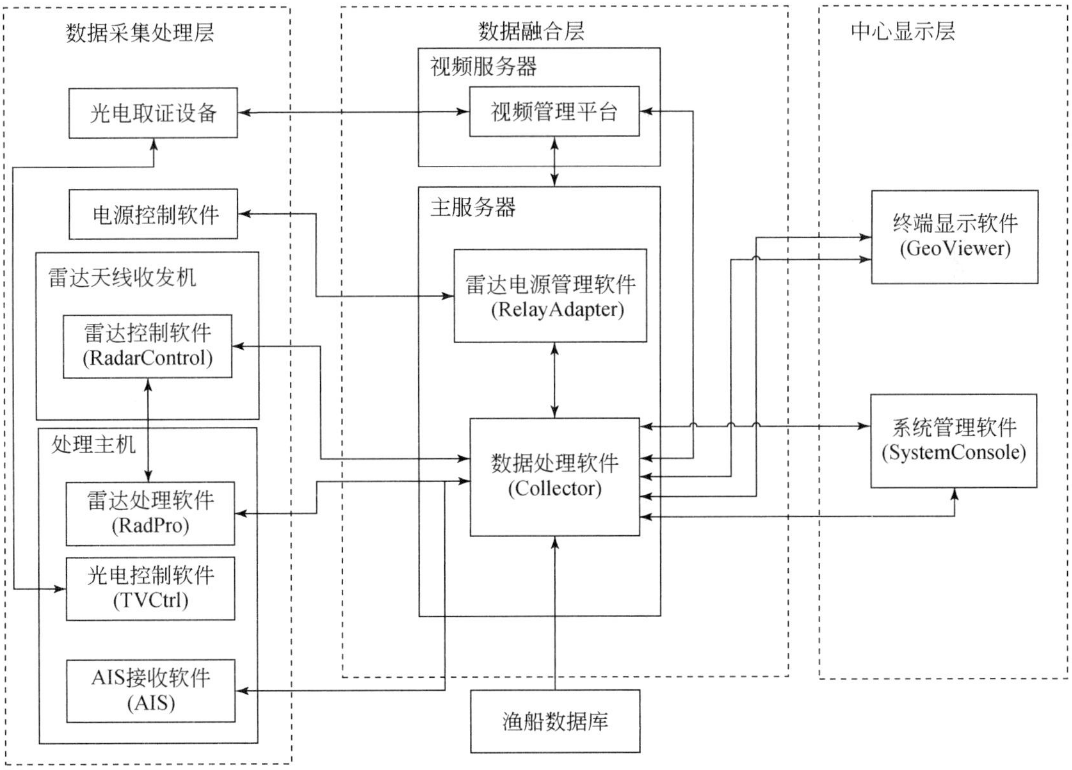

图 4.5　雷达系统软件系统构架

表 4.20 雷达系统软件功能描述

序号	名称	功能
1	雷达处理软件（RadPro）	采集雷达原始视频数据进行目标处理跟踪，将数据送至数据处理软件（Collector）中进行数据融合
2	雷达控制软件（RadarControl）	控制雷达传感器参数
3	AIS 接收软件（AIS）	接收 AIS 数据，将数据送至 Collector 中进行数据融合
4	光电控制软件（TVCtrl）	采集光电设备图像，将数据送至 Collector 中进行数据融合
5	数据处理软件（Collector）	将接收到的各个雷达站目标数据、AIS 数据和光电摄像数据进行目标融合；对融合后的数据按照区域、目标特性进行分发，是整个系统的核心
6	雷达电源管理软件（RelayAdapter）	用来远程控制/监控雷达板上各个开关状态，并可对雷达板上一些参数的进行设置
7	终端显示软件（GeoViewer）	是用户直接操作的客户端，用于展示近海实时监控的全部信息
8	系统管理软件（SystemConsole）	为 GeoViewer 系统的监控程序，可以看到各个显示终端 Collector、GeoViewer 的链接和运行情况，并能远程设置一些参数

1.雷达控制软件

雷达控制软件（RadarControl）：通过雷达数据采集卡的串口接收和发送命令，对雷达进行控制，其控制命令由雷达处理软件（RadPro）或系统管理软件（SystemConsole）发送，接收到的雷达信息直接转发至数据处理软件（Collector）中。

第一次运行雷达控制软件（RadarControl）需要修改配置文件，修改方法如下：打开 RadarControl 文件夹下 network.ini，将文件中的 NAME 修改为站点名称，REMOTE_IP_ADDRESS 地址修改为 Collector 所在的主机 IP 地址，REMOTE_PORT 修改为 Collector 的本地端口，LOCAL_PORT 不需要修改。

2.AIS 接收软件

AIS 接收软件（AIS）负责从 AIS 设备的接收机接收并传送 AIS 消息到 Collector 和 AIS 数据库中。

同样，第一次运行 AIS 接收软件，也需要对其配置文件进行修改。修改方法如下：打开 AIS 文件夹下 network.ini，对其中的 NAME、REMOTE_IP_ADDRESS、REMOTE_PORT、LOCAL_PORT 进行修改，内容与“1.雷达控制软件”小节相同。

先运行 Ais.exe，然后再运行 SystemConsole.exe，展开 AIS 项的数据源。在系统中，处理单元 COM 6 端口用于接收 AIS 数据，因而设置端口为 COM 6，波特率与 AIS 设备输出一致（通常为 38 400 bit/s）。船载系统软件默认配置为 COM 6，如 AIS 设备的输出为非标准波特率，按实际数值修改波特率即可。打开该串口后，点开界面的输出项，可查看 AIS 数据是否正常，正常的情况下，目标数有实际值，MMSI 为船只的海上移动服务标识，由于 AIS 为接收天线，无 MMSI，所以设置为 1 000 000 000。

3.雷达电源管理软件

运行系统管理软件 SystemConsole.exe，然后展开 RelayAdapter 项，可检查光电处理软件的相关参数设置。同样，第一次运行 RelayAdapter 也需要对其配置文件进行修改。修改方法如下：打开 RelayAdapter 文件夹下 network.ini，其余操作同“1.雷达控制软件”小节。

4. 系统管理软件

系统管理软件（SystemConsole）为终端显示软件（GeoViewer）的监控程序，可以看到各个显示终端的数据处理软件（Collector）及终端显示软件（GeoViewer）的链接和运行情况，该软件有独立界面，监控系统状态、显示系统参数，可远程控制和设置一些参数。

4.2 雷达信号处理算法

现代雷达系统包含信号处理和数据处理两部分。其中，信号处理是对雷达接收机接收到的目标信号进行处理，用来检测目标并提取相关信息。本节主要介绍雷达信号处理相关内容，关于雷达数据处理内容在“4.3 雷达数据处理算法”一节中介绍。

雷达信号处理包括了雷达信号检测和信息提取两个方面。雷达信号检测和信息提取是指根据雷达接收到的信号检查是否含有目标反射回波，并从反射回波中测出有关目标状态的数据。信息提取可以从雷达接收到的信号中获取有关目标状态的数据，通常包括：①由时间延迟确定的距离数据；②由多普勒频移确定的径向速度数据；③由天线波束状态确定的角度数据。相关的原理在“3.2.2 目标信息的探测”部分已经做了介绍，本节主要介绍广东省岸基雷达网系统中用到的高采样率信号采集、机动目标检测、雷达站全目标自动录取等算法。经过雷达信号处理过程获取的目标点迹信息，将成为雷达数据处理过程的输入数据。

4.2.1 高采样率信号采集

广东省岸基雷达网系统利用 RVAQ2000 采集卡通过高采样率对原始雷达信号进行采集，采样率设置为 125 MHz，为后续的信号处理、跟踪探测的质量和精度提供很好的原始数据流。

从雷达信号采集模块提取的数据，通过 PCI-E 总线进入计算机为雷达信号处理模块提供数据，对处理后的数据进行压缩再发送至中心数据处理服务器，这种使用数据数字压缩的技术能够将雷达回波、目标数据压缩至最小。

对于原始数据流的处理流程包括扫描处理、门限处理、扫描间处理、采样间处理四个环节。扫描处理是指使用同步信号将扫描线（sweep）在距离上对齐。门限处理是指每次扫描自动将同等门限值的部分做切分。扫描间处理是指用于处理两个扫描非相关、两个扫描相关、三个扫描相关和三个扫描高度相关四种不同模式下扫描间的相关性。广东省岸基雷达网系统默认使用三个扫描高度相关模式，采用这种模式可以有效地抑制杂波。三个扫描高度相关采用的具体算法是：首先对每条扫描线分别进行杂波抑制处理，大于阈值的区域置为 1，小于阈值的区域置为 0；然后对处理后的三条扫描线进行“与”操作；最后计算采样点的“起始—结束”数组的边界。采样点的长度有可能小于雷达脉冲长度，这种过短的“起始—结束”数组将在这个阶段从数组中移除，但它仍然被作为门限调整的参考参数。扫描处理完成后，将进行数据打包，等待下一步的处理，这时就进入到采样间处理环节。

4.2.2　机动目标检测

由于海上目标是运动的，随时会产生机动现象，目标的机动由加/减速平动运动或转动运动引起。对于雷达传感器而言，加/减速平动运动会引起径向速度的快速变化，而转动运动会带来姿态的剧烈变化。

根据机动检测器所利用的信息不同，雷达目标机动检测可分为基于跟踪滤波器信息的机动检测和基于特征信号的机动检测两大类。

在目标跟踪滤波中，跟踪滤波器一般先要对目标运动规律进行合理的数学建模，才能准确估计目标状态（如位置、速度等）。然而，被关注目标由于机动原因，会改变自身原有的运动规律，造成目标运动规律和跟踪滤波器已经建立的模型不匹配。机动目标跟踪技术就是当目标发生机动时，仍然能保证跟踪滤波器能跟上目标运动方式的变化，输出正确的目标运动轨迹。[2]

机动目标检测的目的是检测目标运动模式的变化，通常包括机动起始检测与机动终止检测。对于机动目标跟踪而言，机动起始检测相比于机动终止检测更为重要，主要原因在于非机动可视作机动的特殊情况。当使用非机动模型跟踪机动目标时，将会导致滤波误差增大甚至滤波过程发散；相反，使用机动模型跟踪非机动目标仅会导致些许的性能下降，所以机动起始检测获得了研究者们更多的关注。许多机动起始检测的算法可直接用于机动终止检测，在此主要介绍机动起始检测算法，具体检测过程如下：

设第 i 时刻目标 X 方向和 Y 方向测量值分别为 $X(i)$、$Y(i)$，预测值分别为 $\hat{X}(i)$、$\hat{Y}(i)$，经过 N 个时刻统计信息的均值 E 和标准差 σ，均值 E 的计算方法如式（4.1）～式（4.3）所示。

$$E = \frac{1}{2}\left\{E_x + E_y\right\} \tag{4.1}$$

$$E_x = \frac{\sum_{i=1}^{N}[X(i) - \hat{X}(i)]}{N} \tag{4.2}$$

$$E_y = \frac{\sum_{i=1}^{N}[Y(i) - \hat{Y}(i)]}{N} \tag{4.3}$$

标准差σ的计算方法如式（4.4）~式（4.6）所示。

$$\sigma = \frac{1}{2}\left\{\sigma_x + \sigma_y\right\} \tag{4.4}$$

$$\sigma_x = \frac{\sqrt{\sum_{i=1}^{N}[X(i) - \hat{X}(i)]^2}}{N} \tag{4.5}$$

$$\sigma_y = \frac{\sqrt{\sum_{i=1}^{N}[Y(i) - \hat{Y}(i)]^2}}{N} \tag{4.6}$$

当 $E > 0$ 和$\sigma > 0$ 时，且满足下面条件之一，则认为该目标发生机动。

$$2\sigma_x < \left|E_x\right| \tag{4.7}$$

$$2\sigma_y < \left|E_y\right| \tag{4.8}$$

机动目标检测的具体算法流程如图 4.6 所示。具体步骤为：

（1）设定跟踪目标统计时间长度 N 和循环次数 i=3。

（2）计算统计时间长度 N 内的残差Δ。

（3）如果$\Delta > 0$ 且目标未发生交会，说明统计的这段时间内目标没有与其他目标交会，也就是雷达能够探测到目标的回波，并且预测值与测量值之间有偏差。再根据式（4.1）～式（4.6）计算均值和标准差，当满足 $E > 0$ 和$\sigma > 0$，以及式（4.7）～式（4.8）的条件时，判断目标出现机动；否则，认为该目标未出现机动。

（4）当判断该目标未出现机动时，利用最小二乘法进行预测。

（5）当判断该目标出现机动时，通过缩短统计时间，再次统计。如此重复 i 次，能更加准确地确定目标出现机动的时间段。

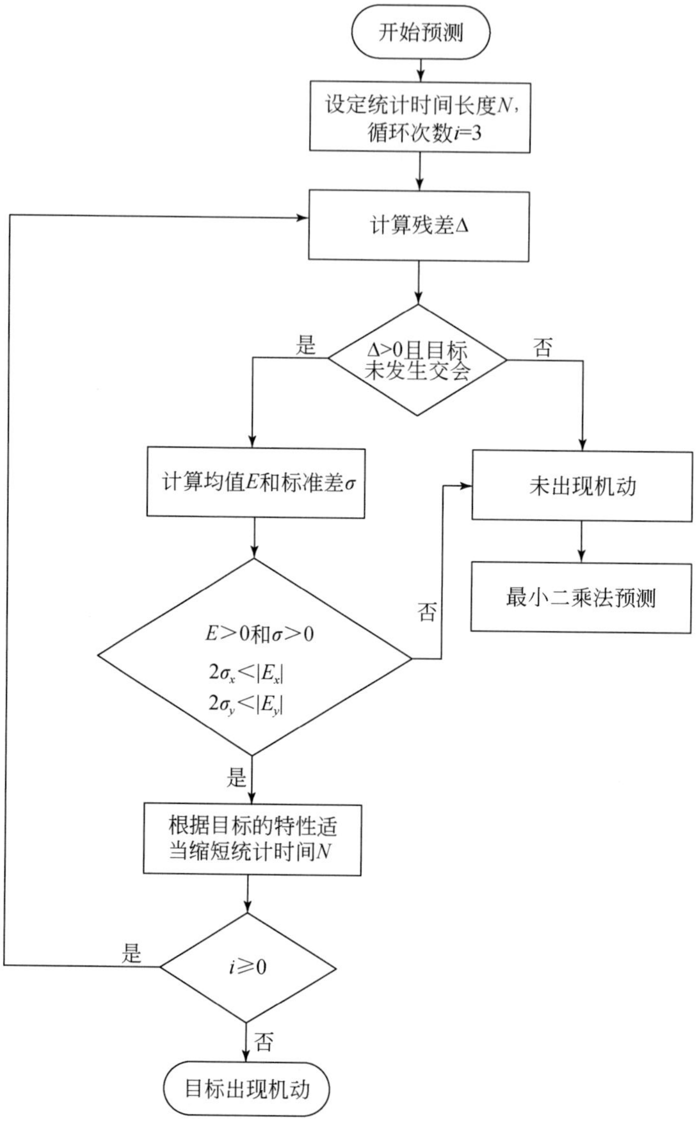

图 4.6　机动目标检测具体流程

4.2.3　雷达站全目标自动录取

目标录取任务包括目标距离、方位数据、目标属性、尺度数据等信息的录取。广东省岸基雷达网系统在确定的虚警率和检测概率下能够自动录取目标、输出目标信息，是整个系统中最核心的功能之一。

传统的目标自动录取的做法是在一定区域设定恒定的门限进行杂波抑制，系统判断回波是否超过门限来自动录取目标，这种做法往往会造成检测概率下降。为解决此问题，广东省岸基雷达网系统采用非恒定自适应门限的检测前跟踪（track before detect，TBD）算法进行目标自动录取。

1.非恒定自适应门限算法

非恒定自适应门限算法首先将雷达覆盖域分割成若干个小区块，每个小区块的门限计算由本区域的回波统计、跟踪算法来决定，这提高了发现概率，尤其是在复杂海况下对小目标的检测概率有很大的提升。

非恒定自适应门限的计算是基于微分逼近方法。整个雷达覆盖范围在径向上被划分为多个尺寸的小单元：①距离上最小 24 个采样；②方位上最小 128 个采样，用扫描分辨力（65 536）进行分割，并假设每个单元有自己独立的门限。雷达信息处理模块处理每个扫描的“起始—结束”数组并保存每个单元的信息，对太短、太长、被跟踪模块拒绝及无回波信号采样进行特殊标记。门限计算模块完成每次周扫后，就更新一次所有单元的门限值，并建立一个新的平滑的门限阈值坐标曲线。

基于平静海面的模型，门限计算模块会在一定程度上对平均门限值做限制，防止其被调整得过低。当门限计算模块与跟踪模块连通时，自动门限值才可以使用。如果达到饱和状态，跟踪模块将发送特定的信息给门限计算模块，所有单元的门限值将被提高。自动门限计算只在非屏蔽区域起作用。

2.检测前跟踪算法

为了防止信号处理器出现饱和，传统的雷达目标检测方法，通常采用恒虚警率（constant false alarm rate，CFAR）技术预先设置检测门限来检测目标，但 CFAR 会带来虚警损失的问题，使得低信噪比和低信杂比情况下的弱小目标无法检测出来[3]。

通常，雷达检测器的检测门限设置对于目标跟踪算法的影响较大，门限设置越高，真实的目标很难越过门限，无法获得有效信息；而设置过低则会导致更多的虚假目标通过门限，对算法性能带来影响，计算量也过大。同时，现有的各种跟踪算法大多仅考虑跟踪问题，将检测与跟踪的过程独立分开处理，检测时首先设置固定的检测门限，然后对目标进行检测，若被检测的点迹信息超过设置的门限则被发送到跟踪器，由跟踪器进行数据关联。但是，若能将跟踪器的输出信息作为下一个时刻的先验信息反馈至检测器，检测器根据反馈信息设置波门内检测门限的话，那么系统的检测跟踪能力会得到提升[4]。因而越来越多的学者投入到检测跟踪联合处理算法的研究上，目前，检测跟踪联合处理算法的反馈信息类别可分为：①检测门限；②目标预测信息。对于第一种反馈类别，以目标的跟踪精度为目标函数，采用一定的优化算法，设置波门内的检测门限，或者根据一定的准则获取波门内检测门限的解析解，然后将检测门限信息反馈至检测器。[5-6] 第二种方式反馈的是下一个时刻目标位置的预测分布，采用一定的准则设置波门内检测门限，该过程即为检测跟踪联合处理过程。[7]

常用的检测跟踪联合处理算法主要有两种，一种是检测后跟踪（detect before track，DBT）算法，另一种是检测前跟踪算法。

DBT 算法先对单帧雷达回波进行过门限检测，然后通过帧与帧之间的点迹信息来实现航迹的起始和目标的跟踪。这种算法的不足之处在于进行过门限时，若取的门限过高，会造成有用信息的损失，导致目标的虚警率增加；若取的门限过低，则会出现过多的虚假目标，其技术工作流程如图 4.7 所示[8]。

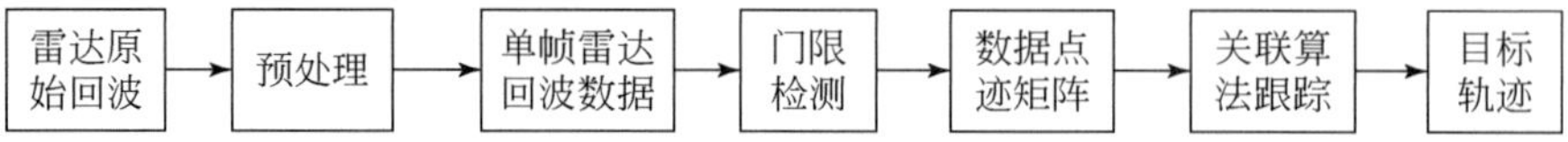

图 4.7 DBT 算法技术工作流程

TBD 算法是在不改变现有雷达系统的基础上，通过改变信号处理的方式来提高微弱目标的跟踪与检测性能。TBD 算法是联合处理多帧的雷达处理数据，采用对应的跟踪算法来检测出目标的运动轨迹，然后做出最后的判决。不同于一般的检测方法，它在每一次扫描时刻并不宣布检测结果，只是将其数字化并存储起来，然后在扫描与扫描之间对假设轨迹包含的点作没有信息损失的相关处理。经过数次扫描，在目标的轨迹被估计出来后检测结果与目标的轨迹同时宣布。TBD 算法的这个特点使其更适合于低信噪比背景下的弱小目标的检测，其技术工作流程如图 4.8 所示。

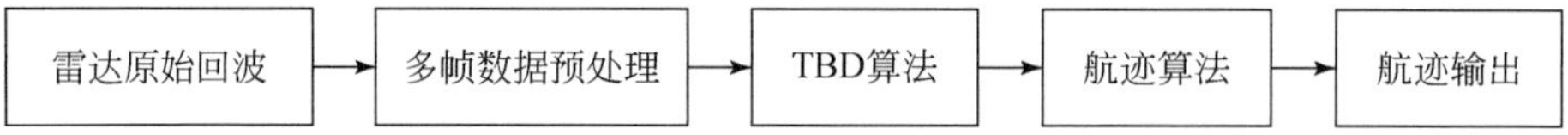

图 4.8 TBD 算法技术工作流程

广东省岸基雷达网主要检测海上小目标，这些目标属于弱小运动目标。研究表明，对于这种目标的监控，采用 TBD 算法可以有效地避免恒虚警率带来的信噪比损失。因而广东省岸基雷达网系统采用基于自适应门限的 TBD 算法，自动地进行海浪、雨雪杂波抑制，并且能够在复杂海况下区分低信噪比目标和海浪杂波。其优势在于在系统调试完毕后无须更改参数就能稳定跟踪目标；在海况、雨雪条件变化时也无须人工二次调整跟踪参数。

4.3 雷达数据处理算法

雷达数据处理（radar data process，RDP）与雷达信号处理都属于现代雷达系统中的重要组成部分。雷达信号处理是用来检测目标的，利用一定的方法获取目标的各种有用信息，如距离、速度和目标的形状等。而雷达数据处理则可以进一步对目标的点迹和航迹进行处理，预测目标未来时刻的位置，形成可靠的目标航迹，从而实现对目标的实时跟踪。[9] 跟踪是指对目标的持续观察，也就是当雷达持续观测一个目标时，能够提供目标的运动轨迹，并能预测目标未来时刻的位置。[10] RDP 是雷达信号处理的后续处理，常被看成是继雷达信号处理后对雷达信息的二次处理。雷达数据处理过程的输入为雷达信号处理形成的目标点迹。点迹信息包含了目标的距离、方位和俯仰值。RDP 通过对多圈扫描获得的量测集进行关联获得目标航迹。在成功起始目标航迹后，通过滤波算法、雷达数据处理算法修正雷达对目标位置、速度的测量误差，精确地估计出目标真实信息。通过对目标的持续观测，系统能够提供目标的位置、速度、加速度、落点等信息。

雷达数据处理过程主要包括数据预处理、航迹起始、数据关联、跟踪滤波、航迹消亡等。虽然针对不同的雷达系统 RDP 在实现手段上是有所差别的，但是其总体流程还是一致的，如图 4.9 所示[11]。

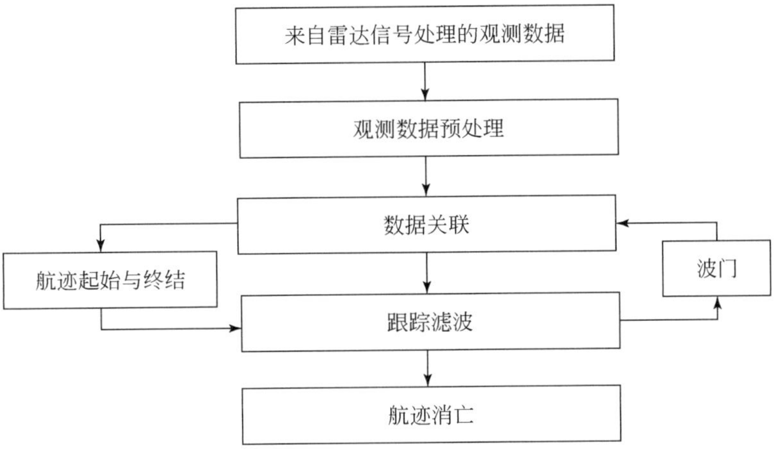

图 4.9　雷达数据处理流程图

图 4.9 中涉及的波门是数据处理过程中很重要的一个概念，航迹起始、数据关联等过程中都将用到它。波门其实就是一块区域，一般分为初始波门和相关波门。初始波门是以任意点为中心的一块区域，该区域规定了目标的观测值可能出现的一个空间范围，一般用于航迹起始阶段。由于航迹起始时目标距离较远，为了更好地捕获目标，初始波门一般建立大波门。相关波门是指以被跟踪目标的预测值为中心的一个空间区域，此区域规定了被跟踪目标的观测值可能出现的范围。

一般相关波门的尺寸应该与目标类型相互匹配，比如固定目标的波门一般只取决于观测的精度，直线目标的波门就要取决于观测值和预测滤波器的精度，而机动目标的波门还要考虑加速度等因素。比较常用的相关波门有矩形波门、环形波门、椭圆波门及极坐标系下的扇形波门等。[12] 环形波门为航迹起始的初始波门时，由于它的面积较大，会导致其测量精度相较于其他相关波门低。椭圆波门和矩形波门都是直角坐标系下的相关波门，扇形波门是极坐标系下的相关波门。

4.3.1　预处理

雷达扫描到的数据首先经过雷达信号处理，再经过数据录取，得到雷达周扫、雷达扫描批次、每批次扫描到的目标数目及每个目标的具体信息（径向距离、方位角、俯仰角）等观测数据，这些数据作为雷达数据处理的输入数据。显然观测数据并不是雷达直接扫描得到的数据，而是经过雷达信号处理得到的。

虽然现代雷达信号处理技术得到了很大的发展，但即使经过信号处理后的观测数据中还是会掺杂一些干扰，如扫描过程中存在随机的虚警、虚假目标产生的杂波干扰目标等，而且一般观测数据数量较大，对后续计算机存储和处理方面的要求较高。因而需要对观测数据进行预处理，即进行数据筛选。一般采用的方法是设置距离门限和方位门限，把那些不在门限之内的数据剔除，只有经过所有判决门限的数据才被保留。

观测数据预处理的好处在于使得后续数据处理过程中数据的规模明显减小，计算量大幅下降，在一定程度上能够减轻计算机的负担，提高数据处理的速度和目标跟踪的精度，同时使虚假航迹形成的可能性降低。[10]

关于距离门限和方位门限的设置视具体情况而定。

4.3.2 航迹起始

航迹起始是多目标跟踪技术中的重要组成部分，能够自动对进入雷达扫描区的目标建立航迹。航迹起始是指建立目标航迹的第一点，也就是说从目标落入雷达检测范围内到该目标的航迹建立的过程，它是雷达数据处理过程中重要的环节之一。用雷达周扫内观测到的数据来进行点与点的数据关联，包括相关波门的确定、航迹初始化和航迹确定，最终建立准确可靠的航迹。常用的航迹起始算法如表 4.21 所示[13]。

直观法是航迹起始算法中原理简单且操作方便的算法，直观法的判别依据基于相邻采样周期内的两次量测结果：若速度和加速度都在其最大值与最小值之间，则这两次测量值归属于同一个目标[14]。

表 4.21 常用航迹起始算法

大类	小类	优点	缺点	适用环境
顺序处理技术	直观法 逻辑法 修正的逻辑法	计算量小并且执行效率高	在密集的杂波环境下算法的准确度明显下降	杂波数量较少
批处理技术	霍夫（Hough）变换法 修正的 Hough 变换法	在密集杂波的情况下，性能高	计算量较大	杂波数量较大

航迹起始的逻辑法也叫滑窗法。和直观法相似的是，逻辑法也认为从目标进入雷达探测范围后所开始的 N 个周扫中，如果雷达能探测到目标的真实量测结果为 M 个，那么按照 M/N 法则，可以认为航迹起始成功。但是，相比于直观法使用速度和加速度作为进行航迹起始时的波门限制，逻辑法通过多重假设和关联波门预测的方法来对潜在的航迹进行起始，其根本思想类似排列组合。[15-16] 多重假设和关联波门预测通过使用目标下一时刻的位置的预测值来设置相关波门，继而判断航迹是否满足于逻辑法。如果在基于预测值的波门内没有扫描到雷达量测结果，则暂时认为该预测点为真实目标，但不进行航迹更新，并将相关波门的时间窗进行后移，继续下一时刻的检测。

在低虚警率的条件下，逻辑法能够正确地起始航迹，但是在高虚警率条件下时，航迹起始的准确率不高，由此提出了修正的逻辑法，它与逻辑法计算量相同，但它针对实际情况中不太可能出现的V形目标运动轨迹，增加了航迹的角度判断。[17]

Hough变换法于1962年由Hough提出，是一种使用表决方式的参数估计方法，经典的Hough变换法主要用来检测图像中的直线。1994年，Carlson等将该算法拓展到检测直线运动或者近似直线运动的目标。[18]其主要的思想是可以将多次雷达周扫内得到的量测进行积累，把可能属于同一航迹的量测点检测出来，该算法特别适合于检测直线点迹。[19]

经典的Hough变换的实现过程需要大量的计算，且需要在经过多次扫描之后，才能正确地确定航线起始，显然不符合工程需要。修正的Hough变换法通过利用点迹与航迹的夹角关系和最大加速度等约束条件，快速航迹起始，而且增加的约束条件也大大减少了计算量。[20]

4.3.3　数据关联

数据关联就是判断某一时刻雷达观测数据与其他时刻的观测数据或者已存在航迹的数据之间的关系，从而实现点迹和航迹配对的过程。理想的目标运动模型是基于观测环境为“干净”的假定，因而每次只检测到的一个观测值都被认为是来自正被跟踪的目标。但是，在实际的系统环境中，由于观测噪声等因素的存在，可能出现虚警等现象。另外被观测的区域存在随机的干扰，会导致目标可能出现的区域内同时出现杂波，使得一次检测可能得到多个观测值，在这些观测值中无法判别哪些来自被跟踪的目标，哪些是虚假的观测值。这个因素决定了数据关联过程是雷达数据处理系统中的一个重要环节。

数据关联的方法有很多，在广东省岸基雷达网系统中主要采用全局搜索算法。全局搜索，即每一个回波与所有目标进行匹配，选择最优的进行关联。当雷达扫描区域内只有一个目标，且没有干扰的情况下，目标的相关波门内只会有一个点迹，此时不存在数据关联的问题，即在单目标无杂波的环境下，目标的搜索范围内只有一个回波，此时只涉及跟踪问题。但是当雷达扫描区域内出现多个目标或者存在杂波时，同一点迹就可能落在多个波门内或者同一波门内会出现多个点迹，就涉及数据关联的问题，即在多目标情况下，有可能出现单个回波落入多个目标搜索范围相交区域内，或者出现多个回波落入单个目标的搜索范围内，此时就会涉及目标关联问题。

在实际应用过程中，当跟踪目标与回波相关联时，会出现三种情况：目标搜索区域内无回波、一个回波对应两个或两个以上目标、一个目标对应两个或两个以上回波。针对不同的情况采用的处理方法不同。

1）目标搜索区域内无回波

广东省岸基雷达网系统采用的搜索方式为判断当前搜索范围目标是否与回波关联。采用全局关联方法进行搜索回波，选择最优的回波。关联过程利用目标的几何信息、位置、功率信息等完成目标和回波的关联。如关联不成功，跟踪目标位置等信息按照目标运动信息进行更新，准备下一帧的关联。如关联成功，判断目标是否处于机动状态，如未发生机动，则利用最小二乘法来更新和预测目标运动信息和位置信息。

下面具体分析目标搜索区域无回波的三种情况。

（1）目标回波信号变弱：有可能是目标远离，传播衰减增大，或是目标反射截面减小等原因使得本帧目标回波信号变弱。于是，在目标提取环节，被当作杂波去除，在跟踪系统中就失去了实测数据；

（2）目标发生机动，超出跟踪搜索范围：一些机动性较好的目标，如摩托艇，可以在极短时间迅速掉头，尤其是当该目标位于雷达附近时；

（3）该目标与其他目标交会导致关联不到回波：两个或两个目标交会时使得回波融合为一体，回波与其中一个目标相关联，另一个目标就无法关联到回波。对于这种情况，雷达将判断目标与其他目标搜索区域是否发生重叠，如果有重叠区域存在，则这些目标被认为交会。交会的目标停止数据关联，按照目标当前的运动信息更新目标当前的位置等信息。

2）一个回波对应两个或两个以上目标

引起这种现象的主要原因有两个：①目标交会，一旦判断是目标发生交会，该目标保持原航速、原航向预测跟踪，直到目标分开；②由其中一个目标关联错误造成的。

解决方法如下：

根据式（4.9）分别计算两个目标跟踪搜索区域与回波所在区域的重叠度 S_{R1}、S_{R2}。

$$S_{Ri}=\frac{S_i}{S_{\text{Target}}+S_{\text{Echo}}} \tag{4.9}$$

式中，S_i 为目标与回波相交面积，i=1, 2；S_{Target} 为目标的面积；S_{Echo} 为回波的面积。

设定判断目标与回波重叠的全局阈值，用 S_{T} 表示，当满足 $S_{R1}>S_{\text{T}}$ 和 $S_{R2}>S_{\text{T}}$ 时，比较 S_{R1}、S_{R2}，将数值大的目标与该回波相关联；如果不满足 $S_{R1}>S_{\text{T}}$ 和 $S_{R2}>S_{\text{T}}$，根据式（4.10）分别计算回波与两个目标的距离比率 P_{Ri}（i=1, 2）。

$$P_{Ri}=1-\frac{\sqrt{(\mathrm{d}X)^2+(\mathrm{d}Y)^2}}{\mathrm{d}P} \tag{4.10}$$

式中，dX 为预测值和测量值在 X 方向的偏差；dY 为预测值和测量值在 Y 方向的偏差；dP 为预测该回波对应目标的偏差量。

设定判断目标与回波距离的全局阈值，用 P_{T} 表示，如果 $P_{R1}>P_{\text{T}}$ 和 $P_{R2}>P_{\text{T}}$ 时，比较 P_{R1}、P_{R2}，数值大的目标与该回波相关联；如果不满足 $P_{R1}>P_{\text{T}}$ 和 $P_{R2}>P_{\text{T}}$ 时，根据式（4.11）和式（4.12）分别计算两个目标的距离-方位比率 ρ_{Ri}（i=1, 2）。

$$\rho_{Ri}=1-\left|\frac{\rho_{\text{Echo}}-\rho_{\text{Target}}}{\rho_{\text{Echo}}+\rho_{\text{Target}}}\right| \tag{4.11}$$

式中，回波的距离-方位比率 ρ_{Echo} 和目标的距离-方位比率 ρ_{Target} 计算方法如下：

$$\rho_{\text{Echo(Target)}} = \frac{R_{\text{Length}}}{\theta_{\text{Width}}} \tag{4.12}$$

式中，R_{Length} 为回波或目标距离；θ_{Width} 为回波或目标方位方向的宽度。

如果 $\rho_{R1}>\rho_{\text{T}}$ 和 $\rho_{R2}>\rho_{\text{T}}$ 时，比较 ρ_{R1}、ρ_{R2}，比率大的目标与该回波相关联；如果上述条件都不满足，该回波与两个目标都不相关。

3）一个目标对应两个或两个以上回波

引起这种现象的原因是其中一个回波关联错误。可以通过上述比较两个目标与一个回波关联比率的方法来判别哪个回波与该目标关联更合适。

4.3.4　轨迹跟踪

在雷达数据处理中，跟踪滤波问题是除了数据关联问题之外的另一个基本问题。在运动目标跟踪中普遍采用滤波器来完成雷达测量位置数据的滤波、航向和航速的估计以及预测位置的估计。具体包括最小二乘法和自适应滤波与预测算法两方面内容。

最小二乘法（又称最小平方法）是一种数学优化方法。它通过最小化误差的平方和寻找数据的最佳函数匹配。利用最小二乘法可以简便地求得未知的数据，并使得这些求得的数据与实际数据之间误差的平方和为最小。[8]

下面说明该方法的工作原理。跟踪目标的测量轨迹$\{(x_i, y_i)|i, j=1, 2, \cdots, N, N\geqslant 3\}$，其中 N 是最长统计长度，该值必须满足≥3 才能进行预测。根据测量点迹计算二次多项式，即

$$P(x) = a_0 + a_1 x + a_2 x^2 \tag{4.13}$$

式中，a_i（i=0, 1, 2）为二次项系数。最小二乘法是选取二次项系数 a_i 使得预测值 $P(x_i)$ 和测量值 y_i 均方误差最小，即

$$\min \sum_{i=1}^{N} [y_i - P(x_i)]^2 = 0 \tag{4.14}$$

因此最小拟合二次项系数满足

$$\sum_{k=0}^{2} a_k \left(\sum_{i=1}^{N} x_i^{k+j} \right) = \sum_{i=1}^{N} y_i x_i^j, \quad j = 0,1,2 \tag{4.15}$$

广东省岸基雷达网系统采用的是自适应滤波与预测算法，该算法的基本流程是：在目标提取过程中，确定某块回波为新目标，计算该目标的位置、方位宽度、距离长度、回波强度、面积等一系列反映该目标特性的参数；在目标关联过程中，把新的回波与目标关联，并再次记录该目标的一系列参数；这些参数为目标的位置预测而做准备；根据目标前两个点的位置差，计算目标的航速和航向，并根据航速和航向，利用最小二乘法预测下一点迹的位置。

完成上述工作后根据目标的预测位置、航速、航向，计算最大偏移量，且该最大偏移量小于某一阈值，并且以预测位置为中心，边长为最大偏移量的 2 倍所划定的区域作为跟踪搜索区域，在跟踪搜索区域范围内进行搜索目标回波。同时，计算

下一帧预测位置和测量位置的误差来预测目标航速和航向；当跟踪目标超出跟踪搜索区域搜索范围，扩大跟踪搜索区域搜索范围，如果在搜索范围内还未发现回波，继续扩大跟踪搜索区域搜索范围。如果超出 15 帧未检测到目标的回波，则该目标被认为丢失；如果探测到该目标的回波，则缩小跟踪搜索区域的搜索范围。

4.4 雷达处理软件

雷达处理软件（RadPro）是对雷达视频进行处理和目标跟踪的关键模块，主要包括雷达信号量采集、杂波处理、目标检测、目标录取、目标跟踪等工作。根据前面的表 4.20 可知，在广东省岸基雷达网系统中，RadPro 的主要功能是采集雷达原始视频数据进行目标处理跟踪，并将数据送至数据处理软件（Collector）中进行数据融合；采用基于非恒定自适应门限的 TBD 算法，以区分复杂海况下的低信噪比目标和海浪杂波；使用数据数字压缩技术将雷达回波视频、目标数据压缩至最小，以符合雷达站传输规范。此外 RadPro 还提供测波和溢油探测软件模块（若配置安装此功能）的控制和设置，同时 RadPro 软件有自己的界面。需要说明的是，RadPro 软件是对雷达视频进行处理和目标跟踪的关键模块，功能复杂，参数繁多，错误的设置会导致系统不能正常工作。

在运行打开 RadPro 程序之前，首先要修改 RadPro 文件夹下 network.ini，将 NAME 修改为站点名称，REMOTE_IP_ADDRESS 地址修改为 Collector 所在的主机 IP 地址，REMOTE_PORT 修改为 Collector 的本地端口，LOCAL_PORT 修改为 45 000；其次保证雷达处于发射状态，然后运行 RadPro 文件夹下 RadPro.exe。

4.4.1 主界面信息

RadPro 软件的主界面如图 4.10 所示。RadPro 软件的主界面主要包括雷达发射状态区域和目标跟踪状态区域。图 4.10 中间为 RVAQ3000 软件，它是用于查看雷达原始信号和检测状态，而 RadPro 软件用来处理采样视频，并进行跟踪探测。值得注意的是，这两个软件都要占用雷达采集卡的驱动，因此在同一时间只能运行其中一个软件。

雷达发射状态区域包括天线方位计数（预设）、脉冲重复频率（实际）、天线周扫时间（实际）。

目标跟踪状态区域包括回波计数器、点迹计数器、目标计数器和数据流计数器。

在 RadPro 主界面上点击“Radar(TX)”按钮打开 Radar 界面，可检查雷达控制状态区域的雷达发射状态和当前脉冲是否与实际一致，如果一致的话表示工作正常。

图 4.11 中的 Raw signal 界面是用于系统原始视频统计。在以下情况需要进行原始视频统计操作：①首次安装；②更换收发单元或收发单元内部配件；③首次驶入开放海域。操作方法：在 RadPro 主界面上点击“Raw Signal”按钮打开 Raw signal 窗口，如图 4.11 所示。

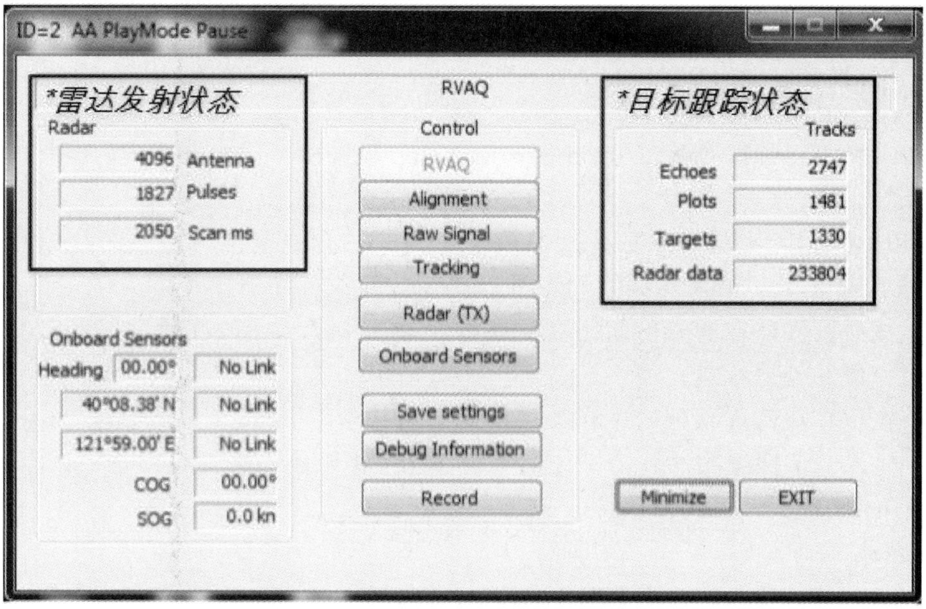

图 4.10　RadPro 软件的主界面

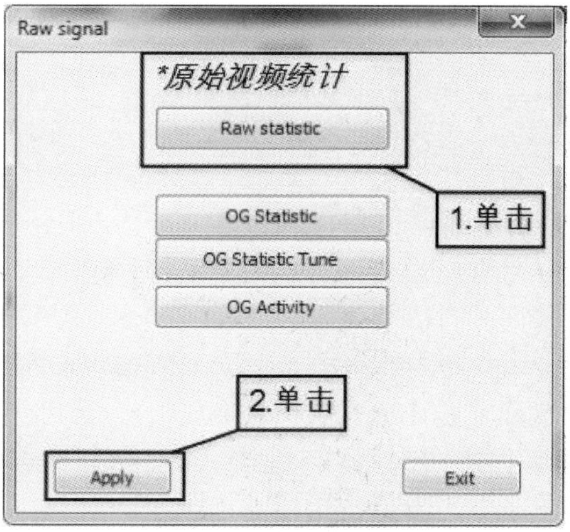

图 4.11　Raw signal 界面

点击“Raw statistic”按钮，系统将进行原始视频统计。点击“Apply”应用设置，返回 RadPro 主界面，点击“Save settings”保存设置。

关于雷达目标的检测，需要先运行 SystemConsole.exe，展开 RadPro 项下的 Numbers，检查回波、点迹和目标项。如果回波数量、点迹数量和目标数量为 0，则说明不正常。

4.4.2 RadPro 工作过程

1.采用的数据形式

RadPro 中有三种数据形式，分别是标绘、回波和目标，下面分别说明每种数据结构。

1）标绘

RadPro 根据距离排序来创建标绘列表。每个扫描线包括其回波的起始和结束。RadPro 模块将起始和结束与标绘列表进行对比，并执行如下操作：

（1）按照回波所在的方位和距离，在标绘列表中插入新的标绘；

（2）完成并处理标绘；

（3）在已存在的标绘列表中添加“起始—结束”；

（4）如果一个回波的“起始—结束”包含几个标绘回波的“起始—结束”，就将这些标绘合并为一个。

2）回波

回波包含跟踪目标的一系列参数，如回波形状的大小、轮廓、方位和距离等，用于计算累加标绘的参数，并与创建目标（已跟踪）进行关联。

对于每个回波，计算它的大小、重叠度和能量等参数。根据这些参数预判别该回波是目标还是杂波。

如果回波信息不符合跟踪标准，就将该回波剔除。

3）目标

获取的合适的回波并与目标列表进行对比，判别该回波是新目标还是已跟踪的目标。通过全局搜索，回波与目标关联会出现以下几种情况：

（1）如果该回波信息与目标列表中目标信息不符，则该回波被认为是新目标，将根据其方位和距离信息插入到目标列表中；

（2）如果一个回波仅与一个目标的信息相符，则该目标与回波正确关联，根据该帧回波信息进行预测和跟踪；

（3）如果同一个回波与两个目标的信息相符，则这两个目标被认为是目标交会，此时这两个目标会按照上一帧数据进行跟踪和预测；

（4）如果两个回波与同一个目标信息匹配，再根据回波与目标的重叠度、位置偏移等信息进行对比判断，选择最优的回波与目标相关联。

在扫描充分完成后，确认没有一个回波与目标关联，则该目标根据上一帧数据跟踪和预测。主要的跟踪过程是处理输入信息流，并以同样的速率发出目标数据，发出目标数据的最大延迟时间是 1/8 周扫，自动跟踪的总延迟时间为 1/4 周扫。

2.数据处理过程

1）标绘创建

标绘参照距离信息，由在一个结构体中的若干个“起始—结束”构成。RadPro 根据方位角、距离宽度、厚度和幅度等参数的计算结果来创建标绘。

2）回波创建

在标绘建立完成并添加时间标记后，RadPro 将根据方位、距离、区域、轮廓、回波强度和形状等参数的设置进行回波图像的创建。

3）回波剔除

回波数据出现野值点的原因很多，通常有以下 4 个方面的原因：

（1）操作和记录的超时及数据复制和计算处理时出现的过失性错误；

（2）探测环境的变化；

（3）实际采样数据中出现的异常数据；

（4）数据汇集在递推估计中产生的野值。

广东省岸基雷达网系统软件通过计算该跟踪点 $X(i-1)$、$X(i)$、$X(i+1)$ 的位置差来判断野值点，如果 $X(i)$ 相对前后两点的位置差超过一定的范围，该点被认为是野值点，并根据前后两点的位置进行修正。

除此之外，回波的剔除有下面几个准则：

（1）回波太小。回波的大小与波束宽和脉冲长不符，不能产生目标反射。

（2）回波太大。来自陆地的回波信号可能比任何合理的目标都要大很多，RadPro 使用回波的重叠度作为判断陆地回波的准则。

（3）回波被切分成许多部分。回波的重叠度正比于联合在一起的标绘的数量。

4.4.3 探测目标的操作

RadPro 中对探测目标的操作包括以下几个方面：目标列表、目标处理、目标交会、运动检测、区域或屏蔽层、目标集合。

1.目标列表

这些目标以数组的方式存放在静态存储器中，每个目标都有活动标志和处理标志。如果目标占据数组中的元素，那么其活动标志将被置位；如果目标开始接收新的回波，那么其处理标志将被置位。与此同时，进行 90°的扫描，也就是从天线目前的位置开始，每侧 45°把检测目标的数量减少为 1/4。在当前方位被读取以后，在 45°扫描扇区内的目标数据将被发送给目标管理器。

2.目标处理

目标的实时状态包括创建阶段、跟踪阶段和丢失阶段。

（1）创建阶段：如果回波不能被指派给已存在的目标，它将被作为一个新的目标。而新目标必须经过若干帧的确认后才会发送到客户端。

（2）跟踪阶段：跟踪阶段是 RadPro 进行移动参数计算的过程。目标发送到客户端的同时，跟踪阶段就开始了。RadPro 会在以雷达位置为中心的 XY 笛卡儿坐标系上计算平滑的目标圆弧轨迹。目标圆弧轨迹是可变的，取决于目标的运动状态。

（3）丢失阶段：跟踪的目标在一段时间内未与回波相关联，该目标被标记为丢失。

目标的质量取决于跟踪目标出现的整个时间范围内，被确认的扫描数和总扫描数之间的关系。目标的历史记录最大约 200 帧。如果目标质量低于标准，目标将被标记为丢失。用这种长时间和高质量的历史统计方法，目标被跟踪的概率会大大提升。

3.目标交会

跟踪过程中，回波可能被指派到两个目标。这两个目标都会发送到目标管理器。如果其中一个目标完成了跟踪过程，它将不会和另一个目标进行交会。交会过程只能发生在一对目标上。

RadPro 在交会时会推测目标的位置，并将其标记为已交会状态。每帧都会预测目标位置直到在跟踪搜索区域内与回波正确关联上。在交会处理过程中，目标在数据信息中被描述为“预交会”。

RadPro 在交会过程中进行最小二乘法预测。如果在一定时间内，交会的目标没有找到新的回波与之匹配，它将成为丢失的目标。锚地区域的目标不会进行交会检测。

4.运动检测

为了防止在固定位置附近的雷达目标被指派成没有航向的固定目标，需要进行固定目标位置的标记。RadPro 会检查每个新目标的位置变化，如果某一目标被指派为固定目标而且没有被跟踪，RadPro 将在这个目标上设置一个固定标志。在每次进行扫描时，RadPro 都会用已定义的移动限制条件来验证固定目标的位置，以便于检测固定目标的状态（可能开始运动、继续静止或清除固定标志）。

5.区域或屏蔽层

RadPro 中规定了若干个特殊的区域或屏蔽层，屏蔽以下区域：跟踪屏蔽、视频屏蔽、噪声区域、阴影区域。屏蔽区域可以在终端显示软件（GeoViewer）里面进行创建和修改。

（1）跟踪屏蔽：区域内不会建立新目标，进入该区域的目标被标记丢失。

（2）视频屏蔽：区域内只进行门限计算，不进行跟踪。

（3）噪声区域：区域内不会建立新目标，但会跟踪穿过这个区域的目标。

（4）阴影区域：区域内用不变的航向和航速对丢失的目标进行自动航迹绘算，阴影区域要盖住自然的阴影，来防止在跟踪过程中目标的回波被切断。

6.目标集合

RadPro 把目标按尺寸划分为 5 个集合，最小目标的集合是像快艇这类形状小、机动性强的目标，最大目标的集合定义为陆地。每一类集合中设定不同的最小航速、通常的航速、转弯率等参数。

RadPro 会根据回波大小、波束宽度和脉冲长度等参数来确定目标大小，并将目标归到相应的集合。目标的集合也应用于跟踪时对目标机动的判别和最大偏移量的计算。

4.4.4　航迹其他操作

在实际的环境中，由于存在着杂波、射频干扰、气象干扰和人为干扰等，雷达扫描得到的目标回波信号的幅度可能会低于检测门限，这时目标会被错误地判为噪声或杂波，这种错误称为“漏警”。所以在雷达数据处理中，对于已经在被跟踪中的可靠航迹，不能因为出现一个漏点而就停止对其跟踪，通常采取的方法是对其进行航迹补点。

航迹补点就是根据该可靠航迹当前的位置，运用 Kalman 滤波理论进行预测，用预测点更新可靠航迹。具体做法：设置一个航迹补点计数器，航迹每补一个点，计数器就加 1，连续的航迹补点计数器就加 1。当补点打断，也就是航迹关联上实际的点迹时，则计数器清零。当计数器达到设置的消亡门限，也就是可靠航迹持续得不到真实数据的更新时，则认为该目标不是真实的目标，或者已经不在雷达探测区内，该航迹的所有信息都将从系统删除。当某一次雷达扫描时，某条可靠航迹未获得更新点迹数据时，则调用航迹补点程序，给航迹补上点迹。

航迹补点是为未获得实时观测值的可靠航迹补点，以保证可靠航迹在漏警的情况下得以延续。但是航迹补点不是无限制的，一直持续的补点会导致观测者将虚假航迹误当作真实航迹，所以必须存在航迹消亡。

航迹消亡就是设置一门限值，门限值规定允许航迹未得到实际观测点迹更新的最大次数，当可靠航迹未用实际观测点迹更新的次数超过设置的门限值时，则删除该航迹的所有信息。航迹消亡的好处除了能避免虚假航迹的干扰外，很大程度上也减轻了计算机的负担。航迹消亡的难点在于门限值的选择。门限值设置得太高，虚假航迹很可能就一直靠航迹补点延续下去，而计算机也必须花费足够的空间存储这些无效数据，浪费了计算机的资源；但若门限值设置得太低，很可能会导致真实目标的航迹被过早消亡，从而让观测者错过真实目标，得到错误的结果。

雷达数据处理的是大量的数据点迹，数据点迹的规模也决定了计算机的存储空间和计算能力，因此对数据点迹的处理至关重要。剩余点迹是那些既没有被用于航迹更新又没有被用于航迹起始的点迹数据。对于经过预处理后的点迹，首先用于与可靠航迹关联，关联上则用于更新航迹，否则，存入暂时点迹文件中，用于航迹起始，若是又未被使用则继续留在暂时点迹文件中。点迹数据未被使用一次，则相应的计数器加 1，当计数器的值达到所设定的点迹删除门限值时，则被删除。剩余点迹要做及时的处理，以减轻计算机的负担。和航迹消亡门限值一样，点迹删除门限值也要适当，过大过小都不合适。

4.5 数据处理软件

数据处理软件（Collector）主要负责数据收集、处理和分发，包含各类型数据接入、数据库管理、目标融合、数据存储与转发、记录回放、数据导出等功能，其性能指标如表 4.22 所示。本节主要介绍数据接入、数据库管理、数据存储与转发、记录回放、数据导出，关于目标融合将在第 5 章进行介绍。

表 4.22 Collector 软件性能指标

指标名称	指标取值
处理目标	65 536 个以上目标（动态+静态）
目标融合延迟	小于等于周扫
接入雷达数量/个	512
接入信息源类型	包含目标探测雷达、AIS、北斗、视频跟踪信息等
接入其他信息源数量/个	≥10
接入终端数量/个	512
在线终端数量支持/个	128
轨迹数量/个	20 000
轨迹显示时间/h	8（时间可调）
记录时间/a	≥5

4.5.1 数据接入

数据接入包含雷达站数据、AIS 数据、其他平台数据（主要是渔船数据库）数据库的接入。

1）雷达站数据

信息收集包括目标信息和状态信息。其中目标信息是通过传输控制协议（transmission control protocol，TCP）和各个雷达数据处理子系统进行通信获得的目标数据；状态信息是通过 TCP 通信获取各个模块的工作状态参数及对模块的控制信息。

2）AIS 数据

广东省岸基雷达网系统使用独立的 AIS 处理软件实现接收、处理和转发等功能，AIS 软件支持 TCP_Server、TCP_Client、UDP_Server 和串口等多种连接方式，可以满足不同应用场合的需求。

AIS 船舶扩展信息也会同步合并到数据库的“船舶信息表”，一方面为了形成统一的船舶信息，另一方面也作为缓冲，加快信息显示速度。

3）渔船数据库

渔船数据库为“船舶信息表”数据内容的最主要来源，采用专门的软件模块将广东省渔船数据库信息导入并定期同步至“船舶信息表”。对于渔船数据库，系统设计为使用定期同步而不是实时通信模式，主要原因有：①渔船信息的更新频率不高，定期同步就可以满足需求；②定期同步使数据具有高可用性，数据查询显示不受渔船数据库升级维护等工作影响。

4.5.2　数据库管理

数据库管理的内容主要包括以下几个方面。

（1）船舶信息表：渔船数据库导入信息、AIS 扩展信息和北斗船舶信息；

（2）用户信息表：用户登录信息、用户权限信息；

（3）报警记录表：系统中各类报警记录；

（4）系统日志表：系统软硬件状态改变、参数变更、系统操作和访问记录等；

（5）气象服务数据、台风路径（扩展）；

（6）日、周、月、季度重点渔区和港口船只报表。

其中，船舶信息设计为通用模板形式，同时对 AIS 扩展信息、北斗船舶信息和渔船数据进行了合并。“船舶信息表”支持扩展字段，用户可以对字段的显示进行配置。“船舶信息表”将各类数据库或传感器的信息按权重进行合并处理，形成统一完善的船舶信息记录，如表 4.23 所示。

表 4.23　船舶信息表数据字段

数据字段	数据字段	数据字段
AIS 识别码	气胀筏（只）	保险金额
北斗识别码	船舶所有人名称	电台执照号是否录入
县区	船舶所有人地址	是否三证不齐
乡镇	船舶所有人电话	录入时间
村社	船舶检验证书号码	总长（m）
船名	船舶检验证书号码有效期	船员保险单位
船籍港	船舶登记证书号码	保险人数（人）
船舶种类	船舶登记证书号码有效期	船员保险单位有效期
船体材料	船舶捕捞许可证号码	核准作业方式
作业类型	船舶捕捞许可证号码有效期	核准作业方式是否符合查询条件
作业方式	船舶保险单位	渔船等级
作业特性	船舶保险有效期	是否黑渔船
造船地点	录入此信息的用户编号	安全联系人姓名
造船厂名	船舶照片	安全联系人联系电话
建造日期	船舶编号	渔船编组

续表

数据字段	数据字段	数据字段
船长（m）	语音卡号	是否挂靠船
船宽（m）	语音卡是否有效	挂靠说明
船深（m）	船长名	船员是否适任
总吨位（t）	船舶船员总数	卫星电话号码
净吨位（t）	电台执照号码	检验单位
主机功率（kW）	船舶电台号	防台组编号
短波电台（台）	电台执照有效期	

4.5.3　数据存储及转发

系统将各种传感器的数据、信息进行记录，供事后追溯、查找证据、分析系统参数故障隐患等使用。

广东省岸基雷达网系统采用以下记录方式：

（1）所有的传感器数据都被加载时间戳，并以数字化的方式记录；

（2）所有连接在系统网络中的电脑都和服务器在时间上保持同步；服务器则与GPS标准时间或与互联网时间、服务器的时间严格同步，也就是说系统网络中的所有单元采用同一时基；

（3）雷达原始视频、雷达目标航迹数据，系统预警和预警记录的数据都被集中地记录在服务器上，这些数据能够被连接在系统上的多个客户在本地工作站上进行同时回放；查看历史记录的权限则由客户描述文件所规定；

（4）系统状态和系统预警信息，以及被修改的系统参数都被集中存储在网络专用的记录服务器上，这些数据可以被系统管理客户软件调阅。关于调阅各种数据的权限则被存在客户数据库中。

4.5.4　记录重放

系统将运行期间的所有数据记录下来，操作员可以使用任意一个应用平台进行回放查看。所有记录的数据能够被连接在系统上的多个客户在本地工作站上同时回放，这就意味着多个操作员可以同时回放不同时间段的数据而不互相干扰。

在回放菜单中开启回放，回放功能如下：

（1）能够选择具体时间，时间精确到秒；

（2）选择的时间若无记录则跳到下一个具有数据的最近时刻并开始；

（3）能够选择回放速度。

4.5.5　数据导出

系统具备数据导出功能，可以将目标、视频等数据以文本文件或报表的形式导出。

4.6　光电与雷达联动跟踪

光电与雷达联动跟踪功能由光电控制软件（TVCtrl）来实现，TVCtrl主要具有以下功能：①光电视频接入雷达系统并在海图上叠加显示；②雷达与光电的联动功能；③光电手动控制功能；④光电跟踪设备自动校正功能；⑤光电的巡航功能；⑥当光电不处于联动状态时，在设置的规定时间内会按照预置路线进行自动巡航；⑦可针对重点航道进行重点监控和记录。

要精确地进行雷达与光电联动，需要事先检查光电参数的校正值。具体操作如下：第一步：打开 TvCamera 文件夹下 network.ini，将 NAME 修改为站点名称，REMOTE_IP_ADDRESS 地址修改为 Collector 所在的主机 IP 地址，REMOTE_PORT 修改为 Collector 的本地端口，LOCAL_PORT 不需要修改；第二步：运行光电与雷达联动跟踪 TVCtrl；第三步：\System\SystemConsole.exe，展开 TvCamera 项，检查光电设备相关参数的设置，具体参数含义见表 4.24。

表 4.24　光电设备相关的参数描述

参数	参数描述	精度
HEIGHT	光电安装高度	
h_fix	光电方位角度偏差	
v_fix	光电垂直高度偏差	1%
bottom_h_angle	v_fix 最小时转台的方位角度	
diff_value	安装平台倾斜度（斜率）补偿参数	

4.6.1　光电与雷达联动跟踪的工作流程

对于雷达探测到的目标，可以采用目标自动引导的方式来调用光电设备进行现场监控和取证，该过程的流程图如图 4.12 所示，具体包括以下步骤：

（1）由报警引起、用户主动引导、用户按照权限手动操作进行视频监控设备的操作申请；

（2）数据处理软件（Collector）按照单个或多个综合显控终端的请求将相应命令或目标数据送至光电控制软件（TVCtrl）中；

（3）光电控制软件（TVCtrl）按照目标区域设定进行视频监控设备匹配或按照用户指定设备进行数据解算并发送至对应的岸基视频站；

（4）显控终端直接从视频服务平台中调取相应设备的视频图像，在海图上显示；

（5）光电控制软件（TVCtrl）实时发送控制或随动命令至岸基视频站，使得视频监控设备持续稳定跟踪。

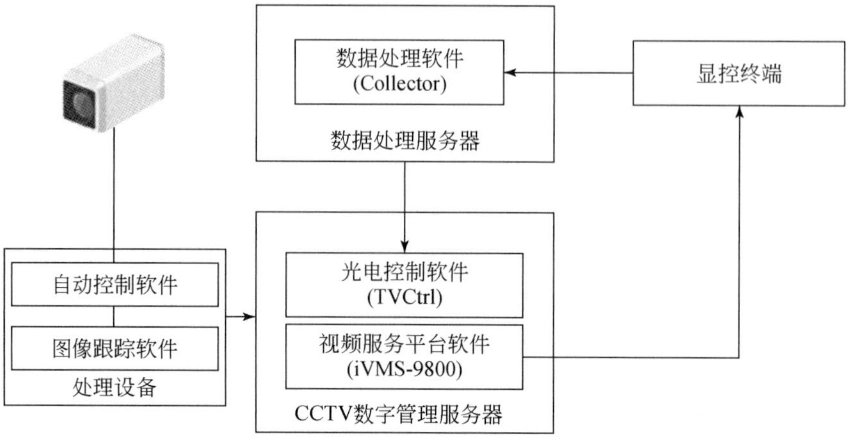

图 4.12 雷达自动引导光电设备流程图

4.6.2 光电与雷达联动跟踪的区域规划

在广东省岸基雷达网系统中，所有目标信息均为大地坐标，联动时需要根据坐标位置信息指定单个或两个高清远程视频监控设备执行观察任务。指定原则为看得更清、距离最近、无遮挡及太阳位置，示意图如图 4.13 所示。对每个视频监控设备划定其责任区，在责任区内进行目标引导时，自动指定此设备进行跟踪识别。

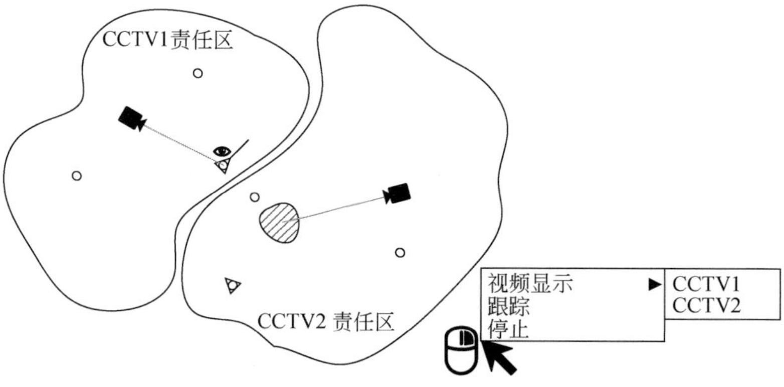

图 4.13 责任区划分

对责任区重叠区域安排 2 部视频监控设备同时进行跟踪，通过多视角进行观察。在软件设计时，责任区的划分不是恒定不变的，随着太阳移动，在特定时间和特定方向上太阳光逆光可能会造成目标对比度下降；为了提高识别度，责任区需要根据时间进行调整。在系统中，每个视频监控设备跟踪太阳轨迹 24 h 用于统计太阳按照时间在方位上的移动轨迹，责任区生效后按照时间避开太阳直射。

4.6.3 雷达自动引导视频监控

雷达和视频监控设备在目标探测识别上各有特点，雷达能够快速探测跟踪目标，视频监控设备能够识别目标，二者结合就能实现从探测到识别的综合监控功能。

雷达自动引导视频监控技术是利用雷达主动探测目标后，将位置数据解算为视频监控设备直接能够接收的目标俯仰、方位信息，再将目标俯仰、方位信息实时传输至视频监控设备，进行目标跟踪识别。

不同于常规的由雷达发送目标位置信息、视频监控设备转到指定位置后转入视频跟踪的原理，它全程均采用由雷达进行跟踪的技术，解决视频跟踪在对比度下跟踪不稳定的问题，其工作原理如图 4.14 所示。

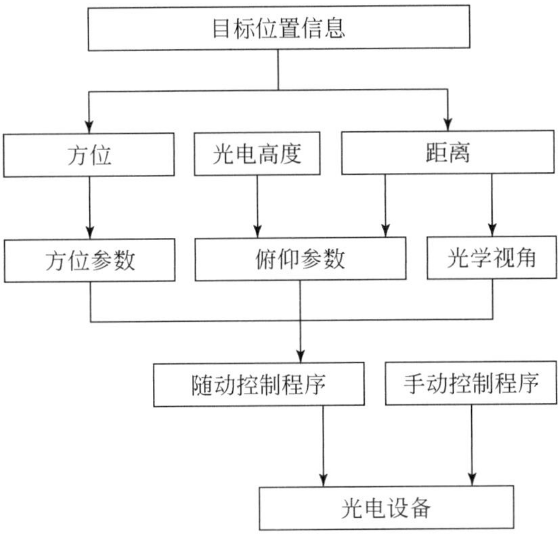

图 4.14　雷达自动引导视频监控工作原理图

雷达探测目标数据包含目标位置、航向、航速，其更新频率和雷达周扫相同，大约为 2 s；引导视频监控时为了能够运行平滑、无停顿感，发送至视频监控设备的数据率必须在 25 Hz 以上。高清远程视频监控控制程序将雷达发送的目标坐标信息解算为基于高清远程视频监控本身的俯仰和水平角度值，并根据目标速度进行数据差分，使得 0.5 Hz 的数据变为 25 Hz 以上的数据；根据云台性能和精度设置不同的数据率。

4.6.4　光电与雷达联动跟踪的误差校正

1.视频监控引导误差校正设计

雷达自动引导视频监控的全过程为：将雷达基于极坐标探测目标的位置转换为经纬度，然后传送至视频监控控制程序，视频监控控制程序根据初始校正值进行校正并转换为基于视频监控设备坐标的俯仰、水平角度值，如图 4.15 所示。

由于雷达探测误差、云台旋转的误差及云台安装坐标系和大地坐标系之间的误差会导致目标并非在画面的正中间显示，需要进行处理。雷达探测误差和云台旋转误差是硬件的性能造成的，无法从根本上消除，仅能通过软件设计进行弥补；云台安装坐标系的误差可通过校正进行消除。

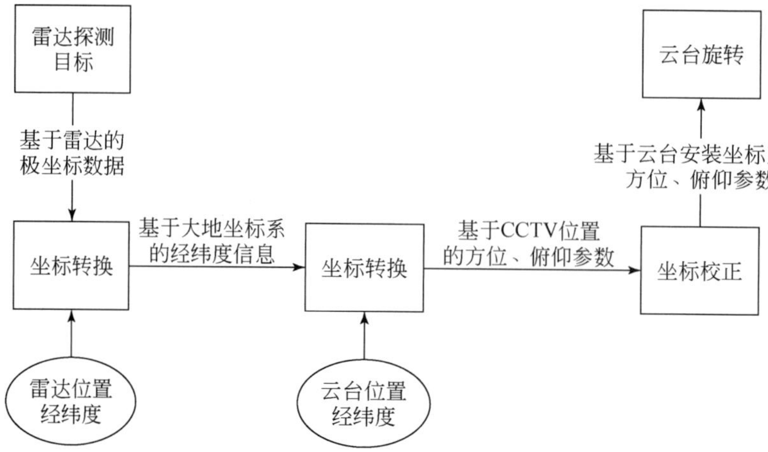

图 4.15 雷达自动引导视频监控设备坐标变换流程图

2.视频监控设备安装位置误差校正

基于视频监控位置的目标方位、俯仰参数是基于大地坐标系，默认正北为水平零度，天线为俯仰零度。视频监控本身的坐标系是基于设备本身的，当其完全水平安装、初始状态完全指向正北、角度编码器的零位和安装零位完全一致时，视为默认的零度。

但在实际的安装中不可能完全水平，往往是其安装面和大地之间有一定的角度，这时在发送数据时需要通过校正方可正确引导。对于视频监控设备安装位置误差的校正可通过式（4.16）和式（4.17）进行。

对于水平角度校正，发送的水平角度为

$$\theta'_x = \theta_x + \phi_x \tag{4.16}$$

对于俯仰角度校正，发送的俯仰角度为

$$\theta'_y = \theta_y + \phi_x \sin(\theta_x - \theta_{x0}) \tag{4.17}$$

式中，θ'_x 和 θ'_y 分别代表校正后的水平角度和俯仰角度；θ_x 和 θ_y 代表目标原始的水平角度和俯仰角度；ϕ_x 为云台与正北方向的角度；θ_{x0} 为云台与水平方向的角度。

3.雷达探测误差及旋转误差补偿

由于雷达收发单元旋转编码器精度的限制，雷达探测到目标的方位角度往往和目标的实际角度存在误差，误差一般在 0°～0.2°。云台旋转角度受限于角度编码器和电机的精度，一般存在 0.1°左右的误差。所以即便是消除了安装位置的误差后也会存在目标不在画面正中间显示的情况，其主要是由系统旋转误差引起的。针对这种误差的解决方法一般有两种：一是通过图像识别的方法进行，二是人工干预。广东省岸基雷达网系统设计采用两者相结合的方法。

对于近距离目标对比度较强、背景单一的情况，采用由系统前端岸基视频站自动控制软件自动识别目标位置，然后利用焦距计算画面角度，通过图像处理计算目标质心和图像中心之间相差的角度来进行纠正的方法。

对于背景复杂的情况，由于画面中出现多个目标或者背景复杂对比度较弱，系统不能自动判断需要跟踪目标的位置，此时需要通过人工干预的办法进行微调，使得目标处于画面正中间。人工干预办法有 3 种：

（1）通过框选显示区域，使得显示的图像正好是选择的图像；

（2）通过双击需要显示的目标（或者区域）中心，使得目标中心和画面中心重合；

（3）通过鼠标右键点击画面任意一点使得此点变为画面中心。

人工干预后，对此目标的跟踪会自动计算微调的调整值，此调整值在下一个目标跟踪时失效。

4.6.5　用户资源协调

系统采用通过用户级别、权限设置来分派对应资源的机制。每个用户均有对应的数据推送范围、设置权限、光电控制权限。一般设定为：超级用户、普通用户和访客，表 4.25 为不同用户所能操作的权限范围。在同等条件下，针对单一资源通过协商进行控制。

表 4.25　不同用户所能操作的权限范围

操作权限	超级用户	普通用户	访客
警戒区管理	允许	禁止	禁止
值班区域管理	允许	禁止	禁止
光电控制优先级	强制占用控制	协商占用控制	无控制权
数字雷达视频请求	允许	禁止	禁止
系统管理	完全	只读	只读

4.7　终端显示软件

终端显示软件（GeoViewer）是整个岸基雷达网系统操作的核心界面，界面采用以电子海图为底图的数据层显示模式。

在多站点雷达组网系统的应用中，由于覆盖范围广，区域内目标多，终端显示软件的实时显示性能要求非常高，为了满足系统操作流畅度要求，提升用户体验度，所开发的终端显示软件是基于 DirectX（Directe Xtension）技术。DirectX 是由微软公司创建的多媒体编程接口，由 C++编程语言实现，被广泛使用于 Microsoft Windows、Microsoft Xbox、Microsoft Xbox360 和 Microsoft Xbox One 的开发，它比大部分厂家使用的传统 Windows GDI 显示接口要快好几倍，可用于不同的语言和多种平台，支持从像素到高级 3D 图像的绘制。

GeoViewer 主要使用了 DirectX 中的 DirectDraw 和 Driect3D 来加速对各层图形、符号的处理，极大地提升了缩放、拖动和回波显示的刷新率和平滑度，在大数量的情况下也能保证终端显示软件的流畅运行。终端显示海图加载时间可保证在 1 s 以内，海图缩放、移动反应时间可保持在 100 ms 以内。

在第一次运行 GeoViewer 软件时，需要进行软件配置，具体操作是：打开 Geoviewer 文件夹下 network.ini，将 NAME 修改为站点名称，REMOTE_IP_ADDRESS 地址修改为 Collector 所在的主机 IP 地址，REMOTE_PORT 修改为 Collector 的本地端口，LOCAL_PORT 不需要修改，保存 network.ini 后，执行 Geoviewer.exe 程序。进一步运行\System\SystemConsole.exe，展开 Geoviewer 项的 Targets，检查 AIS 目标数和雷达目标数，完成终端显示软件状态检查。

4.7.1 软件界面

1.主窗口

启动 GeoViewer 程序后，进入显示终端界面。在使用该界面之前，可对整个软件的操作语言、控制面板亮度、屏幕亮度等进行设置。软件主窗口主要由显示层、控制区、目标显示区和光电视频等这几个窗口组成。

2.控制面板

控制面板会自动显示在活动窗口中，具有以下视图模式：①全界面，显示位置和选项卡；②简约界面，仅显示位置；③隐藏，控制台不显示。

图 4.16 为全界面显示，根据图 4.16 可知控制面板主要由图层和选项两个控制框组成，表 4.26 给出了对应的选项的功能介绍。图 4.17 为简约界面模式，表 4.27 为简约界面中对应标号的功能及操作设置明细介绍。

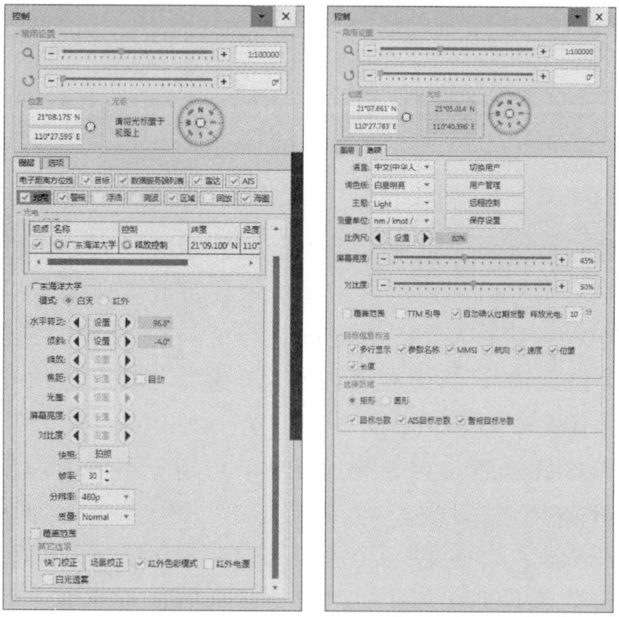

(a) 图层控制框　　(b) 选项控制框

图 4.16 控制面板全界面显示

表 4.26　主要选项的功能

序号	选项	功能
1	位置参数	设置海图比例和坐标位置
2	图层标签	切换到图层
3	自定义设置和用户管理	本地化、调色板设置、测量单位、控制面板比例尺、亮度和对比度
4	覆盖范围、自动确认过期报警和释放光电	用户设置覆盖范围、自动确认过期报警和释放光电时间
5	信息窗口设置	选择要在目标信息窗口中显示的信息
6	选择区域	当用户选择某个区域时，显示该区域中的目标数量，区域的配置和显示的信息在这个块中设置
7	折叠和展开服务按钮	用于简约界面和全界面模式直接的切换

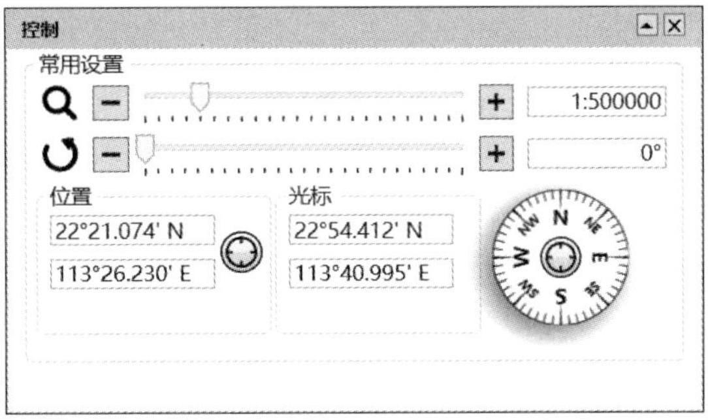

图 4.17　简约界面模式

表 4.27　简约界面中对应标号的功能及操作设置明细

标号	功能	操作
1	缩放滑块	直接拖动可对屏幕显示的内容进行放大和缩小
2	缩放值	可直接输入需要屏幕显示的比例尺
3	旋转滑块	拖动可用于旋转屏幕
4	旋转角度	可直接输入需要屏幕旋转的角度
5	屏幕旋转按钮	鼠标点击期望的方向指示位置，一步完成屏幕移动
6	当前视图中心坐标	可输入要设定位置参数
7	保存当前坐标	在 6 的位置输入相应的经纬度坐标，然后单击此按钮，完成屏幕中心位置保存
8	光标的当前位置	随着光标在屏幕的移动而改变，如果光标超出视图，则显示匹配的信息

3.显示功能

1）界面语言设置

GeoViewer 目前提供了俄文、英文和中文界面，可进行切换，默认为中文界面。若要更改语言，请点击图 4.16“选项”选项卡并在语言列表选择语言。

2）信息叠加显示功能

在显示层上叠加显示雷达目标、AIS 目标、目标矢量速度、雷达回波、绘制信息等。为了提高界面整洁度，所有目标信息仅显示矢量航向、航速及运行轨迹。航速显示比例、航行轨迹时间均可调。如图 4.18 所示。

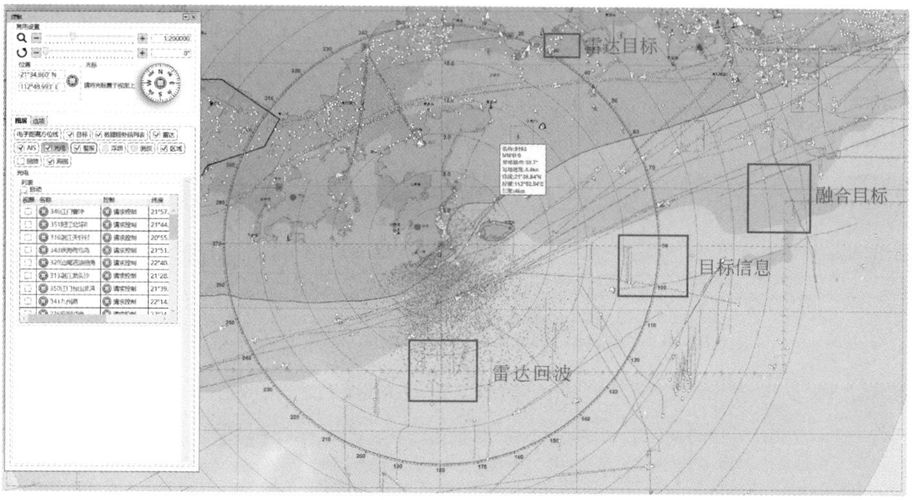

图 4.18　海图叠加显示

3）不同符号显示功能

图 4.19 中为用不同的符号表示和显示出来的海上目标，以便区分，图 4.19 中长方形加一个尖三角符号为 A 类目标，三角符号为 B 类目标，符号中间有圆圈的为融合目标，仅圆圈的为雷达探测到的目标（无 AIS），灰色为丢失目标的特殊显示。

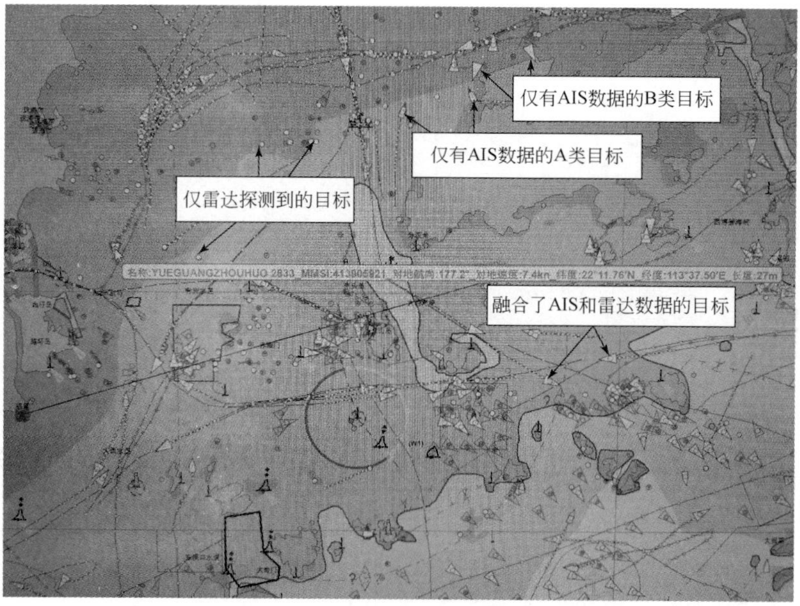

图 4.19　不同目标显示符号

4）分层显示雷达视频信息

在雷达图层选中后能够显示当前雷达的回波信息，可选择回波是否显示及余晖显示时间，余晖显示时间在 1～60 s 范围内可调，确定回波显示刷新的时间。如图 4.20 所示。

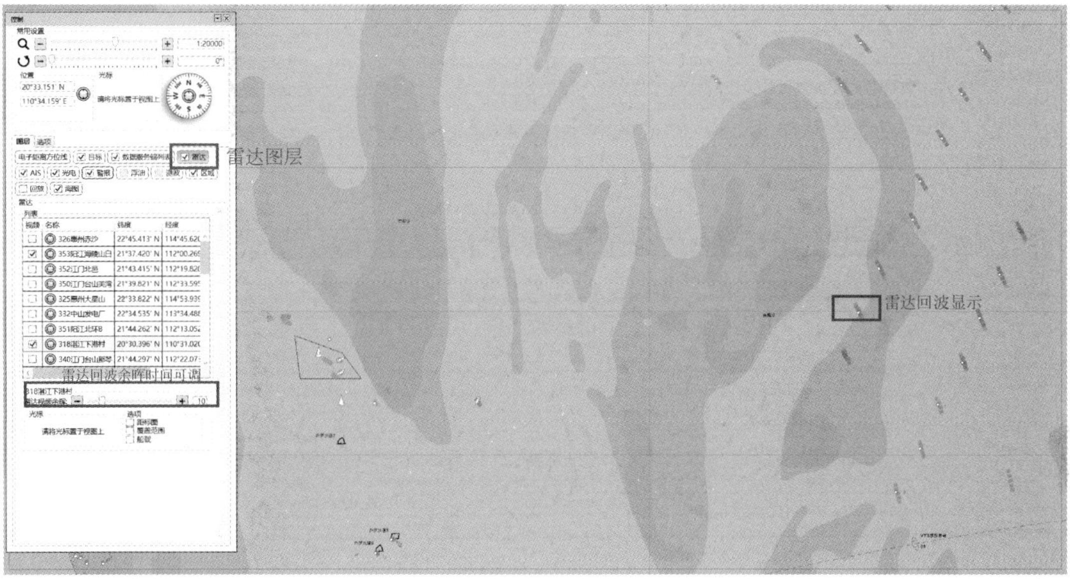

图 4.20　雷达回波显示

5）AIS 信息显示功能

在目标列表或海图上点击任何具有 AIS 信息的目标后点击“信息”按钮会调出此目标的详细情况，如图 4.21 所示。

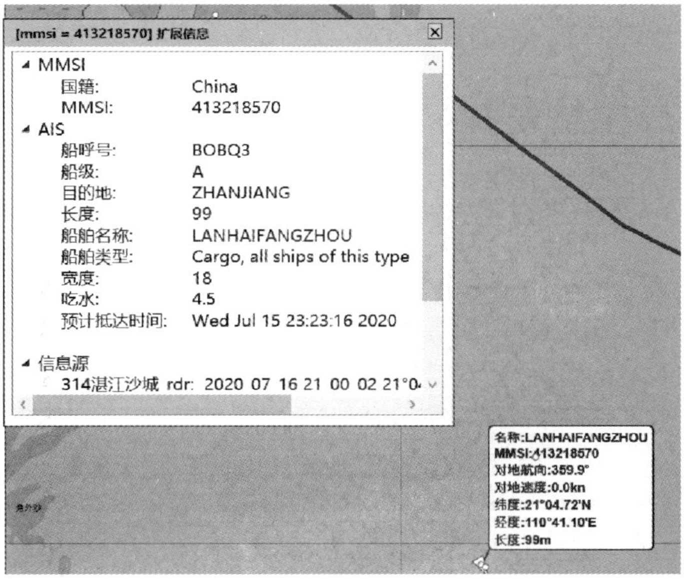

图 4.21　AIS 详细信息

6）电子海图显示功能

系统支持 S57 及 S63 格式的电子海图，海图显示格式可调，如图 4.22 所示。系统采用 DirectX 技术，海图缩放、漫游期间无任何卡顿现象。

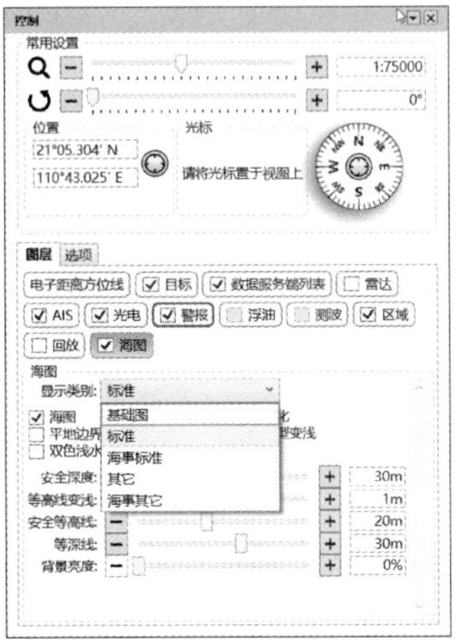

图 4.22　电子海图调整

7）雷达站信息显示

点击雷达图层后，在列表中显示当前在工作的雷达站的名称、位置、航向航速，如果是固定站的话，其航向航速均为 0，如图 4.23 所示。

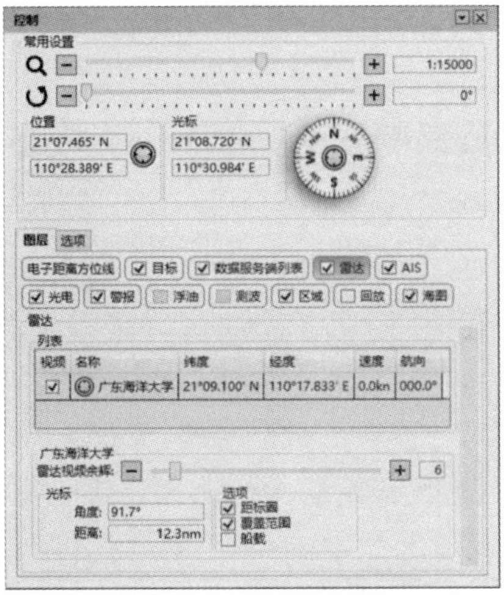

图 4.23　雷达站信息

若要在屏幕中看到雷达视频，首先要在控制面板的图层中勾选“雷达”，则“雷达列表”中会出现系统连接的所有雷达，然后选择其中一个雷达，则在“雷达列表”下方出现该雷达名称及可能进行的相应设置，如雷达视频余晖、雷达位置，岸基雷达的速度和航向都设置为 0。表 4.29 为图 4.23 中对应项的功能说明。

表 4.29　雷达图层功能说明

序号	参数	功能
1	雷达列表	显示所有雷达站点
2	选择的雷达	勾选雷达列表站点前的勾选框，选择相应雷达站
3	对应已选雷达的光标位置	显示光标位置与雷达传感器位置的角度和距离
4	余辉值	余辉值代表回波滞留的时间
5	选项	距标圈：勾选后在视图中显示雷达方位距离圈 覆盖范围：界面中将显示该雷达站覆盖的范围 船载：用于船载模式，勾选后雷达图标改为船型图标

8）特定目标标绘

系统支持对重点目标的定制跟踪显示功能，主要分为两种：第一种是临时重点目标，在一定时间内，需要关注其运行轨迹，通过鼠标点击此目标调出目标航迹、目标批号名称及简单动态信息进行监视；二种是需要长期关注的目标，可能是系统内部的渔业执法船或多次违反规则的渔船，通过目标列表可将其加入目标列表或重点目标列表中，只要目标出现在系统探测范围内，均以特殊标记形式在海图上显示。

9）航迹显示功能

系统支持全目标、部分目标或单目标的航迹显示功能，目标航迹显示时间可调，分 10 个等级以满足不用应用场景的需求，如图 4.24 所示。

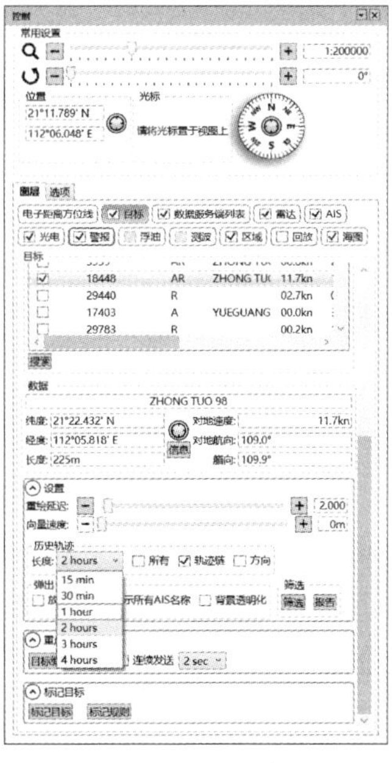

图 4.24　目标航迹显示时间可调

在图 4.24 中，不勾选“所有”和“轨迹链”，则为全目标航迹隐藏，如图 4.25（a）所示；勾选“所有”和“轨迹链”则为全目标航迹显示，如图 4.25（b）所示；仅勾选“轨迹链”，可在海图上对特定关注目标进行点击显示其航迹信息，亦可对多个目标进行点击显示其航迹信息，如图 4.25（c）所示。

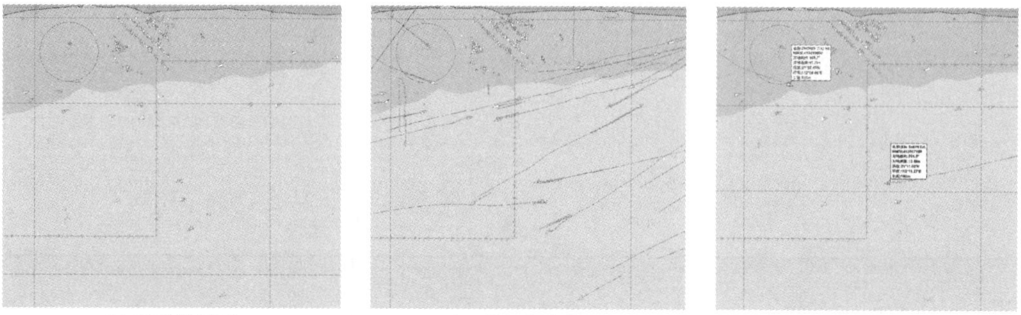

(a) 无航迹显示　(b) 所有航迹显示　(c) 特定目标重点关注航迹

图 4.25　航迹显示

10）筛选功能

为了提高执法效率，快速定位非法作业船只，通过目标类型、速度进行筛选，将可疑对象范围缩小。渔船在海上作业期间按照作业类型，其运行轨迹、位置、航速等参数具备一定的规律性，通过此规律对目标进行筛选。在图 4.24 中，点击“筛选”，会弹出对话框，如图 4.26 所示，系统会根据选择自动显示相应的目标。图 4.27 是选择“双拖”筛选后定位到的目标，由图 4.27 可知，这两只船航迹、航速、航向均一致，速度为 3.5 kn，可初步判断为拖网作业。

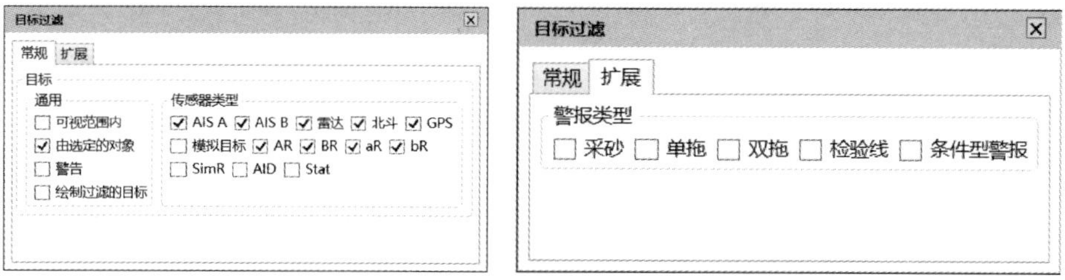

(a) 常规选项　(b) 扩展选项

图 4.26　目标显示筛选选择

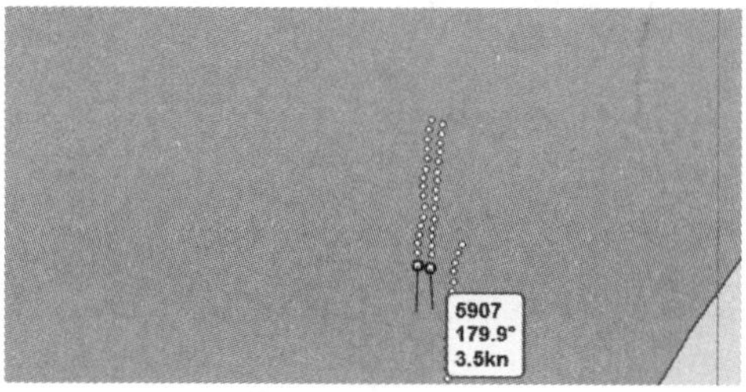

图 4.27　放大区域中的疑似双拖船只

在图 4.24 中，在向量速度中设定航速为 2～5 kn，在此区域内达到此范围则报警，在图 4.26（a）的目标筛选中仅勾选“警告”目标，则仅显示在此速度范围内的目标。

4.7.2　图层控制面板操作

1.电子距离方位线

电子距离方位线为测量距离的功能菜单，用来测量两点之间的距离和相对方位。使用方法：点击“电子距离方位线”按钮，并将鼠标置于测量起始点，单击，然后拖动鼠标光标至测量终点，鼠标光标处会显示起始点到终点的距离及方位角度（正北为0°，顺时针旋转共 360°）。同时，控制面板上显示起始点经纬度、距离和角度。

2.目标图层功能

目标图层界面如图 4.28 所示，主要显示海面目标的列表及相关操作，包括 5 部分：目标列表、数据、设置、重点目标列表和标记目标。

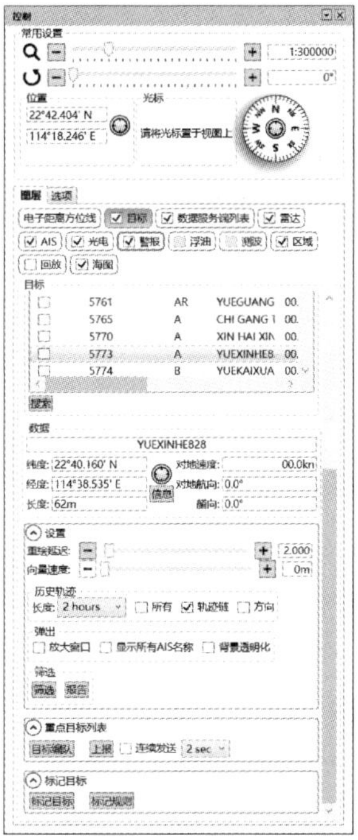

图 4.28　目标图层界面

1）目标列表

用于显示雷达和 AIS 目标，根据过滤条件显示目标列表。可在目标列表中，勾选“单选”框选定目标，也可在视图上单击选择目标。

（1）目标基本信息：用于显示所选目标的详细信息，如图 4.29 所示。包括目标的 ID、标记颜色、类型、名称、对地速度、对地航向、长度、艏向、经度和纬度。

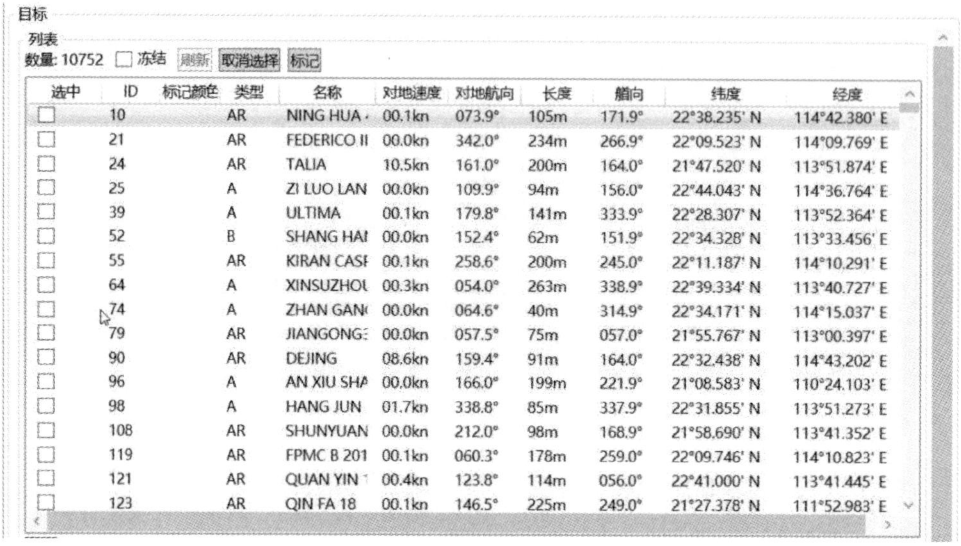
目标
列表
数量: 10752 □ 冻结 刷新 取消选择 标记

选中	ID	标记颜色	类型	名称	对地速度	对地航向	长度	艏向	纬度	经度
□	10		AR	NING HUA ·	00.1kn	073.9°	105m	171.9°	22°38.235' N	114°42.380' E
□	21		AR	FEDERICO II	00.0kn	342.0°	234m	266.9°	22°09.523' N	114°09.769' E
□	24		AR	TALIA	10.5kn	161.0°	200m	164.0°	21°47.520' N	113°51.874' E
□	25		A	ZI LUO LAN	00.0kn	109.9°	94m	156.0°	22°44.043' N	114°36.764' E
□	39		A	ULTIMA	00.1kn	179.8°	141m	333.9°	22°28.307' N	113°52.364' E
□	52		B	SHANG HAI	00.0kn	152.4°	62m	151.9°	22°34.328' N	113°33.456' E
□	55		AR	KIRAN CASI	00.1kn	258.6°	200m	245.0°	22°11.187' N	114°10.291' E
□	64		A	XINSUZHOU	00.3kn	054.0°	263m	338.9°	22°39.334' N	113°40.727' E
□	74		A	ZHAN GAN(	00.0kn	064.6°	40m	314.9°	22°34.171' N	114°15.037' E
□	79		AR	JIANGONG:	00.0kn	057.5°	75m	057.0°	21°55.767' N	113°00.397' E
□	90		AR	DEJING	08.6kn	159.4°	91m	164.0°	22°32.438' N	114°43.202' E
□	96		A	AN XIU SHA	00.0kn	166.0°	199m	221.9°	21°08.583' N	110°24.103' E
□	98		A	HANG JUN	01.7kn	338.8°	85m	337.9°	22°31.855' N	113°51.273' E
□	108		AR	SHUNYUAN	00.0kn	212.0°	98m	168.9°	21°58.690' N	113°41.352' E
□	119		AR	FPMC B 201	00.1kn	060.3°	178m	259.0°	22°09.746' N	114°10.823' E
□	121		AR	QUAN YIN	00.4kn	123.8°	114m	056.0°	22°41.000' N	113°41.445' E
□	123		AR	QIN FA 18	00.1kn	146.5°	225m	249.0°	21°27.378' N	111°52.983' E

图 4.29　目标基本信息

（2）冻结：当勾选“冻结”前面的框时，目标列表将不再更新。

（3）数量：显示当前列表中目标的总数。

（4）刷新：勾选“冻结”框时，“刷新”按钮将启用，可点击“刷新”按钮，用来刷新被冻结的目标列表。

（5）取消选择：“取消选择”按钮用于取消当前选择目标。

（6）标记目标：打开标记窗口，可标记所选定的目标，例如，勾选“ID：21140”，点击“标记”按钮，会弹出标记窗口，如果确定该船是采砂船，就勾选标记窗口中的“采砂”，颜色为绿色，此时该船的显示增加了一个绿色圆圈标志，此项功能常结合手动报警功能设置使用。

（7）搜索：点击“搜索”，可通过目标的 ID、名称和 MMSI 进行搜索，搜索后，系统会直接在列表中定位到该目录上。

2）数据

点击列表中的某一条记录后，数据图层会被展开，显示该条记录的相关信息，点击“信息”按钮，会弹出扩展信息窗口，详细显示该记录的信息，如图 4.30 所示。

3）设置

设置主要包括重绘延迟、向量速度、历史轨迹、弹出、筛选等操作。

（1）重绘延迟。海面目标刷新频率，如果没有用户操作，将重绘目标显示的位置。可通过滑动或“+”“−”按钮在字段中键入来改变值（1～60 s）。

（2）向量速度表明目标速度及方向，长度表示在设定数值时间内到达的位置。通过滑动或“+”“−”按钮在字段中键入来改变值（1～60 m）。

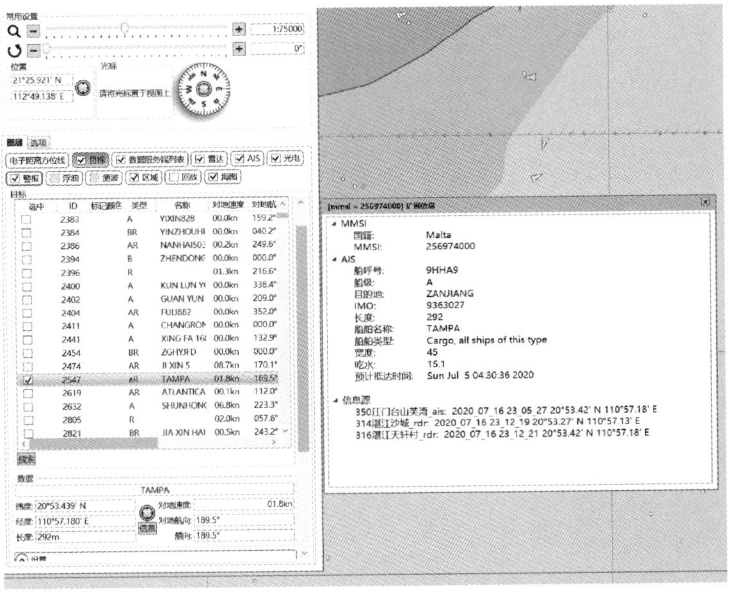

图 4.30　数据图层扩展信息显示

（3）历史轨迹即显示目标的运动历史轨迹。鼠标左键单击长度下拉框，选择历史轨迹长度。勾选“所有”，则会在所有轨迹上出现一个小圆点，勾选“轨迹链”：会将小圆点用线串起来，显示所有目标轨迹的连接链，取消勾选，不显示所有目标轨迹的连接链。勾选“方向”，则会在轨迹链的每个节点上和轨迹上都有方向指示标志。

（4）弹出。勾选“放大窗口”单选框打开放大窗口，鼠标左键单击目标会在放大窗口放大显示此目标，取消勾选，不显示放大窗口；勾选“显示所有 AIS 名称”，会显示所有 AIS 的信息窗口；勾选“背景透明化”，使所有信息标签透明显示。

（5）筛选。鼠标左键单击“筛选”按钮，打开目标筛选对话框。目标过滤窗口可以通过目标类型（信号源）、通用属性（可视范围内、选定的区域、警告及绘制过滤的目标）进行过滤。

在通用属性中筛选有以下几个：

①可视范围内：目标列表中显示当前可视视图范围内的目标。

②选定的区域：目标列表中只显示选定的区域内的目标。

③警告：显示有警告的目标。

④绘制过滤的目标：筛选掉的目标以半透明的方式显示。

（6）报告。点击按钮时，会生成当前目标列表的报告，报告以文本格式存储在“报告”文件夹中。

3.光电及联动

系统配置可连接多个光电设备，所选光电详细信息均显示在光电列表里。图 4.31 为光电图层设置面板，表 4.30 为图 4.31 选项的相关说明。

图 4.31　光电图层设置面板

表 4.30　各选项功能明细

选项	功能	说明
请求控制	点击该按钮后，可以控制所选择的光电设备	—
视频模式	白天：白光；夜间：红外	—
水平移动设置	控制光电设备的平移	−180°～180°（手动控制）
倾斜设置	控制光电设备的倾斜角度	−90°～90°（手动控制）
镜头设置	缩放，对焦（固定或自动）和光圈	手动控制
对比度	调整亮度和对比度	手动控制
快照	保存当前光电视频快照和 GV 界面	快照将默认存储在 GeoViewer 文件夹的快照子文件夹 Snapshots 中，文件名自动创建路径如下： • 对于系统截图：时间_app（如 2020_05_22 14_15_31_app.jpg） • 对于光电图像：时间_站点名称（如 2020_05_22 14_15_31_01 海洋大学）
帧率	每秒显示的帧数（频率）	可选 1～30
分辨率	视频分辨率（默认 480 p）	可选范围为 240～1080 p
质量	一般选择 Normal	有 Low，Normal，High 三个选项
覆盖范围	勾选此方框，则会显示光电的覆盖范围	—
其他选项	该组参数取决于光电的型号，比如红外设置和防雾功能	—

对于光电联动的操作，设置了控制权限；对于光电的牵引方式设置了随动模式、自动随动模式（自动跟踪）和自动值班模式三种；对于选定区域，有多部光电设备时，可根据位置选择雷达引导光电设备。

1）控制权限

按照用户权限，超级用户可随时进行控制；普通用户在空闲时可进行控制；访客无控制权限。无论哪种形式的控制，均需通过控制请求后方可进行，如图 4.31 光电列表中的第三栏“请求控制”。无控制权限时，控制按钮为灰色，无法进行光电设备操控。

2）牵引方式

（1）随动模式。用户对感兴趣的目标进行点击，系统自动判断目标位置、调用相应的光电设备进行旋转实时跟踪目标，在引导期间可进行微调使得目标处于画面的中心位置。用户在光电图层下，未勾选“自动”模式，系统将默认为随动模式，可手动选择“所选目标”，然后点击鼠标右键“所选目标”并单击“随动”按钮即可实现手动跟踪目标。

（2）自动随动模式（自动跟踪）。用户可以选择自动跟踪所选目标，在这种情况下，如果有多部光电设备可以捕获到该目标的话，系统会自动选择并捕获当前跟踪效果最好的光电设备实现对选定目标的自动跟踪。当目标到达其他光电设备的监控区域时，系统将对目标的监控从第一部光电设备转移到下一部光电设备。

如果自动跟踪的目标离开所有光电设备的公共可视区域，当它停留在系统（目标列表）中时，它仍处于自动跟踪状态。如果目标离开系统，跟踪自动关闭。

自动跟踪是 GeoViewer 中的功能，所以当 GeoViewer 中设置自动跟踪目标关闭时，目标将变为自动跟踪关闭，光电设备将自动释放。

要设置目标自动跟踪时，在面板上勾选“自动”选框，然后右键单击“所选目标”并单击“自动跟踪中”按钮即可。

当单击“自动跟踪中”按钮后，光电设备将启动自动随动模式，在图中目标旁显示形似眼睛的白色边框，此时，该目标代表已被选为自动随动跟踪的目标。

（3）自动值班模式。用户设置了警戒区目标触警后会自动引导光电设备进行跟踪录像，在报警区域内，光电设备可以自动跟随报警目标，并且在多个报警目标间进行轮巡、拍照。其具体操作步骤为：

①确定值班区域，新建或者用已有的报警区域均可，并且报警区域内有报警目标；

②勾选“自动”模式；

③在所要值班区域边缘点击右键弹出菜单选择“自动值班”；

④选择“自动值班”后，系统开始自动值班，光电设备会自动按照报警列表中的顺序依次轮巡、拍照；可以通过“随动时间”来控制光电设备在每个报警目标上停留的时间；“自动截屏”控制光电设备是否保留截图；

⑤结束“自动值班”：右键区域边缘，选择“结束自动值班”。若无人工干预会持续跟踪至报警消失，人工干预优先于自动引导。

3）雷达引导光电设备选择

广东省岸基雷达网系统中各个光电设备划分了主要观察的区域，在引导时根据目标位置信息自动指定相关的光电设备。每个光电设备均有对应的负责区域，按照目标所处的位置调用相应的光电设备，在两个区域过渡区域自动调用下一部光电设备。

4.区域图层

在“图层”控制面板中，勾选“区域”复选框，进入“区域”设置界面，如图 4.32 所示。区域设置主要是绘制各种需要的图层，叠加在海图上来辅助系统使用及显示区分。

图 4.32 区域设置界面

区域设置提供了编辑模式和常用模式两种方式。在常用模式下，用户可通过图标所属层级、类型、模板来过滤区域列表。在编辑模式下，用户可以新建、删除、编辑配置文件、模板和区域。编辑模式是一种选择，让用户根据正确的配置文件配置。常用模式与编辑模式共用一个按钮，点击该按钮可在两种模式之间进行切换，即如果界面显示的是“常用模式”，那么点击“常用模式”按钮可转换到编辑模式，此时会提示需要输入密码，输入密码后，进入到编辑模式。下面主要介绍编辑模式下的各种操作。

1）区域绘制层级

区域绘制分为两种模式：感应器模式和层次结构模式，在编辑模式下，点击“感应器模式”按钮可在感应器模式和层次结构模式之间进行切换。感应器模式主要是针对三类传感器（雷达、AIS 和光电）分别进行区域设置。层次结构模式主要是以服务器或者显示终端的身份进行区域设置，默认情况下是显示终端的层次。

雷达感应器的区域绘制主要包含跟踪屏蔽区、噪声区域、发射屏蔽区；它是针对所选择的雷达进行设置。基于服务器的区域包含除了雷达相关之外的所有区域，在所有由此服务器分发数据的终端上生效；基于显示终端的区域类型和服务器相同，仅在当前显示终端中起作用。基于雷达和服务器的区域绘制仅对超级用户开放。

2）区域列表

区域列表对所有用户均可见。如果采用感应器模式，则区域列表只能按类型选择所要展现的目标；如果采用层次结构模式，则用户可通过按类型过滤或者按模板过滤两种方式来展现区域列表的目标，如图 4.33 所示。在图 4.33（a）选择的是按“线”的方式，则列表中所列出来的都是以线定义的区域。在图 4.33（b）选择的是按“采砂报警”模板定义的区域的方式，则列表中所列出来的都是以采砂报警模板定义的区域。

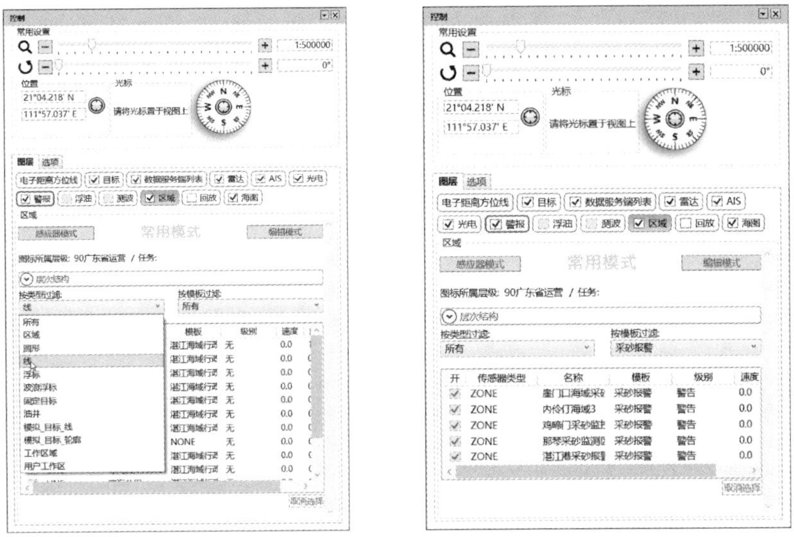

(a) 按“线”类型过滤　　　(b) 按“采砂报警”模板过滤

图 4.33　区域列表显示

3）模板与区域添加

在编辑模式中，主要分为区域和模板两种方式对区域进行创建、修改、删除等操作，如图 4.34 所示。

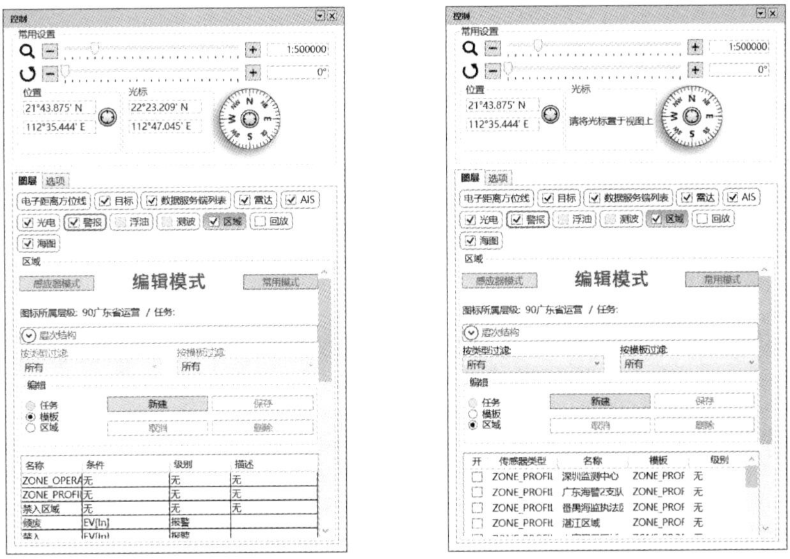

(a) 模板　　　(b) 区域

图 4.34　模板和区域的方式

编辑模式下的“模板”，其功能是为用户提供自定义报警条件的操作界面，报警区域可用多边形、圆圈或线绘制。一个模板中可添加多个报警类型。其中浮标、固定目标、油井、航道等静态物体可使用区域创建对象，设置报警级别。若设置报警区域，可使用区域模板来完成。表 4.31 为添加模板的操作，表 4.32 为添加区域的操作。

表 4.31　添加模板的操作

步骤	操作	图例	说明
1	转换到编辑模式	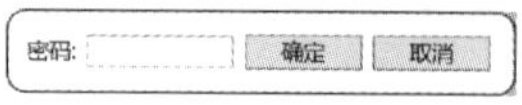	该操作有用户权限，需要输入密码
2	选择“模板”并点击“新建” 按钮		—
3	创建区域模板，并输入模板名称	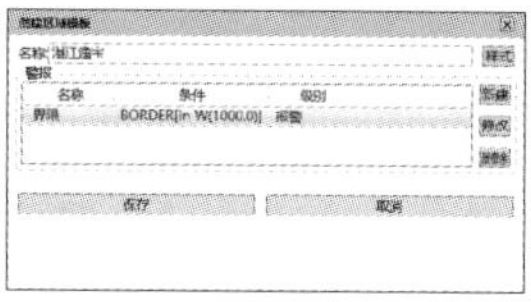	—
4	设置一个新的样式。主要是设置线条颜色、背景颜色、线型和颜色等，设置好后点击“确定”	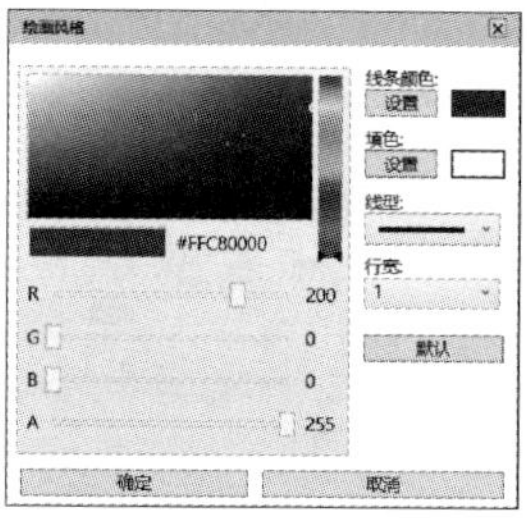	—
5	单击“新建”按钮设置新的报警	—	—
6	设置不同类型的报警任务模板，比如非法采砂、单拖、双拖等，该模板可自定义，用户可以创建自己需要的任务模板，根据情况添加规则条件，模板创建完成后，设置报警级别	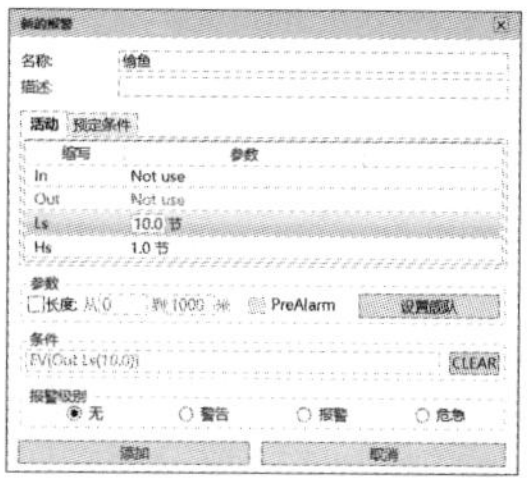	可以设置报警级别
7	一个模板里可有多个警报，当警报列表创建完成，单击“保存”即可	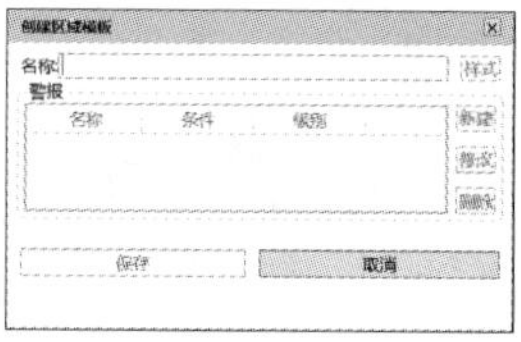	—

表 4.32　添加区域的操作

步骤	操作	图例	说明
1	切换到编辑模式	—	进入编辑模式，需要输入密码

续表

步骤	操作	图例	说明
2	选择“区域”并点击“新建”按钮		拥有编辑权限的用户可创建自己的一套区域
3	选择传感器类型、模板和设置名称	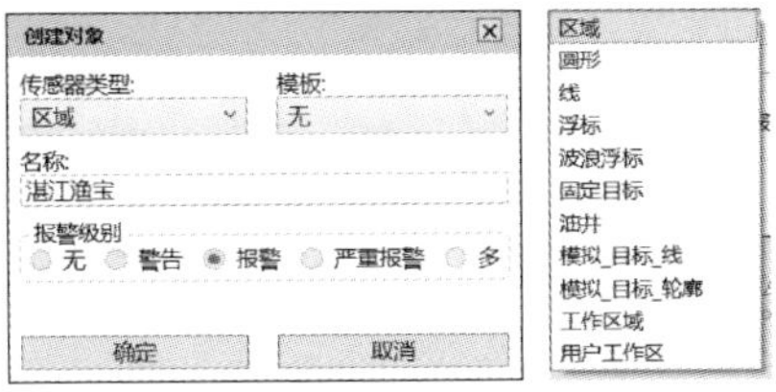	报警级别由模板定义，无法在此对话框中修改
4	该区域被添加到列表中，并单击“保存”按钮	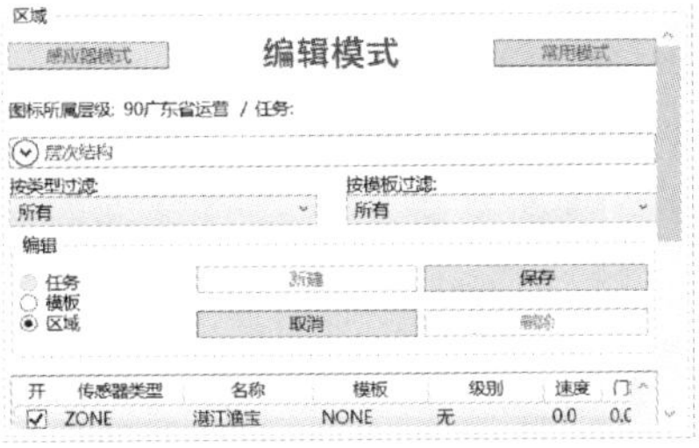	该操作主要为了创建和修改区域

根据区域的功能，添加区域分为显示区、报警区、锚地、速度限制区域、禁止航行区、雷达禁止发射区、雷达视频显示区、雷达跟踪屏蔽区、雷达跟踪噪声区。根据区域的绘制形状，添加区域分为圆形、多边形、线、点及浮标、桥梁、平台等海上常见符号。

4）区域编辑

区域编辑的步骤如表4.33所示。

表4.33　区域编辑步骤

步骤	操作	图例
1	用控制面板的区域列表来选择区域	—
2	区域被选定时单击“区域”并选中“✥”来移动整个区域，或单击“■”并选中点来移动区域	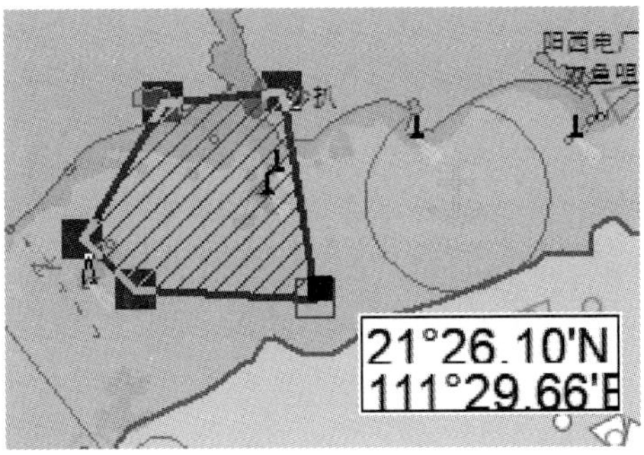

续表

步骤	操作	图例
3	从区域列表中，选择需要修改的区域，单击右键进行相应的操作。注意一次只能修改一个区域	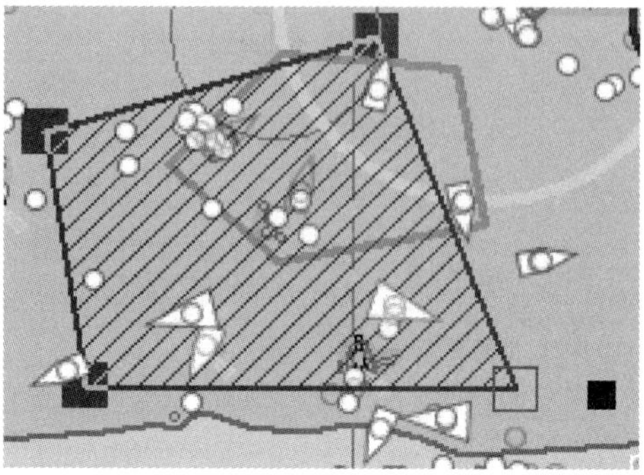

所有的区域绘制后可将多个、多类型、多用途的绘制符号或区域保存到指定的方案中，方案可以随时调用或修改。

5）静态目标

固定目标、浮标、油井均为静态目标。这些目标存在 Collector 中，它们需要通过雷达处理软件（RadPro）的验证信息确认。此确认信息每隔 15 s 发送一次以保持确认状态。静态目标可以共享，高层级的 Collector 和低层级的 Collector 可以共享相同的静态目标，数据级别与其他数据处理服务器端相同。确认信息从低层级 Collector 发送到高层级 Collector。建议避免本地静态目标（非共享）使用一个名称（尤其是默认名称）。如果两个不同位置的静态目标重名，其中一个可能不会被识别确认。

6）检验线

检验线具有方向性，当目标侵入检验线时报警。报警级别在检验线创建时设置。通常检验线和边界线的创建方式一样。检验线保存以后，可以将翻转方向设置为反向，线路配置不变，“出”和“入”的方向切换。

执行此操作的方法是，点击右键单击列表中的“边框对象”，出现对话框，点击“是”，检验线改变方向。

检验线的第二个功能是可以预设检验线警报，如图 4.35 所示。

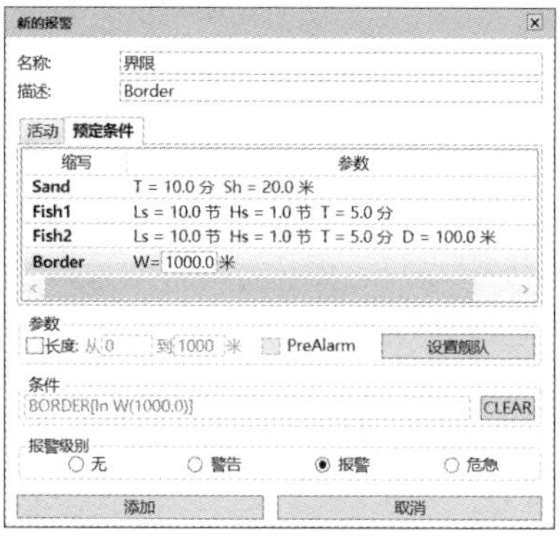

图 4.35　预设检验线警报

5.报警设置

系统警报由用户预先设定。只有具有编辑区域权限的用户才可以设置新的报警区域，操作员使用由管理员设置的报警区域。报警区域支持：报警线、报告线（港口数量统计线）、报警区、航道等。圆点圆形区域、浮标、波浪浮标和油井报警区域的边界是预定义的，不能在“区域”编辑器中设置。报警类别分为：区域闯入、渔区闯出、航道碰撞、区域禁航、区域速度限制、过线、丢失、非法 AIS 信号等。报警级别包括：警告（warning）、报警（alarm）和严重报警（critical alarm），如图 4.36 所示。各个级别可自定义报警形式或组合报警；报警形式包含目标图标闪烁、目标弹出、报警图层号闪烁、声音。

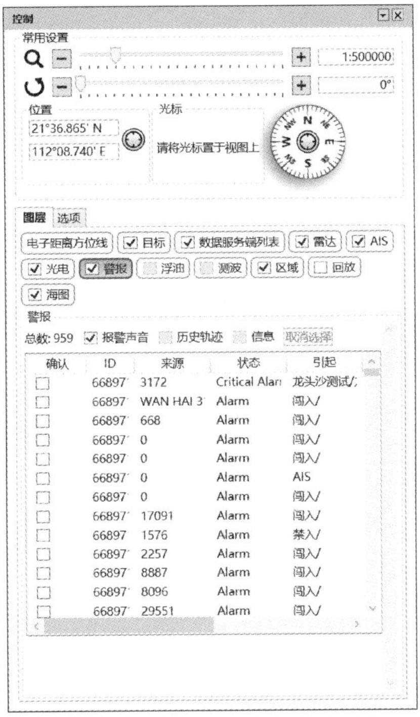

图 4.36　报警状态显示

1）警报管理

点击“图层”标签，点击“警报”，控制面板显示的是被标记过的目标列表。当警报图层上显示闪烁时，“报警”或“严重报警”的页面按钮有红色标记，如果是“警告”则为黄色标记。图 4.37 为目标警报列表，表 4.34 为对各功能项的说明。

从图 4.37 可以看到，报警后能够查看引起报警的区域和事件 ID，ID 设定范围 000000～999999；最大支持 999999 条报警记录；对于最高级别的报警，即便解除了报警，系统依然持续重点跟踪此目标，并以特殊醒目方式标注。(说明：报警区域在软件设置中用“警报”表示，两者在这表示同一件事情)

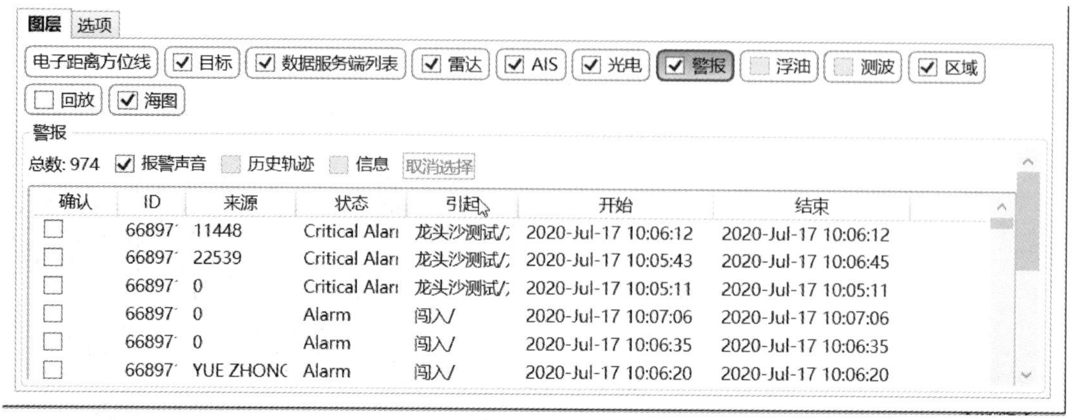

图 4.37　目标警报列表

表 4.34　警报列表各功能项说明

序号	功能项	说明
1	来源	AIS 目标的船舶名称，雷达目标的数目
2	状态	报警级别分为：警告、报警、严重报警；如果勾选警报图层：显示警报标记；如果没有勾选警报图层，警报标记将不显示
3	引起	引起警报的事件
4	开始	警报开始的时间
5	结束	警报结束的时间
6	确认	警报确认框（确认）
7	报警声音	当框内被勾选时，产生报警信号
8	历史轨迹	当框内被勾选时，显示报警源（船舶）的轨迹。当在列表中选中警报时，显示轨迹
9	信息	当框内被勾选时，显示关于警报的信息窗口。这些窗口与目标相关且在警报没被确认时显示
10	取消选择	该按钮用于取消选定警报

2）报警区域

系统通过绘制报警区域、设定报警规则，有目标触警后形成警报列表，并以设定的方式进行警示，目标在越过报警区域边界之前，会提前报警。

当警报目标离开报警区域时，警报的结束点设置在报警区域边界。

在警报列表中勾选警报目标，将显示信息窗口和区域填满剖面线。对于未选择的警报，当报警级别为“警告”时，警报开始于穿过区域边界时且在离开警告区域时结束。当目标在区域内，最终显示当前目标位置。

3）速度报警区域

速度报警区域对目标有速度限制，报警原因是目标（或多个目标）的速度处于预定义值的区间内。通常其行为与其他报警区域相同。

4）报警处理

目标报警后在无人值守的情况下，系统会自动分派目标位置片区责任光电设备进行随动成像，录像并持续跟踪。

4.7.3　选项控制面板操作

显示设置功能能够设置单位切换、对比度、比例尺、回放、用户管理、远程控制等，如图 4.38 所示。

1.语言设置

目前系统有俄文、英文和中文界面。默认语言和操作系统语言对应，即若窗口语言是中文，那么默认系统语言也是中文。若要更改语言，点击图 4.38 中的“语言”选项卡并在语言列表中选择语言。

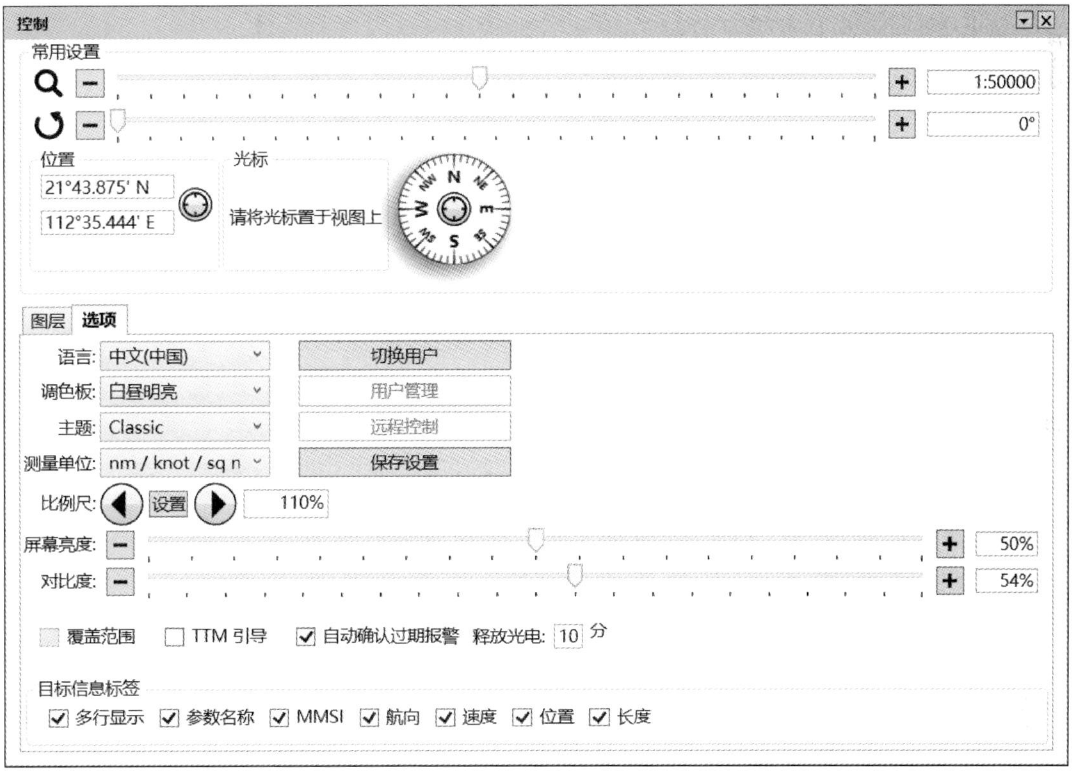

图 4.38　设置功能

2.调色板

颜色设置仅适用于 GeoViewer。点击图 4.38 的“调色板”进行设置。定义海图调色板并设置控制面板亮度、定义控制面板主题。下列是 6 种基本的主色调：白昼明亮、白昼浅色背景、白昼深色背景、黄昏、黑夜、深夜。

3.缩放控制面板

控制面板大小可以进行缩放，使用图 4.38 的比例尺的箭头按钮进行缩放。

4.亮度和对比度

控制面板的亮度和对比度在“选项”选项卡中进行设置。可以通过按钮、滑块以及在对应区域输入数值来修改。

5.用户管理

用户管理功能仅在对话框中可用。单击控制面板“选项”选项卡的“用户管理”按钮来打开用户管理对话框，用户管理由系统管理员完成，普通用户无法进行操作。

该系统中，管理员包含三种类型（整个系统通用），具体包括：①超级管理员：具有创建其他两种管理员配置权限，以及用户配置文件和用户数量的权限；②权限和用户管理员：具有创建操作员配置文件的权限（如果此配置文件未创建）；③仅用户管理员：可创建无管理权账户并为其分配相应的使用权限。

账户和配置文件根据层级结构通过系统进行传输。在 Collector 上创建的配置权限或账户将分发给更低级别的 Collector。

6.配置文件

用户使用超级管理员权限，创建一种或两种其他管理员配置文件和账户，建议在主 Collector 上创建所有管理员配置文件和账户。在这种情况下，账户将在系统的每个分处理器上都可用。当在 Collector 上创建配置文件和账户时，将自动分配给下级的所有分处理器，具有超级管理员权限的用户可以删除下级处理器的所有本地配置文件。此情况下，链接到已删除配置文件的账户将自动把配置文件更改为“访客”身份。

在较高级别的 Collector 上可创建能够登录任何较低级别的 Collector 的账户，允许在不同的 Collector 上使用相同的身份登录。一个用户账号可以同时在不同的 Collector 上登录，但如果有多个 GeoViewer 连接同一个 Colletor，用户账户只能在其中一个 GeoViewer 上登录，超级管理员具有删除配置功能的权限。该功能可删除较低级别 Collector 上的所有配置文件，它允许控制配置文件的生成过程。

参考文献

[1] 黄妙芬，杨光照，邢旭峰，等. 构建岸基雷达网辅助海上执法智能平台的关键技术［J］. 海洋技术学报，2020，39（2）：64-70.

[2] 何友，修建娟，张晶炜. 雷达数据处理及应用［M］. 2 版. 北京：电子工业出版社，2009：87-93.

[3] 黄琼丹. 基于雷达视频的目标检测和录取方法研究［D］. 西安：西安电子科技大学，2006.

[4] 陈林. 多基地雷达检测跟踪联合处理算法研究［D］. 西安：西南电子科技大学，2018.

[5] Anlan M S，Saranl A. Threshold optimization for tracking a nonmaneuvering target［J］. IEEE

Transaction on Aerospace and Electronic Systems，2011，47（4）：2844-2859.

[6] Anlan M S，Saranl A. Advances in Heuristic Signal Processing and Application [M] . Berli：Springer，2013.

[7] Willet P，Niu R，Bar-Shalom Y. Integration of Bayes detection with target tracking [J] . IEEE Transaction on Signal Processing，2001，49（1）：17-29.

[8] 易伟. 基于检测前跟踪技术的多目标跟踪算法研究 [D] . 成都：电子科技大学，2012.

[9] 祝依龙，范红旗，卢再奇，等. 基于特征的雷达目标机动检测算法综述 [J] . 系统工程与电子技术，2011，33（9）：1913-1920.

[10] 王德纯，丁家会. 精密跟踪测量雷达技术 [M] . 北京：电子工业出版社，2006.

[11] 沈玲. 雷达数据处理的研究及其软件实现 [D] . 南京：南京理工大学，2012.

[12] 费利那，斯踏德. 雷达数据处理第一卷 [M] . 匡永胜，等，译. 北京：国防工业出版社，1988.

[13] 林嘉炜. 基于雷达的船舶跟踪算法研究及显控系统实现 [D] . 镇江：江苏科技大学，2018.

[14] 但晓东. 雷达网空间配准与协同航迹起始算法研究 [D] . 西安：西安电子科技大学，2015.

[15] Buhren M，Yang B. Initialization Procedure for Radar Target Tracking without Object Movement Constraints [C] //2007 7th International Conference on ITS Telecommuications. New York: IEEE，2007：1-6.

[16] Vivone G，Braca P. Joint probabilistic data association tracker for extended target tracking applied to X-band marine radar data [J] . IEEE Journal of Oceanic Engineering，2016，41（4）：1007-1019.

[17] 苏峰，王国宏，何友，等. 修正的逻辑航迹起始算法 [J] . 现代防御技术，2004，32（5）：66-68.

[18] Carlson B D，Evans E D，Wilson S L. Search radar detection and track with the Hough transform. II. Detection statistics [J] . IEEE Transaction on Aerospace and Electronic Systems，1994，30（1）：109-115.

[19] 王国宏，孔敏，何友. Hough 变换及其在信息处理中的应用 [M] . 天津：兵器工业出版社，2005.

[20] 戴麒麟. 雷达数据处理算法及实现技术 [D] . 成都：电子科技大学，2018.

第 5 章　雷达网数据融合算法

本章主要围绕海上目标监控领域的相关内容，阐述数据融合的功能模型、结构模型及数学模型，着重分析面向海上目标监控领域的信息融合技术。如前所述，广东省岸基雷达网系统的传感器主要包括雷达和 AIS 设备的接收机，并由多台雷达和 AIS 组网构成，因而涉及同类雷达传感器组网带来的多雷达传感器数据融合问题，以及 AIS 与雷达传感器探测的目标数据融合问题，因此，本章还介绍了广东省岸基雷达网系统中雷达与 AIS 数据融合、多雷达组网的数据融合算法。

5.1　数据融合简介

5.1.1　数据融合的定义

在信息融合领域，人们经常提及“传感器融合（sensor fusion）”、“数据融合（data fusion）”和“信息融合（information fusion）”。从字面上来看，传感器融合可能包含的内容比较具体和狭窄。从定义上来看，数据是反映客观事物属性的记录，是信息的具体表现形式。数据经过加工处理之后就成为信息，而信息需要经过数字化转变成数据才能存储和传输，对于岸基雷达的目标融合更多涉及的是数据，所以本书采用“数据融合”的提法。

“数据融合”这个概念的提出是在 20 世纪 70 年代，当时美国为了军事需求，将通信、指挥、控制与情报（communication，command，control and intelligence，C3I）系统的数据进行多源相关性融合，之后迅速发展成为一门独立学科。20 世纪 80 年代后，对数据融合持续的研究热潮使得相关的理论和技术得到迅猛发展，相应的应用领域也越来越广泛。

数据融合是一个应用领域非常广泛的概念，因而至今尚无统一的标准定义。美国国防部数据融合小组将数据融合定义为：对多源数据和信息进行多方面的关联、相关和综合处理，以便更好地进行定位、特征估计，并完全和适时地对情况和威胁进行评估。虽然数据融合没有统一的标准定义，但关于数据融合的基本原理是达成共识的，普遍认为数据融合就是充分利用多种信息源，并根据特定标准把多个信息源在空间或时间上的冗余或互补信息进行组合，来得到对被测对象的一致性解释或者描述，使得该信息系统相对于由其包含的各个子集所构成的系统具有更好的性能。[1]

数据融合从最初被人们提出一直发展到现今，不同领域的学者和研究人员都对数据融合技术展开了大量的研究，针对不同的功能层次提出了不同的融合模型和算法。

近年来，国内外学者在海上目标监控领域就数据融合方面也开展了大量的研究工作。

5.1.2　数据融合的模型

多传感器数据融合的关键问题是模型设计，数据融合模型主要包括功能、结构和数学模型。[2]

功能模型主要是从融合过程出发，描述数据融合包括的主要功能、数据库，以及进行数据融合时系统各组成部分之间的相互作用过程；结构模型从数据融合的组成出发，说明数据融合系统的软、硬件组成，相关数据流、系统与外部环境的人机界面；数学模型则是说明数据融合算法和综合逻辑。[3]

5.2　数据融合的功能模型

根据对输入信息的抽象或融合输出结果的不同，关于数据融合的功能模型可以分为三级层次模型和五级层次模型两种。

5.2.1　三级层次模型

三级层次模型主要有两种，一种是常规的三级层次模型[4]，另外一种是美国联合指挥实验室提出的 JDL（joint durectors of laborationies）分层模型。JDL 分层模型是根据数据融合输出结果对融合功能层次所进行的分类，包括位置估计与目标身份识别、态势评估和威胁估计[5]，在军事上用的比较多，因而在此仅介绍常规的三级层次模型。

常规的三级层次模型主要是针对多源传感器提出的，按信息的抽象程度和输入信息，由低到高依次分为：数据级融合（data level fusion）、特征级融合（feature level fusion）和决策级融合（decision level fusion）。

1.数据级融合

数据级融合，又称为像素级融合，主要是将同类别的传感器采集的同类型原始数据进行融合，针对每个传感器的观测数据进行特征提取，属于最低层次的融合。图 5.1 为数据级融合流程图，图中的 S_i 代表传感器，i =1，2，…，n。首先对各种传感器采集的数据进行关联，然后对传感器采集到的原始数据或者只进行很少处理的原始数据，采用相关的数据级融合算法进行处理，再对融合后的结果进行特征提取，最后对这些特征进行属性说明。

根据数据级融合的流程可以看到，数据级融合要求传感器必须是相同或者同类的；为了保证被融合的数据对应于相同的目标，要基于原始数据完成关联。其优点是能保持尽可能多的原始测量数据，而且是直接对原始数据进行融合，所以数据损失量相对较少，精度最高。数据级融合是将所有特征参数融合后得到关于目标的一个融合的特征向量，由于是对原始测量数据进行融合，处理的数据量会比较大，导致融合过程所需的时间变长，因而实时性较差。另外数据融合的准确度是精确到数据级，所以无法处理异构数据，即无法处理不同类型传感器采集的数据。

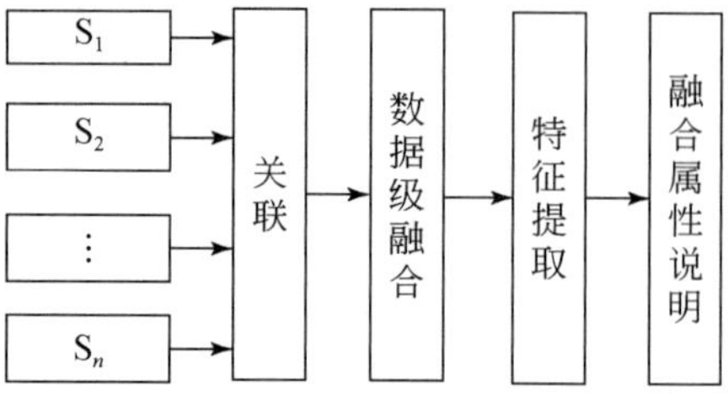

图 5.1　数据级融合流程图

如前所述，采用这种级别的融合算法要求传感器是同类的，因而这种级别的融合主要应用于：①多源图像复合、图像分析和理解，遥感技术领域在对不同卫星传感器获取的数据进行融合时普遍采用这种融合方式；②同类雷达波形的直接合成；③多传感器数据融合的卡尔曼滤波等。

2.特征级融合

特征级融合，又称属性级融合，属于中间层次的融合。图 5.2 描述了特征级融合的流程。由图 5.2 可以看到，其基本流程是：首先由每个传感器对同一个目标进行观测，获取各自的观测数据，其次对来自传感器的原始信息进行特征提取得到各自的特征向量，然后进行关联，再按相关的特征级融合算法进行处理，最后对融合得到的联合特征向量进行属性说明。

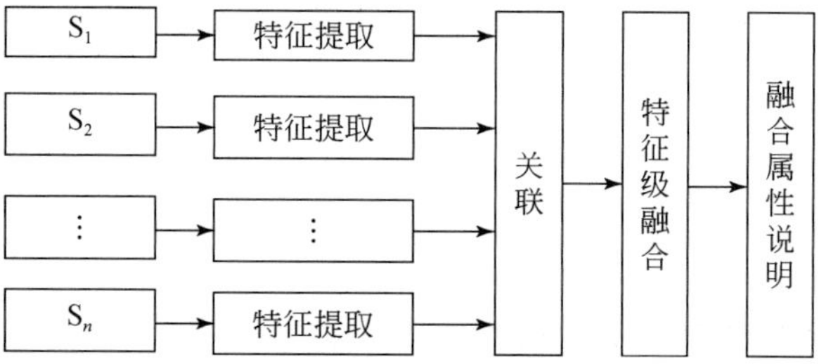

图 5.2　特征级融合流程图

根据融合的内容，特征级融合可分为目标状态数据融合和目标特性融合两类。目标状态数据融合主要应用于多传感器目标跟踪领域，因而也称为位置级融合；目标特性融合主要应用于 C3I 系统进行特征层次的识别，通过借用传统模式识别技术，在特征预处理的前提下进行分类组合。

特征级融合的优点是：①对特征信息进行融合，进行了数据压缩，大大减少了计算量从而有利于实时处理；②保留了足够的重要原始信息。缺点是：①融合的效果受特征提取的影响很大；②有信息损失、融合性能会降低。

3.决策级融合

决策级融合属于高层次的融合，需要处理不同类型的传感器对同一观测目标的原始数据，并完成特征提取、分类判别，生成初步结论，其结果可直接为检测、控制、指挥和决策提供依据。图 5.3 为决策级融合流程图。由图 5.3 可以看到，其基本流程是：首先由每个传感器基于自己的数据进行特征提取，然后各自对特征信息进行分类、识别处理，形成相应的目标属性结果，再基于认知模型的方法、大型数据库和专家决策系统的支持，对各传感器处理的目标属性进行分析、推理、识别和判决，完成融合过程，最后对融合得到的特征向量进行属性说明。

决策级融合的优点是：①需要处理的信息量较少，融合速度相对较快；②具有实时处理的能力；③具有很好的开放性和容错性。缺点是：①抽象程度最高，原始信息的损失最多；②结果相对最不准确，即精度较低。

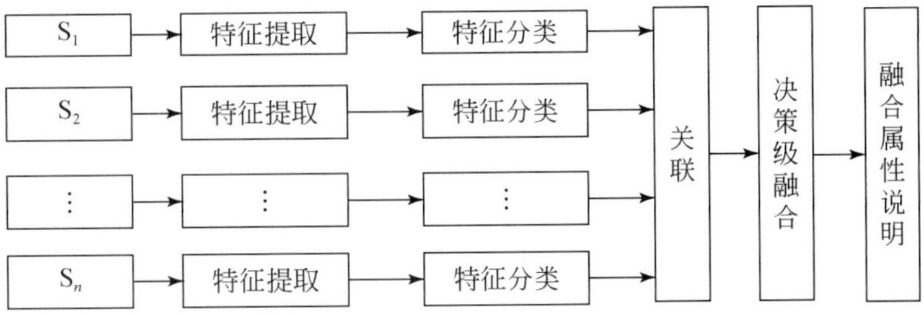

图 5.3　决策级融合流程图

5.2.2　五级层次模型

五级层次模型主要针对军事应用及民用雷达系统海上目标监控方面提出的，由低到高依次为检测级融合、跟踪级融合、属性级融合、态势级融合和威胁级融合。前三者主要通过多类传感器对目标跟踪和识别，完成目标的多种信息获取，也就是对目标进行身份识别。在此基础上从信息中提取态势要素，进行态势级融合，形成一张态势图。威胁级融合主要是在态势级融合的基础上进行，多用于军事上。对于海上目标的融合，基本上就到态势级融合这一级。

1.检测级融合

检测级融合，又称检测/判决融合，是直接在多传感器分布检测系统中检测判决或信号层上进行的融合。它与数据级融合类似，在此不赘述。

2.跟踪级融合

跟踪级融合，又称为位置级融合，是直接在传感器观测数据或者测量点迹和传感器的状态估计上进行的融合，包括时间和空间上的融合。对单传感器跟踪系统来说，主要是按时间先后对目标在不同时间的观测值进行融合，如边扫描边跟踪雷达系统，红外和声呐等传感器的多目标跟踪与估计技术都属于这类性质的融合，岸基雷达站目标融合也属于这类性质的融合。

3.属性级融合

属性级融合，又称为目标识别，或者身份估计，此层次的融合目的是对观测实体进行定位、表征和识别。如使用雷达截面积（RCS）数据来确定一个实体目标是一艘船，还是海上运动的其他目标物。

4.态势级融合

态势级融合，又称态势评估（situation assessment，SA），它属于信息融合中的高层次信息融合，其结果将直接影响决策水平，目前主要应用于军事和海洋监测中。船舶态势评估是一种全天候的海洋监测管理技术，也是一种能够对领海的船舶实施有效监控的高技术手段。

5.威胁级融合

威胁级融合，又称威胁估计，它是最高级别的融合，主要应用于军事上。在军事上，态势评估建立了关于作战活动、时间、机动、位置及兵力要素组织形式的视图，并由此估计发生和正在发生的事情。威胁估计的任务是在此基础上，综合敌方破坏能力、机动能力、运行模式及行为企图的先验知识，得到敌方兵力的战术意图。

5.3 数据融合的结构模型

不同级别的数据融合具有不同的结构模型，在五级层次的融合中，由于融合本身主要发生在检测级、跟踪级和属性级，因而在这一节介绍的数据融合结构模型主要是针对这三级的。

5.3.1 检测级融合结构模型

从分布检测的角度看，检测级融合的结构模型主要有并行式、分散式、串行式和树状式 4 种[6]，如图 5.4 所示，图中节点 T 表示被检测的目标，节点 S_i 表示参与检测的传感器，D_i 表示由传感器 S_i 检测到的目标 T 的原始数据，Y_i 为相应的局部检测判决，$i=1, 2, \cdots, n$。

图 5.4（a）为并行式结构，在这个结构中，传感器 S_i 收到未经处理的原始数据 D_i 之后，各自做出检测判决，得到各自的 Y_i，然后把 Y_i 送到统一的检测中心 S_0，由 S_0 进行融合得到全局决策 Y_0。

图 5.4（b）为分散式结构，这种结构是把图 5.4（a）并行结构中的 S_0 节点去掉了。在这种结构中，Y_i 不再是局部检测判决，而是最终决策。

图 5.4（c）为串行式结构，这种结构是把图 5.4（a）并行结构的 S_i 串联起来，前

一个传感器节点 S_{i-1} 做出的局部判决 Y_{i-1} 传递给下一个传感器 S_i，S_i 将自身的检测 D_i 与 Y_{i-1} 融合形成自己的判决 Y_i，采用这种信息向右传递的方式直到节点 S_n。最后，由 S_n 将它检测的 D_n 与 Y_{n-1} 融合做出最终决策 Y_n，即 Y_0。

图 5.4（d）为树状式结构。在这种结构中，信息传递处理流程是从所有的树枝到树根，融合从树枝传来的局部判决和自己的检测，做出全局判决 Y_0。分析图 5.4（d）可知，S_2、S_3、S_4 节点只需要负责采集原始数据即可，S_1、S_5，…，S_n 每个节点都会接受两个前面两个传感器所传递的局部判决，然后与自身采集的原始数据 D_i 进行融合。

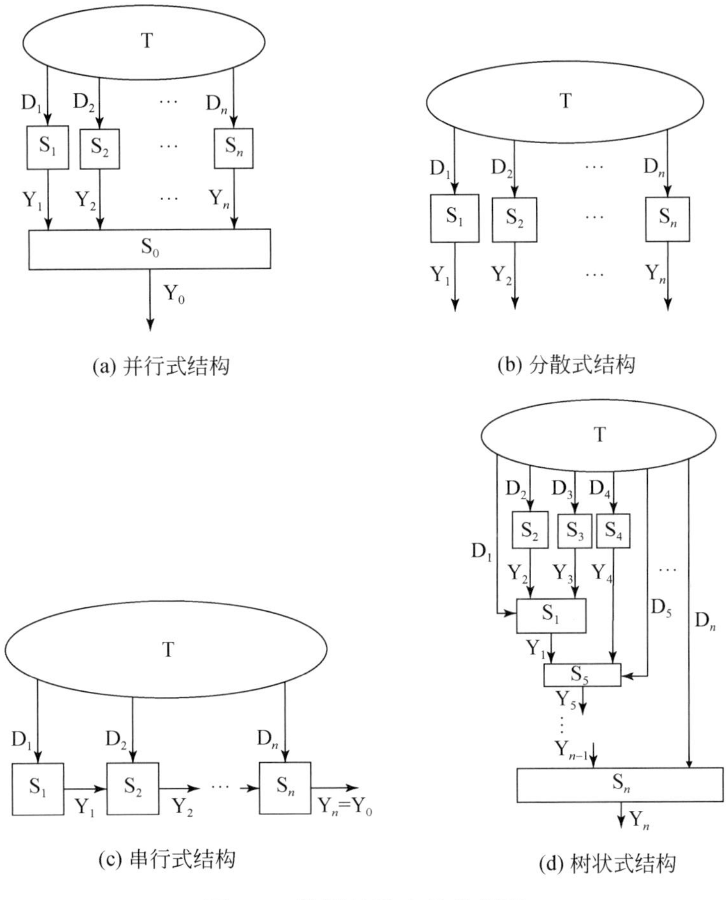

图 5.4　检测级融合结构模型

5.3.2　跟踪级融合结构模型

从多传感器系统的信息流通形式和综合处理层次上看，跟踪级融合结构模型主要有集中式、分布式、混合式和多级式 4 种[2，7，8]。跟踪级融合主要针对目标跟踪，因而这种融合涉及的主要融合要素是目标的位置和轨迹，这些信息可以是同类传感器和多类传感器测量得到的。在广东省岸基雷达网系统中，涉及多部雷达探测同一目标数据的融合，以及 AIS 和雷达探测同一目标数据的融合，基本上用到的就是跟踪级融合。图 5.5 展示了跟踪级融合结构中每种模型的处理流程。

图 5.5（a）为集中式结构。这种结构是将传感器探测到的原始数据，经过预处理后，全部直接送到中央处理器（融合中心）进行融合处理，由融合中心完成数据校正（包括时间和空间的）、点迹关联、数据互联、航迹滤波、预测与综合跟踪等工作。集中式结构流程类似于像素级融合，但是前者针对目标的轨迹和位置，后者是基于像元对像元的。集中式结构的明显优势就是使数据的损失达到最小，但是它的缺点是数据互联不容易，而且对系统的配置要求特别高。

图 5.5（b）为分布式结构。这种结构是将每个传感器探测到的原始数据进行预处理，得到有效数据，有效数据经过多目标跟踪环节形成多个目标跟踪航迹，再通过数据校正或控制参数的方式将多目标跟踪航迹数据统一，而后进行关联运算，最后进行航迹融合，航迹融合后再做后续处理。全局航迹是在融合中心进行的，它是对多个多目标跟踪航迹进行航迹关联和融合而形成的。分布式结构的优点是不仅具有局部独立跟踪能力，而且还能进行全局监视和评估，其造价也可限制在一定的范围内。

图 5.5（c）为混合式结构。这种结构保留了集中式结构和分布式结构的优点，即同时传输原始数据和经过局部节点处理过的航迹信息，因而信息损失最小且具有局部独立跟踪能力，而且还能进行全局监视和评估。缺点是传输的数据除了原始数据，还有局部的轨迹数据，因而在通信和计算上要付出昂贵的代价。对于岸基雷达站，如果要同时处理雷达的波形，以及不同范围雷达传感器测量的重叠区域目标融合、AIS 与雷达传感器目标的融合的话，采用这种混合式结构更合适。

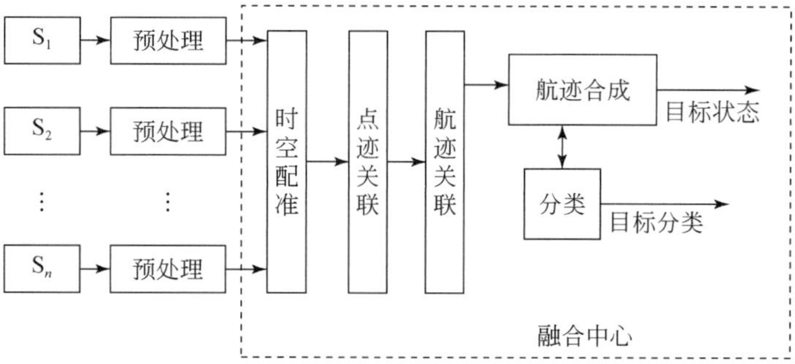

(a) 集中式结构

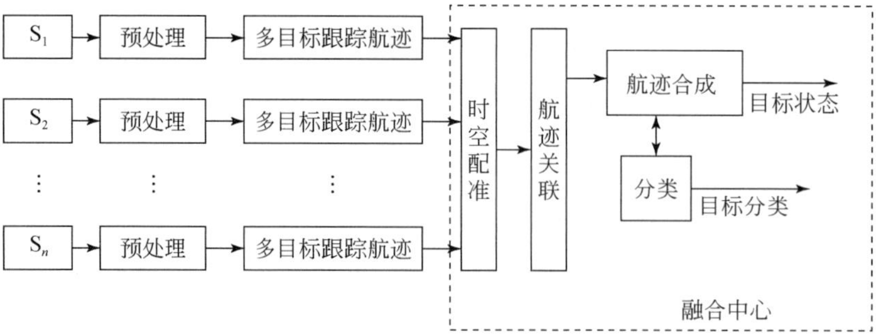

(b) 分布式结构

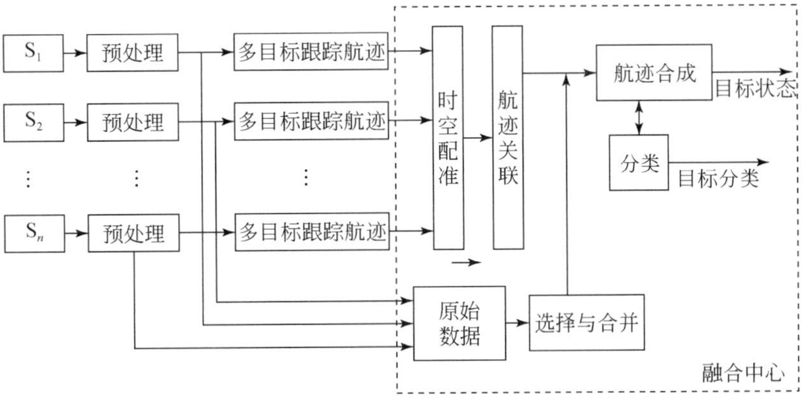

(c) 混合式结构

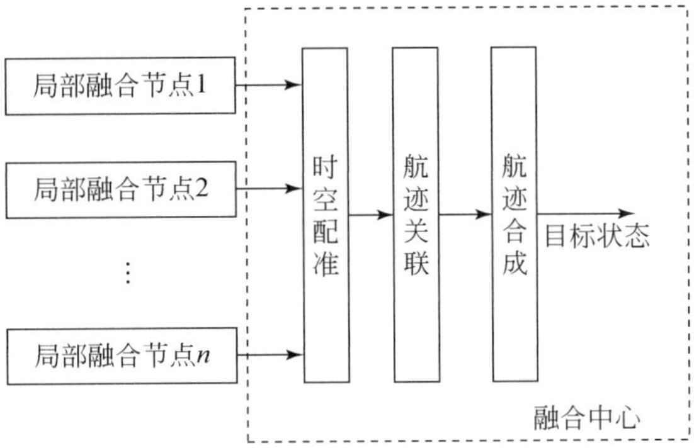

(d) 多级式结构

图 5.5　跟踪级融合结构模型

图 5.5（d）为多级式结构。在多级式结构中，各局部节点可以同时或分别是集中式、分布式和混合式的融合中心，它们将接收和处理来自多个传感器的数据或来自多个跟踪器的航迹，而系统的融合节点要再次对各局部融合节点传送来的航迹数据进行相关和合成，也就是说目标的检测报告要经过两级以上的位置融合处理，因而把它称作多级式系统。典型的多级式系统有海上多平台系统、岸基 C3I 系统和陆基 C3I 系统等。

5.3.3　属性级融合结构模型

属性级融合结构模型主要有三类[2]，分别对应决策层、特征层和数据层属性融合，其具体的结构模型如图 5.6 所示[6]。

图 5.6（a）为决策层属性的融合结构，由图可知，这种结构模型的处理流程是：首先针对每个传感器 S_i（i=1，2，3，…，n）采集的数据通过一个变换进行特征提取，其次将获得的各自独立属性判决，按顺序进行融合，然后根据属性判决结果进行关联，得到融合的属性和融合的判决，最后做出针对决策层的联合属性判决。

图 5.6（b）为特征层属性的融合结构，由图可知，这种结构模型的处理流程是：首先针对每个传感器 S_i（i=1，2，3，…，n）采集的数据通过一个变换进行特征提取，其次将特征提取的结果组合特征向量，然后运用关联把特征向量划分成有意义的群组，

最后基于联合特征向量做出联合属性判决。

图 5.6（c）为数据层属性的融合结构，由图可知，这种结构模型首先是针对每个传感器 S_i（i=1，2，3，…，n）采集的数据进行关联，或者说是融合，然后是特征提取和对来自融合数据的属性判决。为了完成这种数据层融合，传感器必须是相同的或者是同类的。另外为了保证被融合的数据对应于相同的目标或客体，要基于原始数据完成关联。

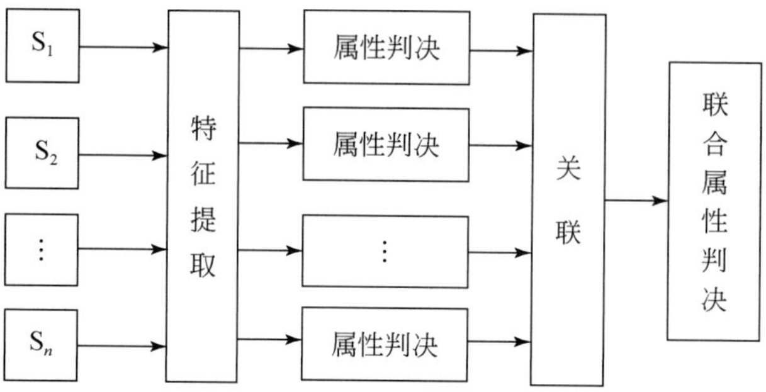

(a) 决策层属性融合结构

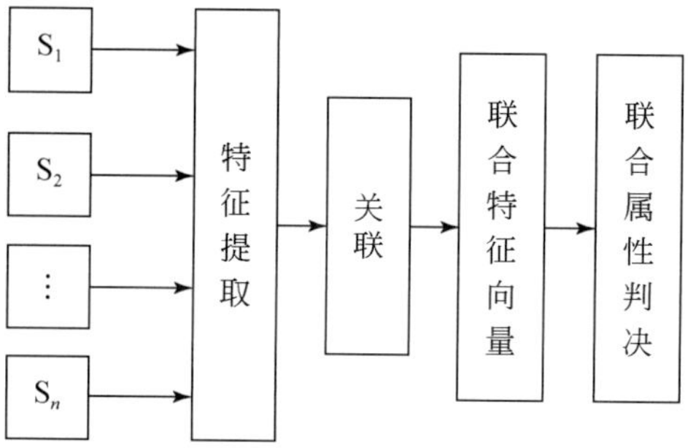

(b) 特征层属性融合结构

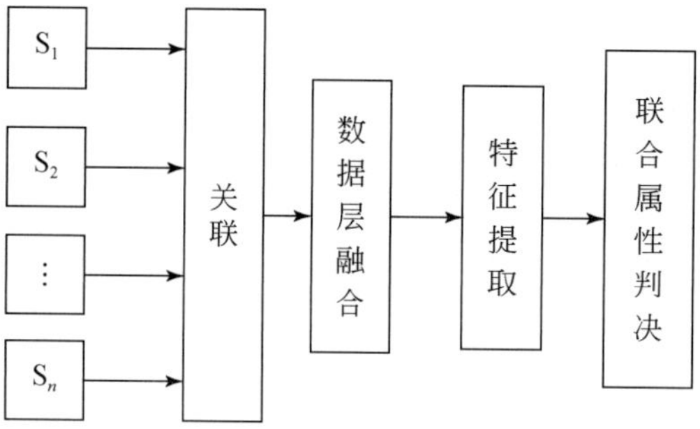

(c) 数据层属性融合结构

图 5.6　属性级融合结构模型

综合图 5.6 可以看到，数据层属性的融合可能比特征层精度高，三者中决策层的精度可能是最差的。虽然数据层属性融合的精度是最高的，但它只适用同类观测传感器的观测数据。另外，就融合的结构而论，位置与属性融合是紧密相关的，并且常常是并行同步处理的。

5.4　数据融合的数学模型

随着融合技术的广泛应用，数据融合的数学模型也得到发展，且不同的融合功能模型和结构模型各自所采用的数学模型，即融合算法往往不同，换句话说，并没有完全统一的算法能够适应所有场景，所以在实际应用中，需要针对不同的应用背景选择相应的算法。[9]

5.4.1　卡尔曼滤波

卡尔曼滤波（Kalman filtering）是一个最优化自回归数据处理方法，它利用线性系统状态方程，通过系统输入输出观测数据，对系统状态进行最优估计。由于观测数据中包括系统中的噪声和干扰的影响，所以最优估计也可看作是滤波过程。

卡尔曼滤波适用于实时融合动态的低层次冗余传感器信息，比如，在雷达中，人们感兴趣的是跟踪目标，但对目标的位置、速度、加速度等参数进行测量时往往伴随着噪声的影响。卡尔曼滤波利用目标的动态信息，设法去掉噪声的影响，得到一个关于目标位置的好的估计。这个估计可以是对当前目标位置的估计（滤波），也可以是对于将来位置的估计（预测），也可以是对过去位置的估计（插值或平滑）。[10]

卡尔曼滤波可以分为标准卡尔曼滤波、区间卡尔曼滤波和两阶段卡尔曼滤波，能够动态、实时地融合低层次传感器数据，依据系统的递推特性做出合理估计，适用于不同层次原始数据间的融合，不需要系统强大的存储能力，具有信息损失最小的优点，缺点是需要建立精确的观测对象模型，数据需求量大，使用范围比较窄。

5.4.2　贝叶斯估计

贝叶斯估计（Bayes estimate）在用于多传感器信息融合时，将多传感器提供的各种不确定信息表示为概率，然后利用贝叶斯定理结合新的证据及以前的先验概率，来得到新的概率。其基本观点是把未知参数看作一个有一定概率分布的随机变量，因而实际上它提供了一种计算假设概率的方法，基于假设的先验概率、给定假设下所观察到的不同数据的概率以及观察到的数据本身。

Bayes 估计需要先验概率，在先验概率已知的情况下，它是最佳的融合准则，可给出精确融合结果。但在目标识别中直接地使用这一推理算法还存在三个主要的困难：一是先验概率是在大量的统计数据的基础上得出的，这使得定义先验函数非常困难，因为在实际应用中，各个传感器很难获得所需的先验概率或即使获得也有不够精确的问题；二是要求各证据之间是不相容或相互独立的，当存在多个可能假设和多条件相关事件时，计算复杂性迅速增加[10]；三是缺乏对总的不确定性的分配能力。这些困难的存在大大限制贝叶斯估计的应用。

5.4.3 逻辑推理方法

逻辑推理是模拟人类专家思维、按照某种策略由已知判断推出另一判断的思维过程，已经被广泛地应用于多传感器融合中。与基于概率统计的融合方法相比，逻辑推理的方法对信息的表示和处理更加接近人类的思维方式，比较适合于高层次的融合。

逻辑推理方法主要有：证据理论和模糊逻辑。

1. 证据理论

证据理论最早是由登普斯特（Dempster）于 1967 年提出的，谢弗（Shafer）在 1976 年对这一理论进行了推广。证据理论可处理由未知所引起的不确定性，采用信任函数而不是概率作为度量，通过对事件概率加以约束以建立信任函数而不必说明难以获得的先验概率。证据理论用于多传感器数据融合时，由各传感器获得信息，并由此产生对某些命题的度量，构成了该理论中的证据。证据理论中引入的信任函数满足比概率论弱的公理，并可区分不确定和不知道的差异。因而证据理论被看作是 Bayes 估计的推广，由于直观性强、易于描述，以及在处理未知等概率概念方面的有效性，被广泛应用于多传感器数据融合处理。

证据理论将假设视作一个集合，引入信任函数、似信度函数、类概率函数等概念描述命题的精确信任程度、信任程度和估计信任程度。对命题的不确定性做多角度的描述。证据理论存在以下问题：①要求证据独立，但很多时候并不满足；②证据合成规则理论支持还不够坚固；③计算上存在指数爆炸问题。[11]

2. 模糊逻辑

二值逻辑的特点是：一个命题不是真命题就是假命题。但在很多实际问题中要做出这种非真即假的判断是很困难的。也就是说，如果一个命题的描述不是简单地取“1”或“0”，而是在［0，1］区间连续取值来描述更加切合实际的话，这就是模糊命题。模糊命题是指带有模糊性概念或模糊性的陈述句，是普通命题的推广，而模糊逻辑是研究模糊命题的逻辑。模糊逻辑善于表达界限不清晰的定性知识与经验，它借助于隶属度函数概念，区分模糊集合，处理模糊关系，模拟人脑实施规则型推理，解决因“排中律”的逻辑破缺产生的种种不确定问题。

正因为模糊集合是以连续的无穷多值为依据的，所以，模糊逻辑可看作是运用无穷连续值的模糊集合去研究模糊性对象的科学。把模糊数学的一些基本概念和方法运用到逻辑领域中，产生了模糊逻辑变量、模糊逻辑函数等基本概念。模糊逻辑的创立对于研究具有下面的意义：①运用模糊逻辑变量、模糊逻辑函数和似然推理等新思想、新理论，为寻找解决模糊性问题的突破口奠定了理论基础，从逻辑思想上为研究模糊性对象指明了方向；②模糊逻辑在原有的布尔代数、二值逻辑等数学和逻辑工具难以描述和处理的自动控制过程、疑难病症的诊断、大系统的研究等方面，都具有独到之处；③在方法论上，为人类从精确性到模糊性、从确定性到不确定性的研究提供了正确的研究方法。

5.4.4 逻辑模板法

逻辑模板法实质上是一种匹配识别的方法，它将系统的一个预先确定的模式（模板）与观测数据进行匹配，确定条件是否满足，从而进行推理。预先确定的模式中可以包含逻辑条件、模糊概念、观测数据，以及用来定义一个模式的逻辑关系中的不确定性等。因此模板实质上是一种表示与逻辑关系进行匹配的综合参数模式方法。决策模板法作为逻辑模板法的一类，是一种简单直观的决策层融合目标识别算法。经典的决策模板法存在不能反映传感器对于不同类目标的分类鉴别能力，不能适应待识别目标特征矢量的起伏变化，同时没有保留训练样本全部信息等缺陷。针对经典的决策模板法没有充分利用各传感器对于不同类目标分类鉴别能力的先验信息，利用传感器平均度量熵对决策模板法进行修正，合理度量多个传感器对不同类目标的分类鉴别能力的改进决策模板法能提高目标正确识别率。[12-13]

5.4.5 神经网络算法

在多传感器系统中，各信息源所提供的环境信息都具有一定程度的不确定性，神经网络算法可以根据当前系统接收的样本相似性确定分类标准，这种确定方法主要表现在网络的权值分布上，同时可以采用神经网络算法中特定的学习算法来获取知识，得到不确定性推理机制。其具体过程为：首先根据智能系统的要求以及传感器融合形式，选择神经网络模型和学习规则，同时将传感器的输入信息综合处理为一个总体输入函数，并将此函数的映射定义为相关单元的映射，它通过神经网络与环境的交互作用把环境的统计规律反映到网络本身的结构；然后对传感器输出信息进行学习、理解和确定权值的分配，完成知识获取和信息融合，进而对输入模式做出解释，将输入数据向量转换成高层逻辑概念。

神经网络模型的选择可以采用无监督学习，将所有的传感器得到的特征全部作为三层神经网络的输入，让输出层等于输入层，隐层节点即为融合的特征。也可采用监督学习方法，同样采用三层神经网络，将所有的传感器得到的特征全部作为神经网络的输入，但是第三层作为决策层；通过带标签样本训练神经网络，隐层节点即为融合后特征。

5.4.6 聚类分析

聚类就是把大量的 d 维数据样本聚集成 n 个类，使同一类内样本的相似性最大，而不同类内样本的相似性最小。聚类分析是一种启发式算法，它是按某种聚类准则将数据分组（聚类），并把每个数据组解释为相应的目标类。聚类分析可以作为一个单独的工具以发现数据库中数据分布的一些深入的、隐含的、有用的信息，并且概括出每一类的特点，或者把注意力放在某一个特定的类上以做进一步的分析。目前，已经提出的聚类分析有很多，主要有分裂法、分层设计法及基于网格的方法等。[14]

5.4.7　基于特征抽取的融合方法

当输入的特征维数太大并且存在很大的数据冗余时，很难对其进行有效处理，为了对特征更好地分析，把当前特征空间投影到另外一个特征空间，从而达到降维的效果。主要有主成分分析（principal component analysis，PCA）、线性判别式分析（linear discriminant analysis，LDA）、独立成分分析（independent component analysis，ICA）。

1）主成分分析

主成分分析是一种多变量统计方法，它是最常用的降维方法之一，通过正交变换将一组可能存在相关性的变量数据转换为一组线性不相关的变量，转换后的变量被称为主成分。其融合原理是在海量传感器数据中，利用原变量之间的相关关系，剔除冗余数据，用较少的新变量代替原来较多的新变量，并使这些少量变量尽可能保存有效数据。

2）线性判别式分析

线性判别式分析也称为 Fisher 线性判别（Fisher linear discriminant，FLD）。基本思想是将高维的模式样本投影到最佳鉴别矢量空间，以达到抽取分类信息和压缩特征空间维数的效果，投影后保证模式样本在新的子空间有最大的类间距离和最小的类内距离，即模式在该空间中有最佳的可分离性。

LDA 与 PCA 都是常用的降维技术。PCA 主要是从特征的协方差角度去找到比较好的投影方式。LDA 更多的是考虑了标注，即希望投影后不同类别之间数据点的距离更大，同一类别的数据点更紧凑。LDA 有两个假设：①样本数据服从正态分布；②各类的协方差相等。

3）独立成分分析

独立成分分析的目的是把混合信号分解为相互独立的成分，而不是 PCA 的不相关成分。换句话说，ICA 要求找到最大独立的方向，各个成分是独立的；PCA 要求找到最大方差的方向，各个成分是正交的。

5.4.8　基于搜索的融合方法

基于搜索的融合方法旨在从源特征集中选择一个具有很强区分能力的特征子集。基于搜索的融合方法主要有遗传算法（genetic algorithm，GA）和粒子群优化算法（particle swarm optimization，PSO）。

1）遗传算法

遗传算法是一种模仿自然进化的一种高效的随机搜索算法，它可以有效地利用已经有的信息处理来搜索那些有希望改善解质量的串。关于算法描述在此不赘述。

2）粒子群优化算法

粒子群优化算法，又称为粒子群算法、微粒群算法或微粒群优化算法。它是通过模拟鸟群捕食行为而发展起来的一种基于群体协作的随机搜索算法，其优化过程基于迭代算法。在 PSO 中，每个优化问题的解都是搜索空间中的一只鸟，我们称它为“粒子”，每个粒子都有一个被优化的函数决定的适应值，每个粒子还有一个速度决定它们飞翔的方向和距离。同遗传算法相比较，PSO 的优势在于简单容易实现并且没有许多参数要调整。

5.4.9　最近邻域法

最近邻域法的算法规则与最小距离分类法相似，都是使用距离的远近来作为类别归属的依据，只不过前者不使用均值。最常见的有 k 最近邻域法（k-nearest neighbor method），该分类法是一个理论上比较成熟的分类方法，其基本思想是：将一个待分类的单个样本 S，放入已分好类的多个样本群 Q 中，从 Q 中选择 k 个 S 的邻居，通过计算 S 与邻居之间的某种关系后得出 S 与这 k 个邻居最相似，那么就把 S 分为这 k 个邻居中出现次数最多的类。

k 最近邻域法的计算步骤分为 3 步：

第 1 步：计算待分类样本与已分类样本之间的关系，即计算它们之间的距离，距离的计算采用常用的欧几里得度规（Euclidean metric），如式（5.1）所示：

$$d=\mathrm{sqrt}\left[(x_1-x_2)^2+(y_1-y_2)^2\right] \tag{5.1}$$

第 2 步：找出与其距离最近的 k 个已分类的样本，作为待分类样本的近邻。

第 3 步：从这 k 个样本中找出出现次数最多的分类，对待分类样本进行分类，即将 S 归为出现次数最多的那类。

k 最近邻域法的优点是：①简单、易于理解和实现，且不需进行参数估计和训练；②特别适合于对象具有多个类别标签的情况，即多分类问题。缺点是：①不同类群之间样本数不均衡时误差大，如一个类的样本容量很大，而其他类样本容量很小时，有可能出现待分类样本的 k 个邻居中大容量类的样本占多数，但实际待分类样本并不接近这群样本；②计算量大，因为需要计算待分类样本到所有已知样本的距离。[15]

5.5　雷达与 AIS 数据融合

在第三章已经介绍了雷达的探测原理，它是利用自身发射电磁波和接收回波所产生的时间差，来提取目标的动态信息，包括距离（相对位置）、方位、相对运动速度和相对运动方向等，在船舶航海的测定船位、引航和避碰等方面得到了广泛应用。[16]导航雷达是一种主动探测设备，其优势是不需要在海上目标上加装相应设备，就能主动对这些目标进行搜索和跟踪；但测量精度不高，IMO 规定船用雷达测量距离的误差不能大于所用雷达最大量程的 1.5%且不能超过 70 m，从中可以看出雷达提供的距离误差还是比较大。另外当多个目标聚集在一起，雷达测量过程中可能无法做到准确的目标识别。[17-18] 如前所述，AIS 是指一种应用于船与岸、船与船之间的海事安全与通信的新型助航系统。安装有 AIS 设备的船舶，能够自动向外提供自身当前的位置信息、航向和航速等动态信息，也能提供本船的呼号、海上移动服务标识 MMSI、船名以及 IMO 编码等静态信息，AIS 提供的位置是基于 GPS 的定位，所以信息精度稳定在 5～

30 m之间[19-20]。其优势是在船舶密集的地方能根据MMSI识别出目标，但如果海上目标没有安装AIS设备或者关闭AIS设备时，目标的行动就不能被跟踪。在对海上目标进行探测与跟踪时，将雷达与AIS结合使用，将能发挥两者的优势。

关于雷达和 AIS 数据融合算法已经有不少研究[21-23]，主要集中在位置融合（特征级融合）方面，通过采用时空配准（坐标变换、时间统一）、航迹关联和点迹合并等多级处理模式来实现[24-27]。另外目前关于雷达与AIS信息融合主要集中在常规雷达、自动雷达标绘仪（automatic radar plotting aids，ARPA）和高频地波雷达等，常规雷达可跟踪的目标一般在100个以内，VTS雷达一般在50～1000个以内，运算量都不算大[28]。广东省岸基雷达网系统中单个雷达站能够有效探测、跟踪3000个以上目标，且能够多级联网监控5万个以上目标，融合算法中涉及的运算量比较大。广东省岸基雷达网系统主要针对近海20 n mile范围内的海域，这个海域的特点是小渔船多，情况更加复杂并涉及辅助执法问题，所以高精度的轨迹融合对于取证和精准执法起着至关重要的作用。本书基于岸基雷达站的雷达传感器和AIS接收天线获取的数据，提出一种针对AIS与雷达目标信息的融合算法，最后将两者的平均位置和平均运动参数作为融合后的目标参数在海图上显示出来。

5.5.1 基本数据的获取

在岸基雷达与AIS数据融合的过程中，涉及的基本参数主要包括目标位置、航速、航向、大小和航迹。

1. 雷达数据获取

雷达的目标位置数据来源于雷达回波，是回波视频经模-数转换、检测后形成的目标中心点位置数据。雷达获取到目标的位置信息不是经纬度，而是用雷达到目标的距离R_T和雷达到目标连线与水平线之间的夹角θ_T来表示，是一种相对的位置信息。

X波段导航雷达所发射波长的电磁波在空间是直线传播的，遇到目标时会反射回来。将雷达测量的发射脉冲与回波脉冲之间的时间差 t_r 代入公式（3.2），即可计算得到雷达到目标的测量距离R_T（参见“3.2.2 目标信息的探测”）。

雷达数据处理输出的目标航速与航向不是由配套的传感器确定的，而是通过雷达目标自动跟踪处理中的航迹外推、航迹相关等形成的目标航迹线计算出来的，由于计算方式与目标的历史位置数据有关，可能存在一定的“滞后”，但由于船速比较慢，所以这种滞后对船舶航速的精度确定影响不会很大。雷达数据处理输出的目标长度是通过对目标标绘计算得出的，在岸基雷达站数据的实际处理中，会给出估算的目标长度，同时还会估算该目标的最小长度和最大长度。考虑到根据雷达探测的长度数据误差比较大，因此在进行融合时不做长度判断。

2. AIS数据获取

安装在船舶的AIS，提供的位置信息是基于GPS全接收机所提供的1984世界大地测量系统（world geodetic system 1984，WGS-84）。WGS-84 是为 GPS 的使用而建立的坐标系统，在 AIS 中目标物的位置用经度 J、纬度 φ 和海拔高度 H，即（J，φ，H）来表示，是一种绝对的位置信息。

在 AIS 中，海上目标的航速和航向等航迹信息分别通过安装的配套设备电罗经（航向）和计程仪（航速）来辅助确定，而船舶尺寸（船长、船宽）和 GPS 天线相对于船舶的位置等都是人工输入的船舶实际数据。

5.5.2　多源信息时空配准技术

多源信息的时空配准指多路数据“无误差”转换时所需进行的处理过程。具体的配准问题可分为时间配准和空间配准两个方面。时间配准指的是将来自不同数据源的多路数据同步到统一基准时标下，并将不同步的量测信息配准到同一融合时刻。而空间配准不仅包括坐标系的统一，而且将各位置坐标系中的信息变换到统一的坐标系中，包括校正各传感器因空间位置所造成的偏差。分布在不同空间位置上的多传感器在对运动目标观测时，各传感器在不同时间和不同空间的观测值会不同，从而形成一个观测值集合。对于目标运动状态的观测，存在信息融合的时间性和空间性问题。信息融合的时间性表示按时间先后对观测目标在不同时间的观测值进行融合。对单传感器在不同时间的观测结果进行信息融合时，要考虑信息融合的时间性。信息融合的空间性表示对同一时刻不同空间位置的多传感器观测值进行信息融合。对多传感器在同一时刻的观测结果进行信息融合时，要考虑信息融合的空间性。实际应用中，为获得观测目标的准确状态，往往需要同时考虑信息融合的时间性与空间性。一般有三种情况：先时间后空间；先空间后时间；空间、时间同时融合。

1. 空间配准

由于一个雷达系统能够同时探测若干目标，一个 AIS 也能同时探测多个目标，并且两种系统输出的位置信息所基于的坐标系是不同的，因此，在进行数据融合时，首先要做的工作就是进行空间配准，把两者都变换到同一个坐标系统中。

如前所示，雷达获取的位置信息是基于雷达站心坐标系统，AIS 获取的位置信息是基于 WGS-84 坐标系统，需要将两者的坐标统一。目前关于雷达与 AIS 信息融合的结果，主要是借助雷达系统进行显示，因而常规的做法是将 AIS 的 WGS-84 坐标转换为雷达站心坐标。广东省岸基雷达网系统中 AIS 与雷达目标融合后的信息最终数据是显示在基于 WGS-84 坐标系的海图上，因而本书采用的办法是将雷达站心坐标转换为 WGS-84 坐标[29]。

在安装雷达站时，会用 GPS 给出雷达站所在位置的大地坐标，并输入到系统中。假设某个雷达站位置的大地坐标用（λ_0，φ_0）表示，雷达探测目标的距离用 R_t 表示，雷达到目标连线与水平线之间的夹角用 θ_t 表示。已知本初子午线约为 40 075 km，所以在相同经度上的纬度每间隔一度距离相差 111.3 km，而在相同纬度上的精度每间隔一度相差 $111.3\times\cos\varphi_0$（km）。[30] 根据式（5.2）和式（5.3）分别计算两点在同一经度上的纬度距离差 φ_d（km）和在同一纬度上的经度距离差 λ_d（km）。

$$\varphi_{\mathrm{d}} = R_{\mathrm{t}} \times \cos(\theta_{\mathrm{t}} \times \pi / 180) \tag{5.2}$$

$$\lambda_{\mathrm{d}} = R_{\mathrm{t}} \times \sin(\theta_{\mathrm{t}} \times \pi / 180) \tag{5.3}$$

再根据式（5.4）和式（5.5）计算纬度、经度的偏移量φ_{da}和λ_{da}

$$\varphi_{\mathrm{da}} = \varphi_{\mathrm{d}} / 111.3 \tag{5.4}$$

$$\lambda_{\mathrm{da}} = \lambda_{\mathrm{d}} / [111.3 \times \cos(\varphi_0 \times \pi / 180)] \tag{5.5}$$

最后将偏移量代入式（5.6）和式（5.7）就可计算出目标所在位置的经纬度（λ，φ），完成将雷达系统的目标坐标转换成 WGS-84 坐标的经纬度格式。

$$\varphi = \varphi_0 + \varphi_{\mathrm{da}} \tag{5.6}$$

$$\lambda = \lambda_0 + \lambda_{\mathrm{da}} \tag{5.7}$$

2. 时间统一

雷达目标航迹的更新取决于雷达的天线空间周扫，Aidso 导航雷达扫描一圈需要 2 s，也就是说，雷达目标航迹更新速度是 2 s，而且整个工作过程中都是恒定转速的。AIS 航迹更新时间不是固定的，它取决于船舶的运动状态，更新率在 2 s 到 10 min，表 5.1 为自主模式下 AIS 信息更新率[31]。需要说明的是，由于 AIS 发送信息需要耗能，所以在一些情况下，船主会自己设置报告时间间隔，那么该船舶信息更新率就不遵循表 5.1 的约定了。

表 5.1　自主模式下 AIS 信息更新率

船舶状态	报告时间间隔/s
锚泊或者停泊且移动速度＜3 kn	180
锚泊或者停泊且移动速度≥3 kn	10
航速 0～14 kn	10
航速 0～14 kn 且改变航向	0.33
航速＞14～23 kn	6
航速＞14～23 kn 且改变航向	2
航速>23 kn	2
航速>23 kn 且改变航向	2

显然，雷达和 AIS 二者获取的同一目标的动态信息更新率不是同步的，所以必须对两者的时间进行统一，以得到同一目标来自雷达和 AIS 两个传感器的同步观测数据。

假设：①雷达所探测时间为 t，AIS 采用间隔为 T；②AIS 在第 nT 和第$(n+1)T$个时刻有与雷达对应时间段的探测值，且 $nT<t<(n+1)T$；③AIS 在 nT 时刻的采样值为 X_n，在$(n+1)T$ 时刻的采样值为 X_{n+1}，在 t 时刻的值为 X_t。根据外推式（5.8）可求出 X_t：

$$X_t = X_n + [(t - nT)/T](X_{n+1} - X_n) \tag{5.8}$$

根据式（5.8），将 AIS 的数据外推到雷达的探测时刻 t 上，完成了对其时间的匹配。由于船舶的机动比较平缓，采用两点外推能够满足精度要求。岸基雷达站主要观测近海 25 n mile 的海上目标，在这个海域，船舶的速度一般都在 0～14 kn，由

表 5.1 可知，船舶自主模式下的报告时间间隔为 10 s。考虑实际情况，10 s 船舶的变化轨迹不会很明显，因而取 1 min 的报告时间间隔。

5.5.3 目标融合算法

对于近海区域，由于海洋经济活动，船舶的密度比较大，为了减少工作量和提高效率，可先将探测范围内的区域进行分块处理，因为特定的船舶信息只能与它周围一定范围内的船舶信息有关联，所以没有必要将整个海域的船舶信息进行关联处理，这就需要进行距离粗关联判断[30]。在一些情况下，短时间内虽然两个目标的距离在给定的阈值范围内，但两者的速度不同，可以确定为两个独立的目标。为此，提出了岸基雷达站目标融合算法基于以下的参数：①目标位置相关性；②目标运动特性相关性；③目标历史轨迹相关性。如果以上参数中的任何一个不相关，目标不会进行融合。目标融合流程如图 5.7 所示。图 5.7 所采用的是经过时空配准的数据集，limit-i（i=1,2）表示针对不同参数所设置的阈值。整个具体流程主要分为 3 个步骤，包括目标位置、航速和航迹关联等。

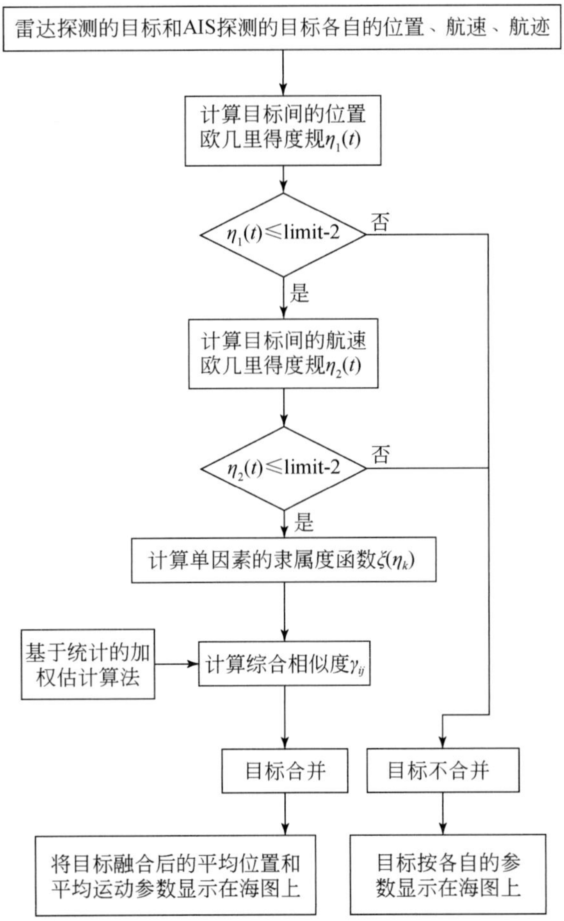

图 5.7　目标融合流程图

首先，进行目标位置判断。在某一时刻 t，AIS 探测的目标和雷达探测的目标的位置欧几里得度规用 $\eta_1(t)$ 表示，则有

$$\eta_1(t)=\sqrt{[\lambda_i(t)-\lambda_j(t)]^2+[\varphi_i(t)-\varphi_j(t)]^2} \tag{5.9}$$

式中，$\eta_1(t)$ 为目标位置的欧几里得度规，$\lambda_i(t)$、$\lambda_j(t)$、$\varphi_i(t)$、$\varphi_j(t)$ 分别为通过 AIS 和雷达获取的 t 时刻的目标的经度值和纬度值。本书设定两者位置的最小纬度偏差为 0.0001°，最小精度偏差值 0.0001°，则阈值 limit-1 可设定为 15 m。当 $\eta_1(t)\leqslant$limit-1 时，则转入下一步进行速度判断；否则，则认为是两个不同的目标，不进行融合。

其次，进行速度的判断。假设 AIS 探测的目标航速用 V_i 表示，雷达探测的目标航速用 V_j 表示，航速的欧几里得度规 $\eta_2(t)$ 可用式（5.10）求出：

$$\eta_2(t)=|V_i-V_j| \tag{5.10}$$

根据经验值，可设定阈值 limit-2=0.2 kn。因此当 $\eta_2(t)\leqslant$limit-2 时，则转入下一步进行航迹关联的判断；否则，认为是两个不同的目标，不进行融合。

最后，进行航迹关联的判断。航迹关联的实质就是判断 AIS 和雷达分别探测的两条航迹是否来自同一个目标。关于航迹的判断方法很多，归纳起来主要有基于统计和基于模糊数学两大类方法。[32, 33] 考虑雷达和 AIS 在实际工作中有很多不确定因素，直接干扰了两者目标间的对应关系，因此本书采用模糊数学的方法来实现航迹的关联。[34] 应用模糊数学最关键的是隶属度函数 $\xi(\eta_k)$ 的确定，在此采用柯西型隶属度函数表达式，如式（5.11）所示：

$$\xi\eta_k(t)=\frac{1}{\pi\sigma_k\left(1+\dfrac{\eta_k^2(t)}{\sigma_k^2(t)}\right)} \tag{5.11}$$

式中，$\eta_k(t)$ 和 $\sigma_k(t)$ 分别为模糊因素集中的第 k 个因素的欧几里得度规和展度。模糊因素集主要选取船位和航速，因而 $\eta_k(t)$ 分别由式（5.10）和（5.11）计算所得。模糊因子的展度与航迹的误差分布有关，故取各因素欧几里得度规的均方根值来作为每个模糊因素的展度，如式（5.12）所示：

$$\sigma_k(t)=\sqrt{\sum_{n=1}^{n}\frac{\eta_k(i)}{n}} \tag{5.12}$$

将式（5.9）、式（5.10）和式（5.12）代入式（5.11）就可计算出各个模糊单因素的柯西型隶属度函数值。在得到各单因素的柯西型隶属度函数值后，利用加权的方法计算综合相似度 γ_{ij}，对于来自 AIS 探测的目标 1 的 m 条航迹和来自雷达探测的目标 2 的 n 条航迹，可用式（5.13）求出综合相似度 γ_{ij}：

$$\gamma_{ij}=\sum_{k=1}^{2}\alpha_k\xi\eta_k(t)\quad(i\in m, j\in n) \tag{5.13}$$

式（5.13）是利用加权的方法来求出综合相似度，式中 α_k 为单因素的权重值。根据实际经验，α_1 取值 0.60，α_2 取值 0.40，用 γ_{ij} 的最大值确定航迹的相关性。最后将两

者的平均位置和平均运动参数作为融合后的目标参数在海图上显示出来。

5.5.4 融合效果分析

利用 2019 年 7 月到 2019 年 12 月广东省岸基雷达网系统跟踪的目标数据，对融合效果的精度进行了分析。分别在湛江海域和珠海海域选取了登记在册的装有 AIS 数据的渔船各 10 艘。每个月选择 2 个时段，每次跟踪 2 h，获取它们的相关信息。湛江海域选择的是湾内的数据，海况相对平静一些，珠海选择的是外海的数据，海况相对复杂一些。AIS 和雷达探测目标数据返回的目标信息，受海况的影响比较大。表 5.2 为对所有跟踪船舶的效果统计表。表中的数字为在 2 h 内能精确融合的目标数。分析表中的数字可以看到采用本算法融合后的精度还是比较高，湛江海域平均精度可以达到 91%，珠海海域可达 89%。

表 5.2　跟踪船舶的效果统计

观测时段序号	湛江海域完整融合渔船数/艘	珠海海域完整融合渔船数/艘	湛江海域观测精度/%	珠海海域观测精度/%
1	10	9	100	90
2	8	10	80	100
3	9	10	90	100
4	10	8	100	80
5	8	10	80	100
6	8	10	80	100
7	9	9	90	90
8	9	8	90	80
9	10	7	100	70
10	9	8	90	80
11	9	10	90	100
12	10	8	100	80
平均	—	—	91	89

图 5.8 为其中 9 艘船的融合效果图，当天的海况为 1 级，相对比较平稳，从图 5.8 中船舶的轨迹可以看出，在海况较好的情况下，融合效果比较好。

基于岸基雷达站的雷达传感器以及 AIS 接收天线所获取的目标信息，针对近岸海域目标密集的特点，提出了一种提高雷达与 AIS 数据融合精度的算法。在将雷达站心坐标系的位置信息转换成 AIS 的 WGS 84 坐标系位置信息实现空间配准和将 AIS 航迹的时间通过外推法与雷达航迹时间统一起来的基础上，该算法首先采用目标位置及航速的欧几里得度规判别法，剔除一部分不符合条件的目标数据，减少参与融合的数据量，然后进一步采用模糊数学中的柯西型隶属度函数及统计加权法对航迹相似度进行判断。研究结果表明，本书所提出的融合算法适用于目标信息量较密集的近岸海域。

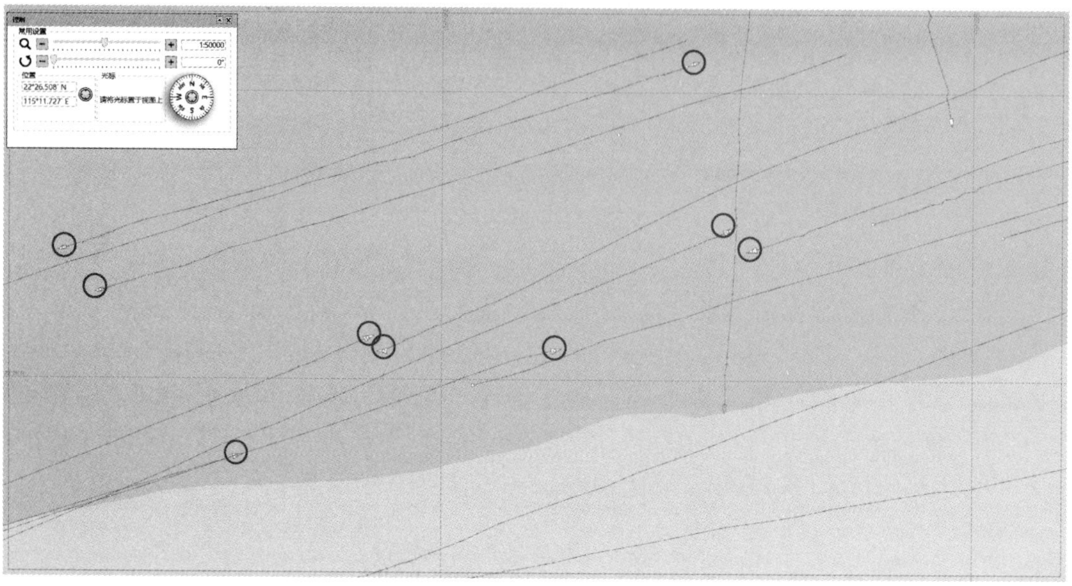

图 5.8　9 艘船的融合效果图

5.6　多雷达组网数据融合

5.6.1　多雷达组网设计分析

广东省岸基雷达网系统由多个雷达组成，多雷达组网系统的设计要尽可能地做到全覆盖。由于每个雷达都会有自己跟踪目标的责任区，且雷达的覆盖范围是一个圆，因此站点规划的通常做法就是在两个雷达之间存在一定的重叠覆盖区域，如图 5.9 所示，从而实现整个监控区域的连续覆盖。

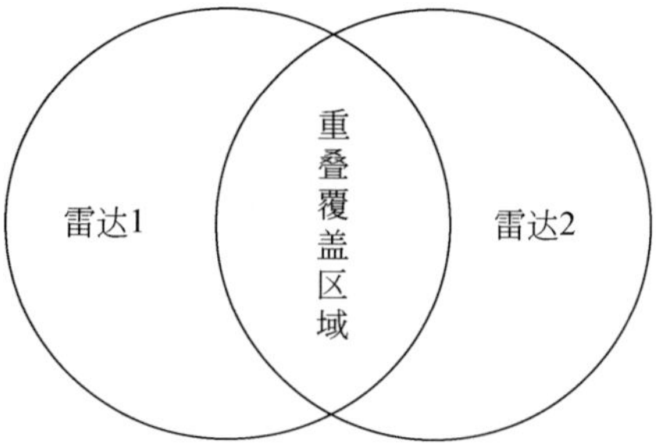

图 5.9　雷达观测重叠覆盖区域

重叠覆盖区域同时也带来了一些问题，在某段时间内多部雷达从不同位置跟踪探测同一个目标时会提供不同的数据信息，如果不对这些重复目标进行融合处理，将给操作员对目标的判断带来很大麻烦。

在两个雷达的重叠覆盖区域内，两个雷达观测同一个目标就会有两条航迹，为了保证系统目标的唯一性，必须对相邻两个雷达在重叠覆盖区域内观测到的两条航迹进行融合。当目标由雷达 1 的责任区域进入雷达 2 的责任区域，需要完成该目标从雷达 1 责任区到雷达 2 责任区的重叠覆盖区域的融合，且不能有原目标丢失和出现新目标的情况，使得最终显示的是一个目标船舶对应一条航迹。

在重叠覆盖区域内，当多个目标有双倍的目标轨迹时，我们所需要做的工作就是选出两两对应的航迹进行航迹融合，完成之后就是多目标船舶的融合轨迹。对于雷达融合系统而言，经过航迹关联与融合处理后所建立的目标航迹精度，不能低于精度最好的单部雷达所获取的轨迹效果。

雷达作为主动式无线电探测设备，与其他被动识别设备（如 AIS 设备）有着本质的区别，导致多雷达目标融合的难度远远大于 AIS 设备与单雷达目标融合的原因有：①雷达本身存在探测误差，多部雷达之间通常距离很远，重叠覆盖区域恰恰在雷达的最远距离处，同一目标被不同雷达跟踪器得出位置参数存在差异；②各雷达的跟踪探测都是独立的，得到的目标位置参数在时间上存在差异，差异的大小因跟踪处理能力而异。

任何优秀的融合算法都要以解决以上两个问题为前提，否则难以实现系统良好的效果。广东省岸基雷达网系统解决这两个问题的方法：①使用高精度独立内部时钟的采集卡，保证信号采集的同步，以获得更精准稳定的回波位置；②使用基于 SWEEP 的处理方法，结合先跟踪后探测、非恒定自适应门限等算法实现了快速的全量程全自动跟踪。目标跟踪器每个周扫对目标实际位置参数进行更新，同时基于位置预测推算算法，软件内部每 1/8 周扫就对目标参数进行更新，几乎达到了对目标跟踪的实时处理。因此，多个雷达、多个跟踪器可以在近似同一时间得到近似相同的目标参数，为下一步的目标融合打下了坚实的基础。

5.6.2 基于多信息源目标融合技术的目标融合算法

图 5.10 为 3 个雷达和 1 个 AIS 基站以及观察到的多批目标。系统有 3 个雷达处理设备、1 个 AIS 基站和 1 个目标管理器。在重叠覆盖区域的目标会被多个传感器发现跟踪，目标管理器会根据每个传感器传来的目标绝对位置、航速、航向及回波参数等得出唯一的目标参数。

如前所述，为了弥补雷达盲区，相邻雷达覆盖区域均有重叠。由于传感器目标存在目标重合问题，需要对目标进行融合，融合时可能出现非同一目标的融合而造成目标缺失，相同目标的不融合造成目标重复。广东省岸基雷达网系统采用多信息源目标融合技术，根据目标的多种特性判断是否为同一目标进行融合。

现实系统中的校准问题无处不在。多数情况下目标位置并不是真实位置，AIS 目标位置实际是 GPS 天线的位置。雷达得到的船的位置是平均回波位置，取决于船的形状构造。

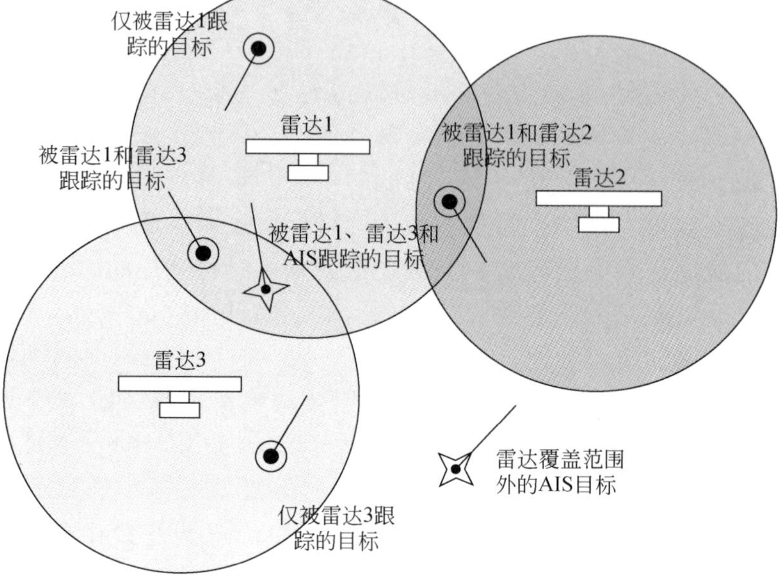

图 5.10　多目标信息融合示意图

广东省岸基雷达网系统中目标管理器将多个传感器的同一目标信息进行融合，以融合后的单一目标发送给终端显示软件。目标融合算法基于以下方面的参数：①目标历史轨迹相关性；②目标位置相关性；③目标运动特性相关性；④目标大小相关性。如果这些参数中的任何一个不相关，目标就不会进行融合。

参 考 文 献

[1] 张晖. 舰船目标多手段数据融合探测方法研究［D］. 呼和浩特：内蒙古大学，2016.

[2] Hall D L. Mathematieal Techniques in Multisensor Data Fusion［M］. Boston：Artech House，1992.

[3] Hall D L，Llinas J. Handbook of Multisensor Data Fusion［M］. Boca Raton：CRC Press，2001.

[4] Llinas J，Waltz E. Multisensor Data Fusion［M］. Boston：Artech House，1990.

[5] Llinas J，Bowman C，Rogova G，et al. Revisiting the JDL data fusion model II［C］// Proceedings of the 2004 International Conference on Information Fusion，2004.

[6] 何友，彭应宁，陆大绘. 多传感器数据融合模型综述［J］. 清华大学学报（自然科学版），1996（9）：14-20.

[7] 彭圆红，吴晓锋. 一种分布式多传感器信息融合方法［J］. 指挥控制与仿真，2020，42（5）：19-24.

[8] 何友，谭庆梅. 多传感器系统分类研究［J］. 火力与指挥控制，1988（2）：3-12，19.

[9] 祁友杰，王琦. 多源数据融合算法综述［J］. 航天电子对抗，2017，33（6）：37-41.

[10] 王俊林，张剑云. 采用 Bayes 多传感器数据融合方法进行目标识别［J］. 传感器技术，2005，24（10）：86-88.

[11] 袁小滨. 用于目标识别的多传感器信息融合算法研究［J］. 西安公路交通大学学报，2000，

20（2）：90-92.

[12] 杨应雷，周金和，王川潮. 加权决策模板业务感知算法［J］. 计算机工程与应用，2017，53（2）：118-123.

[13] 张翼，朱玉鹏. 决策模板法在决策层融合目标识别中的应用和改进［J］. 电光与控制，2005，12（6）：16-19.

[14] Takamasa K. Improved sensor selection technique by integrating sensor fusion in robot position estimation［J］. Journal of Intelligent and Robotic Systems：Theory and Application，2000，29（1）：79-72.

[15] 帅军. 基于熵和 KNN 的决策模板法在目标识别中的应用［J］. 湖南文理学院学报（自然科学版），2005（1）：18-21.

[16] 刘社. 雷达和 AIS 目标航迹融合处理方法的研究［D］. 大连：大连海事大学，2016.

[17] 申其兵. 船舶导航系统中雷达与 AIS 信息融合系统分析［J］. 中国修船，2017，30（6）：37-40.

[18] 李维运. VTS 中雷达和 AIS 信息融合算法探讨［J］. 中国水运，2006，6（7）：116-118.

[19] Hong T C，Kang K，Ku B J，et al. Receiver memory management method for HARQ in LTE-based satellite communication system［J］. International Journal of Satellite Communications and Networking，2017，35（1）：3-15.

[20] 郭浩，张晰，安居白，等. 基于船舶 AIS 信息的可疑船只监测研究［J］. 交通信息与安全，2013，31（4）：67-72.

[21] 刘宁波，董云龙，王国庆，等. X 波段雷达对海探测试验与数据获取［J］. 雷达学报，2019，8（5）：656-667.

[22] 邢旭峰，谢仕义，黄妙芬，等. 基于近海雷达与 AIS 探测目标融合算法研究［J］. 海洋技术学报，2020，39（3）：8-15.

[23] 贺丰收，缪礼锋，陶飞翔，等. 基于 AIS 的对海雷达多目标融合跟踪方法［J］. 雷达科学与技术，2017，15（2）：153-158.

[24] 柳林，李明奇. 导航雷达与 AIS 在军用舰船中的综合运用［J］. 现代电子技术，2013，36（17）：12-14.

[25] 王波. 高频地波雷达与 AIS 点迹融合算法研究［D］. 呼和浩特：内蒙古大学，2016.

[26] Bakalar G，Baggini M B. Automatic communication system ship to shipping terminal，for reporting potential malfunctions of a ballast water treatment system operation［C］// International Convention on Information and Communication Technology，Electronics and Microelectronics. New York：IEEE，2016.

[27] Vivone G，Braca P. Joint probabilistic data association tracker for extended target tracking applied to X-band marine radar data［J］. IEEE Journal of Oceanic Engineering，2016，41（4）：1007-1019.

[28] Li F，Song J，Hsien C C，et al. Information requirements for vessel traffic service operations［J］. International Journal of Computer and Information Engineering，2016，10（5）：915-919.

[29] 胡智辉. 基于轨迹聚类的船舶异常行为识别研究［D］. 厦门：集美大学，2017.

[30] 王夺. AIS 与雷达信息融合的研究［D］. 大连：大连海事大学，2015.

[31] 吴志奇. VTS 多雷达目标融合技术［D］. 大连：大连海事大学，2017.

[32] Kosaka M，Miyamoto S，Ihara H. A track correlation algorithm for multi-sensor integration［J］. Journal of Guidance Control & Dynamics，1987，10（2）：166-171.

[33] 关劲. 基于模糊理论的雷达/AIS 目标数据融合方法［J］. 舰船科学技术，2010，32（9）：67-71，83.

[34] 刘传润，鲍君忠. AIS 与 VTS 的雷达/ARPA 信息融合的研究与实现［J］. 航海技术，2007（2）：37-38.

第 6 章 广东省岸基雷达网辅助海上执法智能平台构建的技术架构

本章主要介绍广东省岸基雷达网辅助海上执法智能平台构建中用到的技术架构，包括平台开发所采用的面向对象编程语言 Java、服务器端中间件技术、前端中间件技术、项目源代码管理技术、数据库管理技术、信息推送技术等。整个平台分为前台和后台，其中前台和后台各又分前端和后端（服务器端），前端主要用 HTML+CSS 开发，后端用 Java，地图用 ArcGIS。因此，本章介绍的技术主要涉及这些部分的内容。

另外，在平台开发过程中，Java 主要用来开发 B/S 架构的 Web 应用；客户端与服务器端通过 HTTP 协议进行通信；服务器端应用程序为了解耦，分为三层架构设计：表现层、业务层、持久层，其中表现层又进行了细分，包括模型、视图和控制器，因而本章还介绍了每一层对应框架的应用。

6.1 面向对象的 Java 编程语言

Java 是 Sun Microsystems 公司推出的面向对象编程语言，其设计看起来与 C++很相似，它不仅吸收了 C++语言所具有的各种优点，而且还摒弃了 C++里难以理解的概念，比如多继承、指针等。Java 可以撰写跨平台应用程序，也可以用于编写桌面应用程序、Web 应用程序、分布式系统和嵌入式系统应用程序等。[1-2]

6.1.1 语言特点

Java 是一种面向对象编程语言，具有简单性、面向对象、分布性、编译和解释性、健壮性、平台独立与可移植性、动态性等特点。

1.简单性

Java 编程语言吸收了 C++语言所具有的各种优点，同时还去掉了 C++语言中许多相对复杂的特征，这使得 Java 语言看上去更具简单性。这种简单性具体表现在：①Java 程序设计中用 break 和 continue 语句代替 C++中的 go to 语句，实现了对异常情况的处理；②剔除了 C++的操作符过载（overload）和多继承特征的概念；③不使用主文件的形式，这样可免去预处理程序；④剔除了 C++中的结构体，将数组和字符串都作为对象处理；⑤去除了指针，Java 能够自动处理对象的直接引用和间接引用，实现自动的无用单元收集，使用户不必为存储管理问题烦恼，因而不需要指针。

2.面向对象

Java 是一个面向对象的语言，它的程序是用类（class）来组织的。类是数据和操作数据的方法（method）的集合，而数据和方法一起描述对象（object）的状态和行为，每一对象是其状态和行为的封装。对程序员来说，利用 Java 作为开发语言要注意其中的数据和操纵数据的方法，而不是用面向过程的思维来进行程序的编写。

在 Java 中，类是按一定体系和层次安排的，在这个类的层次体系中有一个根类，它是具有一般行为的类，其特点是子类可以从父类继承行为。另外，为了更好地组织类，Java 提供了包机制（package），为 Java 提供一个类的扩展集合，在这个集合中提供了各种程序包，例如，Java 提供产生图形用户接口部件的类库（java.awt 包），处理输入输出的类（java.io 包）和支持网络功能的类（java.net 包）。这里 awt 是抽象窗口工具集（abstract windowing toolkit）的缩写，io 是 input/output 输入输出的缩写，net 是网络 network 的缩写。对于这些程序包，用户可以在自己的程序中使用。Java 提供的包机制具有以下特点：①把功能相似或相关的类或接口组织在同一个包中，形成类库，方便类的查找和使用；②限定了访问权限，只有拥有包访问权限的类才能访问某个包中的类。

3.分布性

Java 是分布式语言，因而可用于编写分布式对象。在 Java 的包机制中提供了可用于网络应用编程的类库（java.net），因而 Java 语言支持网络应用程序的开发，类库主要包括：①套接字类，分别是 Socket、ServerSocket、DatagramSocket 和 MulticastSocket，套接字是在网络上建立机器之间的通信链接的方法；②高级 API 类，允许方便地访问网络上的资源，如 URL、URLConnection 等。因此 Java 既支持各种层次的网络连接，又以 Socket 类支持可靠的流（stream）网络连接，所以用户可以产生分布式的客户机和服务器，使得网络变成软件应用的分布运载工具。

另外，Java 具有远程方法调用（remote method invocation，RMI）的机制，利用这个机制，可以把一个类放在 A 机器上，然后在 B 机器中去调用这个类的方法，程序的所有部分都由 Java 编写，这种机制大大增强了 Java 开发分布式应用的能力。

4.编译和解释性

在 Java 程序设计中，源文件创建完之后，将对源文件中的程序进行编译，编译后程序生成字节码（byte code）文件，扩展名为.class，而不是通常的机器码。这种字节码是由 Java 虚拟机（Java virtual machine，JVM）来解释运行的，它们是 JVM 所使用的指令集，可以有效地传送到多个平台。也就是说，不论该字节码由哪种编译器编译，文件来自哪里，只要符合 JVM 的规范，那么它就能够执行这个字节码文件。因而 Java 程序可以在任何实现了 Java 解释程序和运行系统（run-time system）的系统上运行。

Java 是一种先编译后解释的语言，所以它不如全编译性语言快。针对这个问题，Java 设计者制作了“及时”编译程序，它能在运行时把 Java 字节码翻译成特定中央处理器（central processing unit，CPU）的机器代码，也就是相当于实现了全编译。Java 字节码格式设计时考虑到这些“及时”编译程序的需要，所以生成机器代码的过程相当简单，它能产生相当好的代码。

5.健壮性

Java 提供了强类型机制、内存模型、无用单元收集和异常处理等功能，这使得 Java 更具健壮性。

Java 是一个强类型语言，其特点是在没有强制类型转化之前，不允许两种不同类型的变量相互操作，这与 C 语言不同。另外 Java 也不支持 C 语言的隐式声明风格，要求采用显式声明。这些严格的要求使得编译程序能捕捉到调用错误，从而保证了程序的健壮性。

Java 提供了内存模型（memory model），即所有变量都储存在内存中，对于所有线程都是共享的。而每条线程都有自己的工作内存（working memory），该内存是线程私有的，保存的是内存中某些变量的副本，线程对所有变量的操作都是在工作内存中进行，不能直接读写内存的变量，而且线程之间无法相互直接访问，变量传递均需要通过内存完成，这样的设计理念可以有效地防御恶意代码的入侵。

Java 提供了“无用单元收集”内置程序，它扫描内存并自动释放那些不再使用的内存块，有效地预防了存储泄露和其他有关动态存储分配和解除分配的错误，同时也省去了编程人员对内存的管理。

异常指不期而至的各种状况，例如，文件找不到、网络连接失败、除零操作非法参数等。异常是一个事件，它发生在程序运行期间会干扰正常的指令流程，为了使得程序更稳健，Java 提供了异常处理机制。Java 的异常处理机制的设计是为了能让程序在异常发生时，按照代码的预先设定的异常处理逻辑，针对性地处理异常，让程序尽最大可能恢复正常并继续执行，且保持代码的清晰。在 Java 系统中，提供了尝试（try）、捕捉（catch）和最终（finally）这三个关键字来处理异常，程序员利用它们可以找到出错的处理代码，简化了出错处理和恢复的任务。

6.平台独立和可移植性

Java 采用虚拟机的运行模式，解决了由于操作系统的变化，处理器升级以及核心系统资源的变化，可能导致程序出现错误或无法运行的问题，从而实现了平台的独立性。JVM 是一个虚构出来的计算机，是通过在实际的计算机上仿真模拟各种计算机功能来实现的，它有自己完善的硬件架构，如处理器、堆栈、寄存器等，还具有相应的指令系统。Java 编写的程序可以在任何安装了 JVM 的计算机上正确的运行，使得 Java 程序只要编写一次，就可到处运行。

Java的可移植性主要表现在源代码可移植、CPU可移植、操作系统的可移植三个方面。作为一种编程语言，Java提供了一种最简单同时也是人们最熟悉的可移植性——源代码可移植，这意味着任何一个Java程序，不论它运行在何种CPU、操作系统或者Java编译器上都产生一样的结果。Java利用JVM实现CPU可移植性，也就是说，Java编译器产生的目标代码针对的是一种并不存在的CPU——JVM，而不是一种具体的CPU。JVM能掩盖不同CPU之间的差别，从而使Java代码能运行在任何安装有JVM的机器上。Java采用了提供一套与平台无关的库函数（包括AWT、UTIL、LANG等）来解决不同操作系统中程序对系统功能的调用方式不同的问题，就像JVM提供了一个虚拟的CPU一样，Java库函数提供了一个虚拟的图形用户界面（graphical user interface，GUI）环境，实现操作系统的可移植性。

7.动态性

Java虽然不是动态语言，但具有动态性，这使得它能够胜任分布式系统环境下的调用。Java的动态性是其面向对象设计的扩展，它提供运行时刻的扩展性，即在后期才建立各模块间的互连。各个库可以自由地增加新的方法和实例（instance）变量，这意味着现有的应用程序增加功能，只需要去链接在新建立的类中所封装的方法即可实现。另外Java中的类是根据需要载入的，甚至有些是通过网络获取的。

6.1.2　工作原理

在Java体系中，当编辑并运行一个Java程序时，需要同时涉及Java编程语言、Java类文件格式、JVM、Java应用程序接口等4个方面。图6.1为Java工作原理示意图。

从图6.1可知，Java源代码可使用文字编辑软件（如记事本、写字板和UltraEdit等）或集成开发环境（Eclipse、MyEclipse等）来编写。在Java源代码文件中定义不同的类，通过调用类（这些类实现了Java API）中的方法来访问资源系统。利用Java编译器对源文件进行编译后生成一种二进制中间码，存储在.class文件中。如果是在Eclipse IDE或者其他开发工具中编写Java源代码的话，那么在保存代码的时候，开发工具就已经完成了上述的编译工作，因此可以在对应的目录下看到.class文件。然后再通过与操作系统平台环境相对应的JVM来运行.class文件，最后得到Java应用程序。

JVM在Java平台的结构中处在核心的位置，通过它使得程序与底层操作系统和硬件无关。JVM的下方是移植接口，移植接口由两部分组成：适配器和Java操作系统，其中依赖于平台的部分称为适配器；JVM通过移植接口在具体的平台和操作系统上实现程序开发；在JVM的上方是Java的基本类库和扩展类库以及它们的API，利用Java API编写的应用程序（application）和小程序（Java applet）可以在任何Java平台上运行而无须考虑底层平台，就是因为有JVM实现了程序与操作系统的分离，从而实现了Java的平台无关性。

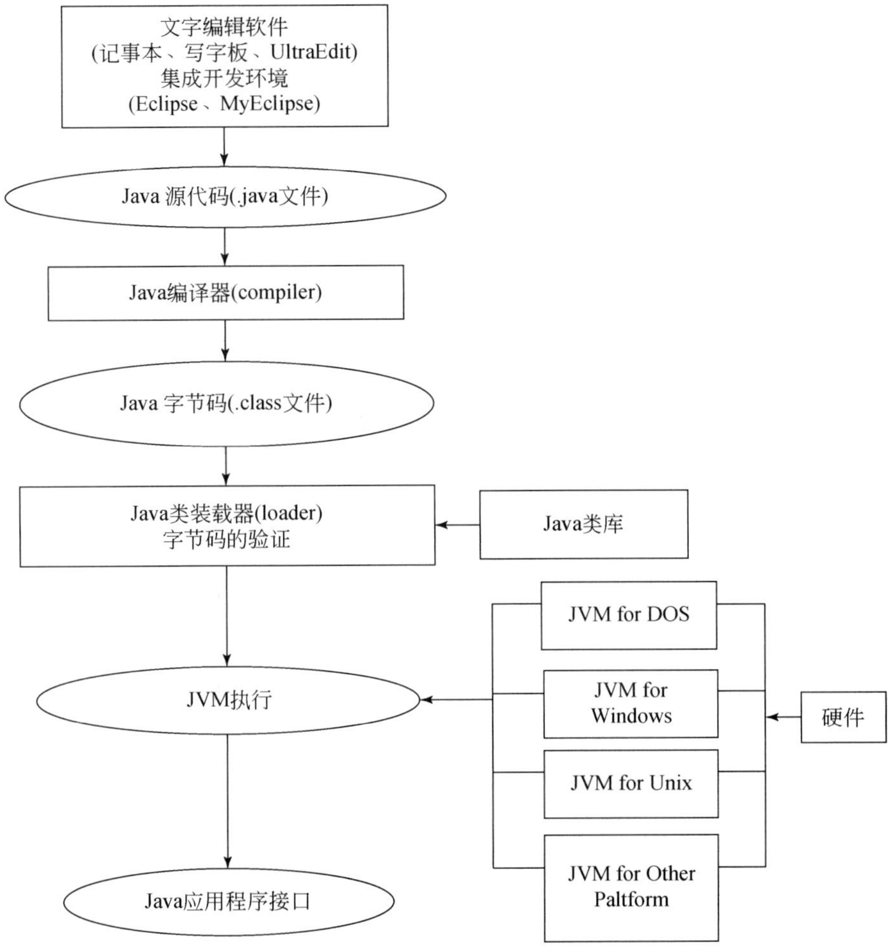

图 6.1　Java 工作原理

Java 平台包括三个版本：Jave 2 标准版（Java 2 standard edition，J2SE）、Jave 2 企业版（Java 2 enterprise edition，J2EE）、Jave 2 微缩版（Java 2 micro edition，J2ME），其中应用最为广泛的当属 J2EE。J2SE 主要用于开发桌面的应用程序，包含了构成 Java 语言核心的类；J2EE 主要用于分布式的网络程序的开发，它包含了 J2SE 中的类，并且包含用于开发企业级应用的类和企业应用中很多的 API。J2ME 主要是为机顶盒、移动电话和掌上电脑等的嵌入式消费电子设备提供的 Java 语言平台，包括 JVM 和一系列标准化的 Java API。

综合上述因素，广东省岸基雷达网辅助海上执法智能平台采用 Java 作为编程语言。

6.2　服务器端中间件

中间件（middleware）是一类计算机软件，它处于操作系统软件与用户应用软件的中间，起着为系统软件和应用软件提供连接的作用。具体来说，它使用系统软件所提供的基础服务（功能），为处于自己上层的应用软件提供运行与开发环境，以便于运行在一台或多台机器上的多个软件通过网络进行交互。

关于中间件还没有一个比较精确的定义，但根据它的作用，可以看到它是由平台与通信组成，因而一般认为只有用于分布式系统中才能叫中间件。中间架构通常用于支持并简化那些复杂的分布式应用程序，它包括 Web 服务器、事务监控器和消息队列软件。其包括的范围十分广泛，针对不同的应用需求涌现出多种各具特色的中间件产品，从不同的角度或不同的层次，对中间件的分类也会有所不同。本节主要介绍服务器端的中间件，包括核心框架 SpringBoot、持久层框架 MyBatis、安全框架 Apache Shiro、文件上传-组件 Commons-FileUpload、RESTful API 在线接口文档创建框架 Swagger、模板引擎 Thymeleaf、Tomcat Web 应用服务器、基于 Maven 发布和运行 Java 应用系统、基于 FFmpeg 转换视频格式、Nginx（代理服务器）和基于 pako.js 的压缩和解压中间件。

6.2.1 核心框架 SpringBoot

Spring 是于 2003 年兴起的由 Rod Johnson 创建的一个轻量级的 Java 开发框架，属于开源的框架，主要解决业务逻辑层和其他各层的松耦合问题，因此它将面向接口的编程思想贯穿于整个系统应用。Spring 主要优势之一就是其分层架构，这种架构允许使用者采用可拔插的模式来选择使用某一个组件，同时为 J2EE 应用程序开发提供集成的框架[3-4]，以及开箱即用的模块。SpringBoot 是 Spring 框架的扩展，提供 J2EE 一站式解决方案，它能快速地将一些常用的第三方依赖进行整合，简化可扩展置标语言（extensible markup language，XML）配置，全部采用注解形式，内置 HTTP 服务器（比如 Tomcat），最终以 Java 应用程序进行执行。SpringBoot 提供了非常丰富的业务处理功能。它具有以下特点。

1）简化编码

SpringBoot 基于 Spring 和 MVC 做了很多默认的封装，这样做的好处是极大地提高开发者的效率。比如我们要创建一个 Web 项目，在使用 Spring 的时候，需要在 pom 文件中添加多个依赖，而 SpringBoot 则会帮助开发者快速启动一个 Web 容器，我们只需要在 pom 文件中添加一个 starter-web 依赖即可。

2）简化配置

Spring 由于其烦琐的配置，一度被人认为是“配置地狱”，对各种 XML、注释（annotation）的配置让人眼花缭乱，而且如果出错了也很难找出原因。SpringBoot 消除了设置 Spring 应用程序所需的 XML 配置，对于很多框架的使用采用默认配置的方法，从而提高了使用者的开发效率。SpringBoot 更多的是采用 Java Config 的方式对 Spring 进行配置，从而简化了配置问题。SpringBoot 可以通过简单的注解方式来代替原先 Spring 非常复杂的 XML 方式。

3）简化部署

在使用 Spring 时，项目部署时需要我们在服务器上部署 Tomcat，然后把项目打成

war 包扔到 Tomcat 里。SpringBoot 内置了 Tomcat 容器，可以将程序直接编译成一个 jar，通过 java-jar 来运行。采用 jar 包运行的优点主要有：①本地无须搭建 Web 容器，方便开发和调试；②因为自带 Web 容器，可以避免由于 Web 容器的差异造成不同环境结果不一致问题；③一个 jar 包就是全部，方便应用扩展；④借助容器化，可以进行大规模的部署。另外，也降低对运行环境的基本要求，环境变量中有软件开发工具包 JDK 即可。

4）简化监控

我们在开发运行过程中，需要实时和定时监控服务的各项状态和可用性。SpringBoot 提供了 spring-boot-start-actuator 模块（健康监控），其功能是用来对应用系统进行自省和监控。它包括了很多监控所需的接口，可以对应用系统进行配置查看、相关功能统计等。我们可以引入 spring-boot-starter-actuator 依赖，直接使用描述性状态迁移（representational state transfer，REST）的方式来获取进程的运行期性能参数，从而达到监控的目的。

综合上述因素，广东省岸基雷达网辅助海上执法智能平台选择了 SpringBoot 作为项目的核心框架，无论是前台还是后台，而且无论是这两者的前端还是后端，都使用了 SpringBoot 框架。

6.2.2　持久层框架 MyBatis

任何一个软件都要和数据库关联，软件需要的数据都存储在数据库中。对于经常使用的数据库相关的代码就出现了很多冗余的代码，持久层框架也随之出现。持久层框架是一组软件服务，专注于实现数据持久化应用领域的某个特定系统的一个逻辑层面，将应用程序与其使用和操纵的数据源分离。MyBatis 是基于 Java 的用于管理数据库的一种持久层框架，负责和数据库打交道，从数据库中查询数据并写入数据。它本是 Apache 软件基金会（Apache Soflware Foundation，ASF）的一个开源项目 iBatis（来源于“internet”和“abatis”的组合），2010 年这个项目由 ASF 迁移到了 Google code，并且改名为 MyBatis。MyBatis 本身专注结构化查询语言（structured query language，SQL），它将 SQL 语句写在 XML 中，几乎是彻底将程序代码与 SQL 语句隔离开，极大地降低了它们之间的耦合度。MyBatis 中一个重要的功能就是可以帮助 Java 开发封装重复性的 Java 数据库互连（Java database connectivity，JDBC）代码，它消除了几乎所有的 JDBC 代码和参数的手工设置及对结果集的检索封装。[5]

我们把 MyBatis 的功能架构分为三层，分别是 API 接口层、数据处理层和基础支撑层。各层的功能及主要组件如表 6.1 所示。下面主要介绍 MyBatis 基础支撑层的配置加载组件以及数据处理层的 SQL 解析、SQL 执行和结果映射组件的主要功能。

表 6.1　MyBatis 的功能架构

自上而下所在层	功能	主要组件
API 接口层	提供给外部使用的接口 API，开发人员通过这些本地 API 来操纵数据库。接口层一接收到调用请求就会调用数据处理层来完成具体的数据处理	数据查询接口、数据新增接口、数据更新接口、数据删除接口、获取配置接口

续表

自上而下所在层	功能	主要组件
数据处理层	根据调用的请求完成一次数据库操作	SQL 查找、SQL 解析、SQL 执行和结果映射组件
基础支撑层	为上层的数据处理层提供最基础的支撑	连接管理、事务管理、配置加载和缓存组件

（1）配置加载：MyBatis 框架中配置来源于两个地方，一个是配置文件，另一个是 Java 代码的注解。配置文件有两种，一种是全局配置文件 config.xml，另一种是对应每个表的 mapper.xml 配置文件。MyBatis 框架启动时，先加载 config.xml，再加载每个 mapper.xml 配置文件，最后启动框架，等待应用的调用对应 config.xml 中的四种配置情况，第一种和第四种是 annotation 格式，第二种和第三种是 XML 配置格式。每个 mapper 文件，通过 MapperAnnotationBuilder 解析，解析之后，将 SQL 的配置信息加载成为一个个 MappedStatement 对象（包括了传入参数映射配置、执行的 SQL 语句、结果映射配置），存储在 configuration 对象里。

（2）SQL 解析：MyBatis 提供了对 SQL 语句动态的组装能力，大量的判断都可以在 MyBatis 的映射 XML 文件里面配置，以实现许多需要大量代码才能实现的功能，大大减少了编写代码的工作量。当 API 接口层接收到调用请求时，会接收到传入 SQL 的 ID 和传入对象（可以是 Map、JavaBean 或者基本数据类型），MyBatis 会根据 SQL 的 ID 找到对应的 MappedStatement，然后根据传入参数对象对 MappedStatement 进行解析，解析后可以得到最终要执行的 SQL 语句和参数。

（3）SQL 执行：MyBatis 将经过 SQL 解析后得到的 SQL 语句和参数拿到数据库进行执行，得到操作数据库的结果。

（4）结果映射：结果映射指的是将数据库表的字段映射到 Java 实体的属性上。将操作数据库的结果按照映射的配置进行转换，可以转换成 HashMap、JavaBean 或者基本数据类型，并将最终结果返回。

MyBatis 最强大的特性之一就是它的动态语句功能。动态 SQL 元素对于任何使用过 JSTL 或者类似于 XML 之类的文本处理器的人来说，都是非常熟悉的。与 JDBC 或者类似框架相比，后者需要把 SQL 语句条件连接在一起，并且要确保不能忘记空格或者不要在 columns 列后面省略一个逗号等，前者能通过在任何映射 SQL 语句中使用强大的动态 SQL 来改进这些状况。

综合上述因素，广东省岸基雷达网辅助海上执法智能平台选择了 MyBatis 3 作为项目的持久层框架。

6.2.3 安全框架 Apache Shiro

Apache Shiro 是一个用 Java 语言实现的功能强大的、灵活的、开源的安全框架。它主要执行身份验证（authentication）、授权（authorization）、会话管理（session manager）

和加密（cryptography）等功能，它们的作用如表 6.2 所示。对需要访问控制资源的用户，首先经过身份认证，通过后用户具有该资源的访问权限方可访问，身份不同权限就不同。使用 Apache Shiro，能为自己的应用程序提供安全性而又无须从头编写所有代码。[6]

表 6.2　应用程序安全的四个基石的作用

序号	应用程序安全的基石	作用
1	身份验证	有时被称为“登录”，这是证明用户的行为
2	授权	访问控制的过程，即确定“谁”可以访问“什么”
3	会话管理	管理用户特定的会话，用户登录就是一次会话
4	加密	使用加密算法保持数据安全，同时仍然易于使用

Apache Shiro 有三个核心组件：认证主体（Subject）、安全管理（SecurityManager）和域对象（Realm）。其中，Subject 代表了当前用户的安全操作，SecurityManager 则管理所有用户的安全操作，Realm 相当于安全数据源，是一个能够访问应用程序特定安全数据（如用户、角色及权限）的组件。

（1）Subject：在 Apache Shiro 中，Subject 是需要认证的主体，它仅仅意味着“当前跟软件交互的东西”，可以是人，也可以是第三方进程、后台账户（daemon account）或其他类似事物。

（2）SecurityManager：它是 Apache Shiro 框架的核心，相当于控制器，Apache Shiro 通过 SecurityManager 来管理内部组件实例，通过它可以协调其他组件完成用户认证和授权工作，从而进一步提供安全管理的各种服务。

（3）Realm：它是一个与安全相关的数据访问对象（data access object，DAO）接口，Apache Shiro 从 Realm 获取安全数据（如用户、角色、权限）。Apache Shiro 内置了可以连接大量安全数据源（又名目录）的 Realm，如 LDAP、JDBC、类似 INI 的文本配置资源以及属性文件等，因而 Realm 充当了 Apache Shiro 与应用安全数据间的“桥梁”或者“连接器”。当对用户执行身份验证（登录）和授权（访问控制）验证时，Apache Shiro 会从应用配置的 Realm 中查找用户及其权限信息。当配置 Apache Shiro 时，我们配置至少指定一个 Realm，用于身份验证和（或）授权，如果缺省的 Realm 不能满足需求，我们可以插入代表自定义数据源的自己的 Realm 来实现。除此之外，Apache Shiro 还包括以下特性。

（1）Web 支持（Web support）：Apache Shiro 对 Web 应用的支持允许程序员基于应用 URL 和 Web 协议（如 REST）创建灵活的安全策略，同时还提供了一套控制页面输出的 JSP 标签库，可以方便的集成到 Web 环境中。Apache Shiro 的 Web 支持 API 有助于保护 Web 应用程序。

（2）缓存（caching）：缓存是 Apache Shiro API 中的第一级，以确保安全操作保持快速和高效，同时提升应用程序的性能。

（3）并发性（concurrency）：并发的实质是一个物理 CPU（也可以多个物理 CPU）

在若干道程序（或线程）之间多路复用，并发性是对有限物理资源强制行使多用户共享以提高效率。Apache Shiro 支持具有并发功能的多线程应用程序。

（4）测试（testing）：Apache Shiro 提供测试支持，程序员可利用这一功能编写单元测试和集成测试，以确保代码按预期得到保障。

（5）运行方式（run as）：Apache Shiro 提供了允许用户承担另一个用户的身份（如果允许）的功能，即允许一个用户假装为另一个用户（如果他们允许）进行访问，这个特性有时在管理方案中很有用。

（6）记住我（remember me）：Apache Shiro 提供了记住用户在会话中的身份的功能，这样用户在登录之后，下次可直接进入系统。

综合上述因素，广东省岸基雷达网辅助海上执法智能平台选择了 Apache Shiro 作为安全框架。

6.2.4 文件上传-组件 Commons-FileUpload

文件上传和下载在 Web 应用中是非常普遍的。在 Web 开发中实现文件上传功能通常使用 Commons-FileUpload 组件来实现。Commons 是 Apache shiro 开发源代码组织的一个 Java 子项目，该项目主要涉及一些开发中常用的模块，如文件上传、命令行处理、数据库连接池等，而 FileUpload 为 Commons 用于处理 HTTP 文件上传的一款开源工具类[7-8]，其主要特点有以下几个方面。

1）使用简单

Commons-FileUpload 组件可以方便地嵌入 Java 服务器页面（Java server pages，JSP）或 Java 文件中，只需要编写少量的代码即可完成文件的上传功能，十分方便。

2）全程控制上传内容

使用 Commons-FileUpload 组件提供的对象及操作方法，可以获得上传文件的全部信息，包括文件类型、大小、名称等，方便操作、实现逻辑控制。

3）对上传文件的大小、类型进行控制

项目需要对用户上传的文件进行控制筛选，避免服务器臃肿，基于第二点获取文件信息，编写逻辑代码进行控制。

Commons-FileUpload 提供的 API 类或接口主要有 ServletFileUpload、FileItem 和 DiskFileItemFactory。这些类或接口的主要功能及各自常用的方法见表 6.3～表 6.6。

表 6.3　Commons-FileUpload 主要的 API 类或接口名称及功能

序号	类或接口名称	功能
1	ServletFileUpload	ServletFileUpload 类是 Apache 文件上传组件中用于处理文件上传的一个核心类，它的作用是以 List 形式返回每一个被封装成 FileItem 类型的表单元素集合，并用于解析 Form 表单提交的数据、设置请求信息实体内容的最大允许字节数
2	FileItem	FileItem 是一个接口，在该接口中定义了多种用于处理表单内容及文件内容的方法，来判断所提交的表单 Form 是否是一个可上传的文件，用于封装单个表单字段元素的数据，每一个表单字段都对应一个 FileItem 实例，在应用程序中使用的是其实现类 DiskFileItem

续表

序号	类或接口名称	功能
3	DiskFileItemFactory	DiskFileItemFactory 是 FileItemFactory 接口类的实现，用于设定缓冲区大小和存放临时文件目录。ServletFileUpload 处理上传的文件数据，优先保存在缓冲区，如果数据超过了缓冲区大小，则保存到硬盘上，存储在 DiskFileItemFactory 指定目录下的临时文件。数据都接收完后，它再从临时文件中将数据写入到上传文件目录下的指定文件中，并删除临时文件

表 6.4　ServletFileUpload 常用方法一览表

方法名称	方法描述
void setSizeMax（long sizeMax）	设置请求信息实体内容的最大允许字节数，以防止客户端故意通过上传特大的文件来塞满服务器端的存储空间，单位为字节
List parseRequest（HttpServletRequest request）	解析出 Form 表单中的每个字段的数据，并将它们分别包装成独立的 FileItem 对象，然后将这些 FileItem 对象加入进一个 List 类型的集合对象中返回
static final boolean isMultipartContent（HttpServletRequest request）	isMultipartContent 方法，用于判断请求消息中的内容是否是“multipart/form-data”类型，是则返回 true，否则返回 false
void setHeaderEncoding（String encoding）	由于浏览器在提交 Form 表单时，所填写的文本内容和文件上传字段中的文件路径名在内存中就是它们的某种字符集编码的字节数组形式，Apache 文件上传组件在读取这些内容时必须知道它们所采用的字符集编码，才能将它们转换成正确的字符文本返回，setHeaderEncoding 方法就是用于设置转换时所使用的字符集编码

表 6.5　FileItem 接口常用方法一览表

方法名称	方法描述
public boolean isFormField（）	用于判断 FileItem 对象所封装的数据类型，如果是普通表单字段则返回 true，如果是文件表单字段则返回 false
public String getName（）	用于获取文件上传字段中的文件名，返回的结果为字符串，即上传文件的绝对路径；如果上传的是普通表单字段，那么调用此方法返回 null
public String getFieldName（）	用于返回表单字段元素的 name 属性值
public void write（File file）	用于将 FileItem 对象中保存的主体文件数据内容写入到某个指定的文件中；该方法也可将普通表单字段内容写入到一个文件中，但它主要用途是将上传的文件内容保存在本地文件系统中
public String getString（）	将 FileItem 对象中保存的主体内容以一个字符串返回，其有一个重载方法 getString（String encoding），可指定所采用的编码集，即在读取普通表单字段元素的内容时出现了中文乱码现象，可以调用这个重载方法来传递正确的字符集编码名称
public long getSize（）	返回单个上传文件的字节数

表 6.6 DiskFileItemFactory 类常用方法

方法名称	方法描述
public void setSizeThreshold（int sizeThreshold）	设置内存缓冲区的大小
public void setRepositoryPath（String path）	设置临时文件存放的目录

综合上述因素，广东省岸基雷达网辅助海上执法智能平台选择了 Commons-FileUpload 作为文件上传的工具。

6.2.5 RESTful API 在线接口文档创建框架 Swagger

在介绍文档创建框架 Swagger 前先来了解在线接口文档 RESTful API。如前所述，API 是一些预先定义的函数，目的是提供应用程序与开发人员基于某软件或硬件得以访问一组例程的能力，而又无须访问源码，或理解内部工作机制的细节。目前 API 文档成为前后端开发人员联系的纽带。REST 是 representational state transfer 的缩写，直译就是“描述性状态迁移”，representational 代表某种表现形式，比如用 JSON、XML、JPEG 等；state transfer 表示状态变化，通过 HTTP 来实现。RESTful API 就是 REST 风格的 API，它是由后台负责提供，由前端来负责调用。前端调用 API 时会向后台发起 HTTP 请求，后台响应请求将处理结果反馈给前端。在当前的互联网应用中，前端展示媒介很丰富，有手机、掌上电脑、个人计算机及其他的展示媒介。这些前端接收到的用户请求统一由一个后台来处理，并返回给不同的前端。这是最科学和最经济的方式。RESTful AIP 就是一套用来规范多种形式的前端和同一个后台的交互方式的协议。

Swagger 是一款书写 API 的框架，用于管理项目中 API 接口，属当前最流行的 API 接口管理工具，可用于生成、描述、调用和可视化 RESTful 网络的 Web 服务。Swagger 为 API 的在线测试及在线文档创建提供了一个新的简便的解决方案。Swagger 为 RESTful API 定义了一个标准的、与语言无关的接口，使人和计算机在看不到源代码或者看不到文档又或者不能通过网络流量检测的情况下能发现和理解各种服务的功能。Swagger 是由庞大工具集合支撑的形式化规范。这个集合涵盖了从终端用户接口、底层代码库到商业 API 管理的方方面面。[9]

广东省岸基雷达网辅助海上执法智能平台按照 Swagger 的规范去定义接口及接口相关的信息，再通过 Swagger 衍生出来的一系列项目和工具生成平台所需的接口文档、多种语言的客户端和服务器端的代码，以及在线接口调试页面，等等。这样在开发新版本或者迭代版本的时候，只需要更新 Swagger 描述文件，就可以自动生成接口文档和客户端代码、服务器端代码，做到调用客户端代码、服务器端代码以及接口文档的一致性。

Swagger 的工具主要有 Swagger Inspector、Swagger Codegen、Swagger Editor、Swagger UI、Swagger Hub。

1）Swagger Inspector

Swagger Inspector 是一个快速的 API 测试工具，可以轻松调用和验证基于 REST、图状数据查询语言（graph query language，GraphQL）和简单对象访问协议（simple object access protocol，SOAP）的 Web 服务，以确保它们正常工作。Swagger Inspector 将开发者的开发工作流程无缝集成到自动保存测试历史的记录中，并立即从 REST 测试中生成 OpenAPI 定义。它具有以下优势：①可立即在云上测试所编写的 API，而无须进行烦琐的设置和配置；②无论是 REST 还是 SOAP、OpenAPI、RAML，它都能简化所有 API 的手动测试；③随时随地保存测试并访问它们。

2）Swagger Codegen

Swagger Codegen 是一个开源的代码生成器，根据 Swagger 定义的 RESTful API 可以自动建立服务器端和客户端的连接。Swagger Codegen 通过 Codegen 可以将描述文件生成 HTML 格式和 cwiki 形式的接口文档，同时也能生成多种语言的服务器端和客户端的代码。支持通过 jar 包、docker、node 等方式在本地化执行生成，也可以通过 Swagger Editor 在线生成。Swagger Codegen 具有以下优势：①通过生成超过 20 种不同语言的样板服务器代码，消除烦琐的管道和配置；②以超过 40 种不同语言生成客户端 SDK，供最终开发人员轻松与用户的 API 集成。

3）Swagger Editor

Swagger Editor 是一款开源编辑器，可以描述和记录 API，用来设计、定义和文档化符合 Swagger 规范的 RESTful API。该编辑器具备以下优势：①提供了在线编辑器和本地部署编辑器两种方式，可以在任何开发环境中工作，无论是在本地还是网络中；②可实时验证 Swagger 合规性的语法并显示成接口文档；③采用智能的自动完成功能来更快地编写语法；④易于配置和自定义任何东西，从行距到主题；⑤为每个流行语言的 API 生成服务器存根和客户端库。

4）Swagger UI

Swagger UI 提供了一个可视化的 UI 页面展示描述文件。接口的调用方、测试等都可以在该页面中对相关接口进行查阅和做一些简单的接口请求。该项目支持在线导入描述文件和本地部署 UI 项目。Swagger UI 允许任何人（无论是开发团队还是最终用户）在没有实现逻辑的情况下对 API 资源进行可视化和交互。它是通过 Swagger 规范自动生成的，可视化文档使得后端实现和客户端消费变得容易。Swagger UI 具备以下优势：①在任何环境中托管开发者的 Swagger 用户界面；②允许最终开发人员轻松地进行交互，并会公开开发者在 API 中的每一个操作，以方便使用；③利用整齐分类的文档快速查找和使用资源和端点；④Swagger UI 可以在所有主流浏览器中使用，满足各种可能的场景；⑤使用完整的源代码访问方式。

5）Swagger Hub

Swagger Hub 集成了上面所有项目的各个功能。开发者可以以项目和版本为单位，将描述文件上传到 Swagger Hub 中，在 Swagger Hub 中可以完成上面项目的所有工作。

Swagger 总体目标是使客户端和文件系统作为服务器以同样的速度来进行更新。

文件的方法、参数和模型紧密集成到服务器端的代码，允许 API 始终保持同步。Swagger 让部署管理和使用功能强大的 API 变得非常简单。

综合以上因素，广东省岸基雷达网辅助海上执法智能平台选择了 Swagger 作为 API 的在线接口说明文档，其成果如图 6.2～图 6.4 所示。

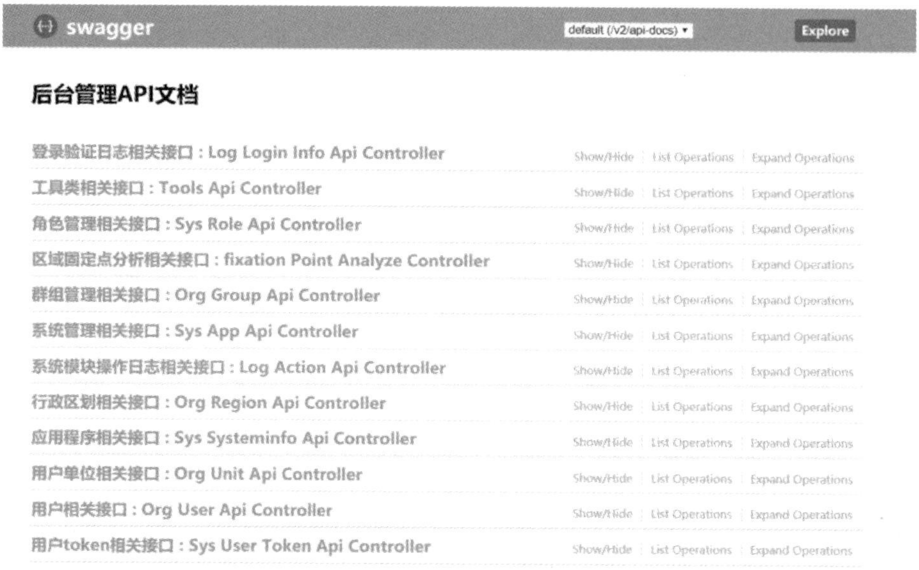

图 6.2　Swagger 主页

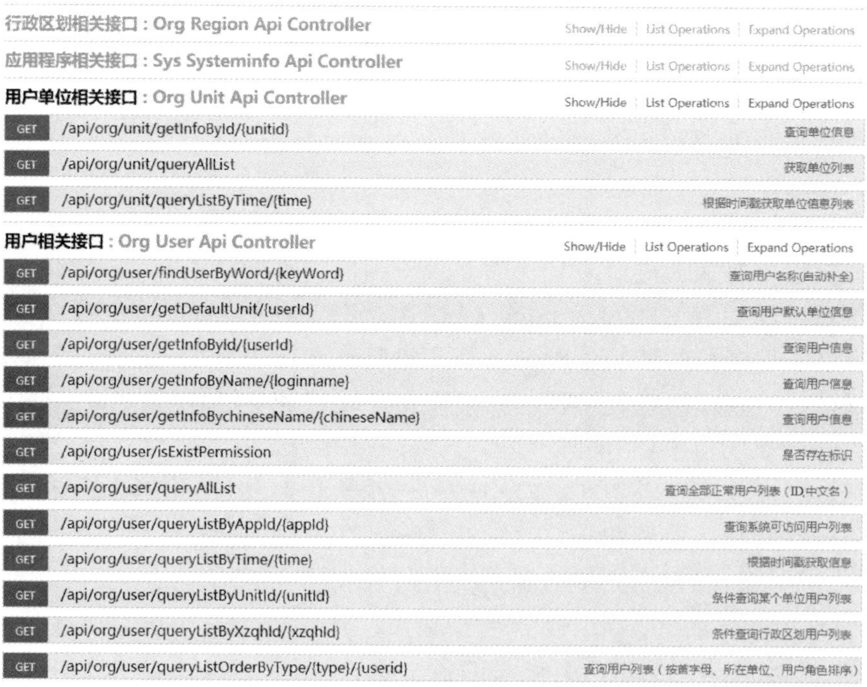

图 6.3　Swagger 接口列表

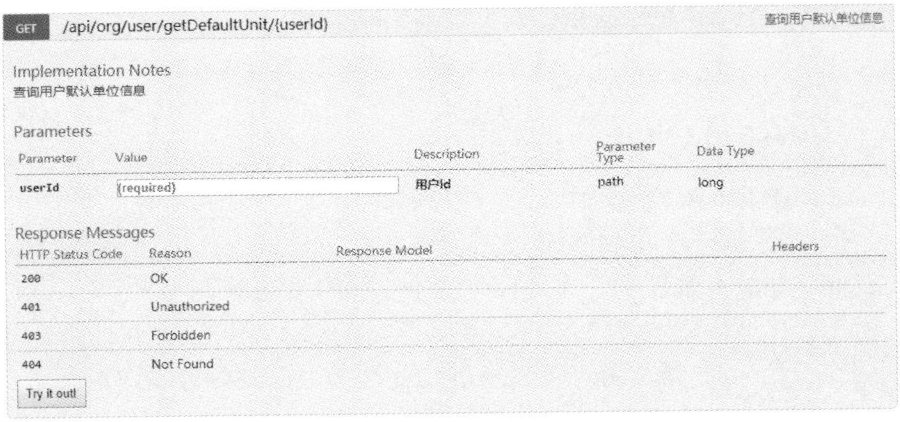

图 6.4　接口参数说明和测试页面

6.2.6　模板引擎 Thymeleaf

模板引擎是根据一定的语义，将模板（页面）和数据进行整合，产生最终的 HTML 页面输出，实现页面内容动态化的一种技术。它可以生成特定格式的文档，对用于网站的模板引擎会生成一个标准的超文本标记语言（hypertext markup language，HTML）文档。

Thymeleaf 是 Web 与非 Web 环境中的现代化服务器端 Java 模板引擎，能够处理 HTML、XML、JavaScript、CSS 甚至纯文本。其主要目标在于提供一种可被浏览器正确显示的、格式良好的模板创建方式，因此也可以用作静态建模。它建立在自然模板的概念之上，以不影响模板作为设计原型的方式将其逻辑注入到模板文件中，这能有效地提供一种设计沟通，弥合了前端设计和开发人员之间的理解偏差。Thymeleaf 也是从一开始（特别是 HTML5）就设计为允许创建完全验证的模板。[10]

Thymeleaf 的特性如下：

（1）由于 Thymeleaf 支持 HTML 原型，然后在 HTML 标签里增加额外的属性来达到模板加数据的展示方式，这使得它在有网络和无网络的环境下皆可运行。另外浏览器解释 HTML 时会忽略未定义的标签属性，所以 Thymeleaf 的模板可以静态地运行，即设计人员可在浏览器查看页面的静态效果；当有数据返回到页面时，Thymeleaf 标签会动态地替换静态内容，使页面动态显示，即设计者也可以在服务器查看带有数据的动态页面效果。

（2）Thymeleaf 开箱即用。它提供标准和 Spring 标准两种语言，可以直接套用模板实现 JSP 标准标签库（Java server pages standard tag library，JSTL）、对象图导航语言（object-graph navigation language，OGNL）表达式效果，避免每天套模板、修改 JSTL、修改标签的困扰。

（3）Thymeleaf 提供 Spring 标准语言和一个与 SpringMVC 完美集成的可选模块，可以快速地实现表单绑定、属性编辑器、国际化等功能。

综合上述因素，广东省岸基雷达网辅助海上执法智能平台选择了 Thymeleaf 作为模板引擎。

6.2.7　Tomcat Web 应用服务器

Tomcat 是 ASF Jakarta 项目中的一个核心项目。由于 Tomcat 本身内含了一个 HTTP 服务器，它可以被视作一个单独的 Web 应用服务器。作为一个小型轻量级的应用服务器，它深受 Java 开发者的喜爱，成为目前比较流行的 Web 应用服务器。

Tomcat 作为身份认证系统的 Web 应用服务器，它具有如下优点：①Tomcat 运行时占用的系统资源小，扩展性好，支持负载均衡与邮件服务等开发应用系统常用的功能；②Tomcat 是一个开源的 Web 应用服务器；③Tomcat 是一个小型的轻量级应用服务器，在中小型系统和并发访问用户不是很多的场合下被普遍使用；④Tomcat 作为 Java Web 服务器，使用 Spring 提供的开箱即用的强大功能，并依赖其他开源库来实现负责的业务功能。

1.Tomcat 组成

Tomcat 的组成包括主要组件和支持组件。主要组件有服务器（Server）、服务（Service）、连接器（Connector）、容器（Container），主要支持组件有 Loader、Realm、Java 管理扩展（Java management extensions，JMX）、Jsper、Session、Pipeline、Naming 等。表 6.7 给出了 Tomcat 主要组件和主要支持组件的作用。

主要组件之间的关系是：一个容器（Container）和一个或多个连接器（Connector）组合在一起，加上其他一些支持组件共同组成一个服务（Service）；有了服务（Service）便可以对外提供功能了。但是服务（Service）的生存需要一个环境，这个环境便是服务器（Server），服务器（Server）组件为服务的正常使用提供了生存环境，服务器（Server）组件可以同时管理一个或多个服务。连接器（Connector）和容器（Container）是 Tomcat 的核心。

表 6.7　Tomcat 组成组件名称与作用一览表

组件类型	组件名称	作用
主要	Server	是整个 Tomcat 的服务器，包含多组服务，负责管理和启动各个服务，同时监听 8005 端口发过来的关闭（shutdown）命令，用于关闭整个容器
	Service	Tomcat 封装的、对外提供完整的、基于组件的 Web 服务，包含 Connector、Container 两个核心组件，以及多个功能组件，各个服务之间是独立的，但是共享同一 JVM 的资源
	Connector	主要处理与客户端的通信，接收来自客户端的请求，并将请求转交给 Engine 处理。同时将 Engine 的答复返回给客户端
	Container	内部由多层容器组成，用于管理 Servlet 生命周期，调用 Servlet 相关方法
支持	Loader	封装了 Java Class Loader，用于 Container 加载类文件
	Realm	Tomcat 为 Web 应用程序提供访问认证和角色管理的机制
	JMX	Java SE 定义技术规范，是一个为应用程序、设备、系统等植入管理功能的框架，通过 JMX 可以远程监控 Tomcat 的运行状态

续表

组件类型	组件名称	作用
支持	Jsper	Tomcat 的 JSP 解析引擎，用于将 JSP 转换成 Java 文件，并编译成 Class 文件
	Session	负责管理和创建 Session，以及 Session 的持久化（可自定义），支持 Session 的集群
	Pipeline	在容器中充当管道的作用，管道中可以设置各种阀门，请求和响应再经管道中各个阀门处理，提供了一种灵活可配置的处理请求和响应的机制
	Naming	命名服务，为 JNDI、Java 命名和目录接口，是一组在 Java 应用中访问命名和目录服务的 API。命名服务将名称和对象联系起来，使得我们可以用名称访问对象，目录服务也是一种命名服务，对象不但有名称，还有属性。Tomcat 中可以使用 JNDI 定义数据源、配置信息，用于开发与部署的分离

2.Container 组成

在 Tomcat 中，Container 主要包括四种，分别是 Engine 容器、Host 容器、Context 容器和 Wrapper 容器。它们之间的关系为：一个 Engine 容器包含一个或者多个 Host 容器，一个 Host 容器包含一个或者多个 Context 容器，一个 Context 容器包含一个多个 Wrapper 容器，每个 Wrapper 容器对应一个 Servlet。Servlet（Server Applet）是 Java Servlet 的简称，称为小服务程序或服务连接器。它是用 Java 编写的服务器端程序，具有独立于平台和协议的特性，主要功能在于交互式地浏览和生成数据，生成动态 Web 内容。

Engine 容器是整个 Catalina Servlet 的引擎，代表完整的 Servlet 引擎，是最顶层的容器，它比较简单，只定义了一些基本的关联关系，可以看成是容器对外提供功能的入口。Host 容器是 Engine 容器的子容器，每个 Engine 容器是 Host 容器的集合，一个 Host 容器在 Engine 容器中代表一个虚拟主机。这个虚拟主机的作用就是运行多个应用，它负责安装和展开这些应用，并且标识这个应用以便能够区分它们；并负责 Web 应用的部署和 Context 容器的创建，因而 Host 容器除了关联子容器外，还有就是保存一个主机应该有的信息。Context 容器是 Host 容器的子容器；Context 容器表示一个 Web 应用程序，它具备了 Servlet 运行的基本环境，理论上只要有 Context 容器就能运行 Servlet 了。Wrapper 容器是 Context 容器的子容器，也是最底层的容器，因为它没有子容器了； 一个 Wrapper 代表一个独立的 Servlet，它负责对 Servlet 的封装，以及 Servlet 实例的创建、执行和销毁。

3.生命周期（Lifecycle）管理

由前可知，Tomcat 是以容器的方式来组织整个系统架构的，就像数据结构的树。这样只需要启动根容器，就可以将其他所有的容器都启动，达到统一启动、停止和关闭的效果；Tomcat 中每一个容器都有其生命周期，包括初始化、启动、结束等。Tomcat 定义了一个 Lifecycle 接口，统一管理在容器内发生的所有事件，该接口把所有的启动、停止、关闭、生命周期相关的方法都组织到一起，就可以很方便地管理 Tomcat 各个容器组件的生命周期。

在 Tomcat 中，Server 容器、Service 容器、Connector 容器、Engine 容器、Host 容器、Context 容器都实现了 org.apache.catalina.Lifecycle 接口，而 org.apache.catalina.

util.LifecycleBase 采用模板方法模式来对所有支持生命周期管理的组件的生命周期各个阶段进行总体管理，每个需要生命周期管理的组件只需要继承这个基类，然后覆盖对应的钩子方法即可完成相应的生命周期阶段性的管理工作。

在 Tomcat 中，主要有四个生命周期方法，它们分别是 init（初始化）、start（启动）、stop（停止）、destory（销毁）。Tomcat 的生命周期管理引入了事件机制，在组件或容器的生命周期状态发生变化时会通知事件监听器，监听器通过判断事件的类型来进行相应的操作。事件监听器的添加可以在 server.xml 文件中进行配置。

4.启动过程

图 6.5 描绘了 Tomcat 的整个启动过程。启动从 Tomcat 提供的 startup.sh 脚本开始，start 脚本会调用前端开发框架 Bootstrap 中的 main 方法，实际调用了 Catalina 相应的 load、start 方法。Catalina 是 Tomcat 中运行小服务程序或服务连接器 Java Servlet 的模块，由于 Catalina 使用 Digester 组件来解析 XML 配置文件，并创建应用服务器，因而 load 方法会通过 Digester 组件进行 config/server.xml 的解析，将 XML 文件转换为 Java 对象，在解析的过程中会根据 XML 中的关系和配置信息来创建容器，并设置相关的属性。

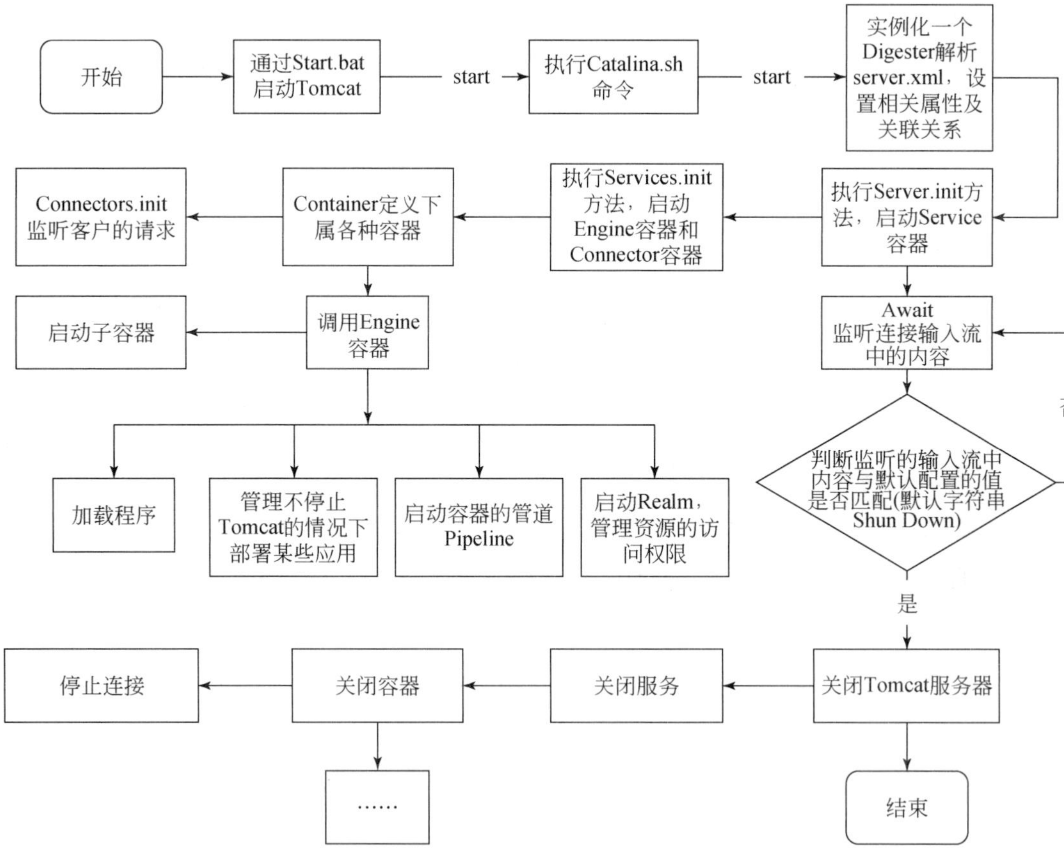

图 6.5　Tomcat 启动过程图

接着 Catalina 会调用 StandardServer 类中的 init 和 start 方法，进行组件的初始化和启动。一个 Server 组件包含一个或者多个 Service，一个 Service 包含一个或者多个 Container 和 Connector，每层组件都有实现生命周期管理的各个方法，因此就很容易地完成整个容器的启动、关闭等生命周期的管理。

Tomcat 启动后，默认的端口是 8080，还会占用 8005、8009 和 8443 端口，其中 8080 为默认的 HTTP 监听端口，负责建立 HTTP 连接；8005 为关闭指令端口，用来关闭 Tomcat 服务；8009 为 AJP 端口，Nginx、Apache 等反向代理 Tomcat 时就可以使用 AJP 协议反向代理到该端口；8443 是 Tomcat 打开安全套接层协议（secure sockets layer，SSL）的文本服务的默认端口，8443 端口在访问时需要加端口号，相当于 HTTP 的 8080。当 StandardServer 完成 init 和 start 方法调用后，会一直监听来自 8005 端口（端口是可配置的，默认为 8005）的 shutdown 命令，如果接收到 shutdown 命令，则会退出循环监听，执行后续的 stop 和 destroy 方法，然后完成 Tomcat 容器的关闭。同时也会调用 JVM 的 Runtime.getRuntime().addShutdownHook 方法，在 JVM 意外退出的时候来关闭容器。

所有容器都是继承了基类 ContainerBase，该基类中封装了容器中的重复工作，负责启动容器相关的组件 Loader、Logger、Manager、Cluster 和 Pipeline，启动子容器（线程池并发启动子容器，通过线程池 submit 多个线程，调用后返回 Future 对象，线程内部启动子容器，接着调用 Future 对象的 get 方法来等待执行结果）。

综合上述因素，广东省岸基雷达网辅助海上执法智能平台选择了 Tomcat Web 作为单点登录中央认证服务（central authentication service，CAS）的应用服务器。

6.2.8　基于 Maven 发布和运行 Java 应用系统

Maven 这个单词意为“知识的积累”。它是一款由 Apache 软件基金会开发的基于 Java 的项目管理工具，开发人员只需做一些简单的配置，就可以批量完成项目的构建、报告和文档的生成工作。 Maven 是跨平台的，这意味着无论是在 Windows 上，还是在 Linux 或者 Mac 上，都可以使用同样的命令。[11]

Maven 包含了一个项目对象模型（project object model）、一组标准集合、一个项目生命周期（project lifecycle）、一个依赖管理系统（dependency management system）和用来运行定义在生命周期阶段（phase）中插件（plugin）目标（goal）的逻辑。Maven 在生命周期的每个阶段都设计了插件接口，用户可以在接口上根据项目的实际需要绑定第三方插件，做该阶段应该完成的任务，从而保证所有 Maven 项目构建过程的标准化，因而 Maven 作为一个开放的架构，方便同第三方插件集成。另外，Maven 能够帮助应用系统的发布和分发工作。

Maven 具有如下优点：①项目构建过程设置简单，可在几秒钟内启动新项目或模块，提供统一的构建系统，使得新开发人员进入项目的时间不会增加。②提供包括自动更新、依赖关闭（也称为传递依赖）在内的依赖管理。③能够轻松地同时处理多个项目。④能够轻松编写 Java 或脚本语言的插件，具有可扩展性。⑤只需很少或不需要额外配置即可即时访问新功能。⑥基于模型的构建。Maven 能够根据项目的元数据将任意数量的项目构建到预定义的输出类型（如 jar、war 或分发）中，而无须在大多数情况下执行任何脚本。⑦项目信息的连续性。使用与构建过程相同的元数据，Maven 能够生成包含需要添加的任何文档的网站或 PDF 文件，并添加有关项目开发状态的标准报告。⑧发布管理和发布单独输出。不需要额外配置，Maven 就可与源代码控制系统（如 Subversion 或 Git）进行集成。⑨后兼容性。Maven 使用了中央仓库，能帮助开发者自动下载构件，Maven 鼓励使用 jar 和其他依赖项的中央存储库，使得其可轻松地从旧版本将 Maven 的多个模板移植到新版本中。

综合上述因素，广东省岸基雷达网辅助海上执法智能平台选择了 Maven 作为项目应用系统的发布工具和运行工具。

6.2.9 基于 FFmpeg 转换视频格式

在广东省岸基雷达网中，各雷达站都安装了光电设备，能有助于现场取证，因而涉及视频录制和格式转换的问题。FFmpeg 是一套具有视频采集、视频格式转换、视频抓图、给视频加水印等功能的开源计算机程序，其视频采集功能非常强大，不仅可以采集视频采集卡或 USB 摄像头的图像，还可以进行屏幕录制，同时还支持以实时传送协议（real-time transport protocol，RTP）方式将视频流传送给支持实时流协议（real-time streaming protocol，RTSP）的流媒体服务器，支持直播应用。

FFmpeg 是一款多媒体框架，其主要目的是将视频码流和音频码流按照一定的格式储存在一个文件中。它包含了一个音频和视频的解码器库 Libavcodec 和一个音频格式与视频格式的转换库 Libavformat，前者用来处理解析视频文件并将包含在其中的流分离出来，后者用来对原始音频和视频流进行解析。许多视频文件格式实际上并没有明确指出应该使用哪种编码来解析音频数据和视频数据；它们只是定义了如何将音频流和视频流绑定在一个文件里面，因而有时会遇到打开的文件只能听到声音，却不能看到图像的问题，这两个库文件的联合使用可有效地解决这一问题。

FFmpeg 提供了录制、转换及流化音视频的完整解决方案。为了保证高可移植性和编解码质量，它包含的音频和视频解码器库 Libavcodec 里很多 code 都是从头开发的。因而广东省岸基雷达网辅助海上执法智能平台应用 FFmpeg 将来源于光电相机的视频信息转化为实时消息传输协议（real-time messaging protocol，RTMP）格式并推送到 Nginx 代理服务[12-13]。

6.2.10 Nginx（代理服务器）

Nginx 是一个高性能的 HTTP 和反向代理 Web 服务器，与 Apache 一样使用模块化设计，其最大的特点就是内存使用量少、稳定性高、并发能力强，它使用异步事件驱动的方法来处理请求。基于 REST 架构风格，以统一资源标识符（uniform resource identifier，URI）或者统一资源定位符（uniform resource locator，URL）作为沟通依据，通过 HTTP 协议提供各种网络服务[14-15]。

因为连接到网站的访问人数过多时容易引起网站崩溃，所以单个服务器远远不能满足要求，这时就可以通过部署多台服务器来解决访问人数过多的问题，即分布式部署。反向代理，它代理的是服务器端，主要用于服务器集群分布式部署。反向代理隐藏了服务器的信息，多个客户端给服务器发送请求时， Nginx 接收之后，按照一定的规则分发给了后端的业务处理服务器进行处理。此时请求的来源也就是客户端是明确的，但是请求具体由哪台服务器处理并不明确，Nginx 扮演的就是一个反向代理角色。客户端是无感知代理的存在的，反向代理对外都是透明的，访问者并不知道自己访问的是一个代理，因为客户端不需要任何配置就可以访问。

为此，在广东省岸基雷达网辅助海上执法智能平台的构建中，应用 Nginx 来实现将光电服务程序推送过来的 RTMP 格式的视频流发送到浏览器端和移动端。

6.2.11　基于 pako.js 的压缩和解压

pako.js 是一款可以对内容进行压缩和解压的 JavaScript（简称 JS），在项目开发中常常会遇到前后端之间有大量数据传输占用带宽导致页面响应慢的问题，这时候我们可以考虑使用 pako.js 对信息进行压缩之后再传输。

在广东省岸基雷达网辅助海上执法智能平台中，数据接收、处理和分发服务将从雷达站点接收的一批实时数据进行处理后，进一步应用 pako.js 对数据进行分包压缩，推送到浏览器端，浏览器端再通过 pako.js 对压缩数据进行解压，最后在地图上显示。

6.3　前端中间件

6.3.1　JS 框架 Vue.js

JS 框架是一组能轻松生成跨浏览器兼容的 JavaScript 代码的工具和函数，可以更容易地编写检索、遍历、操作文档对象模型（document object model，DOM）元素的代码。作为 Web 前端的 JS 框架常用的有 Angular.js、React.js 和 Vue.js。

Vue.js 是一套构建用户界面的渐进式框架，作为目前最热门和最具前景的前端框架之一，它提供了一种帮助我们快速构建并开发前端项目的新的思维模式。与其他大型框架不同的是，Vue.js 采用的是自下向上逐层开发的设计，它只聚焦于视图层，因此非常容易与其他库或已有项目进行整合。此外，在与相关工具和支持库一起使用时，Vue.js 也能完美地驱动复杂的单页应用。

综合上述因素，广东省岸基雷达网辅助海上执法智能平台选择了 Vue.js 作为 JS 框架。

6.3.2　前端开发框架 Bootstrap

Bootstrap 是一组用于网端和网络应用程序开发的开源前端框架，是美国 Twitter 公司的设计师 Mark Otto 和 Jacob Thornton 合作，基于 HTML、串联样式表（cascading style sheets，CSS）和 JavaScript 开发的。HTML 主要负责文档结构的定义，CSS 负责文档表现层形式或样式的定义，Javascript 负责文档元素的控制。Bootstrap 推出后颇受欢迎，一直是 GitHub 上的热门开源项目和国内一些移动开发者较为熟悉的框架，如 WeX5 前端开源框架等，也是基于 Bootstrap 源代码进行性能优化而来的。

Bootstrap 包含的内容主要有：①Bootstrap 提供了一个带有网格系统、链接样式和背景的基本结构；②Bootstrap 自带全局的 CSS 设置、定义基本的 HTML 元素样式和可扩展的 class；③Bootstrap 包含了十几个可重复使用的组件，用于创建图像、下拉菜单、导航、警告框和弹出框等；④Bootstrap 包含了十几个自定义的 jQuery 插件，开发者可以直接包含所有的插件，也可以逐个包含这些插件；⑤开发者可以定制 Bootstrap 的组件、Less 变量和 jQuery 插件得到自己的版本。

主要核心功能特点如下[16]：

（1）跨设备、跨浏览器，可以兼容所有现代浏览器。

（2）响应式布局。两个框架，多种设备，不但可以支持电脑端各种分辨率的显示，还支持移动端如掌上电脑、手机等屏幕的响应式切换显示。

（3）提供全面的组件。Bootstrap 提供了实用性很强的组件，包括导航、标签、工具条和按钮等。根据这些组件，可以快速地搭建一个漂亮、功能完备的网端。

（4）内置 jQuery 插件。Bootstrap 提供了很多实用性的 jQuery 插件，这些插件方便开发者实现 Web 中各种常规的特效。

（5）支持 HTML5、CSS3 语义化标签和 CSS3 属性。

（6）支持 Less 动态样式。Less 是一门 CSS 预处理语言，它使用变量、嵌套和操作混合编码，编写更快、更灵活的 CSS，使得 CSS 具有动态性。

综合上述因素，广东省岸基雷达网辅助海上执法智能平台选择了 Bootstrap 作为前端开发框架。

6.3.3　主页框架 AdminLTE

AdminLTE 是一个开源的后台控制面板和仪表盘 WebApp 模板，它基于 Bootstrap 的主流前端框架，提供了一整套开发时可能用到的 UI 样式，其高度可定制，易于使用。在设计前端架构时，用好 AdminLTE，可以免去写 CSS 与 JS 的工作，而且美观。

它适合多种屏幕分辨率，从小型移动设备到大型台式机。内置了多个模板页面，包括仪表盘、邮箱、日历、锁屏、登录及注册、404 错误（链接指向的网页不存在）和 500 错误（服务器内部错误）等页面。[17]

AdminLTE 管理仪表盘和控制面板的 WebApp 模板主要有以下特点：

（1）支持 HTML5 和 CSS3；

（2）响应式设计，支持电脑端；

（3）自带 1000 多个 Icons；

（4）每个页面都支持打印，提升了打印功能；

（5）支持绝大多数主流浏览器；

（6）支持多达 18 种插件，而且还有 3 个专门为 AdminLTE 定制的插件，支持的插件包含有 Charts、ChartJS、Flot、Morris.js 和 Sparkline；表单元素：Bootstrap Slider、Ion Slider、Date Picker、Date Range Picker、Color Picker、Time Picker、iCheck 和 Input Mask；编辑器：Bootstrap WYSIHTML5 和 CK Editor；其他：DataTables、Full Calendar、jQuery UI、jQuery Knob、jVector Map、Slim Scroll 和 Pace。

综合上述因素，广东省岸基雷达网辅助海上执法智能平台选择了 AdminLTE 作为主页框架。

6.3.4　表格插件 jqGrid

jqGrid 是一个用来显示网格数据的 jQuery 表格插件，使用 jqGrid 可以轻松使前端页面与后台数据进行 AJAX 异步通信。AJAX 是一种在无须重新加载整个网页的情况下，能够更新部分网页的技术。[18] jqGrid 采用典型的 B/S 架构，它在服务器端只是提供数据管理，在客户端只提供数据显示。换句话说，jqGrid 可以以一种更加简单的方式来展现数据库的信息，而且也可以把客户端数据传回给服务器端，因而它可以很好的应用在一些后台管理系统管理大量数据的场合。

jqGrid 具有以下特性：①基于 jQuery UI 主题，支持主题切换，开发者可以根据客户要求更换不同的主题；②兼容所有流行的 Web 浏览器；③采用 AJAX 分页，可以控制每页显示的记录数；④支持 XML、JSON 和数组形式的数据源；⑤提供丰富的选项配置及方法事件接口；⑥支持表格排序，以及拖动列、隐藏列；⑦支持滚动加载数据；⑧支持实时编辑保存数据内容；⑨支持子表格及树形表格；⑩支持多语言。

综合上述因素，广东省岸基雷达网辅助海上执法智能平台表格插件选择了 jqGrid。

6.3.5　树形插件 zTree

树形插件的使用是应用开发过程中必不可少的。zTree 是一个依靠 jQuery 的核心代码实现的多功能“树插件”，尤其适合树状菜单、树状数据的 Web 显示和权限管理等的开发，zTree 最大的优点是具有优异的性能、灵活的配置和多种功能的组合。

zTree 具有以下特点：①zTree v3.0 将核心代码按照功能进行了分割，不需要的代码可以不用加载；②采用了延迟加载技术，上万节点轻松加载，即使在 IE6 下也能基本做到“秒杀”；③兼容 IE、Firefox、Chrome、Opera、Safari 等浏览器；④支持静态和 AJAX 异步加载节点数据；⑤依靠 CSS，可支持任意更换皮肤/自定义图标；⑥支持极其灵活的复选框或单选钮选择功能；⑦提供多种事件响应回调；⑧灵活的编辑（增/删/改/查）功能，可随意拖拽节点，还可以多节点拖拽；⑨在一个页面内可同时生成多个 zTree 实例；⑩简单的参数配置实现灵活多变的功能。[19]

综合上述因素，广东省岸基雷达网辅助海上执法智能平台树形插件选择了 zTree。

6.3.6　弹窗组件 Layer

Layer 是一款近年来备受青睐的 Web 弹窗组件，即弹出层组件，它具备全方位的解决方案，包括信息层、询问层、页面层、iframe 层、加载层、tips 层、输入/文件层、tap 层和边缘弹出等。Layer 致力于服务各水平段的开发人员，页面拥有丰富友好的操作体验，开发者只需在调用时简单配置相关参数，即可轻松实现各类互动。

在与同类组件的比较中，Layer 具有明显的优势，主要表现在以下几个方面：①它尽可能地在以更少的代码展现更强健的功能，且格外注重性能的提升、易用性和实用性；②Layer 甚至兼容了包括古老的 IE6 在内的所有主流浏览器；③它提供了数量可观的接口，使得程序员可以自定义需要的风格，每一种弹层模式各具特色。

综合上述因素，广东省岸基雷达网辅助海上执法智能平台选择 Layer 作为弹窗组件，其应用效果如图 6.6 所示。

图 6.6　弹窗组件 layer

6.3.7　表单校验 Validator

Validator 是一款基于 jQuery 的表单验证插件，在通常情况下，应用程序是分层的，不同的层由不同的开发人员来完成，而不同的层会出现同样的数据验证逻辑情况，这样就会导致代码冗余和一些管理的问题。为了避免这样的情况发生，最好是将验证逻辑与相应的域模型进行绑定。另外在开发中经常需要写一些字段校验的代码，比如字段非空、字段长度限制、邮箱格式验证等，写这些与业务逻辑关系不大的代码，存在验证代码烦琐、重复劳动，以及方法内代码冗长等问题。

做 Web 开发表单校验是再常见不过的需求了。Validator 用来验证前端页面传过来的数据是否符合预期，采用表单校验 Validator 框架具有以下优势：①将验证逻辑与业务逻辑之间进行了分离，降低了程序耦合度；②统一且规范的验证方式，无须程序员再次编写重复的验证代码；③可使程序员更专注于自己的业务。

6.3.8　轨迹绘制组件 Canvas

Canvas 是 HTML5 新增的画布组件，它就像一块幕布，可以用 JavaScript 在它上面绘制各种图表、动画等。换句话说，Canvas 是 HTML 的一个元素，用于图形的绘制。

不过 Canvas 元素本身并没有绘制能力，它仅仅是图形的容器，必须使用脚本来完成实际的绘图任务，通常采用 JavaScript 脚本。在没有 Canvas 的年代，绘图只能借助 Flash 插件来实现，页面不得不用 JavaScript 和 Flash 进行交互。现在有了 Canvas，直接用 JavaScript 就可以完成绘图了。

在广东省岸基雷达网辅助海上执法智能平台建设中，采用 Canvas 来实现目标点和轨迹绘制，具体实现步骤是：根据当前地图范围、目标经纬度计算目标所在屏幕位置，通过 OffscreenCanvas 离屏绘制渲染后生成图片数据，再叠加至 HTML5 Canvas 进行展示。

6.3.9　Dojo 工具包

Dojo 工具包创建于 2004 年，它是一个强大的、面向对象的 JavaScript 框架。它的出现使开发动态 HTML(Dynamic HTML，DHTML）和 JavaScript Web 应用程序更为容易，而且 Dojo 隐藏了很多现代 Web 浏览器中普遍存在的跨浏览器矛盾，即它很大程度上屏蔽了浏览器之间的差异性，使得开发者不用担心 Web 页面是否在某些浏览器中不可用。Dojo 能够更容易使 Web 页面具有动态能力，或者在任何能够稳定支持 JavaScript 语言的环境中发挥作用。

Dojo 工具包包括了核心的 JavaScript 库、简单易用的小部件（widget）系统和一个测试框架，且 Dojo 的事件系统、I/O 的 API 及通用语言形式基于一个强大编程环境，因而 Dojo 有以下的特征：①利用 Dojo 提供的组件，可以提升 Web 应用程序的可用性、交互能力，优化功能；②利用 Dojo 提供的组件，可以更容易地建立互动的用户界面，同时 Dojo 提供小巧的动态处理工具；③利用 Dojo 的低级 API 和可兼容的代码，能够写出轻便的、单一风格的 JavaScript 代码；④利用 Dojo 提供的工具，可以为代码写命令行式的单元测试代码；⑤利用 Dojo 的扩展包能使所编写的代码更容易维护，耦合性更低。

6.3.10　CKplayer 播放器

CKplayer 播放器，其全称为超酷 flv 播放器，是一款专用于在网页上播放视频的网页视频播放器，具有功能强大、体积小巧、跨平台和安装包小不占空间的优点。CKplayer 支持 HTTP 协议上的 flv、f4v、mp4 格式，同时支持 RTMP 视频流格式播放。

CKplayer 的最大特点在于用户可以根据自己的需要定义和制作播放器的风格，可以根据所确定的风格来使用各个按钮图片，然后替换原始风格里相应的图片就制作出彰显自己风格的播放器了。另外 CKplayer 支持前置视频广告和 Flash 广告，支持播放器和 JS 的互动，支持和任何网页程序、各种 CMS 的整合。图 6.7 为广东省岸基雷达网辅助海上执法智能平台采用 CKplayer 播放器自行设计的应用效果图，用于对光电设备获取的视频进行展示和控制。

图 6.7 CKplayer 播放器在系统中的应用效果（后附彩图）

6.4 项目管理

6.4.1 采用 SVN 进行源代码的版本控制

SVN是一个开放源代码的版本控制系统，用于保存编写开发应用程序时的文档修订版，它可用来管理任何类型的文件，其中包括程序源代码。版本控制（version control）是项目开发与管理的标准做法，能追踪项目从开始到结束的整个过程，常被应用于软件程序开发。由于在多人协作开发的模式下，每个人都向服务器提交自己的文件，就可能存在着代码被多次修改、替换的风险，但是版本控制能够在每次更新操作后进行相应的记录。一旦发生误操作，开发者能够根据服务器中的版本记录，将项目恢复到出现问题之前的其他版本[20]。因而一个软件开发试行后，最关键的问题就是能够有效的实现软件版本的控制，特别是能成功的查阅历史操作记录和实现协同开发。SVN具备了软件版本的系统控制功能。SVN能够管理着随时间改变的数据，这些数据被放置在一个中央资料档案库（repository）中，这个档案库很像一个普通的文件服务器，不过它会记住每一次文件的变动，这样就可以把档案恢复到旧版本，或是浏览文件的变动历史。

SVN 的客户端有两类，一类是基于 Web 的 WebSVN 等，另一类是以 TortoiseSVN 为代表的客户端软件。前者需要 Web 服务器的支持，后者需要用户在本地安装客户端，两类客户端都有免费的开源软件以供使用。SVN 存储版本数据也两种方式：BDB（一种事务安全型表类型）和 FSFS（一种不需要数据库的存储系统）。因为 BDB 方式在服务器中断时，有可能锁住数据，为了安全起见，广东省岸基雷达网辅助海上执法智能平台选择 FSFS 方式。

1.SVN 的工作机制

SVN 采用客户端/服务器体系，项目软件的各种版本都存储在服务器上，程序开发人员首先将从服务器上获得一份最新版本，并将其复制到本机，然后在此基础上，每个开发人员可以在自己的客户端进行独立的开发工作，并且可以随时将新代码提交给服务器。当然开发人员也可以通过更新操作获取服务器上的最新代码，从而保持与其他开发者所使用版本的一致性[21]。SVN 具体是如何实现对项目软件的版本控制？

如前所述，SVN 机制下，项目软件的各种版本都存储在服务器上，换句话说，就是在任意一台服务器中都可以添加一个 SVN 版本库，这些版本库主要用来存放程序和文档等项目资源，配置管理员将依据不同的配置管理计划对不同项目的组员分配与之相符合的访问权限，进而实现对资源的统一管理。只有当 SVN 对版本库中的资源进行过更新并记录，项目组成员才可以对版本资源库中的资源进行访问。具体的访问过程为：项目组成员首先在客户端从版本库中拷贝一个检索出来的项目文档，然后对相关内容进行修改，完成后通过 SVN 的提取文件命令将修改后的项目文档提交到终端服务器，终端服务器会对修改后的项目文件做修改后的综合更新记录。如果文件被修改过但未被提交到服务器，那么 SVN 服务器只会对已经提交到网络端服务器的项目文档进行更新审核，并与其他人的项目文档进行合并。提交之后 SVN 网络端服务器会将修改后与修改前的数据进行比较，并在后台对修改内容进行标注显示，进而实现对历史操作记录的更新记载，最终实现项目组成员既能检索出旧版本，又能通过 SVN 实现新旧版本的对比。[22]

另外，SVN 通过进行组员间的协同开发实现对项目软件的版本控制。协同开发一般是指版本控制系统间接收并处理不同用户提交的各种不同性质版本的资源代码，同时允许各个用户之间在遵循相应规则范围内实现合作开发。如何处理好有矛盾的版本控制系统是协同开发的关键，如多个程序编码员同时对同一份资源代码进行修改、提交到 SVN 版本库，就有可能发生提交后的版本意见、想法相冲等问题。

2.SVN 的优势

1）存储

SVN 服务器既具有并行版本系统（concurrent version system，CVS）所具有的数据储存优点，如信息资源存储后会形成资源树结构，便于存储，数据一般不会丢失，同时又拥有自己的特色。SVN 是通过关系数据库及二进制的存储方式，解决既往不能同时读写同一文件等问题，同时增添了自己特有的“零或一”原则。

2）速度

与 CVS 相比，SVN 在速度运行方面有很大提升。因为 SVN 服务器只支持少量的信息、资源传输，与其他系统相比，支持离线模式，因此避免了网络拥挤现象的出现。

3）安全性

SVN 是一种技术性更加安全的产品，它实现了系统和控制两方面的结合。它可以将系统整体的安全功能有效地分布在分支系统中，进而保证分支系统能正常运行，从而使各分支系统能够互补，最终使系统整体安全性得以保障。SVN 通过均衡原则实现追求安全的目的。

综合以上因素，广东省岸基雷达网辅助海上执法智能平台选用了 SVN 作为源代码的版本控制管理工具。

6.4.2 数据库设计工具 Power Designer

Power Designer 是能进行数据库设计的工具，它几乎涵盖了数据库模型设计的全过程，因而使用它可以方便地对管理信息系统进行分析设计。利用 Power Designer 可以制作数据流程图，并分别从描述独立于数据库管理系统的实体定义和实体关系定义的概念数据模型（conceptual data model）和在概念数据模型的基础上针对目标数据库管理系统的具体化的物理数据模型（physical data model）两个层次对数据库进行设计，可以为数据库制作结构模型，也能对团队设计模型进行控制。利用该工具用户还可以设计 E-R 图，然后软件会自动根据 E-R 图创建数据库表。另外它可以与许多流行的软件开发工具，如 PowerBuilder、Delphi 和 VB 等相配合使开发时间缩短和使系统设计更优化。

Power Designer 特性如下。

1）需求管理

Power Designer 可以把需求定义转化成任意数量的分析及设计模型，并记录需求、所有分析及设计模型的改动历史，保持对它们的跟踪。它提供了导入/导出功能，该功能使业务用户能轻易地进行处理流程的工作。

2）文档生成

Power Designer 提供了 Wizard 向导，可协助建立多模型的富文本格式（rich text format，RTF）和 HTML 格式的文档报表，这样便于研发团队中非建模成员了解模型信息，在从事项目研发工作的整个团队之间搭建一个良好的沟通桥梁。

3）影响度分析

Power Designer 模型之间采用了独特的链接与同步技术进行全面集成，支持企业级或项目级的全面影响度分析。从业务过程模型、统一建模语言（unified modeling language，UML）面向对象模型到数据模型都支持该技术，大大提高了整个组织的应变能力。

4）数据映射

Power Designer 提供了拖放方式的可视化映射工具，能方便、快速及准确地记录数据依赖关系。能在任何数据和数据模型、数据与 UML 面向对象模型及数据与 XML 模型之间建立支持影响度分析的完整的映射，生成持久化代码及数据仓库（extracttransform-load，ETL）文件。

5）Power Designer 支持所有主流开发平台：支持超过 60 种（版本）关系数据库管理系统，包括最新的 Oracle®、IBM®、Microsoft、Sybase、Teradata、MySQL 等，支持各种主流应用程序开发平台，如 Java J2EE、Microsoft.NET™（C#和 VB.NET）、Web Services 和 PowerBuilder®，支持所有主流应用服务器和流程执行语言，如 ebXML 和 BPEL4WS 等。

6）可自定义：Power Designer 支持从用户界面到建模行为及代码生成的客户化定制。支持用于模型驱动开发的自定义转换，包括对 UML 配置文件的高级支持、可自定义菜单和工具栏、通过脚本语言实现自动模型转化、通过 COMAPI 和 DDL 实现访问功能及通过模板和脚本代码生成器生成代码。

7）企业知识库：Power Designer 的企业知识库存储在关系数据库中，具有高度的可扩展性，便于远程用户使用。该知识库提供以下功能：基于角色的模型和子模型访问控制、版本控制和配置管理、模型与版本的变更报告以及全面的知识库搜索功能。Power Designer 的知识库还可以存储和管理任何文档，包括 Microsoft® Office®、Project 文件、Project 图像和其他类型的文档。

综合以上因素，广东省岸基雷达网辅助海上执法智能平台选用了 Power Designer 进行数据库建模设计。

6.5　信息推送技术

本节主要介绍几种推送技术的工作原理和消息推送的实现方式，以及广东省岸基雷达网辅助海上执法智能平台所采用消息队列 RabbitMQ 信息推送技术。

6.5.1　推送技术的工作原理

在现有技术中，用户从互联网获取信息主要有两种：一种是用户通过浏览器主动查询消息（pull），网站只能被动地接收访问；另一种则是服务器主动向用户发送消息（push），变被动模式为主动模式。[23] 面对浩瀚的信息，人们希望能够实现信息主动寻找用户，而不是用户大海捞针似的寻觅信息，于是信息推送（push）技术应运而生[24]。

所谓信息推送，就是“Web 广播”，是通过一定的技术标准或协议，在互联网上通过定期传送用户需要的信息来减少信息过载的一项新技术。推送技术通过自动传送信息给用户，来减少用于网络上搜索的时间。它根据用户的兴趣来搜索、过滤信息，并将其定期推给用户，帮助用户高效率地发掘有价值的信息。

1.基于单播通信推送技术的工作原理

单播通信推送技术为一对一的信息传送模式，是基于 HTTP 协议进行信息推送。其原理是客户端采用 HTML 语言，通过 HTTP 协议向服务器端提交用户请求，服务器端使用相应的 HTTP 协议响应方式将满足用户需求的信息反馈给客户端。在这种模式下，对于客户端提交的用户请求，服务器端仅响应一次。[25]

单播通信推送技术实际上是将传统邮递服务中的“订阅”概念引入 Web 信息传送过程，其工作流程如下：

（1）用户填写包括用户个人档案、所感兴趣的信息类型及要求进行推送的时间等在内的订阅单，然后将订阅单交送给信息提供商。

（2）信息提供商按该用户的订阅单收集相关信息，并将这些信息由服务器推送给用户。

从理论上讲，信息推送技术是指服务方不需要客户方的请求即可主动地将数据送至客户方。但在实际应用中，这种服务的主动性是有一定局限性的，即在用户许可的范围内提供主动服务。[26]

2.基于时间驱动推送或事件触发推送技术的工作原理

从信息推送技术模式和运行机制的角度来分析，基于时间驱动推送和事件触发推送技术的工作原理是相似的，都是达到用户指定的时间或某个事件发生后服务器启动推送机制，将信息推送给用户。图 6.8 描述了其工作原理。从图 6.8 可以看出，实际上这两种推送方式依然是基于单播通信推送，但是它们拥有比较高的控制性，比纯粹单播通信推送技术更加智能化一些，因为服务器端在一个预先设置的时间点或者某一事件发生后才会被触发，此时便可以运行信息推送服务。[25-27]

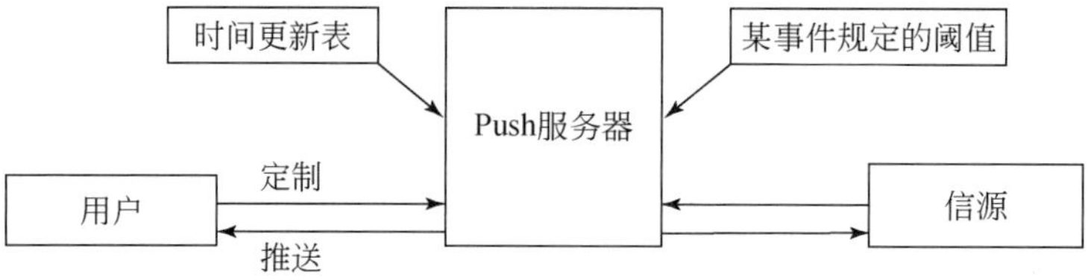

图 6.8　时间驱动推送或事件触发推送的工作原理

3.基于自动推送和动态推送技术的工作原理

自动推送和动态推送都是基于智能代理（agent）的信息推送模式。它们一般需要 4 个步骤完成推送过程。①智能代理自动地或动态地跟踪用户行为；②收集用户需求信息，进行分析和建模，构造动态用户模型；③搜集用户所需信息，并进行加工整理；④推送信息给用户。图 6.9 为其工作原理图。

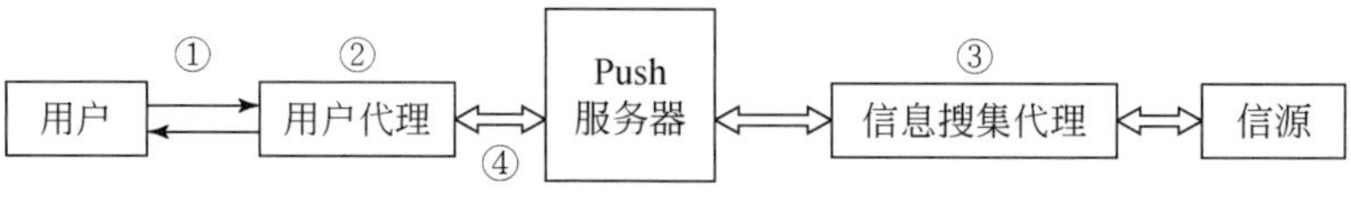

图 6.9　自动推送和动态推送的工作原理

相对于基于时间及事件的推送模式来说，它们是拥有更为高效的智能性的信息推送模式。但是，它们推送模式的运行必须依托于某一预设的端口，而当下信息安全受到高度关注，端口的开放会带来难以估计的灾难性问题[25, 28]。

4.基于 IP 多播推送技术的工作原理

随着网络规模的不断扩大和网络信息资源的迅速增加，网络传输负担也将逐渐提高，尤其是将网络资源传送给网络中所有对此信息感兴趣的主机时。注意：这不是某个主机，也不是所有主机。采用传统的单播技术已经无法解决此类网络传输问题，若采用广播技术又会增加网络负担，严重影响网络效率。而多播可以将网络数据报文按照多播组地址进行传送，只有属于该组的所有主机才能接收此数据报文，这样就极大地提高了网络传输效率。[29]

IP 多播（也称为多址广播或组播）推送技术是一种允许一台或多台主机（多播源）发送单一数据包到多台主机（一次的，同时的）的 TCP/IP 网络技术，即一个独立的地址指向多个用户或多组成员。IP 多播通信必须依赖于 IP 多播地址，使用同一个 IP 多播地址接收多播数据包的所有主机构成了一个主机组，也称为多播组。一个多播组的成员是随时变动的，一台主机可以随时加入或离开多播组，多播组成员的数目和所在的地理位置也不受限制，一台主机也可以属于几个多播组。此外，不属于某一个多播组的主机也可以向该多播组发送数据包。想要接收 IP 多播会话的主机通过发送一个互联网组管理协议（Internet group management protocol，IGMP）请求加入一个会话，并被临时分配一个与该会话中其他订阅者共享的 IP 地址，其优点是节省了带宽。IP 多播只在必要时强制网络进行信息包复制，从而减少了网络上的信息传递量。

IP 多播推送技术使用的是用户数据报协议（user datagram protocol，UDP）上的专用协议，如多预源文件传输协议（multiple file transfer protocol，MFTP），在该协议下，任何一个进行文件下载的客户端，都可以从多个网络节点下载同一文件的不同分片，然后将这些来自不同节点的分片在本地组合成完整的文件。

6.5.2　推送技术的实现方式

从技术实现来看，信息推送技术可分为 5 种方式：Web 服务器扩展通用网关接口（common gateway interface，CGI）方式、客户代理（client agent，CA）方式、服务器推送（server push）技术方式、频道推送方式和邮件推送方式。

1.Web 服务器扩展 CGI 方式

Web 服务器通过接受用户请求并将用户请求的内容返回给用户，主要功能是提供网上信息浏览服务。当一个请求（request）被送到 Web 服务器里时，Web 服务器只是单纯地把请求（request）传递给可以很好处理请求（request）的程序（服务器端脚本），这里的服务器端脚本即是 CGI 程序。CGI 方式是万维网技术中最重要的技术之一，它是外部应用程序（CGI 程序）与 Web 服务器之间的接口标准，是在 CGI 程序和 Web

服务器之间传递信息的规程，CGI 规范允许 Web 服务器执行外部程序，并将它们的输出发送给 Web 浏览器。

Web 服务器扩展 CGI 方式是使用服务器扩展 CGI 来扩充原有 Web 服务器的功能，从而实现信息推送。CGI 命令可以设计出能够对用户输入信息作出响应的交互式 Web 站点，通常把表单嵌入 Web 页面提供给用户，用户在浏览页面时填写并提交表单进行“订阅”；由服务器上的 CGI 命令文件处理后动态地生成所需的 HTML 页面；最后 Web 服务器将特定信息送给用户。这种方式实质上仍是要用户去“拉取（pull）”，只不过拉过来的信息是个性化定制的信息，因此是一种最弱意义上的“推送”。这种方式无须特殊的客户端部件，较易构造应用。

综上可见，Web 服务器扩展 CGI 方式是一种先进的服务器和客户机之间的通信连接方式，利用在服务器端的 CGI 脚本程序把数据源源不断地推向客户机，从而使客户机和服务器之间的交互性大大提高。采用这种方式，在客户机做出一个请求后，服务器和客户机建立一个永久的连接，然后服务器会根据客户机的请求不断把数据包推送给客户，这个推送的过程是不间断的。由服务器推向客户机的数据在客户机的浏览器上会不断产生新的内容，从而大大减少了延迟的时间，向服务器响应—客户机请求同步迈进了一步。

2.客户代理方式

这种方式使用“客户代理”定期自动地对预定的 Web 站点进行搜索，收集更新信息送回用户。客户代理对 Web 站点的搜索从其根目录开始直至用户指定的页面，当搜索到该页面后便将所有遍历的内容都返回用户。这就存在一些问题：返回给用户的内容重点不突出；站点内容的更新与客户代理的自动查询不易同步；缺少对站点信息的类型划分；用户需要控制搜索深度，使用不太方便；等等。为克服这些不足，Web 站点需要提供其资源列表和资源的更新状态等信息以配合客户代理的搜索上传。信息提供商发布信息时，不必改动 Web 站点原有的组织结构，只需建立响应的频道定义格式文件，并放于 Web 服务器上即可。这种实现方式，“主动服务”由客户代理提供，因此可以将其称为“智能的拉取”；但是从用户角度考虑，它属于“推送”的范畴，而且很好地继承了原有系统，实现比较简单。

3.服务器推送技术方式

推送技术的基本思想是将浏览器主动查询信息改为服务器主动发送信息。当收到服务器发送来的一批数据时，浏览器就主动显示这些数据，同时保证与服务器的连接。当服务器需要再次发送一批数据时，浏览器显示数据并保持连接。之后，服务器仍然可以发送批量数据，浏览器继续显示数据，依次类推。

4.频道推送方式

频道推送是目前在网站建设中应用最多的技术。完整的频道推送体系结构有三大功能：访问频道、把信息推送给用户和接收通知信息。根据是否由用户定制信息，以及是在客户端定制信息还是在服务器端定制信息，信息推送的实现可分为三种方式：覆盖推送（blanket push）、过滤推送（filtered push）和发行订阅推送（publish-and-subscribe push）。

1）覆盖推送

这种信息推送方式不经过过滤或用户选择而向用户推送信息。服务器存放准备发布的信息，客户机上使用专用软件，客户软件定期发出请求，从服务器上获得推送的更新信息。覆盖推送方式，原则上并无频道概念，不具备访问频道的功能。覆盖推送的优点是：客户端软件通常是免费的，可以从不同资源获得各种信息。缺点是：①客户软件要经常访问信源，通常发送给用户的信息量很大，网络带宽消耗大，用户选择信息难度大；②个性化程度差。

2）过滤推送

过滤推送是指在推送过程中，只有用户指定的类或频道中的信息才被推送给用户，如图 6.10 所示。通过过滤推送方式，用户可以在客户端定制信息。服务器会根据用户定制表单（记录用户需求、兴趣和爱好的文件），将用户所需的有关信息推送给用户。但目前只有使用专有协议来标识新内容的推送软件接近这种模式。推送软件在后台运行，并自动下载信息到桌面。过滤推送与覆盖推送的区别在于推送的内容不同，过滤推送推送给用户的只是用户选择的信息，也就是将大量与用户需求无关的信息过滤掉了。因而推送给用户的信息量小，准确度高，节省了用户许多浏览选择的时间。另外，通过用户定制，实现了用户需求信息的个性化。

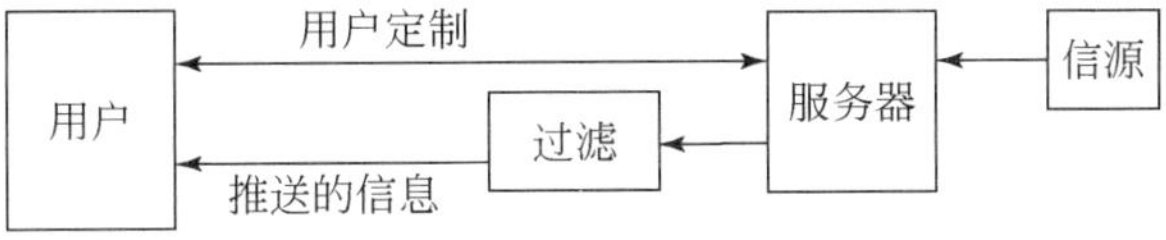

图 6.10　过滤推送体系结构

3）发行订阅推送

在网站的内部数据和来自信息提供商的外部数据已形成可以为内部数据用户订阅的频道时，一般使用这种推送技术。这种推送方式是在服务器端定制信息，所订制的信息是有组织的，它包括信息储存和内部数据的链接，是真正的推送技术。发行订阅推送可以按照图 6.11 所示的方式运行。

（1）创建频道内容。把要发送给用户的信息分组存放在各个频道中，负责创建频道内容的管理员生成必要的文件或信息，并将内容提交给推送服务器。要推送的内容可以是简单文本，也可以是完整的 Java 应用程序等。

（2）订阅频道。网络用户从中央目录订阅感兴趣的频道。有些推送服务器还可以让管理者用口令保护某些频道，使它们只能被指定的用户访问。

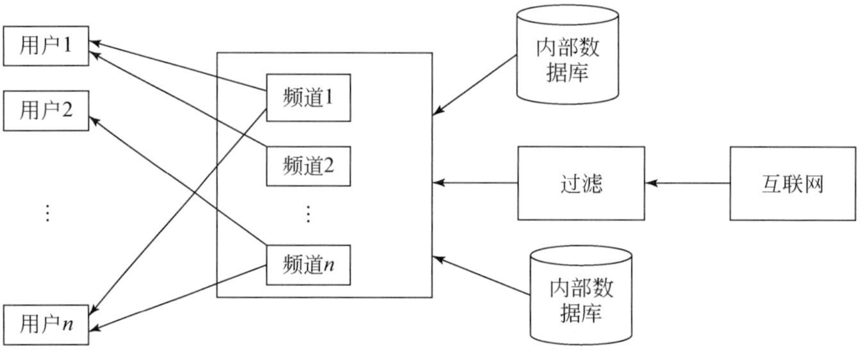

图 6.11　发行订阅推送体系结构

（3）通知用户。用户可以有两种方式接收更新的频道内容：一是客户软件能自动地以指定的时间间隔（用户指定的更新周期）检查服务器是否有更新的内容；二是服务器不断地发送更新的信息，客户软件一直接收更新的信息。

5.邮件推送方式

邮件推送方式即 E-mail 推送方式，是最简单的，也是目前应用最广泛的一种推送方式。随着网络的日益普及，电子邮件已经成为人们交流的一种常用工具和人们获取信息的一种重要手段。邮件推送技术正在改变互联网上信息访问的方式，它变用户主动搜寻信息为被动地、有目的地接收信息。比如说，用户在互联网上订了某一网站关于股评的信息，那么，该网站会通过电子邮件向用户定期发送有关股评的内容，而用户其实能在该网站的主页上看到一样的内容，只是邮件推送是主动把这些信息发送到用户的电子邮箱中。在邮件推送方式中，用户需要留下自己的邮箱；针对信息内容比较丰富和多样化的网站，用户还需要“告诉”系统其欲订阅的信息，也就是说用户需要提交信息需求或者选择可供订阅的信息内容。

6.5.3　消息中间件 RabbitMQ

RabbitMQ 是实现了高级消息队列协议（advanced message queuing protocol，AMQP）的开源消息代理软件，亦称面向消息的中间件，实际也是一种消息服务器。MQ 全称为 Message Queue，即消息队列，它是一种应用程序对应用程序的通信方法。AMQP 的主要特征是面向消息、队列、路由（包括点对点和发布/订阅）、可靠性和安全，用它实现的消息中间件比其他产品更加可靠和安全。

消息中间件主要用于组件之间的解耦，消息的发送者无须知道消息使用者的存在，反之亦然。当下主流的消息中间件有 RabbitMQ、Kafka、ActiveMQ、ZeroMQ、RocketMQ 等。[30] RocketMQ 是开源的消息中间件，使用纯 Java 开发，其特点是写消息的速度极快；ZeroMQ 主要用于处理消息存储、路由、Broker 服务发现和查找、事务、消费模式（ack、重投）、集群服务等，是专门为高吞吐量/低延迟的场景开发的；Kafka 是一个开源的分布式流平台，主要是基于 pull 的模式来处理消息消费，追求快速持久、高吞吐量（每秒数百万条消息），适用于高性能消息应用场景，主要解决大量日志传输的问题；ActiveMQ 是一个纯 Java 程序，是在分布式系统中完成消息的发送和接收的基础软件，它主要用于电商平台。

相比之下 RabbitMQ 具有以下的优点：①支持持久化消息，持久化消息主要是指机器在不可抗力因素等情况下出现故障时，消息不会丢失的机制[31]；②RabbitMQ 的实现语言是天生具备高并发、高可用的 Erlang 语言，所以它具有高并发性；③RabbitMQ 使用消息响应机制保证消息的可靠性，在客户端确认了一条消息后，它会给 RabbitMQ 返回一个消息响应，表明该消息已被处理，然后 RabbitMQ 就会从内存和硬盘中删除这条信息，如果客户端此时断开连接没有返回 ack，那么 RabbitMQ 就会将消息重新发给其他客户端，确保消息一定可以被处理[32]。

广东省岸基雷达网辅助海上执法智能平台会根据“7.6 预警算法及实现”一节中给出的预警算法，对海上目标进行分析，从而提取预警目标，实现预警服务。预警服务一旦分析出预警事件，就会将预警信息写入预警信息库中。信息管理服务器定时将预警信息库中未反馈的信息推送至前端（电脑端和移动端），一旦收到来自前端的确认，就把该信息标记为已反馈，这样信息管理服务器就不再对这笔预警信息进行推送。根据平台的特点与 RabbitMQ 的优点，选择消息中间件 RabbitMQ 作为信息管理服务器和消息服务器，具体的预警信息推送服务的工作流程如图 6.12 所示。实时业务逻辑服务实现了将广东省岸基雷达网辅助海上执法智能平台实时预警监控数据通过 RabbitMQ 转发到客户端，即由服务层将实时预警数据通过 RabbitMQ 推送到应用层（电脑端或者移动端）。

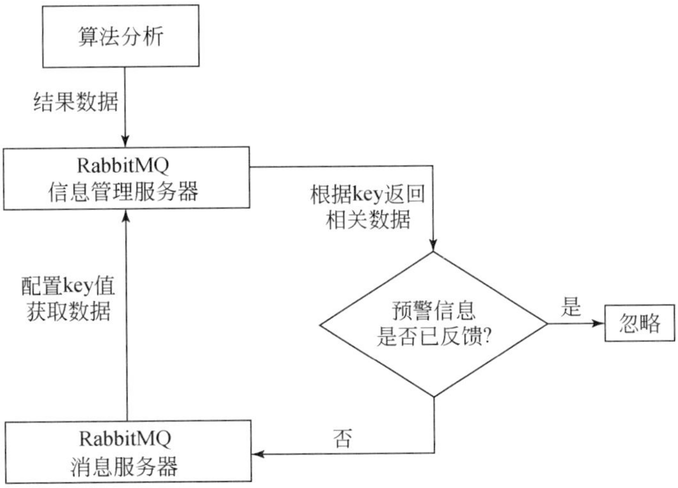

图 6.12　预警信息推送服务工作流程图

参考文献

[1] 卢凌. 基于 Java 编程语言下计算机软件开发技术的思考［J］. 数字技术与应用，2018，36（12）：137，139.

[2] 尹维伟. 探析计算机软件 Java 编程特点及技术［J］. 电脑编程技巧与维护，2020（3）：38-39，52.

[3] 王丹，孙晓宇，杨路斌，高胜严. 基于 SpringBoot 的软件统计分析系统设计与实现［J］. 软件工程，2019，22（3）：40-42.

[4] 王福强. SpringBoot 揭秘：快速构建微服务体系［M］. 北京：机械工业出版社，2016.

[5] 刘增辉. MyBatis 从入门到精通［M］. 北京：电子工业出版社，2017.

[6] 丁洁. 基于 Shiro 的 Web 应用安全框架设计研究［J］. 信息与电脑，2018（13）：38-39.

[7] 蔡云鹭，何国东. Commons_FileUpload 组件在网上投稿系统中的应用［J］. 电脑知识与技术，2010，6（22）：6146-6148.

[8] 李静梅，王超宇. Struts2 架构中的 Commons-fileupload 组件应用技术［J］. 应用科技，2011，38（4）：39-43.

[9] 刘香利. 基于 RESTful_HTTP 的网络管理接口定义方法和通知机制设计［D］. 北京：北京邮电大学，2019.

[10] 唐炜. Spring Data、MongoDB、Thymeleaf 的数据持久化方案及分页技术实现［J］. 陇东学院学报，2017，28（5）：9-13.

[11] 邓志强，邓林强. Maven 在 Java 项目开发中的应用［J］. 电子元器件与信息技术，2019，3（5）：1-4.

[12] 宋燕燕，秦军. 基于 FFMPEG 的视频水印系统设计［J］. 计算机技术与发展，2018，28（4）：144-147.

[13] 李芳芳，苏凯雄. 基于 FFmpeg 的 H.264 格式转换器的设计与实现［J］. 电视技术，2016，40（7）：32-35.

[14] 丘杰雄. Nginx+Keepalived+Tomcat+MySQL 高可用负载均衡 Web 应用架构实践［J］. 技术应用，2018（11）：38-42.

[15] 杜风旭. 基于 Websocket 协议的在线聊天系统设计与实现[D].南京：东南大学，2016.

[16] 伏启翔，覃愿，王黎明，等. 无金标准部分核实数据下基于 Bootstrap 的小样本齐性检验［EB/OL］.（2020-06-01）. http://kns.cnki.net/kcms/detail/50.1205.T.20200601.0928.002.html.

[17] 杨俊，陆校松. Web 前端开发技术在运维管理系统中的应用［J］. 卫星电视与宽带多媒体，2019（8）：37-38，50.

[18] 苏裄. 一个基于 WCF 和 jqGrid 的 Web 应用系统的设计与实现［D］. 广州：华南理工大学，2012.

[19] 钟文广. zTree 树插件在 Web 开发中的应用［J］. 科技广场，2017（10）：38-42.

[20] 易文龙，华晶，何火娇. SVN 版本控制在软件工程专业实训的应用［J］. 农业网络信息，2010（9）：39-41.

［21］孙更新，宾晟，宫生文. Java 程序开发大全 基于 MyEclipse 平台+Struts+Hibernate+Spring 主流框架开发［M］. 北京：中国铁道出版社，2010：8.
［22］张萱. 用 SVN 实现软件的版本控制［J］.电子技术与软件工程，2017（10）：63.
［23］谢晓琦. 信息推送技术综述［J］. 科技创新，2016（23）：45.
［24］曾维宇，陈铁军，孟丽，等. 基于 Push 技术的主动信息服务系统设计与实现［J］. 计算机工程与设计，2005，26（11）：2893-2894，2933.
［25］杜永文，屈应照，龙淼. 信息推送服务在农业物联网中的应用研究［J］. 工业仪表与自动化装置，2017（2）：22-26，34.
［26］Bovik A C. Handbook of Image and Video Processing (Communications，Networking and Multimedia)［M］. Pittsburgh：Academic Press，2005.
［27］赵志军，沈强，唐晖，等. 物联网架构和智能信息处理理论与关键技术［J］. 计算机科学，2011，38(8): 1-8.
［28］张月天，徐忠珊. 目前互联网领域信息推送技术的评述［J］. 晋图学刊，2009（3）：18-22.
［29］冀博，李宥谋，杨清娜. 基于 IP 组播的 Web 服务推送技术的研究与实现［J］.物联网技术，2012（7）45-47，51.
［30］解晓鹏. 云联络系统中基于消息队列的分布式网关的研究与应用［D］. 西安：电子科技大学，2018.
［31］王文明. 基于消息分类的消息中间件研究［D］. 曲阜：曲阜师范大学，2010.
［32］文旭韬. SDN 安全控制权的优化设计与实现［D］. 北京：北京邮电大学，2015.

第 7 章　雷达网数据处理及算法

本章主要介绍广东省岸基雷达网辅助海上执法智能平台构建中用到的 Oracle 和 Elasticsearch 两种数据库、存储海上雷达站探测目标的数据库设计、数据的传输原理与采用的传输技术、研发的数据清洗算法、数据存储方式、预警算法及实现等内容。

7.1　数据库系统

根据“1.5.3　广东省小目标岸基雷达网建设情况”，我们可以看到截至 2020 年 12 月广东省岸基雷达网一共有 58 座雷达站，每座雷达站配备有雷达传感器、AIS 接收天线和光电摄像机。这些雷达站探测到海上目标之后，通过接口将目标数据提供给外界。一种是直接根据提供的接口把数据推送给广东省岸基雷达网辅助海上执法智能平台的数据接收中心；另外一种是各雷达站直接通过接口就地下载数据并存储下来。在推送给广东省岸基雷达网辅助海上执法智能平台的数据中，涉及探测到的海上实时目标存储、提取的预警目标存储，以及历史目标轨迹查询与展示数据存储，这些主要采用 Oracle 数据库和 Elasticsearch 数据库；对于各雷达站提供的接口，仅在本地存储的数据采用 MySQL 数据库。本节主要介绍这三类数据库的性能与特点。

7.1.1　Oracle 数据库

Oracle 是一款以分布式数据库为核心的关系数据库管理系统。Oracle 是世界上第一个商品化的关系数据库管理系统，采用标准结构化查询语言（SQL），支持多种数据类型，提供面向对象的数据支持。[1]

Oracle 最突出的特点是其多线索服务器，该体系结构配备了共享 SQL，一方面能够降低 Oracle 的资源占用，另一方面能够促进 Oracle 能力的提升。其次，Oracle 具有安全保密管理机制，不仅能够提升数据库管理的安全性与一致性，而且能够实现完整性检查。Oracle 还支持声音、动画及二进制图形等多媒体数据。[2] Oracle 与第三代高级语言具有接口软件，可以将 SQL 语句嵌在 C 语言中，在系统中处理各类数据。诸如 VB 开发工具能够生成客户端电脑应用程序，移植性好。Oracle 具有分布式数据库功能，在网络中能够对远程数据库数据进行读写。

2013 年，新一代数据库 Oracle 12c 正式发布。和前几代数据库 Oracle 8i、9i、10g、11g 相比，Oracle 12c 命名上的“c”明确了这是一款针对云计算（cloud）而设计的数据库，增加了 500 多项新功能，主要包括自动数据优化、深度安全防护、面向数据库云的高可用性、高效的数据库管理、简化大数据分析、列式存储及分片（sharding）技术。

1）自动数据优化

为了帮助客户有效管理更多数据、降低存储成本及提高数据库性能，Oracle 12c添加了最新的自动数据优化功能。它是通过热图（heat map）跟踪数据使用情况来实现的。热图可以在行级和段级自动跟踪表/分区的使用信息，即监测数据库读/写功能，因而数据库管理员可以轻松识别存储在表和分区中数据的活跃“热”程（即访问的频繁程度），判断其是热数据（非常活跃），还是温暖数据（只读）或冷数据（很少读）。自动数据优化可根据热图收集的信息，利用智能压缩和存储分层功能，按照用户定义的策略自动移动和压缩数据。即决定将数据存储于何处及何时将其从某层迁移至另外一层的策略，从而帮助降低管理大量数据的成本。

2）深度安全防护

Oracle 12c具有安全保密管理机制，不仅能够提升数据库管理安全性与一致性，而且能够实现完整性检查。新增的校订功能能使企业无须改变大部分应用即可保护敏感数据，这些敏感数据基于预定义策略和客户方信息，在运行时即可校对。另外Oracle 12c还包括最新的运行时间优先分析功能，使得客户能够确定实际使用的权限和角色，帮助企业撤销不必要的权限，同时充分执行必要的权限，确保企业运营不受影响。

3）面向数据库云的高可用性

Oracle 12c加入了数项高可用性功能，包括应用程序连续性（application continuity）、全球数据服务（global data services）、Data Guard增强、恢复管理器（recovery manager, RMAN）增强、GoldenGate更新。应用程序连续性可屏蔽意外/计划中断，正在执行的应用可以继续运行；全球数据服务为全球分布式数据库配置提供了负载平衡和故障切换功能；Data Guard增强是在主节点与备用节点间通过日志同步来保证数据的同步，实现数据库快速切换与灾难性恢复；恢复管理器（RMAN）是一个使DBA能很方便地对数据库执行备份和恢复任务的增强，其新增的性能包括了增加了新的备份用户特权、可以直接在RMAN中执行SQL语句、在RMAN中提供了表级别恢复等，即针对物理备份数据库上的快速增量备份，改进的块介质恢复；GoldenGate更新中，增加了零停机迁移/升级功能。

4）高效的数据库管理

Oracle 12c的企业管理器是云控制的无缝集成，使管理员能够轻松实施和管理新的Oracle 12c数据库功能，包括新的多租户架构和数据校订。通过同时测试和扩展真正任务负载，帮助客户进行验证升级与策略整合。

5）简化大数据分析

Oracle 12c通过SQL模式匹配增强了面向大数据的数据库编程模型MapReduce的功能。这些功能实现了商业事件序列的直接呈现和可扩展呈现，如金融交易、网络日志和点击流日志。借助最新的数据库内预测算法，以及开源R与Oracle 12c的高度集成，数据专家可更好地分析企业信息和大数据。

6）列式存储

传统的数据库采用的是行式存储，当一个事务发生时，Oracle会对一行（或多行）

数据进行操作，也就是说数据的操作单位是一整行数据，即使可能需要被访问的数据只是该行数据其中几个列，这种数据保存方式对以数据操纵语言（data manipulation language, DML）为主的联机事务处理（online transaction processing，OLTP）应用是非常适合，也是非常高效的。但是联机分析处理（online analytical processing，OLAP）系统当中，针对大量数据的查询操作是占绝对地位的，而这些查询往往只针对表中一些特定的列。另外，数据的改变都是以数据装载的方式发生的，也就是说数据被装载到数据库后是极少发生改变的，毫无疑问以列的方式组织数据无疑是更好的选择。正是因为这两种存放数据的方式各有利弊，无论以哪一种方式来保存数据都无法很好地满足混合式应用的数据库系统的要求，Oracle 推出了所谓的双模式数据存放方式。即在磁盘（也就是数据文件）和数据库缓冲区（database buffer cache，DBC）中以行的形式存放数据；单独开辟一块内存空间（in memory area），其中以列的方式保存数据，满足 OLAP 类型的查询需求。而 Oracle 选择单独开辟一块内存来保存列模式数据的主要原因之一就是 OLAP 的应用是以查询为主的，而且数据改变绝大部分都是以数据加载的方式发生的，这意味着 Oracle 也是通过批量数据加载的方式来完成内存空间中的数据加载从而保证数据的实时性。

7）分片技术

分片技术是数据层架构体系，在各个数据库间进行垂直分片。Oracle Sharding 是用于自定义设计的 OLTP 应用程序的可扩展性和可用性功能，可以在不共享硬件或软件的 Oracle 数据库池之间分发和复制数据。将数据库池作为单个逻辑数据库呈现给应用程序。应用程序可以在任何平台上将任何级别（数据、事务和用户）弹性地缩放，即简单地在池中添加数据库（分片）。

简单来说，Oracle 的分片技术就是通过分区（partioning）技术的扩展来实现的。以前一个表的分区可以存在于不同的表空间，现在可以存在于不同的数据库。

与其他 NoSQL 型的分片结构相比，Oracle Sharding 提供了卓越的运行性能和更简单的生命周期管理。它还提供企业 RDBMS 的优势，包括：关系模式、SQL 和其他编程接口、支持复杂数据类型、在线模式更改、多核可扩展性、高级安全性、高可用性、ACID 属性和一致性等。

Oracle Sharding 使用 GDS 架构来自动部署和管理分片。GDS 还提供负载均衡和分片数据库（sharded database，SDB）中的基于位置的路由功能。

除了上述新特性外，Oracle 12c 引入了一个新的多承租方架构，使用该架构可轻松部署和管理数据库云。此外，一些创新特性可最大限度地提高资源使用率和灵活性，如 Oracle Multitenant 可快速整合多个数据库，而新增的自动数据优化和热图两项功能可以更高的密度压缩数据和对数据进行分层。这些独一无二的技术进步再加上在可用性、安全性和大数据支持方面的主要增强，使得 Oracle 12c 成为私有云和公有云部署的理想平台。

广东省岸基雷达网辅助海上执法智能平台数据库存储采用 Oracle 12c。

7.1.2　Elasticsearch 数据库

Elasticsearch（ES）是基于 RESTful Web 接口和全文检索引擎工具 Lucene 的搜索服务器。它是用 Java 开发的，并作为 Apache 许可条款下的开放源代码发布，具有实时搜索、稳定、可靠、快速、安装使用方便等优点。[3] ES 对内其实就是一个搜索数据库，它拥有传统的关系数据库的诸多优点，包括存储索引结构、存储文档内容等；对外其通过提供 HTTP 协议来完成搜索的应用，对内存储对应的一个数据结构文档，用来做索引数据库的中间件节点，因而 ES 也可以理解成一个中间件[4]。

当我们建立一个网站或应用程序，并要添加搜索功能时，通常希望：①搜索解决方案具有较快的运行速度；②搜索模式为零配置和免费方式；③简单利用 JSON 格式就可实现通过 HTTP 来索引数据；④搜索服务器始终保持可用状态，而且搜索的实现可以从一台服务器开始并扩展到数百台服务器；⑤能够进行实时搜索；⑥建立一个云的解决方案。利用 ES 能解决上述的所有问题及可能出现的更多其他问题。ES 对外提供一系列基于 Java 和 HTTP 的 API，用于索引、检索、修改大多数配置。

ES 中的一个概念是 cluster，它代表一个集群，集群中包括多个节点，分为主、从节点，其中有一个为主节点，这个主节点是可以通过选举产生的。ES 的另外一个概念是去中心化，字面上理解就是无中心节点，这是对于集群外部来说的，因为从外部来看 ES 集群，在逻辑上是个整体，与任何一个节点的通信和与整个 ES 集群通信是等价的。

ES 的 gateway 代表索引快照的存储方式，ES 默认是先把索引存放到内存中，当内存满了时再持久化到本地硬盘。gateway 对索引快照进行存储，当这个 ES 集群关闭再重新启动时就会从 gateway 中读取索引备份数据。ES 支持多种类型的 gateway，有本地文件系统（默认）、分布式文件系统、Hadoop 的 HDFS 和 Amazon 的 S3 云存储服务。

7.1.3　MySQL 数据库

MySQL 是开放源代码的小型关系数据库管理系统，广泛应用于中小型网站中，拥有成本低、规模较 Oracle 小的优点。

MySQL 是一个真正的多用户、多线程 SQL 数据库服务器，它能够快捷、有效和安全地处理大量数据。相对于 Oracle 等数据库来说，MySQL 的使用非常简单，复杂程度较低。MySQL 主要目标是快速、便捷和易用。

它用的核心线程是完全多线程，支持多 CPU。MySQL 可以工作在不一样的平台上。支持 C、C++、Java、Perl、PHP、Python 和 TCL API。

7.2　数据库设计

7.2.1　基本设计

上述介绍的三类数据库都属于关系数据库管理系统。关系数据库管理系统是一类采用关系模型作为逻辑数据模型的数据库系统，它的特点是将数据库的数据按照不同的属性建立不同的表，且各表之间通过关键属性进行关联，而不是将所有数据放在一个大仓库内，这样就提高了速度并增加了灵活性。

根据关系数据库管理系统的特点，在关系数据库中有两个基本概念：

（1）关系：描述两个元素的关联或者对应关系，使用关系模型把数据组织到二维数据表（table）中。

（2）表：一个关系数据库由多个数据表（table）组成，数据表是关系数据库的基本存储结构。表是二维的，由行和列组成。表的行（row）是横排数据，也被称作记录（record）。表的列（column）是纵列数据，也被称作字段（field）。表和表之间存在关联关系。

关系数据库遵从数据库设计的基本步骤，包括需求分析、概念结构设计、逻辑结构设计、物理结构设计、数据库实施、数据库的运行和维护等阶段。概念结构设计与逻辑结构设计是关系数据库整个设计过程的关键。概念结构设计就是将需求分析得到的用户需求抽象为信息结构的过程，通常使用 E-R 图（entity relationship diagram）来作为描述现实世界的建模工具。逻辑结构设计的任务是把在概念结构设计产生的概念模型转换为具体的数据库管理系统（database management system，DBMS）所支持的逻辑数据模型，也就是导出特定的 DBMS 可以处理的数据库逻辑结构，它通常包括三项工作：将 E-R 图转换为关系模型、对关系数据模型进行优化、设计面向用户的外模式。

E-R 图也称实体–联系图，它是用来描述现实世界的概念模型，它提供了一种表示信息世界中实体类型、属性和联系的方法。

1. E-R 图设计

E-R 图的基本元素是实体、联系和属性。其中实体是指现实生活中任何可以被认知、区分的事物，针对于数据库中的表而言，实体是指表中一行行特定数据，在数据库开发过程中，常常把整个表称为一个实体；联系是指实体之间的关联关系，可以一对一、一对多、多对多；属性是指实体的某一特性，针对于数据库中的表而言，属性是指表中的列。[5]

广东省岸基雷达网辅助海上执法智能平台关于 E-R 图的设计主要包括两类，一类是表征用户权限的 E-R 图，另一类是表征事件管理的 E-R 图，分别如图 7.1 和图 7.2 所示。由图 7.1 和图 7.2 可知，平台所涉及的 E-R 图“联系”这个基本元素，以一对多（1∶*N*）或多对一（*N*∶1）的关系为主。

E-R 图向关系模型的转换遵循原则如下：①一个实体型转换为一个关系模式；②一个一对一联系可以转换为一个独立的关系模式；③一个一对多联系可以转换为一个关系模式；④一个多对多联系转换为一个关系模式；⑤具有相同码的关系模式可合并。

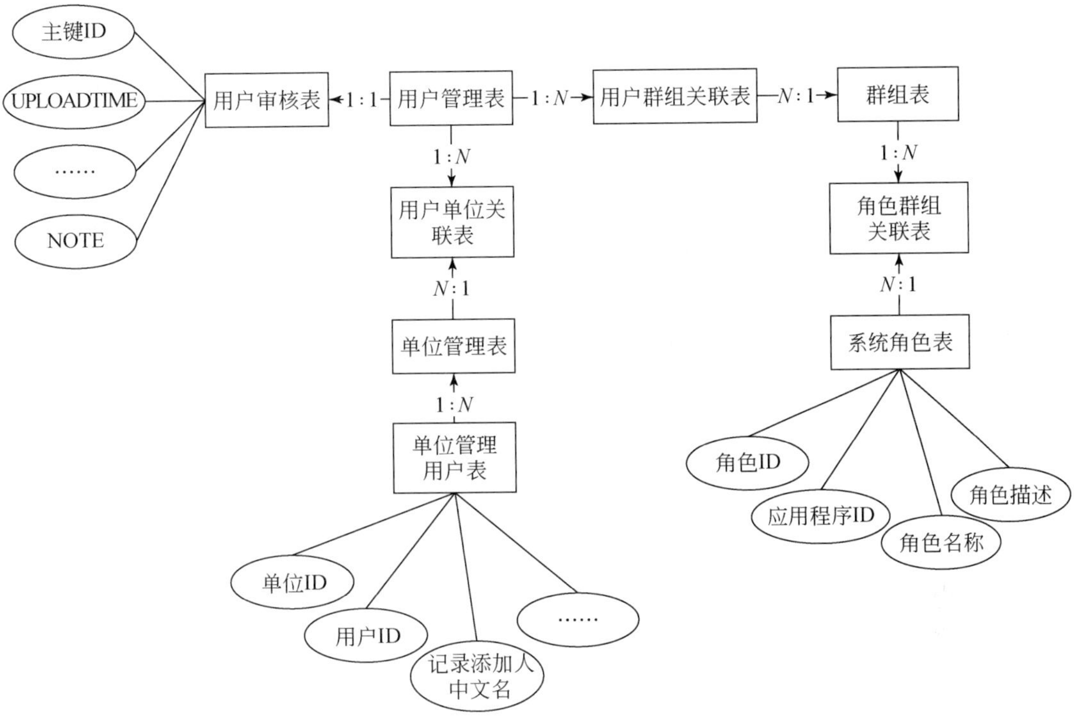

图 7.1　用户权限 E-R 图

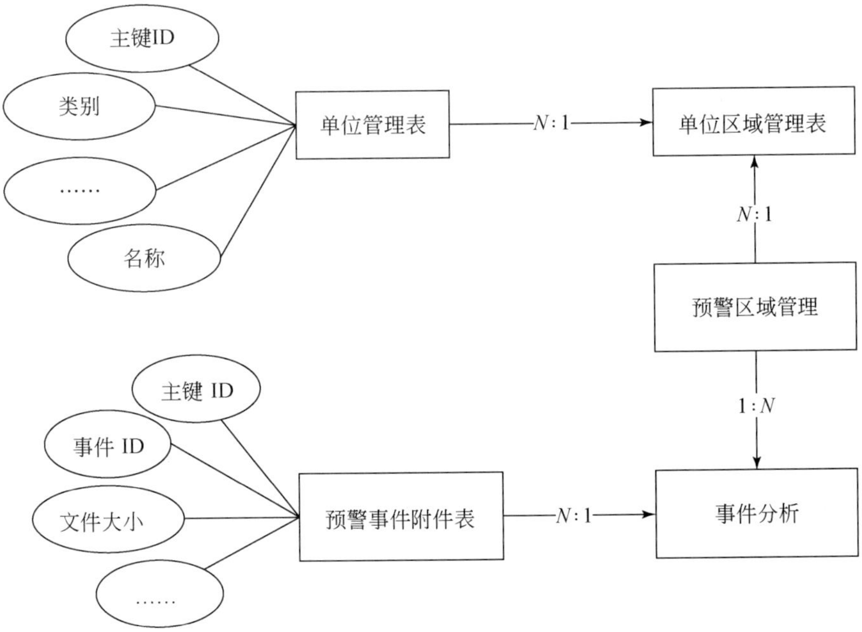

图 7.2　事件管理 E-R 图

2. 数据表设计

前面提到，广东省岸基雷达网辅助海上执法智能平台只涉及 Oracle 和 Elasticsearch 数据库，因而数据表的设计也主要针对这两类数据库。该平台针对 Oracle 数据库一共设计了 37 个数据库表格，包括基本数据及设置表、系统规则表、雷达目标表、跟踪预警表和系统业务表等几大类，表 7.1 为这些数据表清单。利用 Elasticsearch 建立数据库，与其他数据库一样，按传过来的数据内容建表和字段；在平台中，Elasticsearch 数据库主要用于存储雷达历史数据，因而只建立一张字段表。

表 7.1 智能平台使用的数据表清单

序号	名称	代码	拥有者	注释
1	BOOKMARK	BOOKMARK	WORK	书签表
2	PE_CONFIG	PE_CONFIG	WORK	光电控制配置表
3	PE_MANAGE	PE_MANAGE	WORK	光电视频信息表
4	RULE_SERVER	RULE_SERVER	WORK	后端规则表
5	RULE_SERVER_LOG	RULE_SERVER_LOG	WORK	后端规则执行日志表
6	RULE_WEB	RULE_WEB	WORK	前端过滤规则表
7	RULE_WEB_REGION	RULE_WEB_REGION	WORK	前端过滤规则面表
8	SHIPSINFO	SHIPSINFO	WORK	船只信息表
9	TG_BASE	TG_BASE	WORK	船舶基本信息表
10	TG_CONTINUE	TG_CONTINUE	WORK	雷达目标续接表
11	TG_MID_COUNTRY	TG_MID_COUNTRY	WORK	国籍与 AIS 信息关联表
12	TRACK_SET	TRACK_SET	WORK	轨迹设置表
13	WARN_EVENT_ATTR	WARN_EVENT_ATTR	WORK	事件记录属性表
14	WARN_MARK	WARN_MARK	WORK	标记表
15	WARN_EVENT_ANNEX	WARN_EVENT_ANNEX	WORK	预警事件附件表
16	AIS_INFO	AIS_INFO	WORK	MMSI 与船名关系表
17	AIS_DATA	AIS_DATA	WORK	AIS 信息数据表
18	TG_BASE_EX	TG_BASE_EX	WORK	船舶补充信息表
19	GDFFBLZDQY	GDFFBLZDQY	SDE	广东非法捕捞重点区域表
20	GD_SEAAREA	GD_SEAAREA	SDE	广东海域范围面表
21	GD_SEAAREALINE	GD_SEAAREALINE	SDE	广东海域范围线表
22	GDGK	GDGK	SDE	广东港口表
23	HD	HD	SDE	航道信息表
24	MD	MD	SDE	锚地表

续表

序号	名称	代码	拥有者	注释
25	MT	MT	SDE	码头表
26	SAND_AREA	SAND_AREA	SDE	采砂区表
27	PE_BASE	PE_BASE	SDE	光电基本信息表
28	RADAR	RADAR	SDE	雷达信息表
29	UNIT_AREA_MANAGEMENT	UNIT_AREA_MANAGEMENT		单位区域管理表
30	GEOFENCE_REGION	GEOFENCE_REGION	SDE	预警区域管理表
31	WARN_REGION	WARN_REGION	SDE	警戒区表
32	WARN_EVENTS	WARN_EVENTS	SDE	事件分析表
33	TARGET_AREA_MANAGEMENT	TARGET_AREA_MANAGEMENT	SDE	固定点区域管理表
34	ZHSZHDGL	ZHSZHDGL	SDE	珠海至深圳海底光缆表
35	ZHSZHDGL500M	ZHSZHDGL500M	SDE	珠海至深圳海底光缆 500 m 缓冲区表
36	ZHSZHDGL1000M	ZHSZHDGL1000M	SDE	珠海至深圳海底光缆 1000 m 缓冲区表
37	LAWENFORCEMENTAREA	LAWENFORCEMENTAREA	SDE	预警区域范围表

注：“拥有者”字段中，WORK 用户包含属性表，SDE（spatial database engine）用户包含空间表，是空间数据库引擎。

7.2.2　数据库详细设计

1. 基本数据表

表 7.2～表 7.12 为平台基本数据表的详细设计信息，包括书签表、雷达信息表、光电基本信息表、光电视频信息表、航道信息表、锚地表、码头表、采砂区表、固定点区域管理表、轨迹设置表、光电控制配置表。

表 7.2　BOOKMARK（书签表）

代码	名称	数据类型	是否关键	强制	注释
ID	ID	NUMBER	TRUE	TRUE	书签 ID
BNAME	BNAME	NVARCHAR2（255）	FALSE	FALSE	书签名字
USERCREATED	USERCREATED	NUMBER	FALSE	FALSE	创建用户 ID
ICON	ICON	NVARCHAR2（255）	FALSE	FALSE	书签备注
X_MIN	X_MIN	NUMBER（18，8）	FALSE	FALSE	最小经度
Y_MIN	Y_MIN	NUMBER（18，8）	FALSE	FALSE	最小纬度
X_MAX	X_MAX	NUMBER（18，8）	FALSE	FALSE	最大经度
Y_MAX	Y_MAX	NUMBER（18，8）	FALSE	FALSE	最大纬度

表 7.3 RADAR（雷达信息表）

代码	名称	数据类型	是否关键	强制	注释
OBJECTID	OBJECTID	NUMBER	FALSE	TRUE	对象 ID
PROVICE	PROVICE	NVARCHAR2（20）	FALSE	FALSE	所属省
CODE	CODE	NVARCHAR2（20）	FALSE	FALSE	编号
NAME	NAME	NVARCHAR2（50）	FALSE	FALSE	站点
BUILD_DATE	BUILD_DATE	DATE	FALSE	FALSE	建设时间
SETUP_DATE	SETUP_DATE	DATE	FALSE	FALSE	光电安装时间
ANTENNA	ANTENNA	NVARCHAR2（50）	FALSE	FALSE	雷达天线
TRANSCEIVER	TRANSCEIVER	NVARCHAR2（50）	FALSE	FALSE	雷达收发单元
PE	PE	NVARCHAR2（50）	FALSE	FALSE	光电
AIS	AIS	NVARCHAR2（50）	FALSE	FALSE	AIS
HOST	HOST	NVARCHAR2（50）	FALSE	FALSE	主机
POWER_MANAGER	POWER_MANAGER	NVARCHAR2（50）	FALSE	FALSE	电源管理设备
ROUTER	ROUTER	NVARCHAR2（50）	FALSE	FALSE	交换机/路由器
CABINET	CABINET	NVARCHAR2（50）	FALSE	FALSE	机柜
MONITOR	MONITOR	NVARCHAR2（50）	FALSE	FALSE	显示器
CARD	CARD	NVARCHAR2（50）	FALSE	FALSE	雷达卡
POWER	POWER	NVARCHAR2（50）	FALSE	FALSE	室外电源
WHITE_LIGHT	WHITE_LIGHT	NVARCHAR2（200）	FALSE	FALSE	白光视频服务器
INFRARED	INFRARED	NVARCHAR2（200）	FALSE	FALSE	红外视频服务器
VIDEO	VIDEO	NVARCHAR2（50）	FALSE	FALSE	硬盘录像机
NOTE	NOTE	NVARCHAR2（50）	FALSE	FALSE	备注
LON	LON	NUMBER（38，8）	FALSE	FALSE	经度
LAT	LAT	NUMBER（38，8）	FALSE	FALSE	纬度
CITY	CITY	NVARCHAR2（50）	FALSE	FALSE	市
SEA	SEA	NVARCHAR2（10）	FALSE	FALSE	海区
ATTRIBUTION	ATTRIBUTION	NVARCHAR2（20）	FALSE	FALSE	归属
RADARSTATE	RADARSTATE	NVARCHAR2（10）	FALSE	FALSE	雷达状态
PESTATE	PESTATE	NVARCHAR2（10）	FALSE	FALSE	光电状态
DATASTATE	DATASTATE	NVARCHAR2（10）	FALSE	FALSE	数据状态
RADARMODEL	RADARMODEL	NVARCHAR2（20）	FALSE	FALSE	雷达型号
PEMODEL	PEMODEL	NVARCHAR2（20）	FALSE	FALSE	光电型号
STATIONTYPE	STATIONTYPE	NVARCHAR2（100）	FALSE	FALSE	站点类型
COMMISSIONINGDATE	COMMISSIONINGDATE	NVARCHAR2（20）	FALSE	FALSE	投入运营时间
BGURL	BGURL	NVARCHAR2（200）	FALSE	FALSE	白光视频地址
HWURL	HWURL	NVARCHAR2（200）	FALSE	FALSE	红外视频地址
PT	PT	NUMBER（38，8）	FALSE	FALSE	配图
SHAPE	SHAPE	SDE.ST_GEOMETRY	FALSE	FALSE	空间信息

表 7.4　PE_BASE（光电基本信息表）

代码	名称	数据类型	是否关键	强制	注释
OBJECTID	OBJECTID	NUMBER	TRUE	TRUE	对象 ID
CODE	CODE	NVARCHAR2（50）	FALSE	FALSE	编号
NAME	NAME	NVARCHAR2（50）	FALSE	FALSE	名称
IP	IP	NVARCHAR2（50）	FALSE	FALSE	白光 IP
LONGITUDE	LONGITUDE	NUMBER（38，8）	FALSE	FALSE	经度
LATITUDE	LATITUDE	NUMBER（38，8）	FALSE	FALSE	纬度
STATUS	STATUS	NUMBER（5）	FALSE	FALSE	状态
H_ANGLE	H_ANGLE	NUMBER（38，8）	FALSE	FALSE	水平角度
T_ANGLE	T_ANGLE	NUMBER（38，8）	FALSE	FALSE	倾斜角度
DRAW_LENGTH	DRAW_LENGTH	NUMBER（38，8）	FALSE	FALSE	绘制长度
F_ANGLE	F_ANGLE	NUMBER（38，8）	FALSE	FALSE	视场角
TYPE	TYPE	NUMBER（5）	FALSE	FALSE	类型
MANUFATURER	MANUFATURER	NVARCHAR2（50）	FALSE	FALSE	制造商
MODEL	MODEL	NVARCHAR2（50）	FALSE	FALSE	型号
SIZE_	SIZE_	NVARCHAR2（50）	FALSE	FALSE	尺寸
WEIGHT	WEIGHT	NVARCHAR2（50）	FALSE	FALSE	重量
PHOTO	PHOTO	NVARCHAR2（200）	FALSE	FALSE	图片
DETECTION_DIS	DETECTION_DIS	NUMBER（38，8）	FALSE	FALSE	最大探测距离
PROTECT_LEVEL	PROTECT_LEVEL	NVARCHAR2（50）	FALSE	FALSE	防护等级
NOTE	NOTE	NVARCHAR2（200）	FALSE	FALSE	备注
SHAPE	SHAPE	SDE.ST_GEOMETRY	FALSE	FALSE	位置
A_IP	A_IP	NVARCHAR2（50）	FALSE	FALSE	红外 IP
省	省	NVARCHAR2（20）	FALSE	FALSE	所属省
市	市	NVARCHAR2（50）	FALSE	FALSE	所属市

表 7.5　PE_MANAGE（光电视频信息表）

代码	名称	数据类型	是否关键	强制	注释
ID	ID	NUMBER	TRUE	TRUE	主键 ID
CODE	CODE	VARCHAR2（50）	FALSE	FALSE	光电编号
ACCOUNT	ACCOUNT	VARCHAR2（50）	FALSE	FALSE	账号
PWD	PWD	VARCHAR2（50）	FALSE	FALSE	密码
WHITE	WHITE	VARCHAR2（500）	FALSE	FALSE	白光 MAIN 流取流地址
RED	RED	VARCHAR2（500）	FALSE	FALSE	红外 MAIN 流取流地址
T_PORT	T_PORT	NUMBER	FALSE	FALSE	转台端口
O_PORT	O_PORT	NUMBER	FALSE	FALSE	光学端口

续表

代码	名称	数据类型	是否关键	强制	注释
DEFAULT_ANGLE	DEFAULT_ANGLE	NUMBER	FALSE	FALSE	光电安装方位角度
ALTITUDE	ALTITUDE	NUMBER	FALSE	FALSE	光电安装高度
X	X	NUMBER	FALSE	FALSE	光电经度平面坐标
Y	Y	NUMBER	FALSE	FALSE	光电纬度平面坐标
CTRL_MAN	CTRL_MAN	NUMBER	FALSE	FALSE	控制人 ID
CTRL_LEVEL	CTRL_LEVEL	NUMBER（2）	FALSE	FALSE	控制级别
DEFAULT_PITCHANGLE	DEFAULT_PITCHANGLE	NUMBER	FALSE	FALSE	默认安装俯仰角度
LINK_TYPE	LINK_TYPE	VARCHAR2（50）	FALSE	FALSE	链接类型
QHID	QHID	VARCHAR2（10）	FALSE	FALSE	省份区划 ID 前 2 位
WHITE_SUB	WHITE_SUB	VARCHAR2（500）	FALSE	FALSE	白光视频 SUB 流
RED_SUB	RED_SUB	VARCHAR2（500）	FALSE	FALSE	红外视频 SUB 流
HLS_WHITE_MAIN	HLS_WHITE_MAIN	VARCHAR2（500）	FALSE	FALSE	HLS 白光视频 MAIN 流
HLS_WHITE_SUB	HLS_WHITE_SUB	VARCHAR2（500）	FALSE	FALSE	HLS 白光视频 SUB 流
HLS_RED_MAIN	HLS_RED_MAIN	VARCHAR2（500）	FALSE	FALSE	HLS 红外视频 MAIN 流
HLS_RED_SUB	HLS_RED_SUB	VARCHAR2（500）	FALSE	FALSE	HLS 红外视频 SUB 流
UNIT_ID	UNIT_ID	NUMBER	FALSE	FALSE	所属单位 ID
BOTTOM_H_ANGLE	BOTTOM_H_ANGLE	NUMBER	FALSE	FALSE	v_fix 最小时转台的方位角度
DIFF_VALUE	DIFF_VALUE	NUMBER	FALSE	FALSE	安装平台倾斜度（斜率）补偿参数
PROVINCE_NAME	PROVINCE_NAME	VARCHAR2（100）	FALSE	FALSE	省份

表 7.6 HD（航道信息表）

代码	名称	数据类型	是否关键	强制	注释
OBJECTID	OBJECTID	NUMBER	FALSE	TRUE	ID 编号
TRAFIC	TRAFIC	NVARCHAR2（255）	FALSE	FALSE	方式
OBJNAM	OBJNAM	NVARCHAR2（255）	FALSE	FALSE	英文名
NOBJNM	NOBJNM	NVARCHAR2（255）	FALSE	FALSE	中文名
SHAPE	SHAPE	SDE.ST_GEOMETRY	FALSE	FALSE	空间信息

表 7.7 MD（锚地表）

代码	名称	数据类型	是否关键	强制	注释
OBJECTID	OBJECTID	NUMBER	FALSE	TRUE	ID 编号
LNAM	LNAM	NVARCHAR2（255）	FALSE	FALSE	名称
RCID	RCID	NUMBER	FALSE	FALSE	RCID 编号
SHAPE	SHAPE	SDE.ST_GEOMETRY	FALSE	FALSE	空间信息

表 7.8　MT（码头表）

代码	名称	数据类型	是否关键	强制	注释
OBJECTID	OBJECTID	NUMBER	FALSE	TRUE	ID 编号
NAME	NAME	NVARCHAR2（50）	FALSE	FALSE	名称
PROVINCE	PROVINCE	NVARCHAR2（50）	FALSE	FALSE	所属省
CITY	CITY	NVARCHAR2（50）	FALSE	FALSE	所属市
TOWN	TOWN	NVARCHAR2（50）	FALSE	FALSE	所属县
XZQH_PROVINCE	XZQH_PROVINCE	NVARCHAR2（50）	FALSE	FALSE	省级行政区划
XZQH_CITY	XZQH_CITY	NVARCHAR2（50）	FALSE	FALSE	市行政区划
XZQH_TOWN	XZQH_TOWN	NVARCHAR2（50）	FALSE	FALSE	县行政区划
YHMJ	YHMJ	NVARCHAR2（50）	FALSE	FALSE	面积
DJRQ	DJRQ	DATE	FALSE	FALSE	登记日期
SJLY	SJLY	NVARCHAR2（50）	FALSE	FALSE	数据来源
HYSYQ	HYSYQ	NVARCHAR2（50）	FALSE	FALSE	海域使用权
SPJB	SPJB	NVARCHAR2（50）	FALSE	FALSE	级别
CLASS	CLASS	NVARCHAR2（50）	FALSE	FALSE	用海类型
ORIG_FID	ORIG_FID	NUMBER	FALSE	FALSE	FID 编号
LX	LX	NVARCHAR2（20）	FALSE	FALSE	类型
SHAPE	SHAPE	SDE.ST_GEOMETRY	FALSE	FALSE	空间信息

表 7.9　SAND_AREA（采砂区表）

代码	名称	数据类型	是否关键	强制	注释
OBJECTID	OBJECTID	NUMBER	FALSE	FALSE	ID 编号
NAME	NAME	NVARCHAR2（50）	FALSE	FALSE	名称
SHAPE	SHAPE	SDE.ST_GEOMETRY	FALSE	FALSE	空间信息
TYPE	TYPE	NVARCHAR2（50）	FALSE	FALSE	类型

表 7.10　TARGET_AREA_MANAGEMENT（固定点区域管理表）

代码	名称	数据类型	是否关键	强制	注释
OBJECTID	OBJECTID	NUMBER	FALSE	TRUE	对象 ID
NAME	NAME	NVARCHAR2（100）	FALSE	FALSE	名称
TYPE	TYPE	NUMBER（5）	FALSE	FALSE	类型
CREATOR_NAME	CREATOR_NAME	NVARCHAR2（100）	FALSE	FALSE	创建人
CREATE_TIME	CREATE_TIME	TIMESTAMP	FALSE	FALSE	创建时间
REMARK	REMARK	NVARCHAR2（1000）	FALSE	FALSE	备注
REGION_ID	REGION_ID	NUMBER	FALSE	FALSE	区域 ID
CREATOR_ID	CREATOR_ID	NUMBER	FALSE	FALSE	创建人 ID
EXTENT	EXTENT	NCLOB	FALSE	FALSE	EXTENT
STATUS	STATUS	NUMBER（5）	FALSE	FALSE	状态
SHAPE	SHAPE	SDE.ST_GEOMETRY	FALSE	FALSE	空间信息

表 7.11　TRACK_SET（轨迹设置表）

代码	名称	数据类型	是否关键	强制	注释
ID	ID	NUMBER	TRUE	TRUE	数据库自增 ID
DURATION	DURATION	NUMBER	FALSE	FALSE	时长（小时）
POINT_NUM	POINT_NUM	NUMBER	FALSE	FALSE	轨迹点数量
USER_ID	USER_ID	NUMBER	FALSE	FALSE	用户 ID
CREATE_TIME	CREATE_TIME	DATE	FALSE	FALSE	创建时间
SHOW_LINE①	SHOW_LINE	NUMBER	FALSE	FALSE	是否绘制速度线图层
LINE_LENGTH	LINE_LENGTH	NUMBER	FALSE	FALSE	速度线长度（分钟）
SHOW_LABEL②	SHOW_LABEL	NUMBER	FALSE	FALSE	跟踪目标是否默认显示标注信息
SHOW_TRAIL③	SHOW_TRAIL	NUMBER	FALSE	FALSE	跟踪目标是否默认显示轨迹
RECORD_DURATION	RECORD_DURATION	NUMBER	FALSE	FALSE	光电视频录制时长（秒）
POINT_LENGTH	POINT_LENGTH	NUMBER	FALSE	FALSE	轨迹抽稀长度（米）
STREAM_TYPE	STREAM_TYPE	NUMBER	FALSE	FALSE	光电视频取流类型
SET_UP	SET_UP	VARCHAR2（1000）	FALSE	FALSE	设置

①SHOW_LINE 取值［0：不绘制，1：绘制］；
②SHOW_LABEL 取值［0：不显示，1：显示］；
③SHOW_TRAIL 取值［0：不显示，1：显示］。

表 7.12　PE_CONFIG（光电控制配置表）

代码	名称	数据类型	是否关键	强制	注释
ID	ID	NUMBER	TRUE	TRUE	主键
PROVINCE_CODE	PROVINCE_CODE	VARCHAR2（10）	FALSE	TRUE	省份编码
TARGET_URL	TARGET_URL	VARCHAR2(255)	FALSE	FALSE	目标点信息获取接口
CONTROL_URL	CONTROL_URL	VARCHAR2(255)	FALSE	FALSE	光电控制接口
WEB_SOCKET_URL	WEB_SOCKET_URL	VARCHAR2(255)	FALSE	FALSE	光电视频 WebSocket 接口
USERNAME	USERNAME	VARCHAR2(255)	FALSE	FALSE	用户名
PASSWORD	PASSWORD	VARCHAR2(255)	FALSE	FALSE	密码
LINK_TYPE	LINK_TYPE	VARCHAR2（50）	FALSE	FALSE	链接类型
PROVINCE_NAME	PROVINCE_NAME	VARCHAR2(100)	FALSE	FALSE	省份

2.系统规则表

表 7.13～表 7.16 为平台设置的系统规则表，主要涉及后端规则表、后端规则执行日志表、前端过滤规则表、前端过滤规则面表。

表 7.13　RULE_SERVER（后端规则表）

代码	名称	数据类型	是否关键	强制	注释
ID	ID	NUMBER	TRUE	TRUE	ID 编号
NAME	NAME	NVARCHAR2（50）	FALSE	FALSE	名称（规则类型）

续表

代码	名称	数据类型	是否关键	强制	注释
RULE	RULE	NCLOB	FALSE	FALSE	规则（字符串）
DESCRIPTION	DESCRIPTION	NCLOB	FALSE	FALSE	描述
ENABLE	ENABLE	NUMBER	FALSE	FALSE	是否生效
UNIT_ID	UNIT_ID	NUMBER	FALSE	FALSE	单位 ID
FREQUENCY	FREQUENCY	NUMBER	FALSE	FALSE	执行频率
S_DATE	S_DATE	DATE	FALSE	FALSE	执行起始时间
CREATE_TIME	CREATE_TIME	DATE	FALSE	FALSE	创建时间
CREATOR	CREATOR	NUMBER	FALSE	FALSE	创建用户 ID
CODE	CODE	NVARCHAR2（20）	FALSE	FALSE	字典 key 代码
CRON_EXPRESSION	CRON_EXPRESSION	VARCHAR2（100）	FALSE	FALSE	服务器 IP
UNIT_NAME	UNIT_NAME	VARCHAR2（100）	FALSE	FALSE	单位名称

表 7.14　RULE_SERVER_LOG（后端规则执行日志表）

代码	名称	数据类型	是否关键	强制	注释
ID	ID	NUMBER	TRUE	TRUE	ID 编号
RULE_ID	RULE_ID	NUMBER	FALSE	FALSE	规则 ID
S_TIME	S_TIME	DATE	FALSE	FALSE	开始执行时间
E_TIME	E_TIME	DATE	FALSE	FALSE	执行结束时间
CREATE_TIME	CREATE_TIME	DATE	FALSE	FALSE	创建时间
STATE	STATE	VARCHAR2（10）	FALSE	FALSE	执行结果
DESCRIPTION	DESCRIPTION	VARCHAR2（4000）	FALSE	FALSE	描述

表 7.15　RULE_WEB（前端过滤规则表）

代码	名称	数据类型	是否关键	强制	注释
ID	ID	NUMBER	TRUE	TRUE	数据库自增 ID
NAME	NAME	VARCHAR2（50）	FALSE	FALSE	名称
RULE	RULE	NCLOB	FALSE	FALSE	规则（字符串）
DESCRIPTION	DESCRIPTION	NCLOB	FALSE	FALSE	描述
ENABLE	ENABLE	NUMBER（1）	FALSE	FALSE	是否生效
UNIT_ID	UNIT_ID	NUMBER	FALSE	FALSE	单位 ID
CREATE_TIME	CREATE_TIME	DATE	FALSE	FALSE	创建时间
CREATOR	CREATOR	NUMBER	FALSE	FALSE	创建用户 ID
IS_SHARE	IS_SHARE	NUMBER（1）	FALSE	FALSE	是否共享
RULE_TYPE①	RULE_TYPE	NUMBER（1）	FALSE	FALSE	规则类型

①RULE_TYPE 取值［1：简单过滤，2：高级过滤］。

表 7.16 RULE_WEB_REGION（前端过滤规则面表）

代码	名称	数据类型	是否关键	强制	注释
ID	ID	NUMBER（10）	TRUE	TRUE	编号
NAME	NAME	VARCHAR2（50）	FALSE	FALSE	名称
UNIT_ID	UNIT_ID	NUMBER（10）	FALSE	FALSE	对应客户单位
SHAPE_STR	SHAPE_STR	NCLOB	FALSE	FALSE	区域面
S_TIME	S_TIME	DATE	FALSE	FALSE	监测起始时间
E_TIME	E_TIME	DATE	FALSE	FALSE	监测结束时间
ENABLE	ENABLE	NUMBER（1）	FALSE	FALSE	是否生效
CREATE_TIME	CREATE_TIME	DATE	FALSE	FALSE	创建时间
CREATOR	CREATOR	NUMBER（10）	FALSE	FALSE	创建用户 ID

3.雷达目标表

表 7.17～表 7.23 为与雷达站传感器探测的目标明细表，包括船只信息表、船舶基本信息、船舶补充信息表、雷达目标续接表、国籍与 AIS 信息关联表、AIS 信息数据表、MMSI 与船名关系表。

表 7.17 SHIPSINFO（船只信息表）

代码	名称	数据类型	是否关键	强制	注释
CODE	CODE	NUMBER	FALSE	TRUE	主键、船只九位码
NAME	NAME	NVARCHAR2（300）	FALSE	FALSE	船只名称
DUMPINGGROUND	DUMPINGGROUND	NVARCHAR2（300）	FALSE	FALSE	倾倒区
PROVINCE	PROVINCE	NVARCHAR2（20）	FALSE	FALSE	省份
CERTIFICATENUMBER	CERTIFICATENUMBER	NVARCHAR2（100）	FALSE	FALSE	倾废证书编号
OPERATINGUNIT	OPERATINGUNIT	NVARCHAR2（200）	FALSE	FALSE	作业单位
ENGINEERINGNAME	ENGINEERINGNAME	NVARCHAR2（300）	FALSE	FALSE	工程名称
DUMPINGGROUNDID	DUMPINGGROUNDID	NUMBER	FALSE	FALSE	倾倒区 ID

表 7.18 TG_BASE（船舶基本信息表）

代码	名称	数据类型	是否关键	强制	注释
ID	ID	NUMBER	TRUE	TRUE	数据库自增 ID
MMSI	MMSI	NUMBER	FALSE	FALSE	海上移动通信业务标识
NAME	NAME	NVARCHAR2（50）	FALSE	FALSE	船名
WIDTH	WIDTH	NUMBER	FALSE	FALSE	船宽
LENGTH	LENGTH	NUMBER	FALSE	FALSE	船长
CALL_SIGN	CALL_SIGN	VARCHAR2（50）	FALSE	FALSE	呼号
TARGET_ID	TARGET_ID	NUMBER	FALSE	FALSE	收录时对应目标 ID

续表

代码	名称	数据类型	是否关键	强制	注释
LATITUDE	LATITUDE	NUMBER	FALSE	FALSE	收录时所在纬度
LONGITUDE	LONGITUDE	NUMBER	FALSE	FALSE	收录时所在经度
CREATE_TIME	CREATE_TIME	DATE	FALSE	FALSE	创建时间
TIMESTAMP	TIMESTAMP	DATE	FALSE	FALSE	时间戳
TYPE	TYPE	NUMBER（2）	FALSE	FALSE	目标类型
AIS_LENGTH	AIS_LENGTH	NUMBER	FALSE	FALSE	船长
MAX_LENGTH	MAX_LENGTH	NUMBER	FALSE	FALSE	最大船长
SPEED	SPEED	NUMBER	FALSE	FALSE	收录时航速
DIRECTION	DIRECTION	NUMBER	FALSE	FALSE	收录时航向
QUALITY	QUALITY	NUMBER	FALSE	FALSE	收录时信号质量

表 7.19　TG_BASE_EX（船舶补充信息表）

代码	名称	数据类型	是否关键	强制	注释
ID	ID	NUMBER	TRUE	TRUE	数据库自增 ID
BASE_ID	BASE_ID	NUMBER	FALSE	FALSE	船舶信息 ID
ALARMSET	ALARMSET	NCLOB	FALSE	FALSE	已报警目标的报警集合
RULESET	RULESET	NCLOB	FALSE	FALSE	被标记目标的标记集合
CREATE_TIME	CREATE_TIME	DATE	FALSE	FALSE	创建时间

表 7.20　TG_CONTINUE（雷达目标续接表）

代码	名称	数据类型	是否关键	强制	注释
ID	ID	NUMBER	FALSE	FALSE	ID 编号
TARGET_ID_OLD	TARGET_ID_OLD	VARCHAR2（50）	FALSE	FALSE	前一点
TARGET_ID	TARGET_ID	VARCHAR2（50）	FALSE	FALSE	当前新增的匹配点
TARGET_ID_PRE	TARGET_ID_PRE	VARCHAR2（50）	FALSE	FALSE	前一点的一分支点
ADDTIME	ADDTIME	DATE	FALSE	FALSE	添加时间
INFO_OLD	INFO_OLD	VARCHAR2(500)	FALSE	FALSE	前一点的基本信息
INFO	INFO	VARCHAR2(500)	FALSE	FALSE	当前新增的匹配点信息
SPEED_OLD	SPEED_OLD	FLOAT	FALSE	FALSE	前一点的速度
SPEED	SPEED	FLOAT	FALSE	FALSE	当前点速度

表 7.21　TG_MID_COUNTRY（国籍与 AIS 信息关联表）

代码	名称	数据类型	是否关键	强制	注释
ID	ID	NUMBER（10）	TRUE	TRUE	编号
MID	MID	VARCHAR2（5）	FALSE	FALSE	MMSI 起始 3 位
EN_NAME	EN_NAME	VARCHAR2(100)	FALSE	FALSE	国家英文名
CN_NAME	CN_NAME	VARCHAR2(100)	FALSE	FALSE	国家中文名

表 7.22　AIS_DATA（AIS 信息数据表）

代码	名称	数据类型	是否关键	强制	注释
OBJECTID	OBJECTID	NUMBER	TRUE	TRUE	编号 ID
ID	ID	NUMBER	FALSE	FALSE	ID
NAVIGATIONSTATUS	NAVIGATIONSTATUS	NVARCHAR2（50）	FALSE	FALSE	导航状态
TRUEHEADING	TRUEHEADING	NUMBER（5，2）	FALSE	FALSE	船首向
LONGITUDE	LONGITUDE	NUMBER（10，6）	FALSE	FALSE	经度
LATITUDE	LATITUDE	NUMBER（10，6）	FALSE	FALSE	纬度
COURSEOVERGROUND	COURSEOVERGROUND	NUMBER（5，2）	FALSE	FALSE	对地航向
SPEEDOVERGROUND	SPEEDOVERGROUND	NUMBER（5，2）	FALSE	FALSE	对地速度
SOURCEMMSI	SOURCEMMSI	NUMBER	FALSE	FALSE	MMSI
MESSAGETYPE	MESSAGETYPE	NVARCHAR2（50）	FALSE	FALSE	消息类型
TRANSPONDERCLASS	TRANSPONDERCLASS	NVARCHAR2（4）	FALSE	FALSE	船只 Class 类型
POSITIONFIXINGDEVICE	POSITIONFIXINGDEVICE	NVARCHAR2（50）	FALSE	FALSE	电子定位装置
SLOTNUMBER	SLOTNUMBER	NUMBER	FALSE	FALSE	箱位号
POSITIONACCURATE	POSITIONACCURATE	CHAR	FALSE	FALSE	位置精度
MOTHERSHIPMMSI	MOTHERSHIPMMSI	NUMBER	FALSE	FALSE	母船 MMSI
TOPORT	TOPORT	NUMBER	FALSE	FALSE	端口
VENDORID	VENDORID	NVARCHAR2（50）	FALSE	FALSE	产品标识
CALLSIGN	CALLSIGN	NVARCHAR2（50）	FALSE	FALSE	呼号
SHIPTYPE	SHIPTYPE	NVARCHAR2（50）	FALSE	FALSE	船只类别
PARTNUMBER	PARTNUMBER	NUMBER	FALSE	FALSE	零件编号
NAME	NAME	NVARCHAR2（50）	FALSE	FALSE	名称
FUNCTIONALID	FUNCTIONALID	NUMBER	FALSE	FALSE	功能标识
DESIGNATEDAREACODE	DESIGNATEDAREACODE	NUMBER	FALSE	FALSE	指定区域代码
TIME	TIME	DATE	FALSE	FALSE	时间
SHAPE	SHAPE	SDE.ST_GEOMETRY	FALSE	FALSE	空间信息

表 7.23　AIS_INFO（MMSI 与船名关系表）

代码	名称	数据类型	是否关键	强制	注释
MMSI	MMSI	VARCHAR2（50）	FALSE	FALSE	MMSI
SHIPNAME	SHIPNAME	VARCHAR2（200）	FALSE	FALSE	名称

4. 跟踪预警表

表 7.24～表 7.30 为与跟踪预警内容相关的明细表，具体包括预警事件附件表、事件记录属性表、标记表、事件分析表、单位区域管理表、预警区域管理表和警戒区表。

表 7.24 WARN_EVENT_ANNEX（预警事件附件表）

代码	名称	数据类型	是否关键	强制	注释
ID	ID	NUMBER	FALSE	TRUE	主键自增 ID
EVENT_ID	EVENT_ID	NUMBER	FALSE	FALSE	事件 ID
FILE_TYPE	FILE_TYPE	VARCHAR2（20）	FALSE	FALSE	文件类型
FILE_SIZE	FILE_SIZE	NUMBER	FALSE	FALSE	文件大小（KB）
FILE_PATH	FILE_PATH	VARCHAR2（200）	FALSE	FALSE	文件路径
CREATE_TIME	CREATE_TIME	DATE	FALSE	FALSE	创建时间
CREATOR	CREATOR	NUMBER	FALSE	FALSE	上传人 ID

表 7.25 WARN_EVENT_ATTR（事件记录属性表）

代码	名称	数据类型	是否关键	强制	注释
TARGET_ID	TARGET_ID	VARCHAR2（50）	FALSE	FALSE	目标 ID
DATA_RANGE_HOURS	DATA_RANGE_HOURS	NUMBER（2）	FALSE	FALSE	数据范围（小时）
SPEED_KEEP_MINUTES	SPEED_KEEP_MINUTES	NUMBER（4）	FALSE	FALSE	速度持续时间(分钟)
BENDING_RATE	BENDING_RATE	NUMBER(9，1)	FALSE	FALSE	路线曲折率
MOVING_EXTENT_MAX	MOVING_EXTENT_MAX	NUMBER	FALSE	FALSE	最大活动范围（米）
PAIR_SPACE_BETWEEN	PAIR_SPACE_BETWEEN	NUMBER（4）	FALSE	FALSE	两船间隔距离
PAIR_SPEED_KEEP_OFFSET	PAIR_SPEED_KEEP_OFFSET	NUMBER（4）	FALSE	FALSE	两船速度保持时间的差值
PAIR_DISTANCE_OFFSET	PAIR_DISTANCE_OFFSET	NUMBER（4）	FALSE	FALSE	两船路线相似性差值（米）
ROUND_RATE	ROUND_RATE	NUMBER(5，1)	FALSE	FALSE	绕圈率

表 7.26 WARN_MARK（标记表）

代码	名称	数据类型	是否关键	强制	注释
TARGET_ID	TARGET_ID	NUMBER	TRUE	TRUE	目标 ID
SHIP_CLASS	SHIP_CLASS	NUMBER（2）	FALSE	FALSE	目标类型
PRIORITY	PRIORITY	NUMBER（2）	FALSE	FALSE	优先级
COLOR	COLOR	VARCHAR2（10）	FALSE	FALSE	颜色
CREATE_TIM	CREATE_TIM	TIMESTAMP	FALSE	FALSE	创建时间
USER_ID	USER_ID	NUMBER	FALSE	FALSE	创建用户 ID
SHIP_INFO	SHIP_INFO	VARCHAR2（1000）	FALSE	FALSE	目标信息

表 7.27 WARN_EVENTS（事件分析表）

代码	名称	数据类型	是否关键	强制	注释
OBJECTID	OBJECTID	NUMBER	FALSE	TRUE	OBJECTID
ID	ID	NUMBER（10）	FALSE	FALSE	ID

续表

代码	名称	数据类型	是否关键	强制	注释
REGION_ID	REGION_ID	NUMBER（10）	FALSE	FALSE	区域 ID
RULE_ID	RULE_ID	NUMBER（10）	FALSE	FALSE	规则 ID
SHIP_CLASS	SHIP_CLASS	NUMBER（5）	FALSE	FALSE	目标类型
WARNING_LEVEL	WARNING_LEVEL	NUMBER（5）	FALSE	FALSE	报警级别
WARNING_WAY	WARNING_WAY	NUMBER（5）	FALSE	FALSE	报警方式
WARNING_TIME	WARNING_TIME	TIMESTAMP	FALSE	FALSE	报警时间
CREATE_TIME	CREATE_TIME	TIMESTAMP	FALSE	FALSE	创建时间
HANDLE_TIME	HANDLE_TIME	TIMESTAMP	FALSE	FALSE	处理时间
HANDLE_RESULT	HANDLE_RESULT	NVARCHAR2（200）	FALSE	FALSE	处理结果
HANDLE_RESULT_TYPE	HANDLE_RESULT_TYPE	NUMBER（5）	FALSE	FALSE	处理结果类型
UNIT_ID	UNIT_ID	NUMBER（10）	FALSE	FALSE	单位 ID
TARGET_ID	TARGET_ID	NVARCHAR2（2000）	FALSE	FALSE	目标 ID
SHIP_LENGTH	SHIP_LENGTH	NUMBER（5）	FALSE	FALSE	报警时间
WARNING_TIME2	WARNING_TIME2	TIMESTAMP	FALSE	FALSE	最新报警时间
NAME	NAME	NVARCHAR2（2000）	FALSE	FALSE	船名
MMSI	MMSI	NVARCHAR2（2000）	FALSE	FALSE	MMSI
NATIONALITY	NATIONALITY	NVARCHAR2（50）	FALSE	FALSE	国籍
MOVINGMAX	MOVINGMAX	NUMBER（10）	FALSE	FALSE	最大活动范围
SHAPE	SHAPE	SDE.ST_GEOMETRY	FALSE	FALSE	空间信息
PHONE_TIME	PHONE_TIME	NVARCHAR2（50）	FALSE	FALSE	最后拍照时间
VIDEO_TIME	VIDEO_TIME	NVARCHAR2（50）	FALSE	FALSE	最后录屏时间
INFO	INFO	NCLOB	FALSE	FALSE	预警信息
IS_TARGET_EXIST	IS_TARGET_EXIST	NUMBER（1）	FALSE	FALSE	目标是否存在
XZQH	XZQH	NVARCHAR2（6）	FALSE	FALSE	行政区划 ID
WARNING_STARTTIME	WARNING_STARTTIME	TIMESTAMP	FALSE	FALSE	事件开始时间
SYSTEM_ID	SYSTEM_ID	NUMBER（10）	FALSE	FALSE	系统 ID
CONFIRMATION_MODE①	CONFIRMATION_MODE	NUMBER（1）	FALSE	FALSE	确认方式
REMARKS	REMARKS	NVARCHAR2（500）	FALSE	FALSE	备注

①CONFIRMATION_MODE 取值［1：光电确认，2：经验确认，3：人工忽略，4：系统忽略］。

表 7.28　UNIT_AREA_MANAGEMENT（单位区域管理表）

代码	名称	数据类型	是否关键	强制	注释
OBJECTID	OBJECTID	NUMBER	FALSE	TRUE	编号 ID
SHAPE	SHAPE	SDE.ST_GEOMETRY	FALSE	FALSE	空间信息
UNIT_ID	UNIT_ID	NUMBER	FALSE	FALSE	单位 ID

表 7.29　GEOFENCE_REGION（预警区域管理表）

代码	名称	数据类型	是否关键	强制	注释
OBJECTID	OBJECTID	NUMBER	FALSE	TRUE	ID 编号
ID	ID	NUMBER	FALSE	FALSE	区域 ID
NAME	NAME	NVARCHAR2（50）	FALSE	FALSE	名称
TYPE	TYPE	NUMBER（5）	FALSE	FALSE	区域类型
UNIT_ID	UNIT_ID	NUMBER	FALSE	FALSE	单位 ID
S_TIME	S_TIME	TIMESTAMP	FALSE	FALSE	开始时间
E_TIME	E_TIME	TIMESTAMP	FALSE	FALSE	结束时间
ENABLE①	ENABLE	NUMBER（5）	FALSE	FALSE	是否启用
CREATE_TIME	CREATE_TIME	TIMESTAMP	FALSE	FALSE	创建时间
CREATOR	CREATOR	NUMBER	FALSE	FALSE	创建人
WARN_CONDITION	WARN_CONDITION	NCLOB	FALSE	FALSE	区域信息
EXIT_ANGLE	EXIT_ANGLE	NUMBER（5）	FALSE	FALSE	出港角度
SHAPE	SHAPE	SDE.ST_GEOMETRY	FALSE	FALSE	空间信息

①ENABLE 取值［1：启用，2：停用］。

表 7.30　WARN_REGION（警戒区表）

代码	名称	数据类型	是否关键	强制	注释
OBJECTID	OBJECTID	NUMBER	TRUE	TRUE	ID
ID	ID	NUMBER	FALSE	FALSE	ID 编号
NAME	NAME	NVARCHAR2（50）	FALSE	FALSE	名称
TYPE	TYPE	NUMBER（5）	FALSE	FALSE	类型
UNIT_ID	UNIT_ID	NUMBER	FALSE	FALSE	单位 ID
S_TIME	S_TIME	DATE	FALSE	FALSE	开始时间
E_TIME	E_TIME	DATE	FALSE	FALSE	结束时间
ENABLE	ENABLE	NUMBER（5）	FALSE	FALSE	是否启用
CREATE_TIME	CREATE_TIME	DATE	FALSE	FALSE	创建时间
CREATOR	CREATOR	NUMBER	FALSE	FALSE	创建人
SHAPE	SHAPE	SDE.ST_GEOMETRY	FALSE	FALSE	空间信息
WARN_CONDITION	WARN_CONDITION	NVARCHAR2（1000）	FALSE	FALSE	警戒区信息

5.系统业务表

表 7.31～表 7.38 为系统业务表，包括预警区域范围表、海底光缆表、广东非法捕捞重点区域表、广东港口表、广东海域范围面表等。

表 7.31 LAWENFORCEMENTAREA（预警区域范围表）

代码	名称	数据类型	是否关键	强制	注释
OBJECTID	OBJECTID	NUMBER	FALSE	TRUE	ID 编号
ID	ID	NUMBER	FALSE	FALSE	区域 ID
NAME	NAME	NVARCHAR2（50）	FALSE	FALSE	名称
TYPE	TYPE	NUMBER（5）	FALSE	FALSE	区域类型
UNIT_ID	UNIT_ID	NUMBER	FALSE	FALSE	单位 ID
CREATE_TIME	CREATE_TIME	TIMESTAMP	FALSE	FALSE	创建时间
CREATOR	CREATOR	NUMBER	FALSE	FALSE	创建人
WARN_CONDITION	WARN_CONDITION	NCLOB	FALSE	FALSE	区域信息
CLASS	CLASS	NVARCHAR2（50）	FALSE	FALSE	区域类型
SHAPE	SHAPE	SDE.ST_GEOMETRY	FALSE	FALSE	空间信息

表 7.32 ZHSZHDGL（珠海至深圳海底光缆表）

代码	名称	数据类型	是否关键	强制	注释
OBJECTID	OBJECTID	NUMBER	FALSE	TRUE	ID 编号
LNAM	LNAM	NVARCHAR2（255）	FALSE	FALSE	光缆编号
OBJNAM	OBJNAM	NVARCHAR2（255）	FALSE	FALSE	英文名称
NOBJNM	NOBJNM	NVARCHAR2（255）	FALSE	FALSE	中文名称
SHAPE	SHAPE	SDE.ST_GEOMETRY	FALSE	FALSE	空间信息

表 7.33 ZHSZHDGL500M（珠海至深圳海底光缆 500 m 缓冲区表）

代码	名称	数据类型	是否关键	强制	注释
OBJECTID	OBJECTID	NUMBER	FALSE	TRUE	ID 编号
LNAM	LNAM	NVARCHAR2（255）	FALSE	FALSE	光缆编号
OBJNAM	OBJNAM	NVARCHAR2（255）	FALSE	FALSE	英文名称
NOBJNM	NOBJNM	NVARCHAR2（255）	FALSE	FALSE	中文名称
BUFF_DIST	BUFF_DIST	NUMBER（38，8）	FALSE	FALSE	缓冲距离
SHAPE	SHAPE	SDE.ST_GEOMETRY	FALSE	FALSE	空间信息

表 7.34 ZHSZHDGL1000M（珠海至深圳海底光缆 1000 m 缓冲区表）

代码	名称	数据类型	是否关键	强制	注释
OBJECTID	OBJECTID	NUMBER	FALSE	TRUE	ID 编号
LNAM	LNAM	NVARCHAR2（255）	FALSE	FALSE	光缆编号
OBJNAM	OBJNAM	NVARCHAR2（255）	FALSE	FALSE	英文名称
NOBJNM	NOBJNM	NVARCHAR2（255）	FALSE	FALSE	中文名称
BUFF_DIST	BUFF_DIST	NUMBER（38，8）	FALSE	FALSE	缓冲距离
SHAPE	SHAPE	SDE.ST_GEOMETRY	FALSE	FALSE	空间信息

表 7.35　GDFFBLZDQY（广东非法捕捞重点区域表）

代码	名称	数据类型	是否关键	强制	注释
OBJECTID	OBJECTID	NUMBER	FALSE	TRUE	OBJECTID
ID	ID	NUMBER	FALSE	FALSE	ID 编号
NAME	NAME	NVARCHAR2（50）	FALSE	FALSE	名称
TYPE	TYPE	NUMBER（5）	FALSE	FALSE	类型
UNIT_ID	UNIT_ID	NUMBER	FALSE	FALSE	单位 ID
S_TIME	S_TIME	DATE	FALSE	FALSE	开始时间
E_TIME	E_TIME	DATE	FALSE	FALSE	结束时间
CREATE_TIME	CREATE_TIME	DATE	FALSE	FALSE	创建时间
CREATOR	CREATOR	NUMBER	FALSE	FALSE	创建人
SHAPE	SHAPE	SDE.ST_GEOMETRY	FALSE	FALSE	空间信息

表 7.36　GDGK（广东港口表）

代码	名称	数据类型	是否关键	强制	注释
OBJECTID	OBJECTID	NUMBER	FALSE	TRUE	ID
NAME	NAME	NVARCHAR2（50）	FALSE	FALSE	名称
PROVINCE	PROVINCE	NVARCHAR2（20）	FALSE	FALSE	所属省
CITY	CITY	NVARCHAR2（20）	FALSE	FALSE	所属市
DISTRICT	DISTRICT	NVARCHAR2（20）	FALSE	FALSE	所属县
GRADE	GRADE	NVARCHAR2（10）	FALSE	FALSE	级别
X	X	NUMBER（38，8）	FALSE	FALSE	经度
Y	Y	NUMBER（38，8）	FALSE	FALSE	纬度
SHAPE	SHAPE	SDE.ST_GEOMETRY	FALSE	FALSE	空间信息

表 7.37　GD_SEAAREA（广东海域范围面表）

代码	名称	数据类型	是否关键	强制	注释
OBJECTID	OBJECTID	NUMBER	FALSE	TRUE	ID
XZQH	XZQH	NVARCHAR2（6）	FALSE	FALSE	行政区划
JIBIE	JIBIE	NVARCHAR2（10）	FALSE	FALSE	级别
NAME	NAME	NVARCHAR2（50）	FALSE	FALSE	名称
SHAPE	SHAPE	SDE.ST_GEOMETRY	FALSE	FALSE	空间信息

表 7.38 GD_SEAAREALINE（广东海域范围线表）

代码	名称	数据类型	是否关键	强制	注释
OBJECTID	OBJECTID	NUMBER	FALSE	TRUE	ID
FID_广东海域范围	FID_广东海域范围	NUMBER	FALSE	FALSE	广东海域范围
XZQH	XZQH	NVARCHAR2（6）	FALSE	FALSE	行政区划
JIBIE	JIBIE	NVARCHAR2（10）	FALSE	FALSE	级别
NAME	NAME	NVARCHAR2（50）	FALSE	FALSE	名称
SHAPE	SHAPE	SDE.ST_GEOMETRY	FALSE	FALSE	空间信息

6.Elasticsearch 数据表

如前所述，Elasticsearch 数据表用于存储雷达站历史数据，因而表格字段的建立主要根据雷达站传输的具体数据格式，如表 7.39 所示。

表 7.39 Elasticsearch 数据表字段信息

代码	名称	数据类型	是否关键	强制	注释
radarids	radarids	keyword	FALSE	FALSE	雷达 ID
minlength	minlength	short	FALSE	FALSE	最小长度
target_name	target_name	keyword	FALSE	FALSE	目标名称
mmsi	mmsi	keyword	FALSE	FALSE	九位码
imo	imo	keyword	FALSE	FALSE	IMO
shiptype	shiptype	keyword	FALSE	FALSE	船只类型
real_target_id	real_target_id	keyword	FALSE	FALSE	真实目标 ID
speed	speed	float	FALSE	FALSE	速度
duration	duration	float	FALSE	FALSE	持续时间
ship_class	ship_class	byte	FALSE	FALSE	船舶类型 雷达 A 类 B 类
callsign	callsign	keyword	FALSE	FALSE	呼号
course	course	float	FALSE	FALSE	航向
reserve_id	reserve_id	integer	FALSE	FALSE	光电目标 ID
displayid	displayid	integer	FALSE	FALSE	GV 显示 ID、光电跟踪使用
isdummy	isdummy	boolean	FALSE	FALSE	Coll 模拟坐标
direction	direction	float	FALSE	FALSE	船首向
timestamp	timestamp	date	FALSE	FALSE	时间戳
static_type	static_type	keyword	FALSE	FALSE	静态类型 停泊
wide	wide	short	FALSE	FALSE	AIS 船宽
maxlength	maxlength	short	FALSE	FALSE	最大船长
length	length	short	FALSE	FALSE	实时船长

续表

代码	名称	数据类型	是否关键	强制	注释
target_id	target_id	keyword	FALSE	FALSE	目标 ID
aisreceiver	aisreceiver	keyword	FALSE	FALSE	AIS 设备 ID
quality	quality	short	FALSE	FALSE	数据质量
identify_name	identify_name	keyword	FALSE	FALSE	光电识别名称
nationality	nationality	keyword	FALSE	FALSE	国籍
aislength	aislength	short	FALSE	FALSE	AIS 船长
ship_belong	ship_belong	keyword	FALSE	FALSE	省份
max_scope	max_scope	integer	FALSE	FALSE	活动范围
geometry	geometry	geo_point	FALSE	FALSE	经纬度

7.3 数据传输

7.3.1 雷达站数据传输原理

对于雷达探测到的目标数据和 AIS 接收软件接收到的目标信息，数据传输的工作流程为：①雷达探测到的目标数据先通过雷达卡，然后采用 TCP/IP 协议链接模式，以数据流的形式送入每个雷达站本地的数据处理软件 Collector 中；②AIS 接收软件将接收到的 AIS 目标信号先按照国标进行解码，把解码后的 AIS 目标信息也送入 Collector 中；③Collector 接收到雷达站的目标数据和 AIS 的目标信息后将数据进行目标融合；对融合后的数据按照区域、目标特性分发，输送到 Gateway 软件，通过 Gateway 再送到数据服务器，最后提供一个连接到该数据服务器的 HTTP 接口供用户下载使用；Gateway 的主要功能是接收 Collector 内部的数据，其基本内核与客户端 GeoViewer 一致，相当于一个固定接入且身份特殊的客户，但它没有显示功能，没有地图服务，也没有用户输入，只是将所获取的目标数据、报警事件、光电列表等需导出的数据按一定的时间间隔（默认值是 6 s）发送到指定地址。

对于雷达站目标数据的传输，采用提供两个 HTTP 接口的方式，其中一个提供下载所有目标的接口，另外一个提供下载每个目标的所有详细信息的接口。广东省岸基雷达网辅助海上执法智能平台要求海上目标具有 10 s 动态更新入库的功能。这样会导致数据入库时频繁地建立和关闭连接，极大地降低系统的性能。在下载数据的过程中，如果不用线程池就会与数据服务器有成百上千条连接，耗费数据服务器资源，甚至导致服务器崩溃。另外 HTTP 协议是基于 TCP 协议，每发起一个独立的请求 TCP 都需要经过三次握手的过程，而释放连接需要经过四次握手的过程，效率不高。

连接池技术最基本的思想就是预先建立一些连接放置于内存对象中以备使用。当程序中需要建立连接时，只需从内存中取一个来用而无须新建。同样，使用完毕后，只需放回内存即可。而通过重用已经连接过的 Socket（HTTP1.1 支持），连接过程将会省去大量连接建立与释放的时间，减少系统资源的占用。因而该平台采用连接池的技术来实现全省近海 5 万海上目标数据 10 s 实时更新，确保目标数据实时动态入库。

7.3.2 线程池与连接池的使用

岸基雷达系统具有捕获海上目标信息量大且能解决无 AIS 数据的目标探测与跟踪问题等优势[6]，是海上目标实时动态数据收集的一种有效的技术手段。另外，雷达目标数据具有更新快的特点，实时入数据库对响应速度、稳健性和整体性能都有较高的要求，若频繁地建立与关闭连接会极大地降低系统的性能。线程池（thread pool）和连接池（connection pool）技术是保证雷达目标数据动态入库的有效手段之一[7]，这些技术已在遥感卫星系统卫星数据的下载、雷达数据处理、交通领域等方面得到了广泛的应用[8-11]。

线程（thread）是操作系统能够进行运算调度的最小单位。它被包含在进程之中，是进程中的实际运作单位。进程是指在系统中能独立运行并作为资源分配的基本单位，它是由一组机器指令、数据和堆栈等组成的，是一个能独立运行的活动实体。线程是进程中的一个实体，作为系统调度和分派的基本单位。一条线程指的是进程中一个单一顺序的控制流，它不能独立地存在，必须是进程的一部分。一个进程中可以并发多条线程，每条线程并行执行不同的任务。一个进程一直运行，直到所有的线程都结束运行后才能结束。一个进程中多线程运行时，系统会不断地启动和关闭新线程，成本非常高，会过度消耗系统资源，面临过度切换线程的危险，从而可能导致系统资源的崩溃。这时，线程池就是最好的选择了，使用线程池可以很好地提高性能。

线程池就是首先创建一些线程，线程的集合成为线程池。在线程池的编程模式下，任务是提交给整个线程池，而不是直接提交给某个线程，线程池在系统启动时即创建大量空闲的线程，程序将一个任务传给线程池，线程池在接收到任务后，就在内部寻找是否有空闲的线程，如果有，线程池就会启动一条空闲的线程来执行这个任务，执行结束以后，该线程并不会死亡，而是再次返回线程池中进入空闲状态，等待执行下一个任务。一个线程只能执行一个任务，但可以同时向一个线程池提交多个任务。

连接池是创建和管理一个连接的缓冲池，这些连接可被任何需要它们的线程使用。连接池是面向数据库连接的，其作用是为了优化数据库连接资源，它有点类似在客户端做优化。数据库连接是一项有限的昂贵资源，一个数据库连接对象均对应一个物理数据库连接，每次操作都打开一个物理连接，使用完便关闭连接，这样造成系统的性能低下。数据库连接池的解决方案是在应用程序启动时建立足够的数据库连接，并将这些连接组成一个连接池，由应用程序动态地对池中的连接进行申请、使用和释放。对于多于连接池中连接数的并发请求，应该在请求队列中排队等待。并且应用程序可以根据池中连接的使用率，动态增加或减少池中的连接数。

为此，对于广东省岸基雷达网目标信息的入库采用线程池和连接池技术。图 7.3 为获取所有目标信息的技术流程，图 7.4 为获取单个目标详细信息的技术流程。

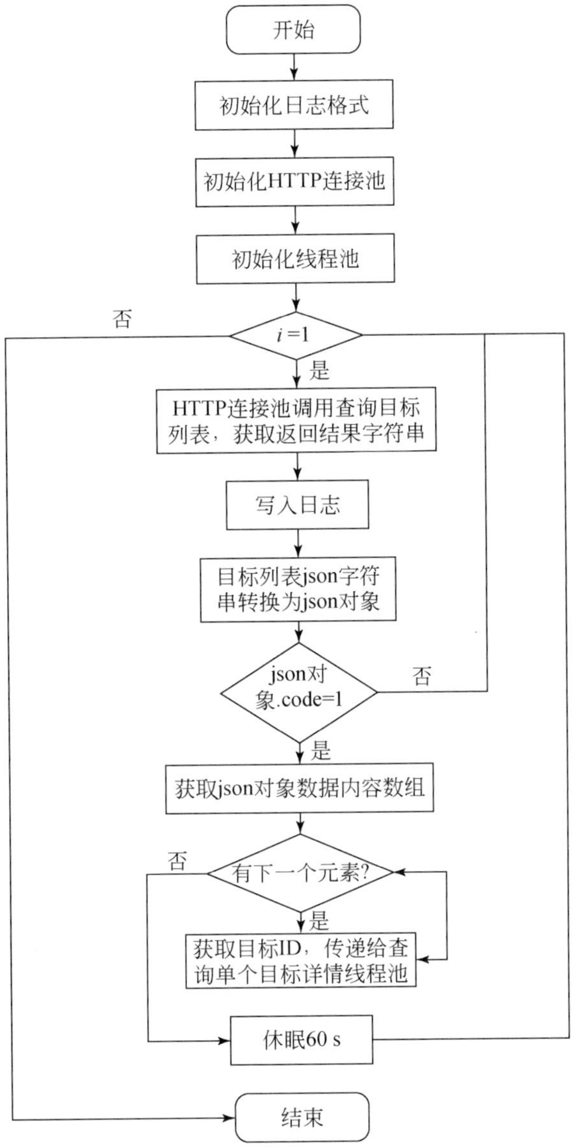

图 7.3　获取所有目标信息的技术流程

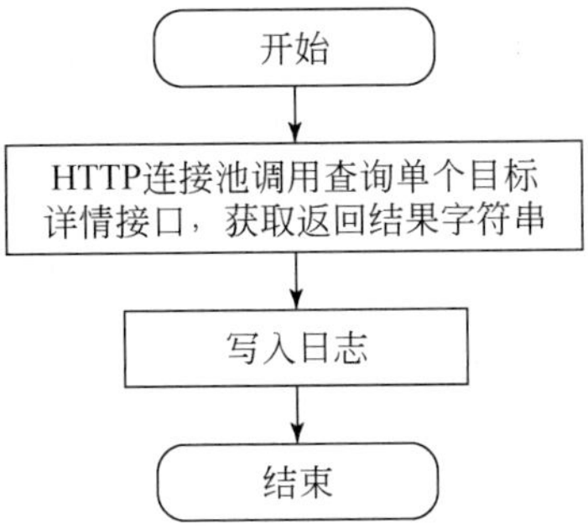

图 7.4　获取单个目标详细信息的技术流程

7.3.3 数据传输的实现

数据传输的实现采用 Python 编程语言来编写的，其具体实现代码如下所示：

```
#!/usr/sbin/python
#-*-coding:utf-8-*-
import json #用于解析 json 数据,【JSON(JavaScript Object Notation)
            是一种用于表示结构化数据的流行数据格式。常用于服务器和 Web
            应用程序之间传输和接收数据。】
import threading    #线程
from concurrent.futures.thread import ThreadPoolExecutor #线程池
from time import sleep #用于暂停程序运行
import logging  #用于日志打印
from logging.handlers import TimedRotatingFileHandler #用于
日志文件切割
import urllib3  #Python 中用于发送 HTTP 请求(HTTP 客户端)的库
threadLock=threading.Lock()   #创建一个线程锁 first=1
#创建一个线程安全的 HTTP 连接池:
https://urllib3.readthedocs.io/en/latest/reference/index.html
#urllib3.HTTPConnectionPool
#参数解释:
#host:主机地址
#port:端口
#maxsize:连接池的连接数,这些连接可以被重复使用。需要与block参数配合使用。
#block:是否阻塞:
#当设为 True,当连接池中 maxsize 个连接都被使用时,连接池不会再创建新的
连接,而是阻塞此次连接任务,直到有连接被释放;
#当设为 Fase,当连接池中 maxsize 个连接都被使用时,连接池会再创建新的连
接(会导致连接池连接数>maxsize);但是额外新建的连接不会被保存和重复使用,
一旦释放立即移除。
http_pool=urllib3.HTTPConnectionPool(host='gd.uniseas.com.cn'
,port=10080,maxsize= 20,block=True)


#创建一个线程池执行器,
https://docs.python.org/zh-cn/3/library/concurrent.futures
.html#threadpoolexecutor
#参数解释:
#max_workers:设置线程池中最多能同时运行的线程数目
```

```
    executor=ThreadPoolExecutor(max_workers=20)
    #getaisinfo():用于从 URL 中获取 AIS 信息
    def getaisinfo():
        try:

aisinfourl="http://gd.uniseas.com.cn:10080/VTSTarget/gateway/a
pi/list?username=naozhoudao&password=61d2c8d627d39c0c7d23377b1
b7454f8"  #定义 URL 连接
    res=http_pool.urlopen('GET',aisinfourl,redirect=False)#通过 HTTP 协议
                                                        的 GET 方式,使用
                                                        上文创建的 HTTP
                                                        连接池打开一个连
                                                        接,返回值 res 为
                                                        服务器的响应数据
            buff=res.data;            #读取响应数据
            buffutf8=buff.decode('utf-8')  #以 utf-8 编码格式解码响应数据
            writeorigindata(buffutf8)     #调用函数将读取的数据写入本地
            aisinforesp=json.loads(buffutf8) #将 JSON 格式的响应数据解析为
                                          一个字典(python 的一种数据类
                                          型,格式为{键1:值1,键2:值2,
                                          键3:值3,...})
            aisinfolist=aisinforesp['data'] #读取字典中'data'项的值,
                                             它是一个列表。
            i=1                          #无用变量:可能用于统计列表的数据数
            for aisinfo in aisinfolist: #循环遍历列表,对于列表中每一个数据:
            aisInfoId=str(aisinfo['id'])   #读取数据中'id'项的值,该
                                            项表示 AIS 信息的 ID,并使用
                                            str()将其转为字符串类型
            executor.submit(getaisdetail,(aisInfoId))#将该id值传入getaisdetail()
                                              函数获取 AIS 详情。这里使
                                              用线程池执行器,将函数的
                                              执行交由线程池处理。
                i=i+1
        except Exception as e:
         writeorigindata(e) #如果上述过程出现了异常,将异常信息写入本地
    #getaisdetail(arg):使用指定的 AIS ID,从另一个 URL 中获取 AIS 详情
    def getaisdetail(arg):
```

```
        try:

aisdetailurl="http://gd.uniseas.com.cn:10080/VTSTarget/gateway
/api/getTargetById?username=naozhoudao&password=61d2c8d627d39c
0c7d23377b1b7454f8&targetId=%s"\
                            % arg     #HTTP GET 方式规定若要传递参数,可在 URL
                                       末尾拼凑参数
         res=http_pool.urlopen('GET',aisdetailurl,redirect=False)
#通过 HTTP 协议的 GET 方式,使用上文创建的 HTTP 连接池打开一个连接,返回值 res
为服务器的响应数据
        buff=res.data        #读取响应数据
      #预处理:使用 strip()方法移除字符串头尾指定的字符(默认为空格)或字符
序列,返回去除空格后的字符串
      if buff.strip() !=b'':            #如果响应的数据不为空,则:
       buffutf8=buff.decode('utf-8')  #以 utf-8 编码格式解码响应数据
       writeorigindata(buffutf8)      #调用函数将读取的数据写入本地
        except Exception as e:
        writeorigindata(e)  #如果上述过程出现了异常,将异常信息写入本地
    #initlogger():初始化日志打印器
    def initlogger():
        # 创建日志打印格式
        log_fmt='%(asctime)s %(levelname)s : %(message)s'
        formatter=logging.Formatter(log_fmt)
        # 创建 TimedRotatingFileHandler 对象
        # 参数解释:
        #   filename:输出日志的文件名称前缀
        #   when:是一个字符串,定义了日志切分的间隔时间单位;设置为"M"表
示分钟(Minutes)
        #   interval:日志切分间隔时间数,单位由 when 参数指定
        #   backupCount:保留日志文件个数,设为 0 则不自动删除日志文件;设
                        为 n(n>0)则使其自动删除旧日志,保留 n 个新日志
        #   encoding:编码格式

log_file_handler=TimedRotatingFileHandler(filename="log/ais",w
hen="M",interval=5,backupCount=0,encoding="UTF-8")
        #  设置日志输出级别为 INFO,可设置为:DEBUG、INFO、WARNING、
           ERROR...等,日志详细程度从前到后逐渐降低
```

```
        log_file_handler.setLevel(logging.INFO)
        #   设置日志格式
        log_file_handler.setFormatter(formatter)
        #   完成上述配置的应用
        logging.basicConfig(level=logging.INFO)
        logging.getLogger('').addHandler(log_file_handler)
    #writeorigindata(origindata):用于将源数据写入本地,此处还未实现写入数据库;只是以日志形式输出到屏幕以及日志文件中
    def writeorigindata(origindata):
        try:
         logging.info(origindata)    输出日志
         #可在此处实现写入数据库的逻辑
        except Exception as e:
         print('error',e)
    #main 函数,从此处开始阅读代码
    if __name__=="__main__":
        initlogger()              #初始化日志打印器
        var=1
        while var==1:            #无限循环
          getaisinfo()              #调用函数获取 AIS 信息
         sleep(60)                #主线程停止 60s
```

7.4 数据清洗算法

对采集到的雷达站数据，需要进行数据清洗，目的是保障采集的数据能正确、完整、规范地加载展示；同时也实现数据整合过程中的异常处理，如处理错误目标、数据异常、冲突数据与固定目标等。另外，对一些非实时应用而言，如现有的广东省岸基雷达网系统中就存在目标数据过密的问题，不利于建立行为智能分析算法；对于一些实时应用，如海上交通事故、应急处置等实时监控，则存在大量不需要的目标信息。因此需要根据不同的应用，采取不同的数据清洗方法，同时，解决高并发性、冗余、共享存取、数据同步等问题。

7.4.1 速度错误目标清洗

在海上运行的船只其速度不会大于 60 kn，也不会为 0 kn 以下。因此以此条件来清洗速度异常的错误目标。系统对接收到的雷达数据，首先判断获取的目标速度值是否大于 60 kn 或者小于 0 kn，如果是则将其作为速度异常的错误目标进行过滤。错误目标清洗流程图如图 7.5 所示。

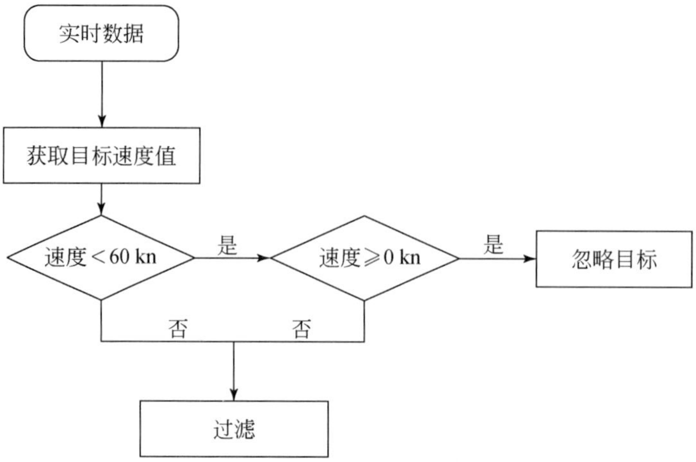

图 7.5　错误目标清洗流程图

7.4.2　位置异常数据清洗

目标的位置是用经纬度表示的，由于经度数值只会在 180°E～180°W，纬度数值只会在 90°N～90°S，因此以此条件来清洗位置数据明显异常的目标。

系统对接收到的雷达数据，根据获取目标的经纬度，判断其经度数值是否落在 180°E～180°W 范围内，若不在则进行过滤；如果在这个范围，继续判断其纬度是否在 90°N～90°S，若不在则进行过滤。

具体的异常数据清洗流程图如图 7.6 所示。

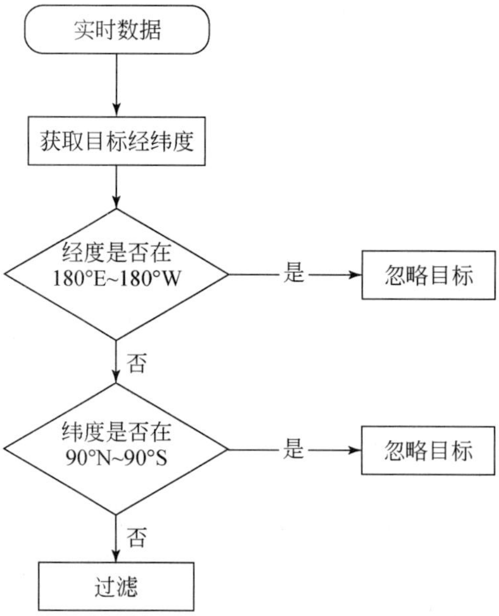

图 7.6　异常数据清洗流程图

7.4.3　冲突数据清洗

对于不同的雷达站探测到的目标，其 ID 号不同，如果是同一目标的话，系统会进行融合处理，融合后，该目标只有一个 ID 号和一个位置信息。如果出现不同 ID 目标却位置坐标数值相同，那么可确认为数据出现冲突，以此条件来清洗冲突数据。

系统对接收到新的雷达目标数据，首先获取新增目标的经纬度，然后判断经纬度是否与周围网格数据的经纬度相同，若相同则过滤该数据。

冲突数据清洗流程图如图 7.7 所示。

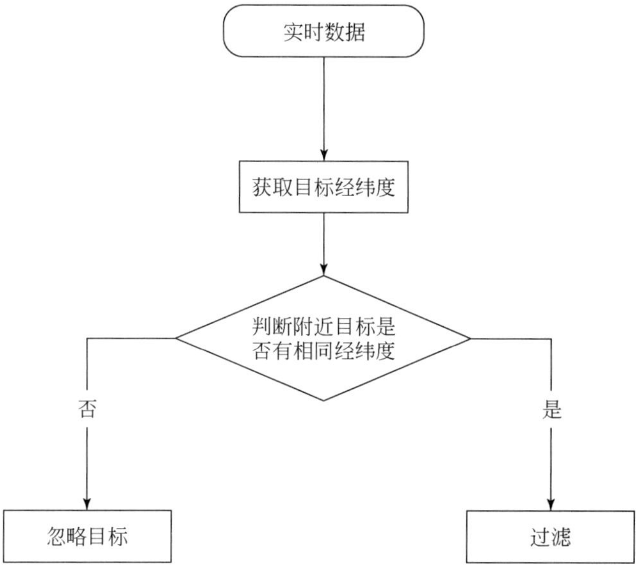

图 7.7　冲突数据清洗流程图

7.4.4　固定目标清洗

海上的固定目标（或者说静止目标）在海水的作用下会进行运动，也就是会有一定的速度但速度很小。根据实际测试，发现固定目标在海水作用下运动的速度一般在 1kn 以下，因此只判断速度小于 1kn 的目标。

在此基础上，利用式（7.1）~式（7.3）计算新的历史位置（curpoint）与最早的历史位置（historY）之间的距离（distanceS），以及根据式（7.4）~式（7.10）计算相邻历史位置之间的距离（distance）。

$$X=\text{abs}(\text{curpoint}X-\text{histor}Y[0]X) \tag{7.1}$$

$$Y=\text{abs}(\text{curpoint}Y-\text{histor}Y[0]Y) \tag{7.2}$$

$$\text{distanceS} = \text{sqrt}(X*X+Y*Y) \tag{7.3}$$

$$X1=\text{abs}(\text{histor}Y[1]X-\text{histor}Y[0]X) \tag{7.4}$$

$$Y1=\text{abs}(\text{histor}Y[1]X-\text{histor}Y[0]Y) \tag{7.5}$$

$X2$=abs（histor$Y$[2]X−histor$Y$[1]X）　（7.6）

$Y2$=abs（histor$Y$[2]X−histor$Y$[1]Y）　（7.7）

………

X=$X1$+$X2$+………　（7.8）

Y=$Y1$+$Y2$+………　（7.9）

distance = sqrt（X*X+Y*Y）　（7.10）

如果目标是移动的，distance/distanceS 的比值越小。经过试验，将 distance/distanceS 大于 8（经验值）确定为静止目标。

在实际操作中，首先判断新增目标点是否已经在设置的固定目标区域内，若不在的话，则判断其速度是否小于 1kn 且是否处于稳定跟踪的目标，如果满足条件，则按上述公式分别计算出 distanceS 和 distance。根据经验，参与计算所需的历史点数约 120 个（可根据需要设定）。若 distance/distanceS 大于 8，则判定为静止目标，具体流程如图 7.8 所示。

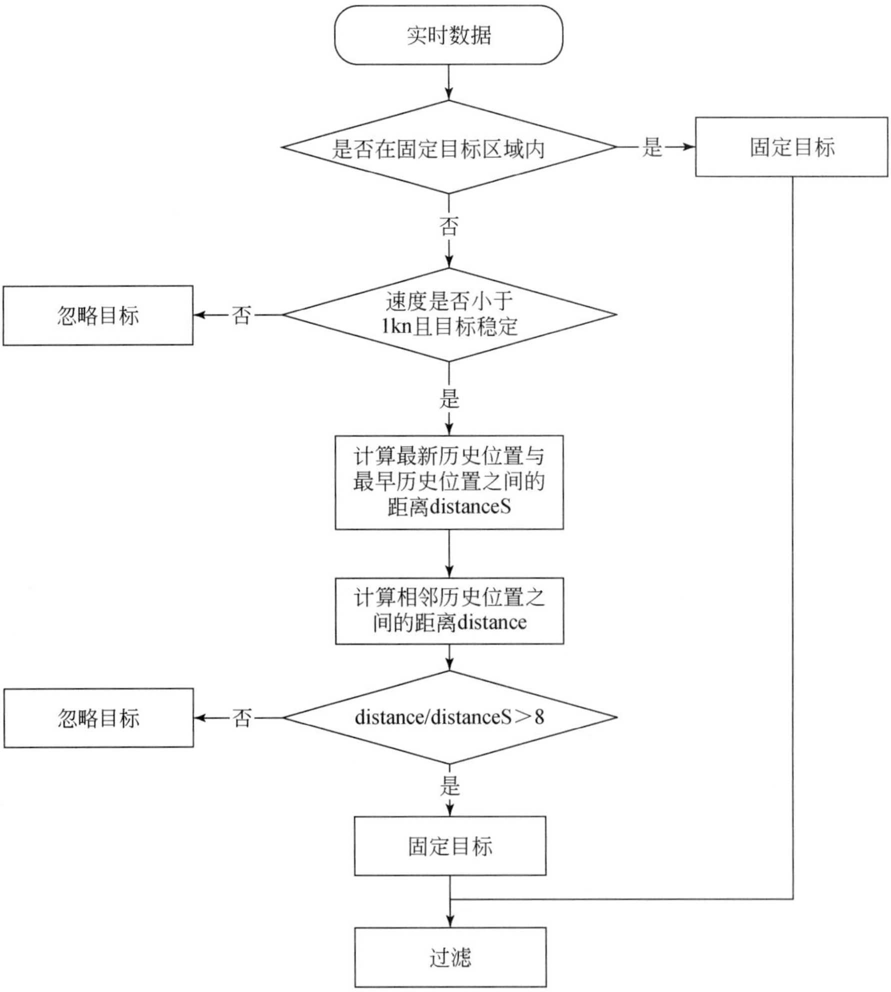

图 7.8　固定目标清洗流程图

7.5　数据收发中心

截至 2020 年 12 月广东省岸基雷达网一共有 58 座（将来还会建设）雷达站进行数据采集，每座雷达站有自己的机房，采集的数据存储在本地硬盘中，也可通过接口的方式推送给广东省岸基雷达网辅助海上执法智能平台。对于从各雷达站提供的接口传过来的探测的目标数据，如果不进入广东省岸基雷达网辅助海上执法智能平台中，而是保存在本地的话，则采用的是 MySQL 数据库；对于雷达站探测的目标数据，分别采用 Oracle 和 Elasticsearch 两类数据数据库对数据进行存储。对于雷达站探测的目标数据，从各雷达站提供的接口传过来后直接在系统平台上显示处理，当有新的数据进来，上一笔数据就存到历史数据库中，历史数据库采用 Elasticsearch；对于雷达的历史数据的存储，之所以采用 Elasticsearch，是因为历史数据量大，用 Elasticsearch 查询快。通过预警分析或者统计分析得到的数据，以及用户数据和资源目录数据放在 Oracle 中；各雷达站采集的数据只是在本地保存而不进入数据收发中心的话，则采用 MySQL 数据库进行存储。

系统从雷达站点的接口获取目标数据流，经过数据处理，包括去除无效数据，国籍处理，判断目标类型、持续时间和最大船长等，得到系统能识别的格式目标数据，再对数据进行静态目标信息过滤处理，将处理过的目标数据推送到前端进行展示。

系统将融合后的目标数据与上一批数据进行比较得出新增、更新及删除的目标信息，并将其推送到预警报处理端口，进行闯入预警和滞留预警信息处理。

对融合后的目标数据进行比较和判断后写入历史库和报警表。数据存储工作流程图如图 7.9 所示。

系统将各种传感器的数据、信息进行记录，供事后重演、查找证据、分析系统参数故障隐患等。系统采用以下记录方式：

（1）所有的传感器数据都被加载时间戳，并以数字化的方式记录；

（2）所有连接在系统网络中的电脑都和服务器在时间上保持同步；服务器和 GPS 标准时间和互联网时间服务器的时间严格同步，也就是说系统网络中的所有单元采用同一时基；

（3）包括雷达原始视频、雷达目标航迹数据及系统预警和预警记录的数据都被集中地记录在服务器上，这些数据能够被连在系统上的多个客户在本地工作站上同时回放，查看历史记录的权限则由客户描述文件所规定；

（4）系统状态、系统预警信息及操作员修改的系统参数都被集中存储在网络专用的记录服务器上，这些数据可以被操作员通过系统管理客户软件调阅。关于调阅各种数据的权限则被存在客户数据库中。

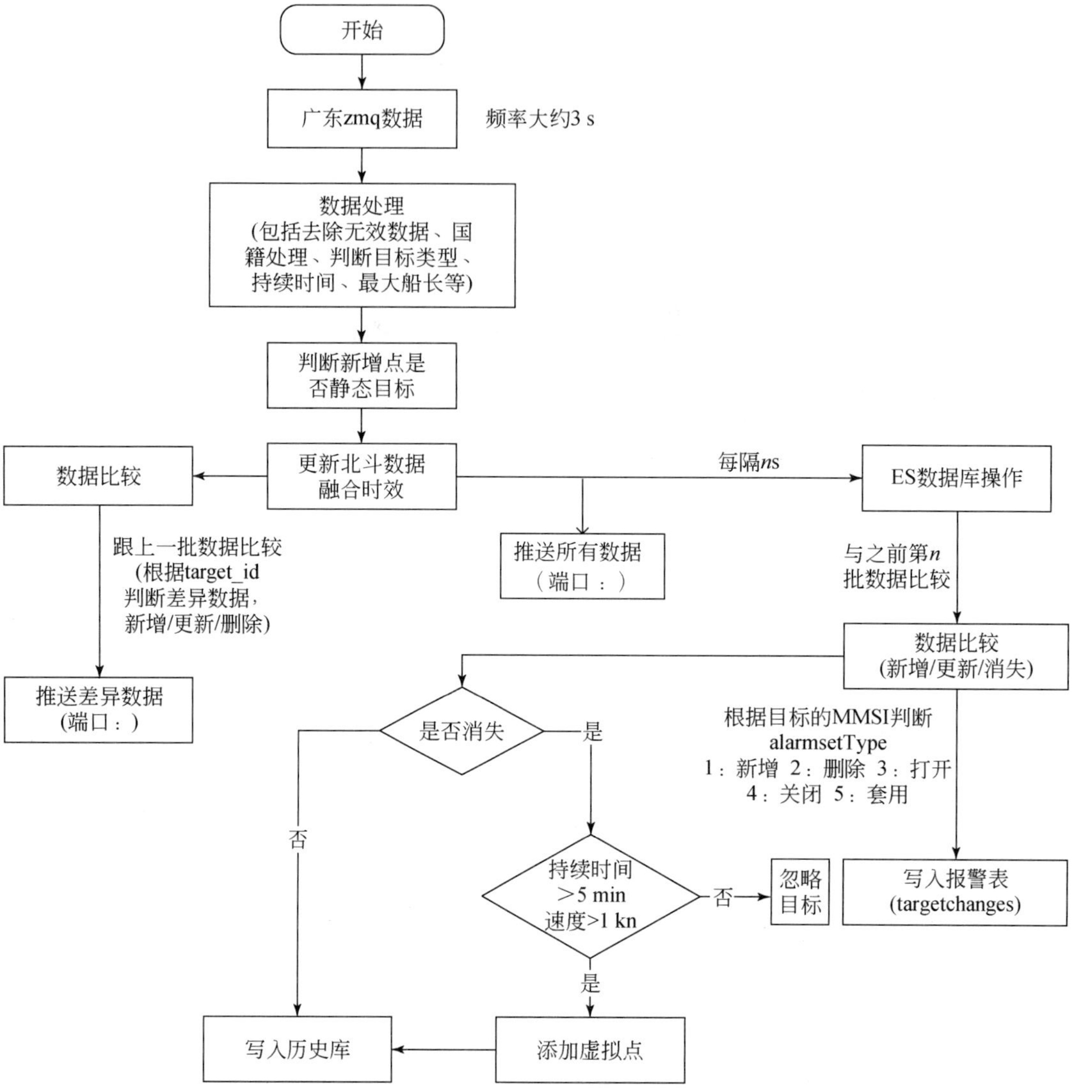

图 7.9　数据存储工作流程图

广东省岸基雷达网辅助海上执法智能平台建立了 Elasticsearch 大数据存储中心，可以将通过数据清洗过后的历史数据存储在 ES 数据库中（因硬件设备限制，ES 数据库部署在云端服务器），系统可通过数据检索功能查询 3 个月前的数据，检索条件包含起始时间、ID、MMSI、名称、传感器类型和空间范围等。系统可以同时显示 5 万个目标，广东目标数据量一般在 2 万左右，如图 7.10 所示。关于数据查询在第 8 章介绍。

图 7.10　同时显示的目标数量

7.6　预警算法及实现

广东省岸基雷达网辅助海上执法智能平台需具备以下功能：①面向不同涉海部门的业务应用定制化信息服务，如针对渔政执法的分区域、分时段的疑似目标统计分析等；②与其他海洋地理属性信息的叠加应用，如海上目标信息与海洋功能区划边界等海洋地理信息的叠加分析，从而解决雷达监控系统的运行过于依赖人员的实时监控、个人经验分析和工作量大且容易出现疑似违法目标疏漏的问题。

另外，现有的广东省岸基雷达网系统与非实时应用或非实时的信息服务没有隔离，不利于建立规范化的雷达网海上行政监管和执法信息服务业务秩序，如果直接在现有实时系统上拓展应用功能的话，可能导致系统运行的可靠性与稳定性下降。因此，需要在广东省岸基雷达网辅助海上执法智能平台中开发非实时的业务统计分析，形成定时的态势报告，以便辅助执法决策。将雷达网应用于辅助渔政监管与执法时，急需解决以下 3 个问题：①自动判断单拖、双拖等违法捕捞船只；②自动判断疑似盗挖海沙、违规抛锚等船只并进行提示；③对保护区、风电区、海上牧场等的分区、分时进出与滞留进行统计分析。因而，需要研究对海上船舶的非法单拖/双拖、非法采砂、违规抛锚、违规进入/穿越等行为进行自动判断、告警、轨迹跟踪等算法，使得业务系统的运行不完全依赖于人工值班，更好地辅助行政监管与执法业务。

基于上述分析，广东省岸基雷达网辅助海上执法智能平台主要是辅助海上执法，涉及的预警事件主要包括非法捕捞、非法采砂、海底光缆与油气管道安全、风电区与养殖设施看护等方面。

7.6.1 非法捕捞预警算法

非法捕捞主要包括单拖和双拖两种情况，判断区域是在整个近海 20 n mile 禁渔区范围内，不属于需要设置电子围栏的情况。

1. 单拖预警

根据相关部门与行业提供的信息，以及对实际情况的分析，确定船舶在进行单拖作业时一般有以下特征：船速保持在 2～6 kn，且这个船速会持续 60 min 以上，同时在同一个区域反复航行。

在此基础上开发出用于广东省岸基雷达网辅助海上执法智能平台（以下简称平台）的预警算法，然后对实时数据的轨迹数据进行分析，再通过后台的单拖预警算法对历史数据进行分析，判断目标是否有符合单拖的行为，最后将判断出的单拖目标用设计好的图标在系统上显示出来。

1）算法规则

（1）在五大类型目标中，首先排除 AIS_A 和 AR，只保留 R（数据类型 1）、AIS_B（数据类型 3）、BR（数据类型 5）；

（2）目标满足下面条件：

①在禁渔区范围内（近海 20 n mile 范围）；

②船速在 2～6 kn；

③持续时长 60 min 及以上（轨迹持续时间超过 60 min，持续时间不符合这个规则则忽略）；

④目标活动范围在 500 m 及以上，且目标持续时间 20 min 以上，目标绕圈率 1.3。（绕圈率是指目标起点到终点实际走的距离除以起点到终点的直线距离，数值越大说明绕圈越大）。

2）算法实现

算法的实现步骤如下：

（1）过滤数据，将属于 R（数据类型 1）、AIS_B（数据类型 3）、BR（数据类型 5）这三种类型的船舶目标筛选出来；

（2）判断这些船舶的轨迹，确定其在最近 20 min 内船速是否保持在 2～6 kn；如果不是则忽略该数据；如果是则进行第（3）步。

（3）判断绕圈率是否大于 1.3；如果不是则忽略该数据；如果是则进行第（4）步。

（4）判断该目标是否已经在单拖目标数据库里面；如果是，则更新其持续时长；如果不在数据库中，则进行目标添加；

（5）更新 5 min 前的单拖数据，针对持续时长小于 60 min 并且目标已经消失的情况，判断这段时间是否符合上述条件，如果不符合的话再进一步判断发现时间之前的数据是否符合，如果不符合数据就忽略，符合的话修改其已消失的标志位；

（6）更新 5 min 前的单拖数据，持续时长小于 60 min 并且目标未消失的，判断发现时间之前的数据是否符合，不符合则忽略。

2. 双拖预警

根据相关部门与行业提供的信息，以及对实际情况的分析，确定船舶在进行双拖作业时一般有以下特征：船速保持在 2～6 kn，持续时长一般在 60 min 以上，两船之间的距离会保持在 50～500 m。在此基础上开发出用于平台的双拖预警算法，然后对实时数据中的轨迹数据进行分析，再通过后台的双拖算法对历史数据进行分析，以此来判断目标是否有符合双拖的行为，最后将判断出的双拖目标用设定好的图标在系统上显示出来。

1）算法规则

（1）在五大类型目标中，首先排除 AIS_A 和 AR，只保留 R（数据类型 1）、AIS_B（数据类型 3）、BR（数据类型 5）；

（2）目标满足下面条件：

①在禁渔区范围内（近海 20 n mile 范围）；

②船速在 2～5 kn，如果一艘船满足这个条件，另一艘船不满足，忽略该目标；

③轨迹持续时间 60 min 及以上，持续时间不符合这个规则则忽略；

④目标活动范围在 500 m 及以上；

⑤两船之间满足下列条件：一是两船间的距离介于 50～500 m；二是两船连线距离与并行距离比例差不超过 0.1；三是两船速度在 2～5 kn 保持时长小于 5 min；四是两船长在 30～50 m；五是持续时长 5 min 及以上。

2）算法实现

算法的实现步骤如下：

（1）过滤数据（数据类型 1+数据类型 3+数据类型 5）；

（2）判断轨迹最近 5 min 船速是否保持 2～5 kn；

（3）双拖轨迹匹配，计算两目标之间距离是否保持在 50～500 m；

（4）计算轨迹的平行度；

（5）垂直距离与并行距离的差值小于 10%；

（6）判断是否已经在双拖数据库里面，如果在的话，更新持续时长（用于计算持续时长），如果不在的话，将其添加到数据库中；

（7）更新 5 min 前的双拖数据，针对持续时长小于 60 min 并且目标已经消失的情况，判断这段时间是否符合上述条件，如果不符合的话再进一步判断发现时间之前的数据是否符合，如果不符合就忽略，符合则修改其已消失的标志位；

（8）更新 5 min 前的双拖数据，持续时长小于 60 min 并且目标未消失的，判断发现时间之前的数据是否符合，不符合则忽略。

7.6.2　非法采砂预警

非法采砂区是指具有采砂条件的非合法采砂区。当区域内目标，其船长在 60～

150 m，在非法采砂区域持续船速 0～2 kn，滞留时长超过 30 min 且滞留范围半径大于 300 m，则该目标被判定为疑似进行非法采砂。

注：移动目标的滞留范围半径必须大于 300 m，停泊目标持续时间大于 1 min 且活动范围大于 500 m，所有预警目标需满足以上基本条件。

疑似非法采砂算法分析流程如图 7.11 所示。

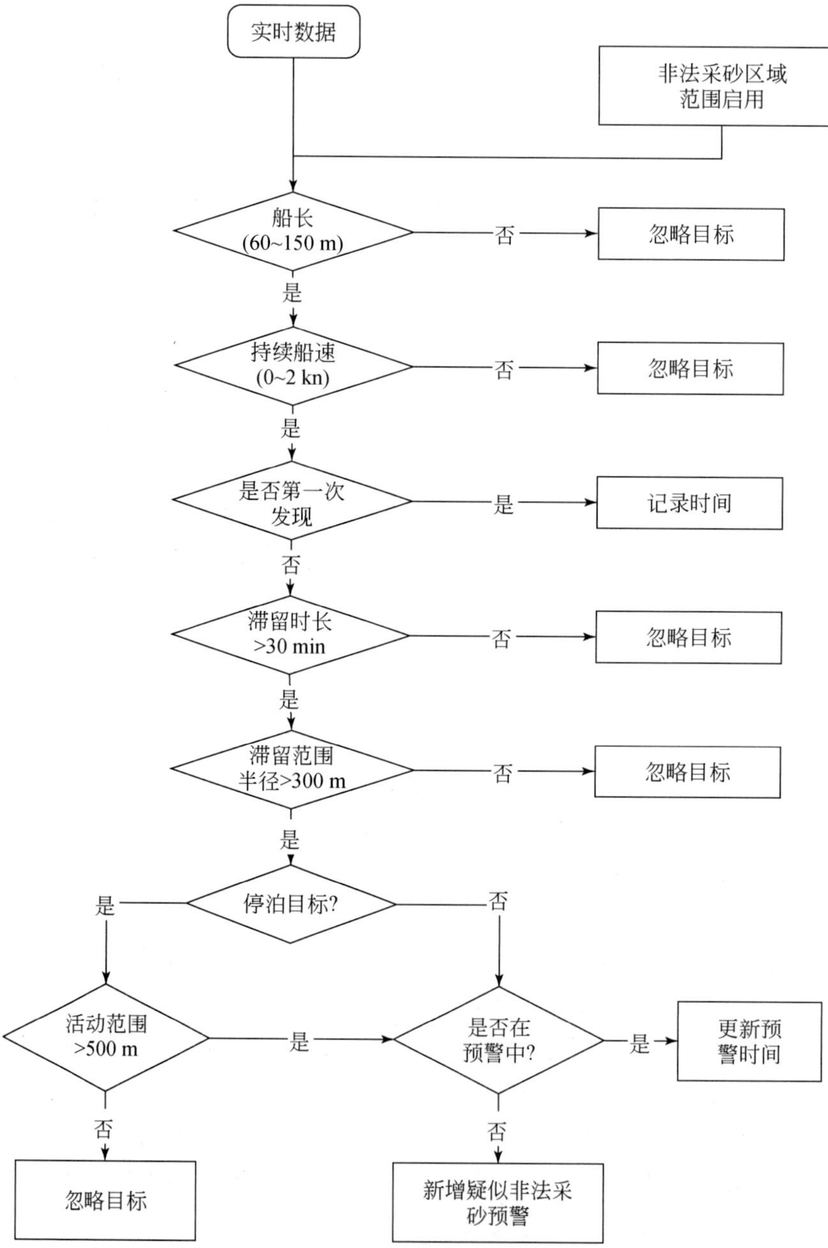

图 7.11　疑似非法采砂算法分析流程

疑似非法采砂预警服务不断地接收来自数据收发中心的实时数据，先过滤算法服务中配置的固定目标，然后再过滤区域中未设置的数据类型，对剩下来的目标再筛选出满足船长和持续船速的目标，记录其首次发现时间。若这些目标在区域内滞留时长超过 30 min 且滞留范围半径超过 300 m（若为停泊目标，其活动范围必须大于 500 m），判断该目标是否已经预警；若为新增预警，则写入预警事件表；若已经预警则更新预警时间。

7.6.3　海底光缆与油气管道安全监控

根据光缆和油气管道滞留和捕捞行为的一些特征参数，提出相应的开发算法，通过对实时目标留下的历史数据和形成的轨迹进行分析，将符合算法的目标写入数据库的预警事件表，并在系统上用不同的图标显示。

1.光缆核心区滞留

光缆核心区是指以光缆为核心，半径为 500 m 的缓冲区。当区域内目标，其船长大于 30 m，在光缆核心区域滞留时长超过 10 min 且滞留范围半径大于 300 m，则该目标被判定为在光缆核心区滞留。

光缆核心区滞留算法分析流程如图 7.12 所示。

光缆核心区滞留预警服务不断地接收来自数据收发中心的实时数据，先过滤算法服务中配置的固定目标，然后再过滤区域中未设置的数据类型，对剩下来的目标再筛选出满足船长的目标，记录其首次发现时间。若这些目标在区域内滞留时长超过 10 min 且滞留范围半径超过 300 m（若为停泊目标，其活动范围必须大于 500 m），判断该目标是否已经预警，若为新增预警，则写入预警事件表；若已经预警则更新预警时间。

2.光缆缓冲区捕捞

光缆缓冲区是指以光缆为核心，半径为 1000 m 的缓冲区（去除光缆核心区域部分的范围）。当区域内目标在光缆缓冲区域内滞留时长超过 10 min、持续船速保持在 2～5 kn 且船长≤50 m，则该目标被判定为疑似在光缆缓冲区进行捕捞。

注：移动目标的活动范围必须大于 300 m，停泊目标持续时间大于 1 min 且活动范围大于 500 m，所有预警目标需满足以上基本条件。

光缆缓冲区捕捞算法分析流程如图 7.13 所示。

光缆缓冲区捕捞预警服务不断地接收来自数据收发中心的实时数据，先过滤算法服务中配置的固定目标，然后再过滤区域中未设置的数据类型，对剩下来的目标再筛选出满足船长和持续船速的目标，记录其首次发现时间。若这些目标在区域内滞留时长超过 10 min（若为停泊目标，其之前的活动范围必须大于 500 m），判断该目标是否已经预警；若为新增预警，则写入预警事件表；若已经预警则更新预警时间。

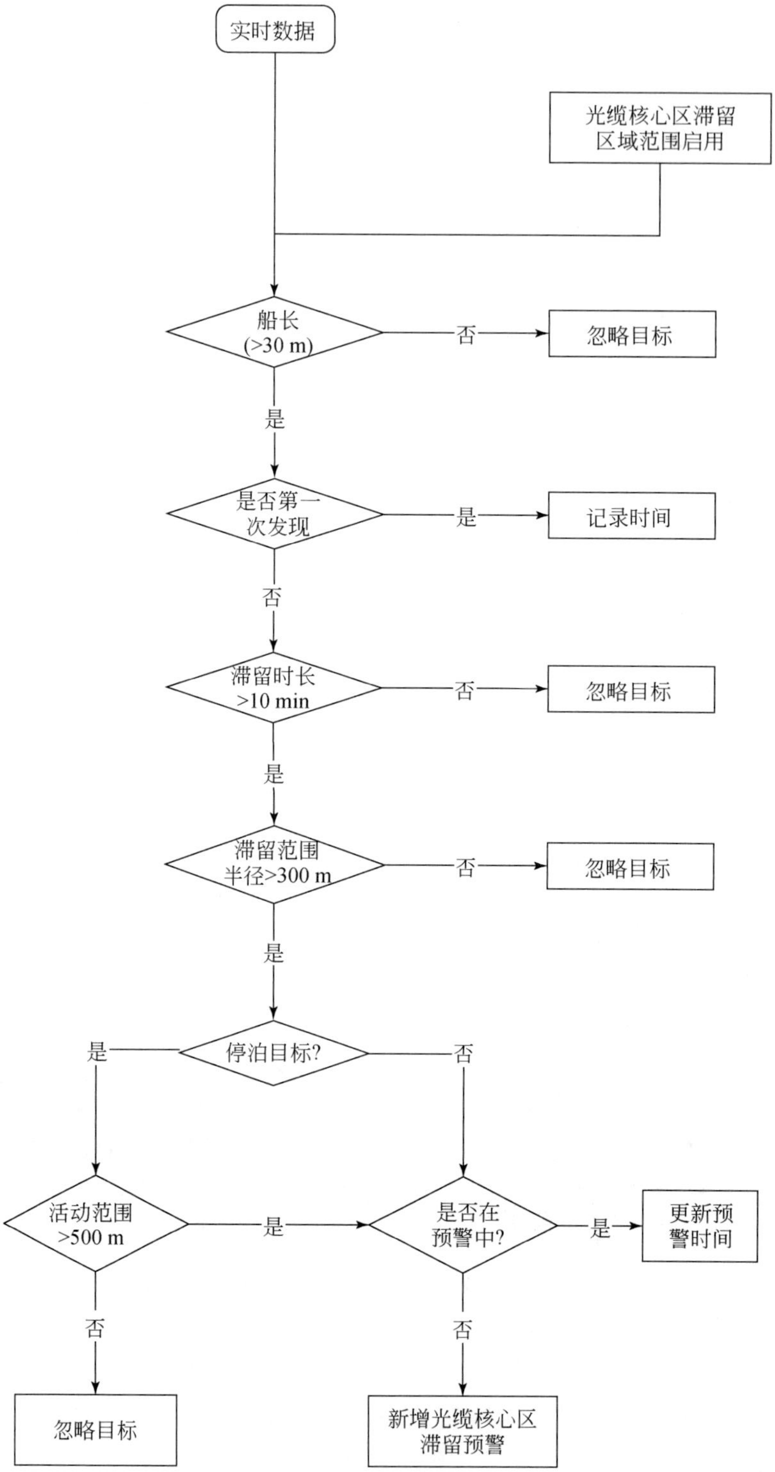

图 7.12　光缆核心区滞留算法分析流程

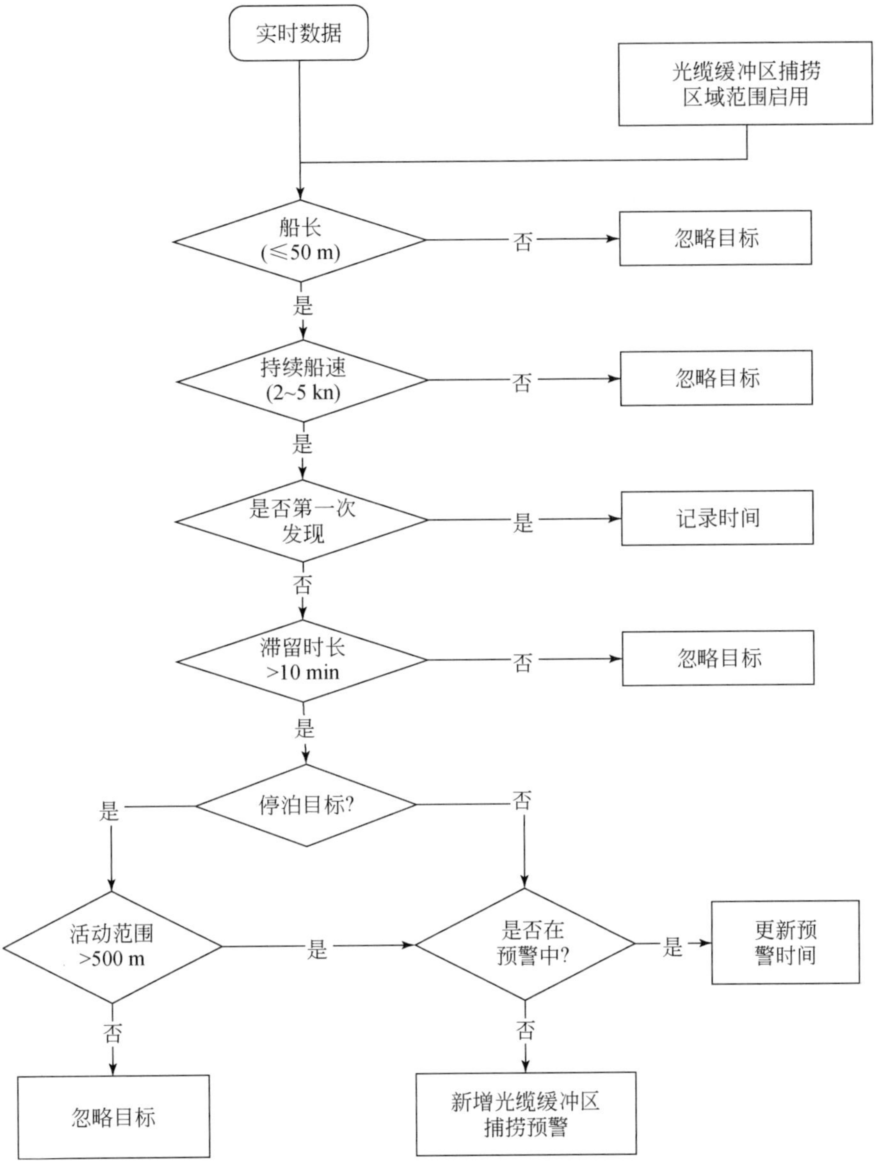

图 7.13　光缆缓冲区捕捞算法分析流程

7.6.4　风电区与养殖设施看护

风电区与养殖设施看护主要是通过区域管理模块划定电子围栏的方法，防止船只闯入对区域内的设备造成破坏。风电区和养殖设施监管的船只类型和大小会根据实际情况有所区别，用户可以自行设置条件。

1.风电区非法滞留

在实际情况中，能对风电区设备产生破坏的船只一般是较大的船只，所以在条件设置上针对 50 m 以上的船只。

当区域内目标，其船长大于 50 m，持续船速 0～2 kn，滞留时长超过 30 min 且滞留范围半径大于 300 m，则该目标被判定为在风电区非法滞留。

注：移动目标的活动范围必须大于 300 m，停泊目标持续时间大于 1 min 且活动范围大于 500 m，所有预警目标需满足以上基本条件。

风电区非法滞留算法分析流程如图 7.14 所示。

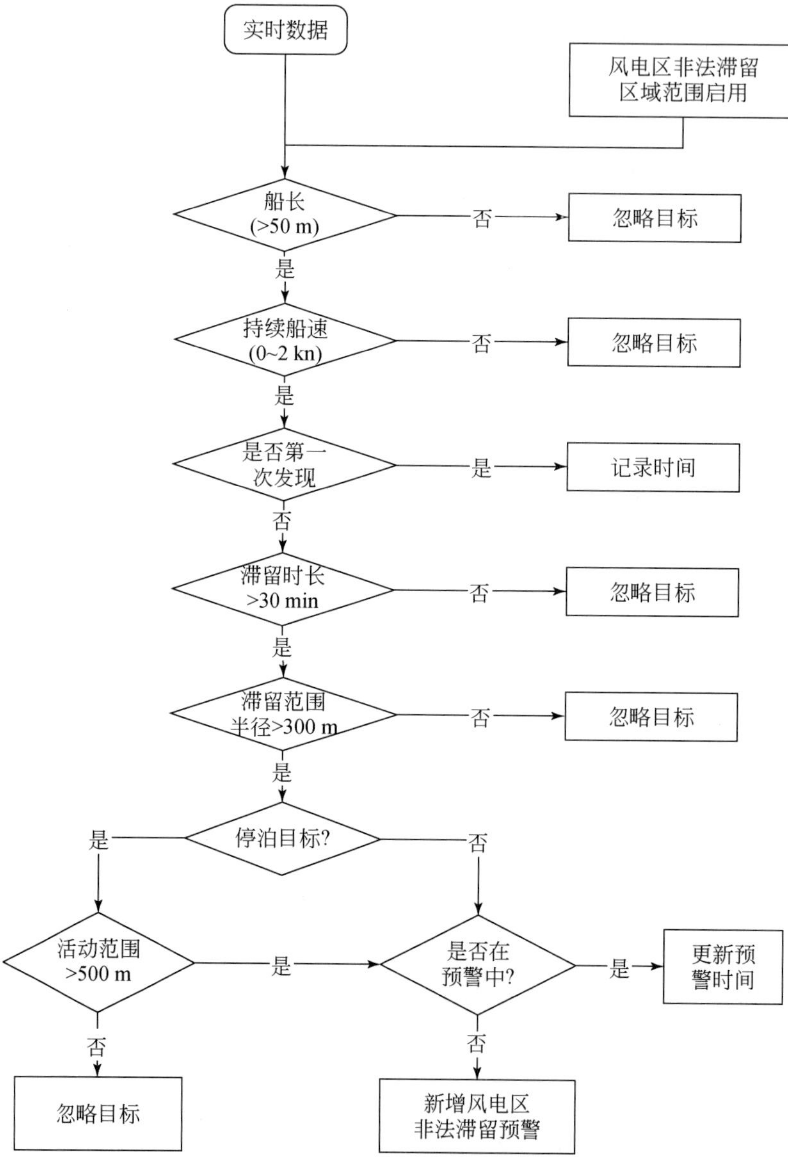

图 7.14　风电区非法滞留算法分析流程

风电区非法滞留预警服务不断地接收来自数据收发中心的实时数据，先过滤算法服务中预先设置好的固定目标，然后再过滤区域中未设置的数据类型，对剩下来的目标再筛选出满足船长和持续船速的目标，记录其首次发现时间。若这些目标在区域内滞留时长超过 30 min 且滞留范围半径超过 300 m（若为停泊目标，其活动范围必须大于 500 m），判断该目标是否已经预警；若为新增预警，则写入预警事件表；若已经预警则更新预警时间。

2.养殖区非法滞留

当目标出现在养殖区域内时，如果目标满足持续船速 0～5 kn，滞留时长超过 15 min，活动范围大于 500 m 的条件的话，就判定为预警目标。

养殖区非法滞留算法分析流程如图 7.15 所示。

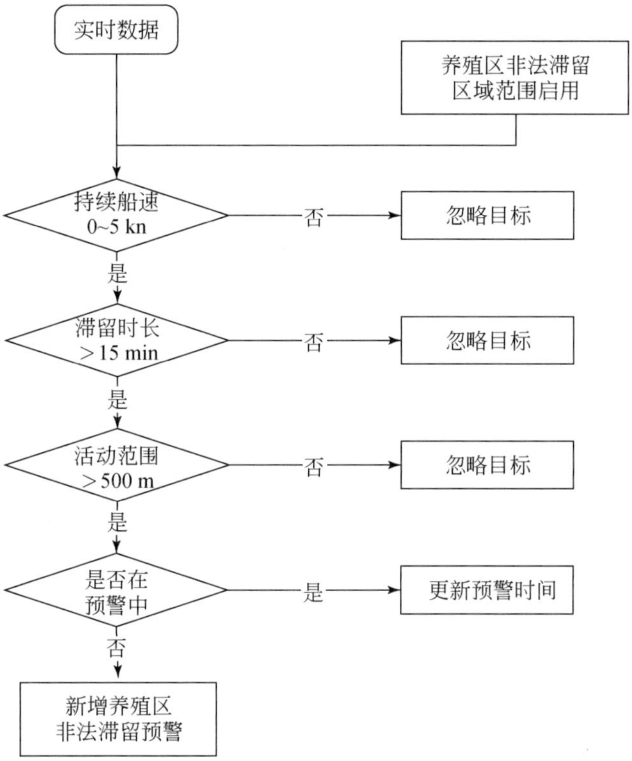

图 7.15　养殖区非法滞留算法分析流程

养殖区滞留预警服务不断地接收来自数据收发中心的实时数据，先过滤算法服务中配置固定目标，然后再过滤区域中未设置的数据类型，对剩下来的目标再筛选出满足持续船速的目标，记录其首次发现时间。若这些目标在区域内滞留时长超过 15 min，活动范围大于 500 m，判断该目标是否已经预警；若为新增预警，则写入预警事件表；若已经预警则更新预警时间。

3.养殖区非法捕捞

当目标在养殖区域内滞留时长超过 15 min、持续船速保持在 2～5 kn 且船长在 3～50 m 时，目标被判定为疑似在养殖区进行非法捕捞。对于移动目标的活动范围必须大于 300 m，停泊目标持续时间大于 1 min 且活动范围大于 500 m，所有预警目标需满足以上基本条件。

养殖区非法捕捞算法分析流程如图 7.16 所示。

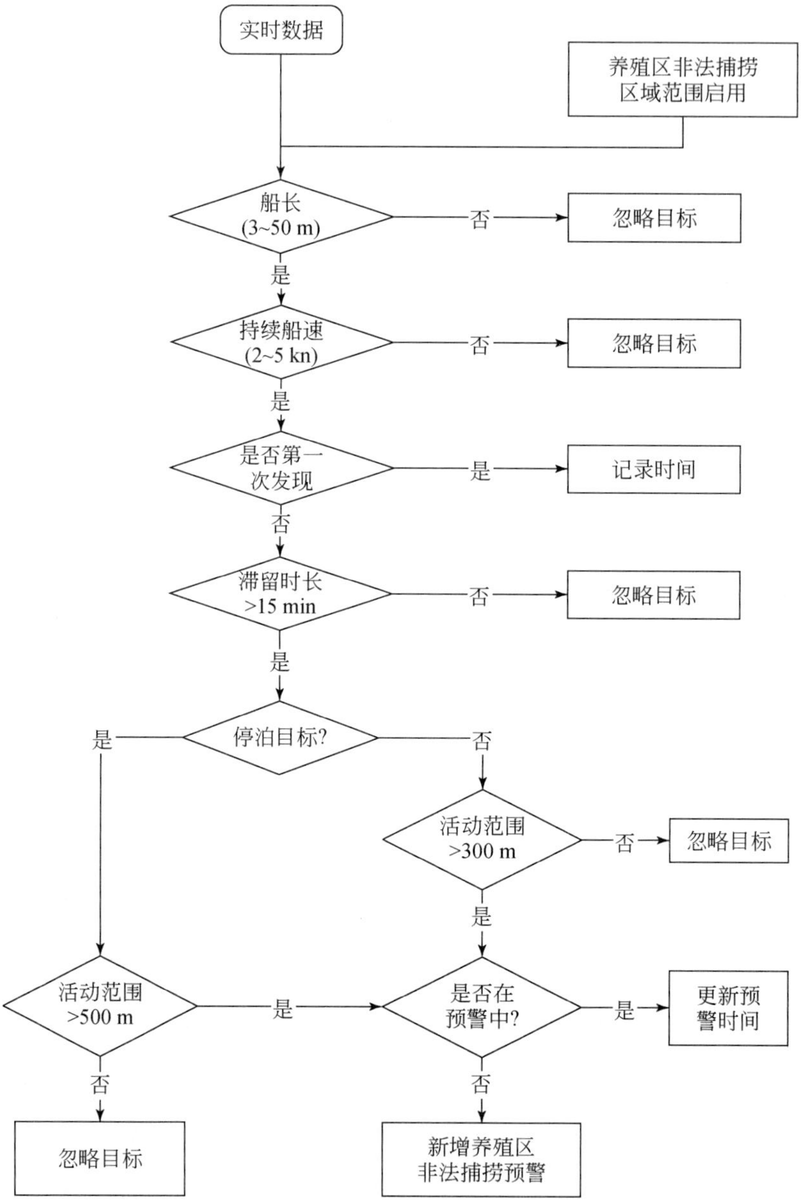

图 7.16　养殖区非法捕捞算法分析流程

养殖区非法捕捞预警服务不断地接收来自数据收发中心的实时数据，先过滤算法服务中设置的固定目标，然后再过滤区域中未设置的数据类型，对剩下来的目标再筛选出满足船长和持续船速的目标，记录其首次发现时间。若这些目标在区域内滞留时长超过 15 min 且活动范围超过 300 m（若为停泊目标，其活动范围必须大于 500 m），判断该目标是否已经预警；若为新增预警，则写入预警事件表；若已经预警则更新预警时间。

4. 养殖区非法穿越

当区域内目标，其船长大于 20 m，且该目标在养殖区内时，判定为非法穿越；若该目标为停泊目标则其持续时间大于 1min 且活动范围大于 500 m 则判定为非法穿越。

养殖区非法穿越算法分析流程如图 7.17 所示。

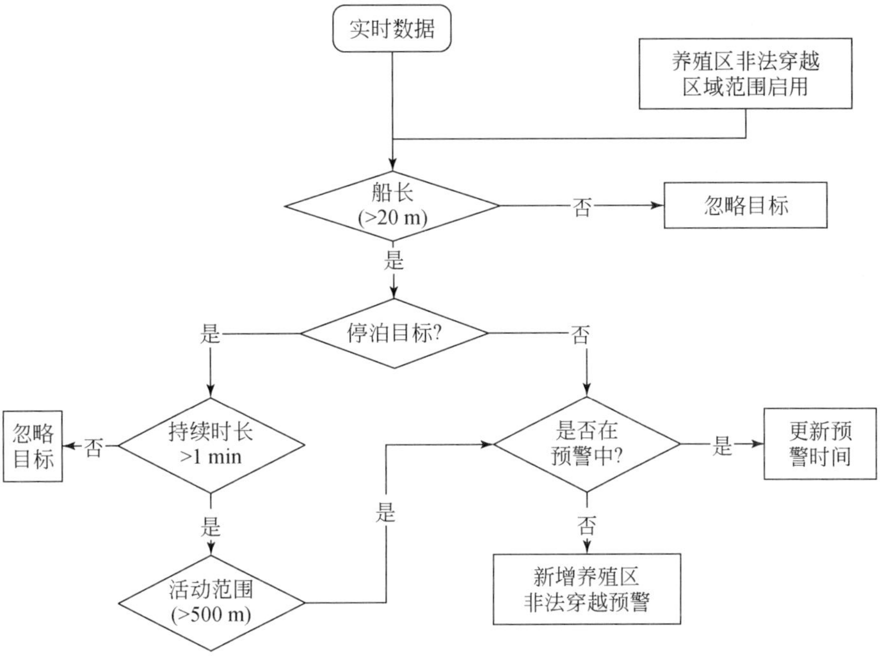

图 7.17　养殖区非法穿越算法分析流程

非法穿越预警分析服务不断地接收来自数据收发中心的实时数据，先过滤算法服务中配置的固定目标，再过滤区域中未设置的数据类型，对剩下来的目标再筛选出满足船长的目标（若为停泊目标，其持续时长大于 1 min 且活动范围必须大于 500 m），判断该目标是否已经预警；若为新增预警，则写入预警表；若已经预警则更新预警时间。

参 考 文 献

［1］纪春华，石浩瀚，王艳磊. 基于 Oracle 数据库整合技术的研究［J］. 计算机应用技术，2018（11）：90-96.

［2］肖鹏. 设备维修计算机管理系统在设备管理中的应用研究［J］. 信息技术与信息化，2017（9）：95-97.

［3］张哲，刘云鹤，王乃生. ElasticSearch 分布式搜索引擎在地名地址检索中的应用［J］. 测绘与空间地理信息，2020，43（1）：184-187.

［4］管腾飞.基于 Elasticsearch 的电商推荐系统的设计与实现［D］.北京：北京交通大学，2020.

[5] 胡婕，李跃新. ER 图对设计专家系统的启示［J］. 湖北大学学报（自然科学版），24（4）：309-314.
[6] 刘宁波，董云龙，王国庆，等. X 波段雷达对海探测试验与数据获取［J］. 雷达学报，2019，8（5）：656-667.
[7] 董鹏，李海涛. 高并发访问下数据库连接池的研究与设计［J］. 电脑知识与技术，2017，13（8）：1-3，5.
[8] 姜少彬，伍江江，周正. 海量数据文件异常并行检测技术设计与实现［J］. 电子技术与软件工程，2019（3）：142-144.
[9] 谢文杰，艾赛江，张映昊. 雷达数据实时处理软件多线程技术的改进［J］. 计算机应用，2018，38（Z2）：250-253，275.
[10] 闫保中，张波. 线程池技术在车流监控系统中的应用［J］. 应用科技，2011，38（10）：18-22.
[11] He K，Zhang X，Ren S，et al. Spatial pyramid pooling in deep convolutional networks for visual recognition［J］. IEEE Transactions on Pattern Analysis & Machine Intelligence，2015，37（9）：1904-1916.

第 8 章　辅助海上执法的雷达网应用信息服务平台

本章主要介绍客户端/服务器模式（C/S）与浏览器/服务器模式（B/S）各自的特点、基于 WebGIS 技术和 B/S 模式应用信息服务平台的构建方案和部署方式、广东省岸基雷达网辅助海上执法智能平台的总体设计、各服务模块的实现算法及主要功能操作。

8.1　平台构建模式

在第 4 章介绍了广东省岸基雷达网的软硬件部署，其中终端显示软件 GeoViewer 是基于 C/S 模式开发的。在实际使用中发现其存在一定的问题，主要表现在以下几个方面：

（1）现有的雷达网系统由于是实时的目标监控系统，为保障其安全与可靠、高效运行，系统构架相对封闭，难以拓展多样化的涉海部门与机构业务应用，雷达网的应用与信息服务潜力没有得到充分挖掘。目前，近海小型船舶航行安全管理的多种保障信息系统分散孤立，监控技术手段也无法达到海上生产活动、海洋交通运输综合管控的要求。

（2）雷达网是海洋监管体系的重要组成部分，它是船舶等目标实时动态数据收集的一种有效的技术手段。但是，在实际应用中，雷达网的实时目标数据量非常庞大，仅靠人工分析很难充分发挥其作用，需要建立一个数据处理与应用服务平台去管理和应用这些数据。同时，由于目标遮挡及海况的影响，仅靠雷达目标数据无法得知海上交通密集区、遮挡区域的小船状况，如果能和其他传感器的数据、行业部门的船舶数据库的数据等进行融合，会对海上作业安全有更好的保障。

综上可见，基于 C/S 模式，最突出的问题是实时雷达监控系统与非实时应用或非实时的信息服务没有隔离，不利于建立规范化的雷达网海上行政监管和执法信息服务业务秩序，另外在现有实时系统上拓展应用功能可能导致系统运行的可靠性与稳定性下降。为解决这些问题，需要一个基于 B/S 模式和 WebGIS 技术的应用信息服务平台，以拓展岸基雷达网的业务应用范围，使其更好地辅助海上执法。广东省岸基雷达网辅助海上执法智能平台的核心理念就是通过对广东近海各种小型船舶（如渔船等）航行信息的实时采集、处理和数据融合，对小型船舶的行为和海上态势进行智能分析，帮助管理者采取规避危险、监管违规作业和违法作业的决策。

8.1.1　C/S 模式

C/S 模式是一种典型的两层架构，即客户端（client）和服务器端（server）两层，如图 8.1 所示。由图 8.1 可知，C/S 模式是一个服务器端下挂接多个客户端，所以可以看作是“胖客户端”架构。

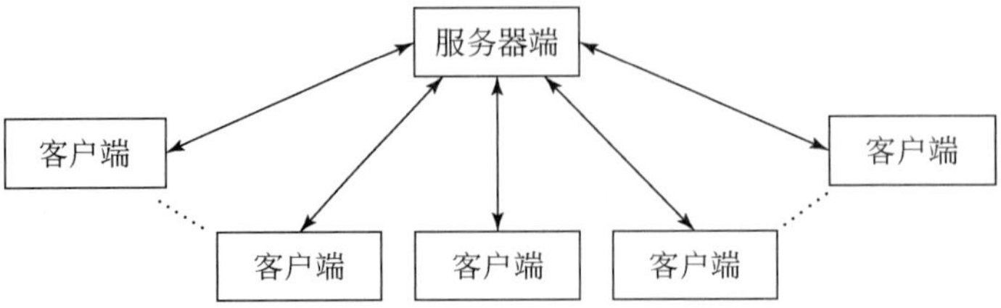

图 8.1　C/S 模式架构

在 C/S 模式中，服务器端具备基于数据库的信息管理功能，以及强大的数据运算能力，为不同客户端之间提供信息交互服务；客户端是与用户直接交互的显示界面，并且具备业务逻辑处理能力，有时为了减轻服务器的运算压力，也会分担一部分数据运算处理，具有“瘦服务器”的能力。也就是说，客户端需要实现绝大多数的业务逻辑和界面展示，因而界面和操作可以很丰富，但需要承受很大的压力。在 C/S 模式中，数据的传输和交互最多只经过一层，响应速度较快，安全性也很容易得到保证，因而具有更好的设计自由度。

C/S 模式的典型特点就是需要安装桌面应用程序，且一次的升级维护必定覆盖所有的客户端程序，这也是 C/S 模式发展的一个瓶颈。[1] 另外 C/S 模式通常用于局域网中，由于程序需要安装才可使用，因此不适合面向一些不可知的用户，适用面窄且用户群固定。

8.1.2　B/S 模式

B/S 模式采用三层架构，浏览器端（又称前端）、WebApp 服务器端和数据库服务器端，相当于表现层、逻辑层（中间层）、数据层，B/S 模式架构如图 8.2 所示。表现层位于浏览器端，负责将服务器的返回信息输出在浏览器上，在这种模式下客户机上只要安装一个浏览器即可。极少数事务逻辑在前端实现，主要事务逻辑在服务器端实现，浏览器通过 WebApp 服务器端同数据库进行数据交互，这样就避免了庞大的“胖客户端”，减少了客户端的压力。因为客户端包含的逻辑很少，因此也被称为“瘦客户端”。逻辑层主要负责实现浏览器与服务器的信息交互功能。数据层位于服务器端，负责处理浏览器端的请求与数据运算。

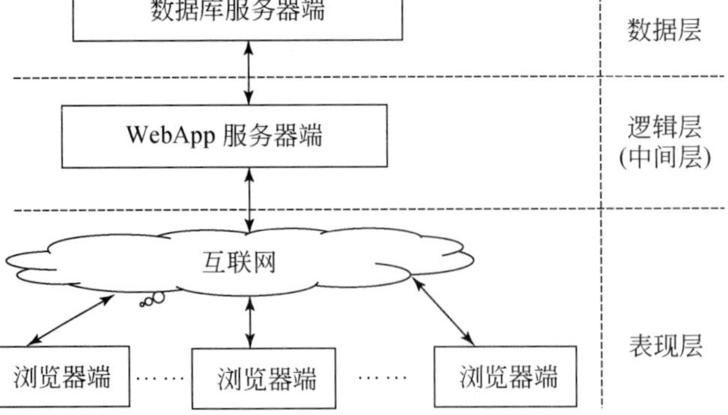

图 8.2　B/S 模式架构

从图 8.2 还可以看到，在客户端无须安装应用程序，用户只要拥有一个浏览器即可；从维护的角度看，比较简单，只要更新页面即可实现面向所有用户的更新，扩展性也强。B/S 模式的缺点是软件设计难度大，尤其在安全性和实时性保障方面占用的设计成本高，另外面向的范围广，所以安全性比较低。B/S 模式通常放在广域网中，面向不同的用户群。[2]

在广东省岸基雷达网辅助海上执法智能平台构建中，逻辑层 WebApp 服务器端是基于 WebGIS，关于 WebGIS 技术的构建方案将在下一节介绍。

8.2　基于 WebGIS 技术的构建方案

8.2.1　ArcGIS 10 平台体系

地理信息系统（geographic information systems，GIS）是在计算机软硬件支持下，以地理空间为基础，采用地理模型分析方法，实时提供多种空间和动态的地理信息。GIS 处理和管理的对象是多种地理空间实体数据及其关系，包括空间定位数据、图形数据、遥感图像数据、属性数据等，主要用于分析和处理一定地理区域分布的各种现象和过程，解决复杂的规划、决策和管理问题。[3]

广东省岸基雷达网辅助海上执法智能平台的开发是基于 ArcGIS 10.7 版本，所以在此主要介绍 ArcGIS 10.7 版本的核心产品。

ArcGIS 10.7 的核心产品主要有 4 个，如图 8.3 所示。图 8.3 中的 ArcGIS Pro 是整个平台的内容创造者，它将创造的内容发布到云端，这就涉及了 ArcGIS Online 和 ArcGIS Enterprise。ArcGIS Online 是全球唯一的“云架构”GIS 平台，是目前最大的一款 GIS 公有云产品；Enterprise 相当于一个私有云，在企业中打造一个私有的 ArcGIS Online；最后整个平台落地到终端，就是 ArcGIS Apps。

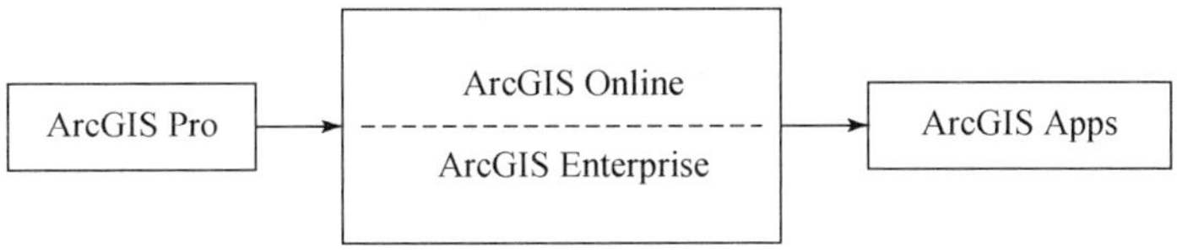

图 8.3　ArcGIS 10.7 核心产品关系图

ArcGIS 作为一个可伸缩的平台，无论是通过桌面、服务器还是 Web 的方式，都能为个人用户和群体用户提供 GIS 的功能。ArcGIS 10 是一个建设完整 GIS 的软件集合。图 8.4 为图 8.3 核心产品对应的软件集合图。

由图 8.4 可知，服务器端的 ArcGIS Online 和 ArcGIS Enterprise 主要包括了 6 个模块，分别为 GIS Server（GIS 服务器）、GeoAnalystics Server（矢量大数据）、GeoEvent Server（实时大数据）、Image Server（影像大数据）、Notebook Server（数据科学）和 Data Store（数据服务）。

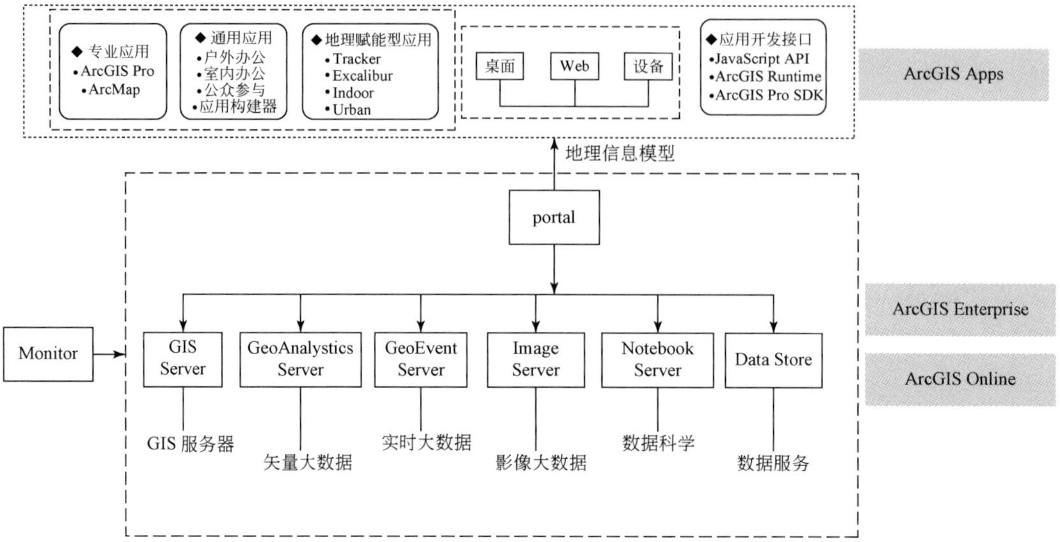

图 8.4 ArcGIS10.7 核心产品对应的软件集合图

客户端也支持桌面端（ArcGIS Dektop）、Web 端和移动设备等多种终端形式，同时提供了大量 Apps 应用，有专业应用（ArcGIS Pro、ArcMap）、通用应用（户外办公、室内办公、公众参与、应用构建器），还有 ArcGIS 10.7 新推出的地理赋能型应用（Tracker、Excalibur、Indoor 和 Urban），最后通过 portal 来连接服务器和客户端。

从图 8.4 还可以看出，ArcGIS 提供了应用开发的接口，分别是 JavaScript API、ArcGIS Runtime、ArcGIS Pro SDK。

8.2.2 WebGIS 技术

WebGIS 概念于 1994 年首次提出，它能通过在互联网上部署 GIS，解决冗余数据、数据整合及分布处理等问题。它将两项功能强大的技术——GIS 和网络技术即时结合在一起，GIS 擅长与空间相关的分析和处理，网络技术则提供全球互联、促进信息共享。基于 Web 服务的 WebGIS 成为当前网络 GIS 的主流开发方式。

1. Web 服务实现模式

当前 Web 服务实现方案中，主要有 SOAP、REST 和可扩展标记语言-远程过程调用（the extensible markup language-remote procedure call protocol，XML-RPC）三种模式。SOAP 模式的 Web 服务将应用逻辑封装起来，对于用户只提供标准接口，对于客户端、服务器端上的数据和应用逻辑都是透明的。因此，它能够灵活组织网络，较好地解决地图的共享问题。但是基于 SOAP 模式的应用需要自己定义接口，这对于服务间互操作的实现十分不利。REST 是一种针对网络应用的设计和开发模式，可以降低开发的复杂性，提高系统的可伸缩性。它通常基于 HTTP、URL、XML（标准通用标记语言下的一个子集）及 HTML（标准通用标记语言下的一个应用）等现有的广泛流行的协议和标准。XML-RPC 是一个远程过程调用（RPC）的分布式计算协议，通过

XML 将调用函数封装，并使用 HTTP 协议作为传送机制。XML-RPC 的设计力求简单，并同时允许传输、处理和返回复杂数据结构。根据上述三种模式的特性，广东省岸基雷达网辅助海上执法智能平台选用了 REST 模式。

2. WebGIS 架构

基于 REST 风格的 Web 服务的 WebGIS 系统架构如图 8.5 所示，在该架构中 GIS 服务与其他中间层的功能（如用户管理、日志等）都部署在同一个应用中。[4]

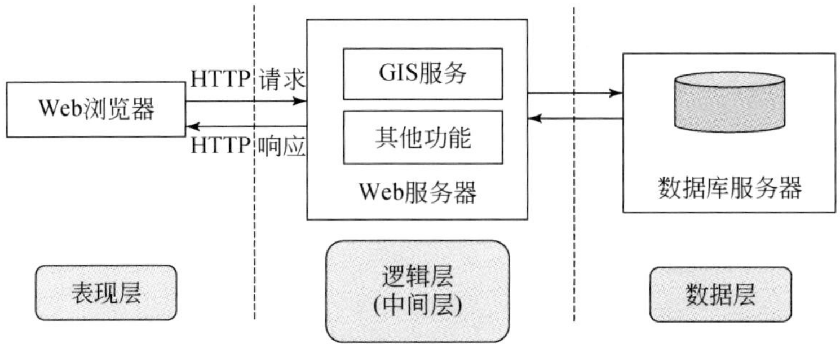

图 8.5　GIS 服务与其他功能合并部署的系统架构

为了在更大程度上方便地理信息数据及 GIS 功能的共享，以及二次开发，将 GIS 服务进行单独部署，系统架构如图 8.6 所示。

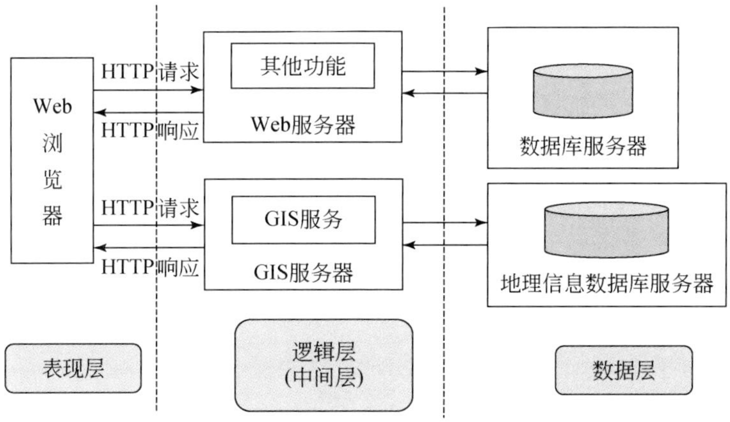

图 8.6　GIS 服务单独部署的系统架构

在上述系统架构中，可以利用现有的 GIS 服务，如 Google、Microsoft、百度、高德地图、天地通遥感图像，也可以利用 ArcGIS Server 等地理信息服务软件，将地理信息发布为服务，在系统客户端利用 JavaScript 调用这些服务，从而在系统中集成地图及 GIS 功能。

平台采用的是图 8.6 的系统架构。

3. ArcGIS Server 站点的架构

ArcGIS Server 是一个基于 Web 服务的企业级 GIS 解决方案，作为 WebGIS 的产品，它为创建和管理基于服务器的 GIS 应用提供了一个高效的框架平台。ArcGIS Server 站点由 4 个部分构成：Web 服务器、Web Adaptor、GIS 服务器和数据服务器[4]，如图 8.7 所示。

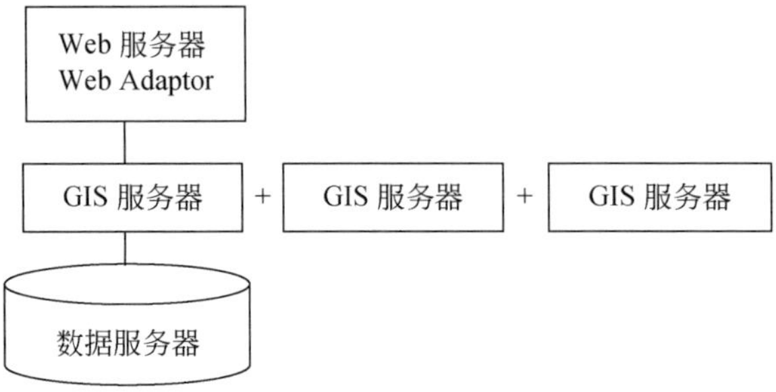

图 8.7　完整的 ArcGIS 10.7 Server 站点架构

ArcGIS 10.7 内嵌了一个 Web 服务器，但如果要将 ArcGIS Server 和 Web 服务器整合在一起，就需要 ArcGIS Web Adaptor，该组件兼容互联网信息服务（Internet information services，IIS）和 Java 企业版（Java enterprise edition，Java EE）服务器，这样便可以让站点对外提供统一的 URL 地址，此外还可以将 ArcGIS Server 跟企业内部的 Web 服务器集成，可以利用 Web 服务器的安全机制来保证 ArcGIS Server 的安全。Web Adaptor 是一个运行在 Web 站点中的应用，它将请求转发给 ArcGIS Server，跟踪 ArcGIS Server 站点，同时了解哪些 GIS 服务器被移走了或者添加了新的 GIS 服务器，将请求转发给目前参与的 GIS 服务器。

ArcGIS Server 是安装在服务器机器上的核心软件，该软件创建 ArcGIS Server 站点。一个 ArcGIS Server 站点就是一个将地理信息资源发布为 Web 服务的 ArcGIS Server 实例，这些 Web 服务包括绘制地图、同步数据库、投影几何对象、搜索数据，并执行许多由 ArcGIS 提供的操作。

数据服务器用于存储 ArcGIS Server 所需要的数据。

8.2.3　ArcGIS API for JavaScript 应用

ArcGIS API for JavaScript 是地图 API，根据 JavaScript 技术实现的调用 ArcGIS Server REST API 接口的一组脚本。通过 ArcGIS API for JavaScript 可以将 ArcGIS Server 提供的地图资源和其他资源嵌入到 Web 应用中。

其基本流程是利用 ArcGIS Server 发布海图、影像图、矢量图等地图服务，得到相应的地图资源的链接，然后通过 ArcGIS API for JavaScript 嵌入到 Web 应用，完成地图信息的展示，其流程如图 8.8 所示。

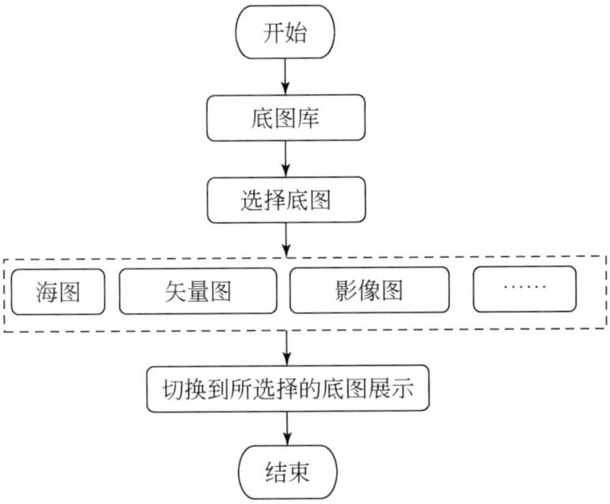

图 8.8　底图库流程图

平台使用的矢量图和卫星图为天地图在线服务，海图为本地 ArcGIS 地图服务。在 ArcGIS API for JavaScript 中，基本的地图组件 API 都是已经封装好的，包括地图平移、放大、缩小、前一视图、后一视图、默认范围等功能，主要通过 ArcGIS API for JavaScript 中 Navigation 的方法调用不同的组件。与此同时，通过自主开发的测量、清除、书签、设置等功能的组件，用同样的方式利用 ArcGIS API for JavaScript 进行调用，从而在 Web 端实现相应的功能。

8.2.4　ArcGIS GeoEvent Server

ArcGIS GeoEvent Server 是 ArcGIS 平台的实时大数据持续接入和处理服务器，利用 ArcGIS GeoEvent Server 可实现实时数据输入、配置输出、配置过滤器和处理器。它可在 ArcGIS 企业级（ArcGIS Enterprise）中将基于事件的实时数据流集成为数据源。实现对事件数据进行过滤、处理并将其发送到多个目的地的功能，这样便可与几乎所有类型的数据流建立连接。过滤器和处理器使分析员能够发现并关注最值得关注的事件、位置和操作阈值。

ArcGIS GeoEvent Server 是开箱即用的输入连接器，具备以下的功能：①轮询 ArcGIS 地图或要素服务；②轮询一个外部的服务器或 REST 地址；③通过 HTTP/POST 接收数据记录；④TCP/UDP socker 接收数据记录；⑤订阅一个外部的 WebSocket；⑥读取文件系统中改变的文件。

ArcGIS GeoEvent Server 是开箱即用的输出连接器，具备以下的功能：①添加或更新要素服务；②添加或更新时空大数据存储；③发送要素到流服务；④推送数据记录到外部网站；⑤推送数据记录到外部的 WebSocket；⑥通过 TCP/UDP socker 发送数据记录；⑦发送文本、邮件或即时消息；⑧写入本地文件（CSV、JSON、GeoJSON）。

ArcGIS GeoEvent Server 是开箱即用的输出信息处理器，具备以下的功能：①属性和空间过滤；②地理标记；③创建缓冲区；④事件检测器；⑤相交分析；⑥检测事件缺失等。

8.3　平台总体设计

8.3.1　总体框架

广东省岸基雷达网辅助海上执法平台体由云平台、数据中心、平台层和应用层 4 部分组成，并包括相关制度及规范。总体框架如图 8.9 所示。

1. 云平台

系统使用云服务器（cloud virtual machine，CVM）。与传统服务器相比，使用 CVM 不需要预估资源用量及前期投入，可以在短时间内快速启动任意数量的云服务器并即时部署应用程序。CVM 支持用户自定义一切资源，包括 CPU、内存、硬盘、网络、安全等，并可以在需求发生变化时轻松地调整它们。

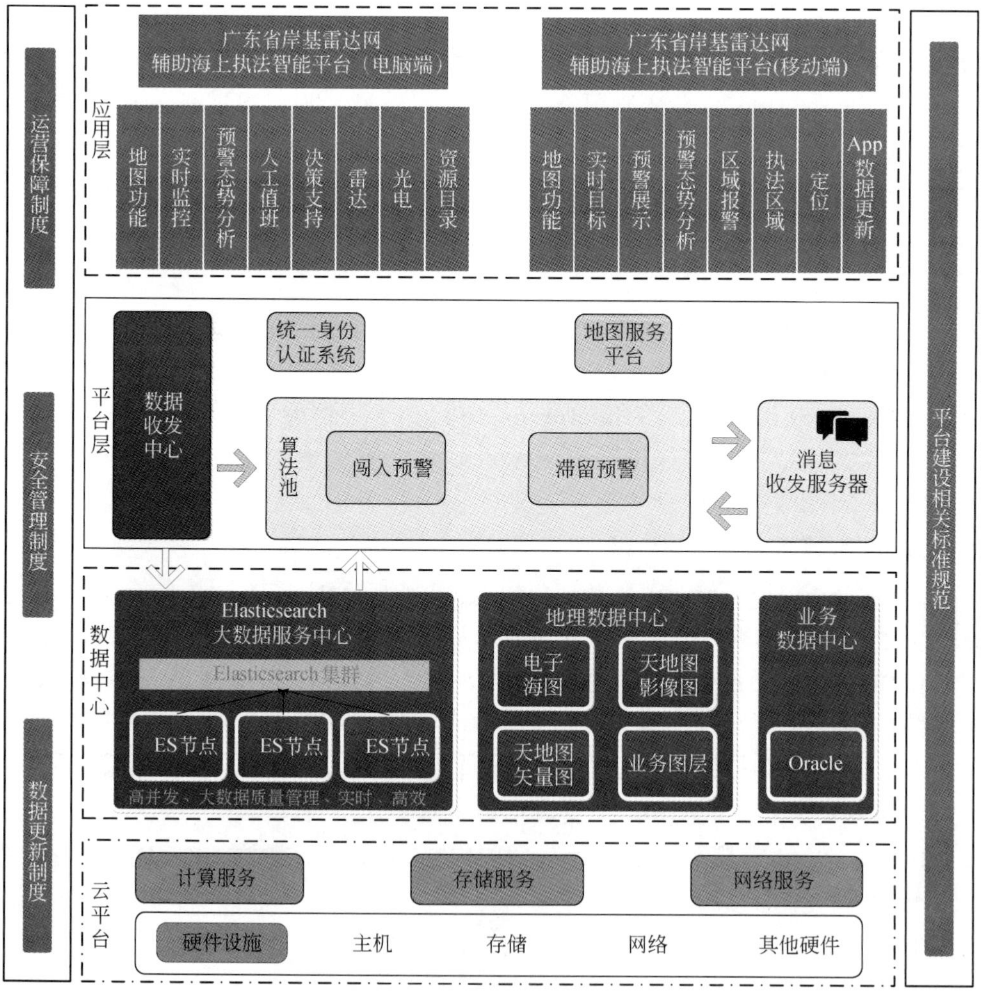

图 8.9　广东省岸基雷达网辅助海上执法平台总体框架图

在云平台上主要部署了广东省岸基雷达网辅助海上执法智能平台的前端程序、单点登录、Java jdk、Maven。

2. 数据中心

数据中心包括 Elasticsearch 大数据服务中心、地理数据中心、业务数据中心三部分。搜索引擎 Elasticsearch 大数据服务中心是由三台 Elasticsearch 服务器组成的集群，其作为平台的历史数据存储中心，其主要作用是：对来源于广东省各雷达服务站点的实时目标数据进行处理后分发至浏览器端、移动端和算法分析服务，并进行存储；地理数据中心是基于 ArcGIS 地图服务平台的地理数据管理中心，其主要作用是提供空间数据处理、地理信息服务封装、数据服务生产等数据服务，实现对电子海图等基础底图和业务图层的存储和管理；业务数据中心是基于 Oracle12c 数据库，其主要作用是存储运维监控业务数据，即用于存储支撑系统运行的基础数据。

另外在数据中心这一层，应用了 RabbitMQ 高并发消息队列服务，搭建了一条从算法分析结果到前端展示和移动应用的及时通道，实现了预警事件的早发现、早通知。

3. 平台层

平台层主要包括数据收发中心、消息收发服务器、算法池、统一身份认证系统和地图服务平台。

（1）数据收发中心：数据收发中心负责解析来源于雷达基站的实时目标数据，并对数据进行分析处理，将处理后的数据分包发送给已经建立 WebSocket 连接的浏览器端、算法分析服务和移动端，与此同时间隔 1min 左右将数据写入到 Elasticsearch 大数据服务中心。

（2）消息收发服务器：浏览器端、移动端和算法分析服务可以按消息规则向消息收发服务器写入消息和按规则向消息收发服务器订阅消息。消息收发服务器一旦接收到消息后立刻推送出去，实现了算法分析结果到浏览器端和移动端的及时展示，以及浏览器端和移动端的及时互动。

（3）算法池：算法池中目前有两个分析算法，即闯入预警算法和滞留预警算法，算法分析服务从数据收发中心接收实时数据，并按制定的分析规则对实时数据进行分析，当分析出疑似违规目标时进行预警并将预警信息推送到消息收发服务器。

（4）统一身份认证系统：统一身份认证系统为广东省岸基雷达网辅助海上执法智能平台 B/S 端系统和移动平台系统提供统一的单点登录身份认证，并记录用户在各个应用的登入日志和登出日志。

（5）地图服务平台：在云平台上部署了 ArcGIS for Desktop、ArcGIS for Server、Portal for ArcGIS、ArcGIS Web Adaptor 等 ArcGIS 的系列产品，用于基础底图和业务图层的制作、管理、发布。

4. 应用层

应用层包含广东省岸基雷达网辅助海上执法智能平台电脑端和移动端，前者在 8.5 节介绍，后者在第 9 章介绍。

8.3.2　网络架构

广东省岸基雷达网辅助海上执法智能平台电脑端和移动端部署在互联网，雷达、光电、AIS 等设备的感知数据通过互联网实时传输至雷达网大数据应用中心。大数据应用中心进行数据抽取、清洗及应用运算处理后，依据权限将数据分发至平台数据库中。平台数据库可基于数据进行业务应用，并将数据应用成果进行封装，以便于移动平台进行调用。网络架构图如图 8.10 所示。

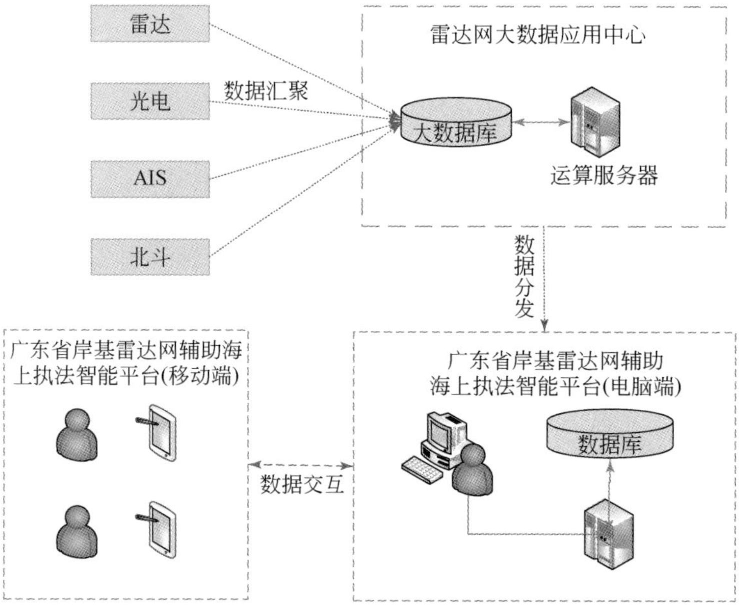

图 8.10　网络架构图

8.3.3　业务流程图

广东省岸基雷达网辅助海上执法智能平台通过小目标雷达对广东省近海海域监控区域进行全天候实时监控。当系统预警分析服务分析出有预警目标出现时，将预警消息存储到预警消息库中，消息推送服务定时推送预警信息到电脑端和移动端。值班监控人员通过电脑端或移动端查看预警信息，人工调用光电设备查看实时监控情况或查看历史轨迹及周边情况，核查预警消息是否属实。业务流程图如图 8.11 所示。

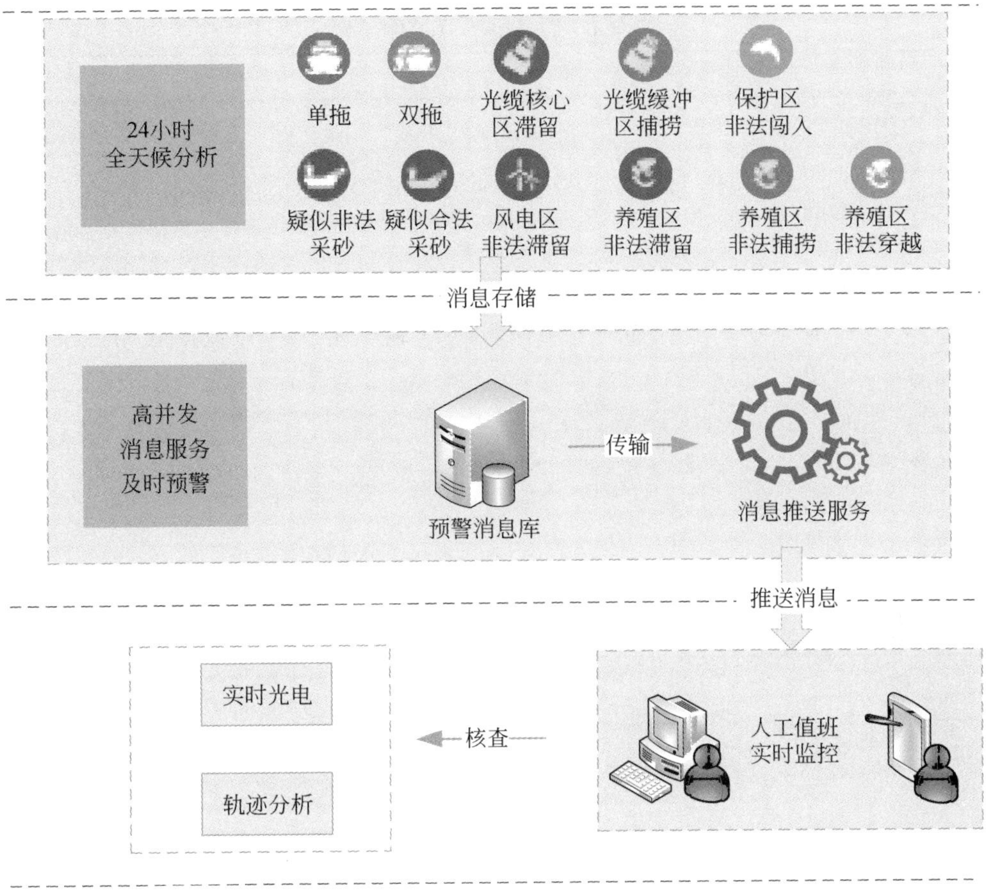

图 8.11　业务流程图

8.3.4　环境部署

平台的整个环境部署主要包括以下 6 个方面的内容：①Java 环境部署，提供代码程序运行环境；②Maven 部署，提供代码开发框架；③Redis 部署，提供缓存服务；④Oracle 数据库安装，提供前端系统部分功能数据存储；⑤ArcGIS 安装，提供地图服务软件；⑥Elasticsearch 数据库，提供历史数据存储数据库。

整个平台共涉及 8 台服务器，每台服务器的软硬件配置参见表 8.1。由表 8.1 可知，其中 4 台服务器用于部署与 WebGIS 相关的软件，构成基于 ArcGIS 地图服务平台的地理数据管理中心，提供空间数据处理、地理信息服务封装、数据服务生产等数据服务，以及基于 Oracle12c 数据库的业务数据中心，用于存储支撑系统运行的基础数据。1 台服务器用于部署本平台及相关的支撑程序，3 台服务器用于构成整个广东省岸基雷达网数据的集群，这些集群的另外一个作用是为今后进行海上小目标的大数据分析奠定基础。

表 8.1　服务器的软硬件配置

主机名	操作系统和硬件配置	安装程序
服务器 1	Windows server 2016（×64） 8 核，32GB 内存，200GB 存储	ArcGIS Protal，Webadaptor，ArcGIS Server，Nginx
服务器 2	Windows server 2016（×64） 4 核，32GB 内存，300GB 存储	广东省岸基雷达网辅助海上执法智能平台，Redis 缓存管理，单点登录，Java jdk，Maven
服务器 3	Windows server 2016（×64） 8 核，32GB 内存，200GB 存储	ArcGIS desktop，Oracle 数据库
服务器 4	Windows server 2016（×64） 8 核，32GB 内存，200GB 存储	GeoEvent，船只服务雷达数据接收，Java jdk
服务器 5	Windows server 2016（×64） 8 核，32GB 内存，200GB 存储	ArcGIS Server，海图切图服务
数据服务器 DataStore21	Windows server 2016（×64） 8 核，32GB 内存，1T 存储	Elasticsearch，Java jdk
数据服务器 DataStore22	Windows server 2016（×64） 8 核，32GB 内存，1T 存储	Elasticsearch，Java jdk
数据服务器 DataStore23	Windows server 2016（×64） 8 核，32GB 内存，1T 存储	Elasticsearch，Java jdk

8.3.5　相关制度

1. 数据更新制度

1）业务数据隔离

操作员访问业务数据时，需要根据其所属组织进行数据过滤，防止越界访问。

2）业务数据备份

要求在不中断数据库应用的前提下实施数据备份，易于管理。通过采取相应的数据备份、镜像技术、镜像服务器等措施，确保服务器系统及关键业务数据的可管理性、高安全性、完整性及易恢复性。

3）通信数据安全

对传输数据进行加密处理，并采用支持标准安全通信协议，具备数据完整性的校验机制。

另外，数据更新人员进行更新操作时，需要通知数据服务器管理人员，记录更新时间及内容，同时数据更新前需要备份旧的数据。

2. 安全管理制度

平台涉及面广、情况复杂，管理的制度化程度影响着整个平台的安全。严格的安全管理制度，明确的安全职责划分，合理的人员角色定义，都可以在很大程度上降低系统的安全隐患。因此，系统的建设、运行、维护、管理都要严格按制度执行，明确责任权力，规范操作，加强人员、设备的管理。

1）网络和系统安全

系统运行时外接互联网，须严格防范安全事件的发生；同时，系统须对使用者身份进行管控，采用登录验证机制，合理分配用户权限；数据存储得当并定期进行数据备份，确保系统正常运行。

2）应用安全

除了网络安全和平台安全之外，平台还具备了有效的应用安全机制，包括认证、授权和审计等机制；在权限分级和数据分类的基础上，能够对关键操作、敏感数据进行重点防护；同时对外部攻击具备一定的监测和防御能力。

（1）身份认证：

①登录过程支持加密传输；

②登录重试次数限制；

③密码有效期限制；

④用户密码强度控制。

（2）访问控制：

①用户登录终端控制；

②对一定时间内没有和系统交互的用户设置为失效，需要重新登录；

③禁止用户多点登录；

④防止同一操作员多次发出相同业务操作请求，导致对应用服务器和数据库服务器资源的过度请求；

⑤用户操作时间限制。

⑥后台能显示在线用户数及用户列表，能记录用户每次登录的时间以及IP地址。

（3）授权管理：

通过权限管理进行平台的安全规则和安全策略设置，保证操作员只能访问被授权的资源，确保“合适”的人操作“合适”的功能和访问“合适”的数据。

（4）操作安全：

①非法输入防范能力。为避免由于数据质量问题导致的服务器崩溃等缺陷，前后台程序必须独立进行数据合法性校验，如录入的时间数据按照日期格式校验，保证进入服务器数据处理环节的数据是合法有效的。

②误操作防范能力。平台要求能够防范操作员误操作，客户端需要能够对关键操作进行操作保护，提示操作可能带来的风险；后台服务对关键操作应采用锁保护等技术，防止用户多次提交等产生不良后果。

3. 运营保障制度

全年提供 7×24 小时故障申报受理，提供了四级保障等级，针对不同等级的故障做如下处理。

1）一级故障

故障现象：现有数据库崩溃，对监测中心的业务运作有严重影响。

应急维修时间安排：通过电话或远程维护无法解决的一级故障，提供 7×24 小时的现场支援。

2）二级故障

故障现象：业务出现故障，使得系统运作受到较严重的影响。

应急维修时间安排：同一级故障。

3）三级故障

故障现象：数据部分受损，但整个数据库仍可运作。

应急维修时间安排：接到服务请求后，指导甲方判断故障，并指导故障恢复；如果无法解决，提供 5×8 小时的现场支援。

4）四级故障

故障现象：需要在配置方面做调整或重新设置等，对业务运作几乎没有影响。

应急维修时间安排：接到服务请求后，1 小时内答复，热线服务人员首先指导参数的优化或调整。在甲方许可的情况下，可直接予以远程调整。如果无法解决，提供 5×8 小时的现场支援。

4. 平台建设相关标准规范

平台建设相关标准规范主要包括以下内容：

①《信息技术　软件工程术语》（GB/T 11457—2006）；

②《软件工程　GB/T 19001—2000 应用于计算机软件的指南》（GB/T 19003—2008）；

③《软件工程　软件生存周期过程　用于项目管理的指南》（GB/Z 20156—2006）；

④《信息技术　软件生存周期过程　风险管理》（GB/T 20918—2007）；

⑤《信息技术服务　分类与代码》（GB/T 29264—2012）；

⑥《信息安全技术　数据库管理系统安全技术要求》（GB/T 20273—2019）。

8.3.6　登录界面

系统的登录界面如图 8.12 所示。

第一次登录，要点击“系统相关插件及浏览器下载”，按照下载后的文档说明，安装相关的插件才能正常显示雷达站数据。输入密码账号正确后，进入如图 8.13 所示的界面。

图 8.13 中的界面分为 7 部分，各部分的作用如下。

1. 模块选择区域

该区域提供了 6 个模块。渔政执法和设施监管两个模块可归类为实时监控，两者的区别在于显示的预警数据不同，功能是一致的。主要功能为实时数据的展示、实时数据的处理、光电视频的展示等。

图 8.12　登录界面（后附彩图）

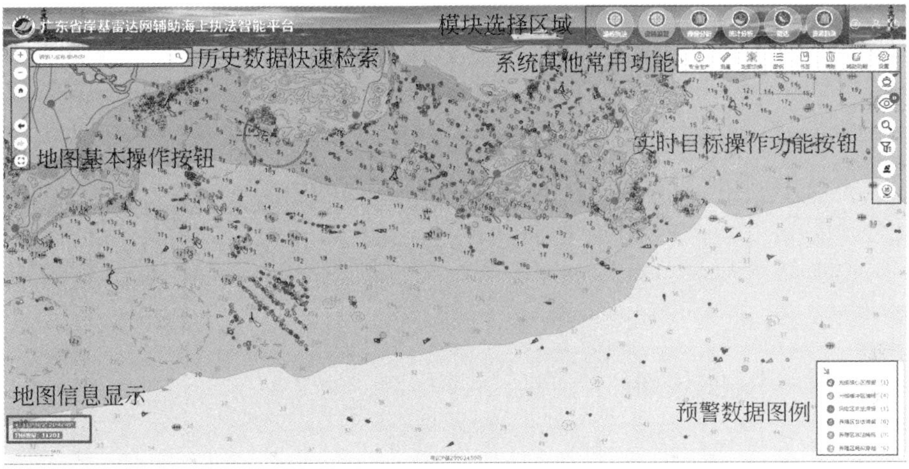

图 8.13　主界面（后附彩图）

预警分析模块主要提供分析算法服务（滞留预警、闯入预警和船速可疑等），对分析出来的预警事件进行预处理、二次研判。为了辅助对预警事件的判断，系统还提供了历史数据的数据检索功能，并展示和回放历史数据的轨迹。

统计分析模块主要是根据预警事件发生的时间段进行趋势分析、按区域查询统计及进行专题分析。

雷达模块主要是对雷达分布、覆盖情况信息及地图联动等提供展示功能。

资源目录模块实现资源信息的查看、叠加展示等管理功能，资源目录主要包括海洋功能区划、海洋保护区、渔场、海洋牧场、钻井平台、风电区、禁渔线区域、风场、洋流。

2. 地图基本操作按钮

包括地图放大、缩小、全屏等基本功能按钮。

3. 系统其他常用功能

包括安全生产功能（台风数据）、区域管理（自定义电子围栏）、图层列表、测量、地图切换、图例、书签、添加数据、清除和设置功能。

4. 实时目标操作功能按钮

包括数据源开关、标记目标列表、实时目标查询、过滤功能、北斗数据及渔船渔政数据库关联数据的按钮。

5. 预警数据图例

显示地图上预警数据类型对应的图标和数量。

6. 地图信息显示

比例尺、实时目标数量，以及鼠标位置经纬度。

7. 历史数据快速检索

输入 MMSI 或者船只名称能快速搜索该目标两天内所有轨迹，并在地图上显示（只针对 AIS 数据）。

8.3.7　目标图例说明

为了区分海上目标和预警目标，在平台中设置了不同的符号。在平台系统实际展示目标时，如果相应的目标图标颜色为灰色，表示该目标为停泊状态；若相应目标图标的颜色变淡，表示该目标信号弱、质量差。

8.3.8　IPO 图

IPO 图是输入（input）/处理（processing）/输出（output）图的简称，是在层次结构图的基础上推出的一种描述系统结构和模块内部处理功能的工具，其最重要的特征是能够方便地描绘输入数据、处理过程和输出数据之间的关系。IPO 图使用的基本符号少而简单，它的基本形式是在左边的框中列出有关的输入数据，在中间的框中列出主要的处理，在右边的框中列出产生的输出数据，处理框中列出了处理的顺序。为了使得内容描述更加清晰，在本章中将 IPO 图改成 IPO 表格的形式进行功能描述，IPO 表的基本形式如表 8.2 所示，如果没有需要备注的内容，那么在相应的 IPO 表中，就不保留备注这一项。

表 8.2　IPO 表的基本形式

输入： 内容描述	输出： 内容描述
处理： 基本操作描述	
备注： 相关内容描述	

8.4　基本操作功能设计与实现

8.4.1　地图功能

1. 地图基本工具

地图基本工具主要为用户提供地图放大、地图缩小、恢复地图默认范围、上一视图、下一视图、地图比例尺、地图定位、地图全屏等功能。表 8.3～表 8.10 为部分操作对应的 IPO 表。

表 8.3　地图放大 IPO 表

输入： 选择地图放大工具	输出： 可对地图进行放大，展示地图信息
处理： 系统调用地图放大工具，在地图上展示放大后的地图信息。	

表 8.4　地图缩小 IPO 表

输入： 选择地图缩小工具	输出： 可对地图进行缩小，展示地图信息
处理： 系统调用地图缩小工具，在地图上展示缩小后的地图信息。	

表 8.5　恢复地图默认范围 IPO 表

输入： 选择默认范围工具	输出： 地图显示到默认范围界面
处理： 系统调用默认范围工具，在地图上展示默认范围界面。	

表 8.6　上一视图 IPO 表

输入： 选择上一视图工具	输出： 在地图上展示上一视图的地图界面
处理： 系统调用上一视图工具，在地图上展示上一视图的地图界面。	

表 8.7　下一视图 IPO 表

输入： 选择下一视图工具	输出： 在地图上展示下一视图的地图界面
处理： 系统调用下一视图工具，在地图上展示下一视图的地图界面。	

表 8.8　地图比例尺 IPO 表

输入： 选择地图比例尺工具	输出： 在地图上展示地图比例尺界面
处理： 系统提供显示地图当前比例尺的功能，随着地图的放大和缩小显示正确的地图比例尺。	

表 8.9　地图定位 IPO 表

输入： 选择地图定位工具	输出： 在地图上展示用户所在位置的地图界面
处理： 系统调用地图定位工具，在地图上展示用户所在位置的地图界面。	

表 8.10　地图全屏 IPO 表

输入： 选择地图全屏展示工具	输出： 全屏展示地图界面
处理： 系统调用全屏展示工具，系统全屏展示地图界面。	

图 8.14 为地图基本工具实现的流程图。最后功能的实现展示在图 8.13 的“地图基本操作按钮”中，对应的按钮基本功能如下。

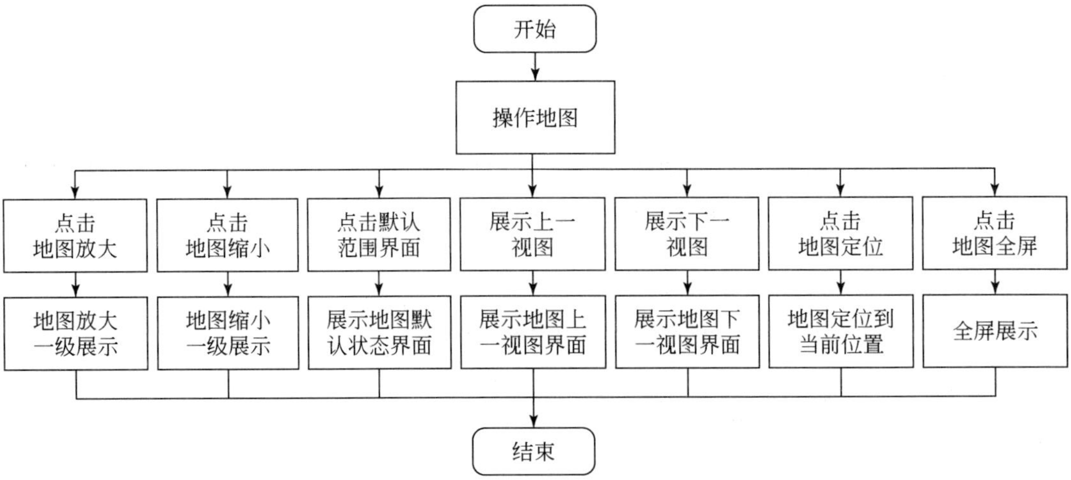

图 8.14　地图基本工具实现的流程图

地图放大：系统提供通过按钮放大地图一级，或向上滚动鼠标中间键放大地图一级的功能。

地图缩小：系统提供通过按钮缩小地图一级，或向下滚动鼠标中间键缩小地图一级的功能。

恢复地图默认范围：系统提供地图的显示范围恢复到默认范围的功能。

上一视图：系统提供地图返回到上一个地图视图的功能，并提供当不存在上一视图时，按钮不可用的功能。

下一视图：系统提供地图返回到下一个地图视图的功能，并提供当不存在下一视图时，按钮不可用的功能。

地图比例尺：系统提供显示地图当前比例尺的功能，随着地图的放大和缩小显示正确的地图比例尺。

地图定位：系统调用地图定位工具，在地图上展示用户所在位置的地图界面。

地图全屏：在非全屏模式下，系统提供地图全屏显示功能。

2.底图库

系统提供多种底图切换展示的功能。底图库的地图包括海图、天地图矢量图、天地图影像图，其功能实现的流程图参见图 8.8。登录后的界面，默认是海图显示，可以通过界面的“底图切换”按钮，选择海图、天地图矢量图（如图 8.15 所示）、天地图影像图（如图 8.16 所示）三种展现方式。表 8.11 为底图切换的 IPO 表。

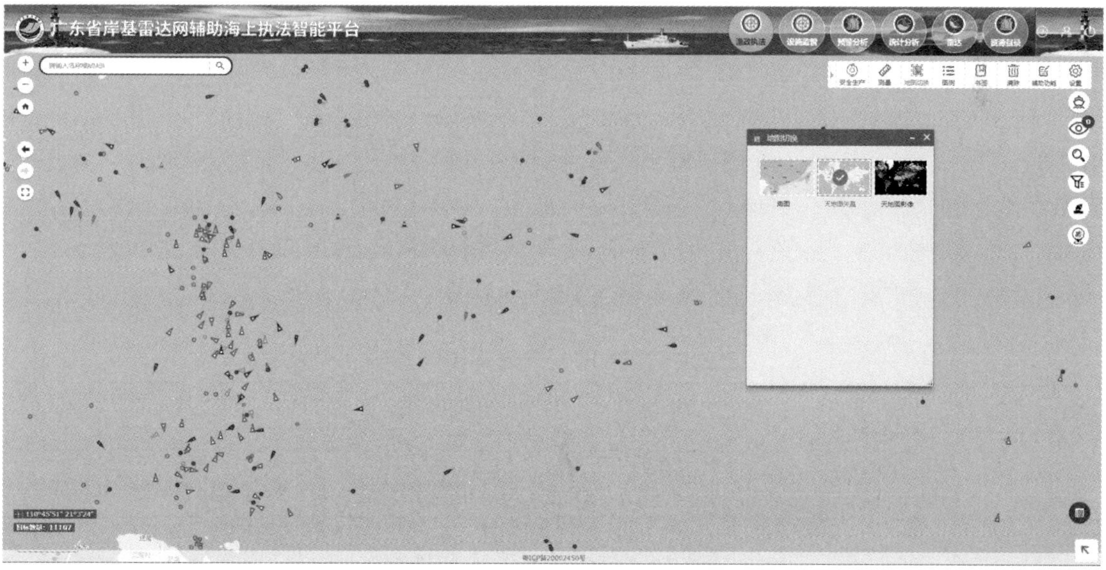

图 8.15　天地图矢量图显示模式

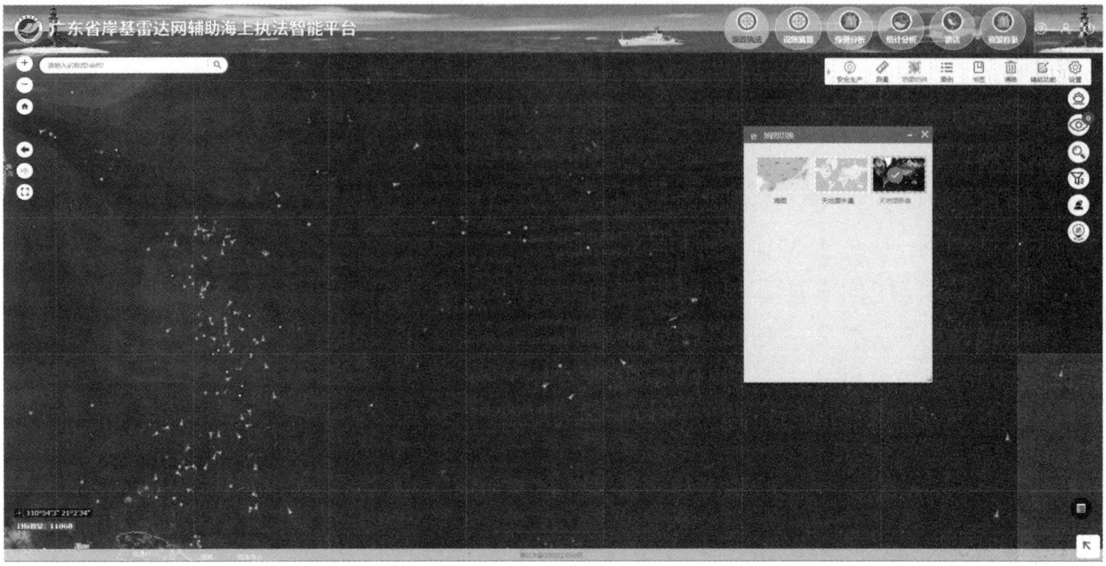

图 8.16　天地图影像图显示模式

表 8.11　底图切换 IPO 表

输入： 选择底图	输出： 展示对应底图
处理： 系统申请对应底图服务，展示对应底图，底图库的底图包括海图、天地图矢量图、天地图影像图。	

3.图层列表

图层控制主要提供图层信息管理的功能，包括查询图层、打开所有图层、关闭所有图层、展开所有图层、折叠所有图层。图层列表中的图层包括区域管理面、实时目标数据、历史轨迹回放、标记图层、目标标记信息图层、查看目标轨迹、珠海至深圳海底光缆、底图标注、底图等。图层列表的查询、打开和关闭对应的 IPO 表如表 8.12～表 8.14 所示。图 8.17 为图层列表具体实现的流程图。

表 8.12　图层列表查询 IPO 表

输入： 图层名称	输出： 展示查询结果列表
处理： 系统通过输入的图层名称，在图层列表中查询到相应结果，以列表的形式展示在图层列表中。	

表 8.13　打开所有图层 IPO 表

输入： 打开所有图层命令	输出： 在地图上展示图层列表中所有图层信息
处理： 系统对图层列表中的所有图层的服务进行请求，对所有图层进行展示。	

表 8.14　关闭所有图层 IPO 表

输入： 关闭所有图层命令	输出： 关闭图层列表中的所有图层信息
处理： 系统关闭图层列表中的所有图层。	

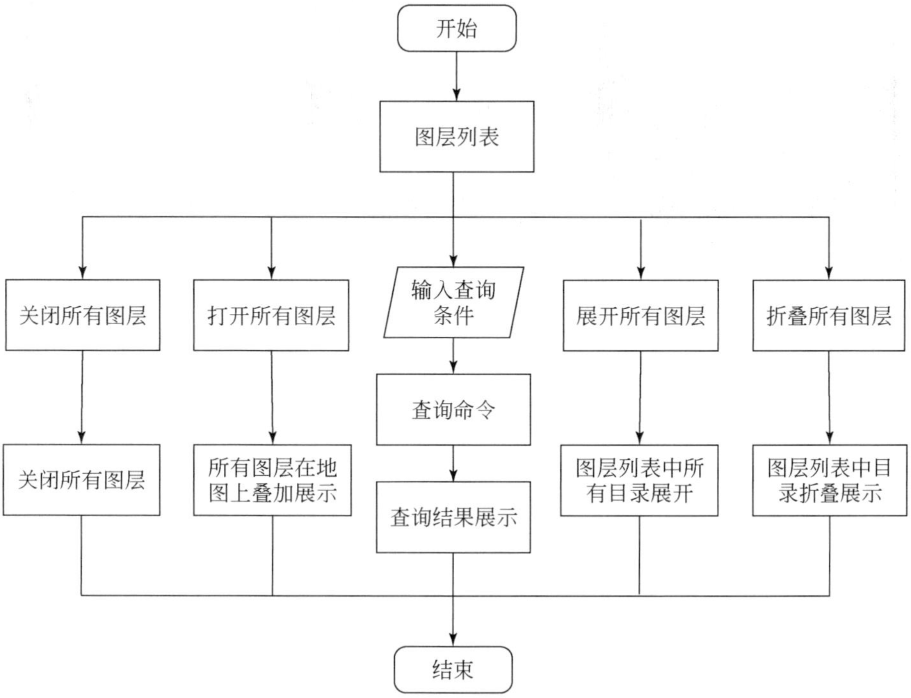

图 8.17　图层列表具体实现的流程图

点击主界面的“辅助功能”按钮，弹出对话框，点击“图层列表”弹出图层列表窗口，勾选图层选框来显示图层，如图 8.18 所示。

图层隐藏：取消勾选图层选框来隐藏图层。

图层搜索：图层列表窗口面板，点击头部“🔍”图标按钮，输入关键字对列表图层进行查询，列表显示符合条件的相关图层。

图层透明度设置：点击图层右侧“···”图标按钮弹出属性窗口，点击透明度属性设置该图层显示的透明度。

图层排序：点击图层右侧“···”图标按钮弹出属性窗口，点击上移或下移属性来改变当前图层在列表中的位置。

图层说明：区域管理面、珠海至深圳海底光缆、底图标注、底图这四个图层展示的是系统基本的图层。

实时目标数据、历史轨迹回放、标记图层、目标标记信息图层、查看目标轨迹、实时目标轨迹等图层与实际功能相关。

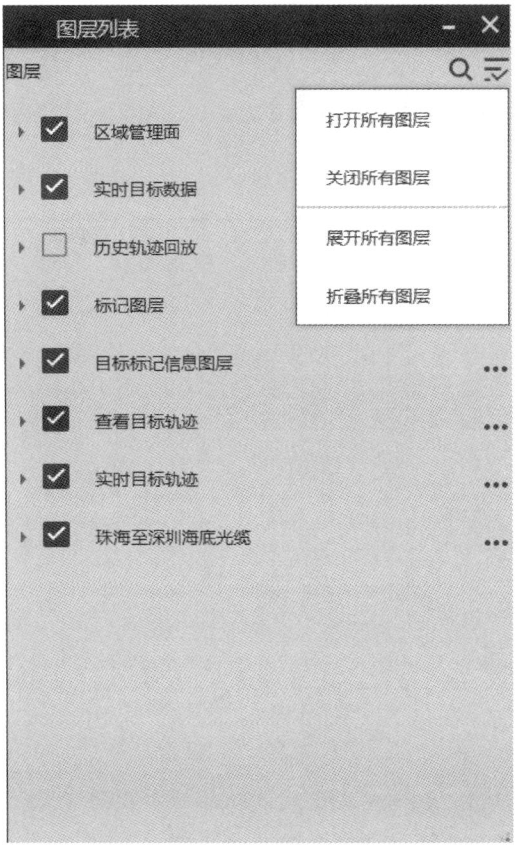

(a) 图层操作

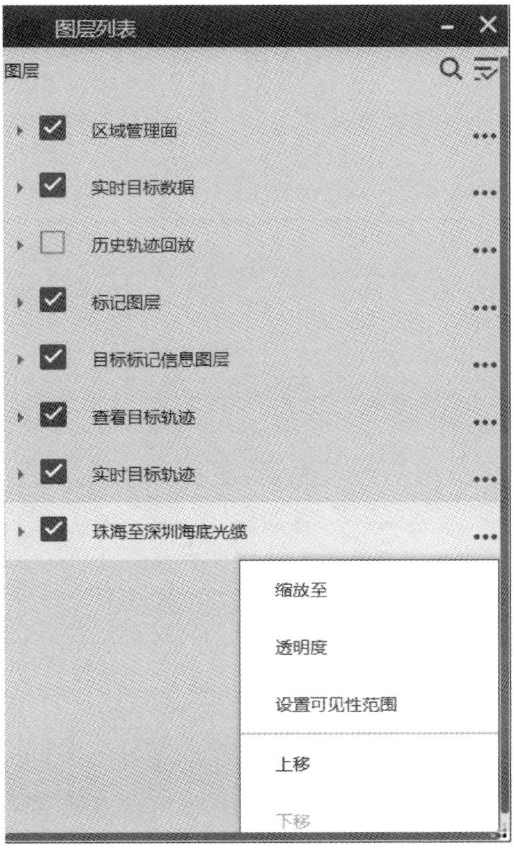

(b) 属性管理

图 8.18　图层列表管理界面

以标记图层为例，标记功能会使目标在地图上闪烁。当关闭标记图层之后，不会再有标记效果。同理，其他几个图层在关闭的情况下，相关功能也不会在地图上进行展示。

4.图例查询

图例查询主要实现显示各图层图例，即提供当前图层相关图例的展示功能。表 8.15 为对应的图例查看 IPO 表，图 8.19 为图例查询具体实现流程图。在实时监控界面，点击右上角“图例”菜单项，界面弹出面板窗口显示图层名称及图层对应的图例信息，如图 8.20 所示。

表 8.15　图例查看 IPO 表

输入： 图例查看命令	输出： 展示当前图层相关图例信息
处理： 系统查找到当前图层的图例，并进行展示。	

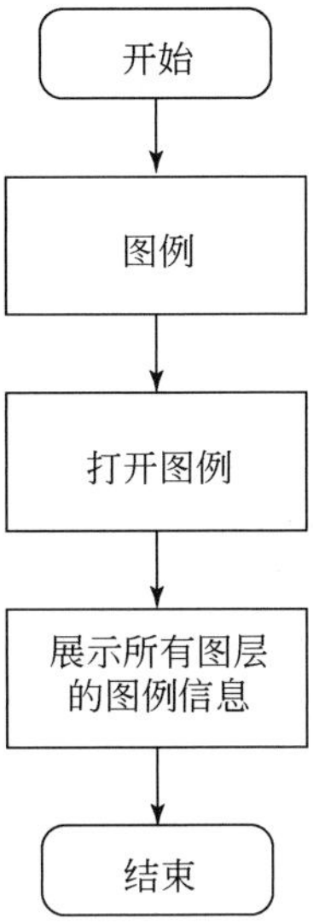

图 8.19　图例查询具体实现流程图

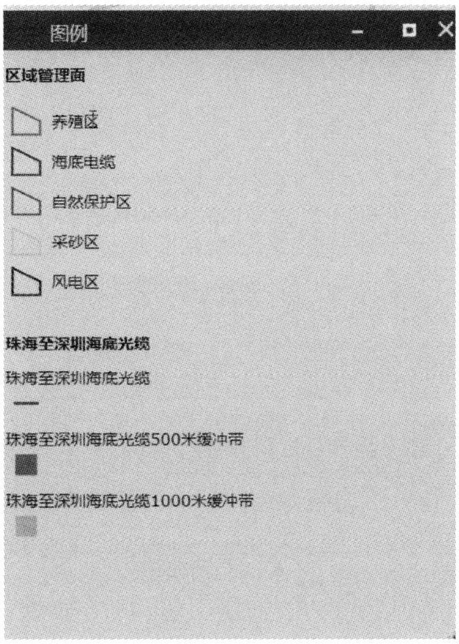

图 8.20　图例查询列表

8.4.2　测量

1.测量功能业务描述

测量主要提供了对距离、面积、位置测量的功能。当关闭测量窗口时，地图上所有的测量轨迹都将被清除。表 8.16～表 8.18 为距离测量、面积测量和位置测量对应的 IPO 表。图 8.21 为测量功能具体实现的流程图。

表 8.16　距离测量 IPO 表

输入：	输出：
距离测量命令、在地图上绘制一段距离	得出测量结果
处理： 根据绘制的距离，系统调用距离计算工具，得出距离测量的结果，进行展示。	

表 8.17　面积测量 IPO 表

输入：	输出：
面积测量命令、在地图上绘制一定区域范围	得出测量面积结果
处理： 根据绘制的区域，系统调用面积计算工具，得出区域测量面积的结果，进行展示。	

表 8.18　位置测量 IPO 表

输入：	输出：
位置测量命令、在地图上标记一点	得出对应位置的经纬度
处理： 根据在地图上标记的点，系统调用位置测量工具，得出对应位置经纬度信息，进行展示。	

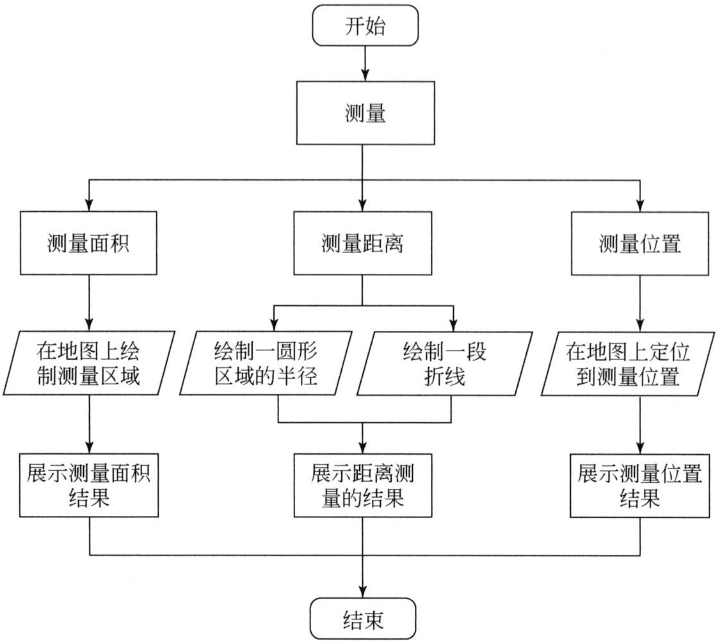

图 8.21 测量功能具体实现的流程图

2.界面实现与操作

在实时监控界面中点击主页面的“测量”按钮，界面弹出测量弹框，如图 8.22 所示。

1）面积测量

选择面积测量和测量单位（平方米、平方千米、公顷），在地图上通过点击鼠标左键确定面积测量点和测量面，双击鼠标左键完成面积测量并在测量面板窗口中显示测量面积结果。点击“清除”按钮将测量结果及地图上的测量界面清除。

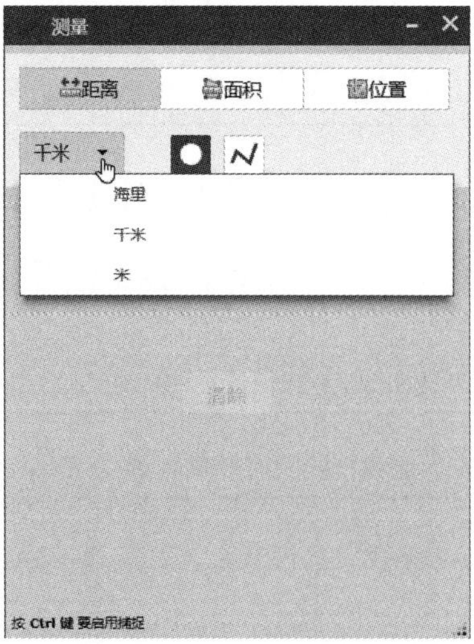

图 8.22 测量操作界面

2）距离测量

测量窗口面板中选择距离测量，选择距离测量方式（折线、圆形）和测量单位（海里、千米、米），在地图上通过点击鼠标左键确定测量点，双击鼠标左键完成距离测量并在测量窗口面板中显示测量结果。点击“清除”按钮将测量结果及地图上的测量界面清除。

3）位置测量

测量窗口面板中选择位置测量，选择测量经纬度坐标单位（度、DMS），在地图上通过点击鼠标左键确定位置测量点，并在测量窗口面板中显示测量点经纬度坐标。其中 DMS 的显示格式为度分秒，如 18°56′59″。点击“清除”按钮将测量结果及地图上的测量点清除。

8.4.3　添加数据

主要实现服务图层的叠加及查看功能。表 8.19 为添加数据对应的 IPO 表。图 8.23 为添加数据具体实现的流程图。

表 8.19　添加数据对应的 IPO 表

输入： 数据类型、URL	输出： 展示对应数据信息
处理： 根据数据类型和数据地址添加数据图层，展示图层信息。	

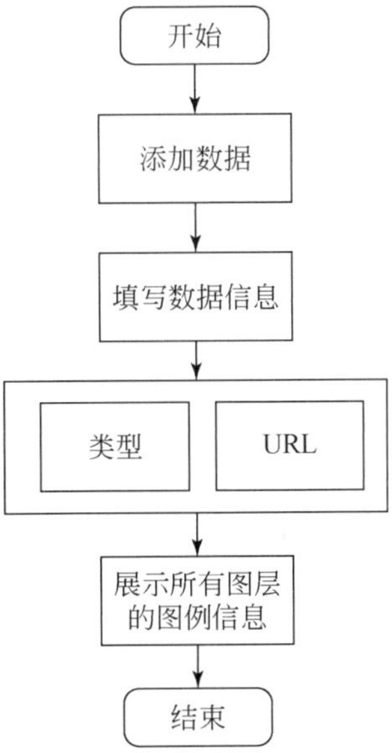

图 8.23　添加数据具体实现的流程图

在工具栏中，点击“辅助功能”按钮，弹出界面，选择“添加数据”按钮，弹出选择界面，如图 8.24 所示。系统提供将 ArcGIS Server Web 服务、WMS OGC Web 服务、KML 文件、GeoRSS 文件和 CSV 文件这五类格式的数据添加到地图中进行展示的功能。

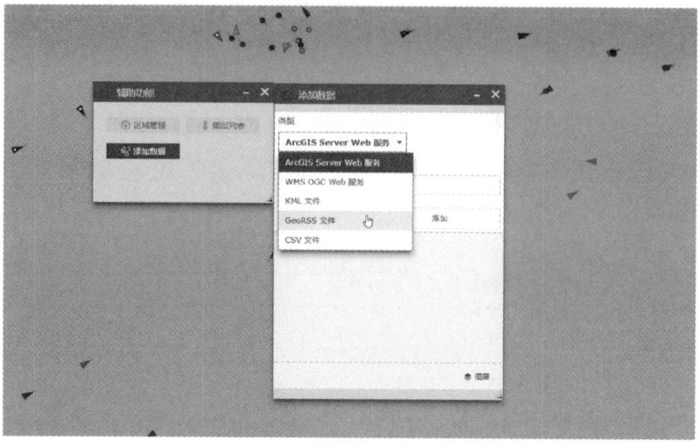

图 8.24　添加数据界面

在添加数据界面，填写相关数据信息，点击“添加”，在地图界面展示相应的数据信息。若遇到添加的数据遮挡住了实时目标的情况，可以通过在图层控制里调整添加图层的透明度来解决。

8.4.4　清除

主要功能是清除叠加到地图上的部分绘制效果，包括目标实时轨迹、目标历史轨迹、雷达图层等（资源目录下的数据除外）。当地图上因各种功能而产生了大量轨迹数据，或者叠加了其他图层数据，从而影响了在地图上的显示效果时，可点击主界面右上方的“清除”按钮，恢复成最初状态。表 8.20 为对应的清除 IPO 表，图 8.25 为清除实现对应的流程图。

表 8.20　清除 IPO 表

输入： 清除命令	输出： 清除当前用户勾选查看的轨迹信息
处理： 清除当前用户勾选查看的轨迹信息。	

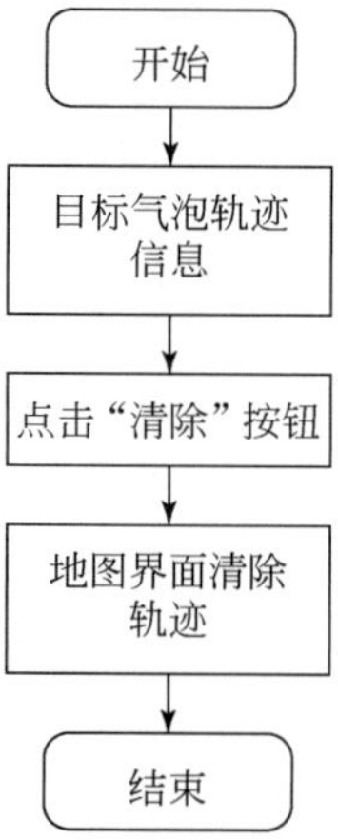

图 8.25　清除实现对应的流程图

8.4.5　地图书签

系统提供地图书签管理的功能，包括添加书签、删除书签、查看书签。主要实现标记地图坐标信息，通过书签快速定位到该坐标位置。表 8.21～表 8.23 分别为添加书签、删除书签、查看书签对应的 IPO 表。图 8.26 为书签管理具体实现的流程图。

表 8.21　添加书签 IPO 表

输入： 地图界面、添加书签命令	输出： 书签添加成功
处理： 根据地图界面，在书签表中写入一笔数据，记录界面中的最小经度、最小纬度、最大经度、最大纬度。	

表 8.22　删除书签 IPO 表

输入： 书签 ID、删除书签命令	输出： 书签删除成功
处理： 根据书签 ID，在书签表中删除一笔数据。	

表 8.23　查看书签 IPO 表

输入： 书签 ID、查看书签命令	输出： 展示书签位置信息
处理： 根据书签 ID，在书签表中找到该笔数据，展示对应的书签地图界面信息。	

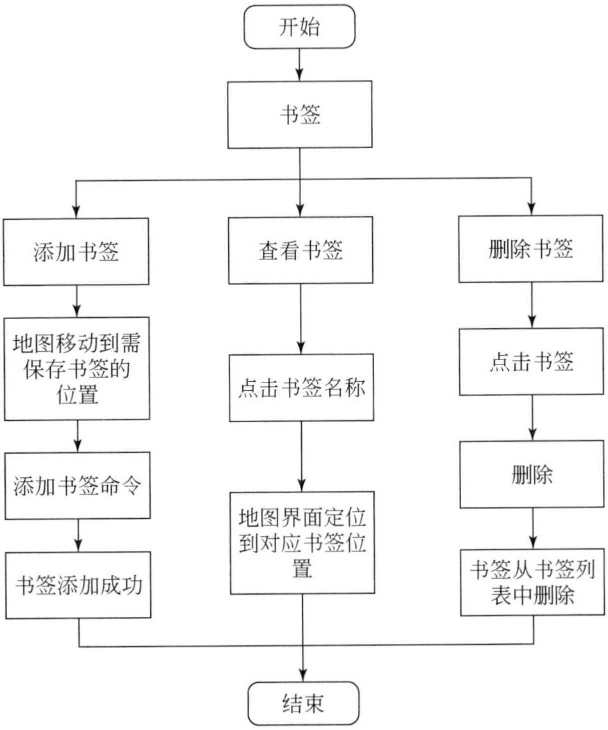

图 8.26　书签管理具体实现的流程图

书签管理具体操作：

（1）书签添加：在实时监控界面点击右上角“书签”按钮弹出书签面板窗口，点击“添加”按钮添加书签；

（2）书签编辑：点击书签编辑图标“”按钮编辑书签；

（3）书签删除：点击书签删除图标“”按钮删除书签。

8.4.6　设置功能

1. 业务描述与设计

设置功能主要是将系统中需要设置的功能汇集在一起进行设置，设置功能提供轨迹设置、速度线设置、标注设置、光电设置、坐标设置、地图范围设置和皮肤设置。

轨迹设置：系统提供轨迹点数量、显示轨迹时长（单位：h）、轨迹抽稀长度（单位：m）、是否打开气泡显示轨迹、是否显示全部轨迹和是否过滤偏差轨迹的设置功能。

速度线设置：系统提供是否绘制速度线及显示速度线长度（单位：min）的设置功能。

标注设置：系统提供是否显示标注信息的设置功能。

光电设置：系统提供光电录制时长（单位：s）、光电视频流类型（高清或流畅）、是否自动计算视场角的设置功能。

坐标设置：系统提供坐标系和坐标格式的设置功能。

地图范围设置：系统提供记录上次地图范围的设置功能。

皮肤设置：系统提供切换皮肤的设置功能。

表 8.24～表 8.35 分别为地图工具设置所有选项所对应的 IPO 表。

表 8.24　轨迹设置 IPO 表

输入：	输出：
轨迹点数量（默认 20）、轨迹时长（默认 2 h）、抽稀距离（默认 0 m）、设置	系统气泡轨迹将按指定的轨迹时长、轨迹点个数进行展示。
处理：	
按设置的轨迹时长（默认 2 h）和轨迹点数量及抽稀距离（默认 0 m）进行气泡轨迹的叠加展示。	

表 8.25　轨迹设置之气泡轨迹 IPO 表

输入：	输出：
气泡轨迹勾选或不勾选	点击目标自动展示轨迹或不展示
处理：	
若气泡轨迹处于勾选状态，则在地图上点击目标时，展示目标气泡并自动叠加气泡轨迹； 若气泡轨迹处于不勾选状态，则在地图上点击目标时，只展示目标气泡，若要显示轨迹则勾选气泡中的轨迹项。	

表 8.26　轨迹设置之实时监控轨迹 IPO 表

输入：	输出：
勾选或不勾选实时监控轨迹	展示或不展示当前地图范围内全轨迹
处理： 若实时监控轨迹处于勾选状态，则在地图比例尺大于等于 1 km 时展示当前地图范围内目标点的轨迹； 若实时监控轨迹处于不勾选状态，则在任何比例尺下都不显示当前地图范围内的目标点的轨迹。	

表 8.27　轨迹设置之过滤偏差轨迹 IPO 表

输入：	输出：
勾选或不勾选过滤偏差轨迹	展示过滤了偏差点的轨迹或展示原始轨迹
处理： 若过滤偏差轨迹处于勾选状态，无论是实时监控轨迹还是气泡轨迹都会过滤偏差比较大的轨迹点； 若过滤偏差轨迹不处于勾选状态，无论是实时监控轨迹还是气泡轨迹都显示的是原始轨迹。 偏差点的定义：目标的前后轨迹点经纬度相差超过 1°。	

表 8.28　速度线设置 IPO 表

输入：	输出：
是否绘制速度线，预测时长（1 min）	按预测时长绘制速度线或不绘制速度线
处理： 若绘制速度线处于勾选状态，则按目标的方位角、当前速度和设置的预测时长（默认 5 min），预测当前目标经过所设定的预测时长后到达的位置，连接当前点和预测点的连线即速度线，速度线越长表示当前目标速度越大。 若绘制速度线处于不勾选状态，则不绘制目标的速度线。	

表 8.29　标注设置 IPO 表

输入：	输出：
是否显示标注信息	显示或不显示标记目标标注信息
处理： 若标注信息处于勾选状态，则标记目标若出现在地图上并展示其标注信息。标注信息包含有经纬度、船速（kn）和船长（m）。 若标注信息处于不勾选状态，则地图上的标记目标不显示其标注信息。	

表 8.30　光电设置之录制时长 IPO 表

输入：	输出：
录制时长（默认 30 s）	设置成功
处理： 系统在录制视频时，录制设置时长的视频信息。	

表 8.31　光电设置之光电视频流设置 IPO 表

输入：	输出：
流畅或高清	设置成功
处理： 系统在调用光电时，若光电视频流设置为流畅，则系统调取该光电的流畅视频的接口地址获取流畅视频并展示。 系统在调用光电时，若光电视频流设置为高清，则系统调取该光电的高清视频的接口地址获取高清视频并展示。	

表 8.32 光电设置之自动计算视场角 IPO 表

输入： 勾选或不勾选自动计算视场角	输出： 设置成功
处理： 若自动计算视场角处于勾选状态，系统在进行目标跟随的过程中，自动根据目标的实时位置和光电位置计算光电的视场角并控制光电跟随目标。 若自动计算视场角处于不勾选状态，系统在进行目标跟随的过程中，将不会自动计算视场角，光电的视场角将保持不变。	

表 8.33 坐标设置 IPO 表

输入： 坐标系：经纬度、平面坐标 坐标格式：度、度分秒	输出： 鼠标位置坐标按设置的格式显示
处理： 若坐标系选中平面坐标，则鼠标位置坐标显示为平面坐标的位置信息； 若坐标系选中经纬度，坐标格式为度时，坐标格式为 113.536613°、22.030006°；若坐标格式为度分秒时，坐标格式为 113°32′24″、22°1′48″。	

表 8.34 地图范围 IPO 表

输入： 记录上次地图范围勾选或不勾选	输出： 设置成功
处理： 若记录上次地图范围处于勾选状态，当退出系统时，记录当前的地图范围，下次登录系统时，地图视图调转到上次退出时的地图范围； 若记录上次地图范围处于不勾选状态，当退出系统时，不记录当前的地图范围，且下次登录系统时，地图显示默认的地图范围。	

表 8.35 皮肤设置 IPO 表

输入： 默认或深蓝	输出： 系统皮肤以默认皮肤或深蓝皮肤显示
处理： 若皮肤默认处于选中状态，则系统的皮肤将显示为默认的皮肤； 若皮肤深蓝处于选中状态，则系统的皮肤将显示为深蓝的皮肤。	

2. 界面展示与操作

在主界面的右上角，点击“设置”按钮，弹出如图 8.27 所示的设置功能的界面。界面上提供了轨迹、速度线、标注、光电、预警、坐标、地图和皮肤 8 个设置选项。对于预警选项只提供了“声音”的设置，对于皮肤可选择“默认”和深蓝的底色，下面主要介绍六个选项的操作。

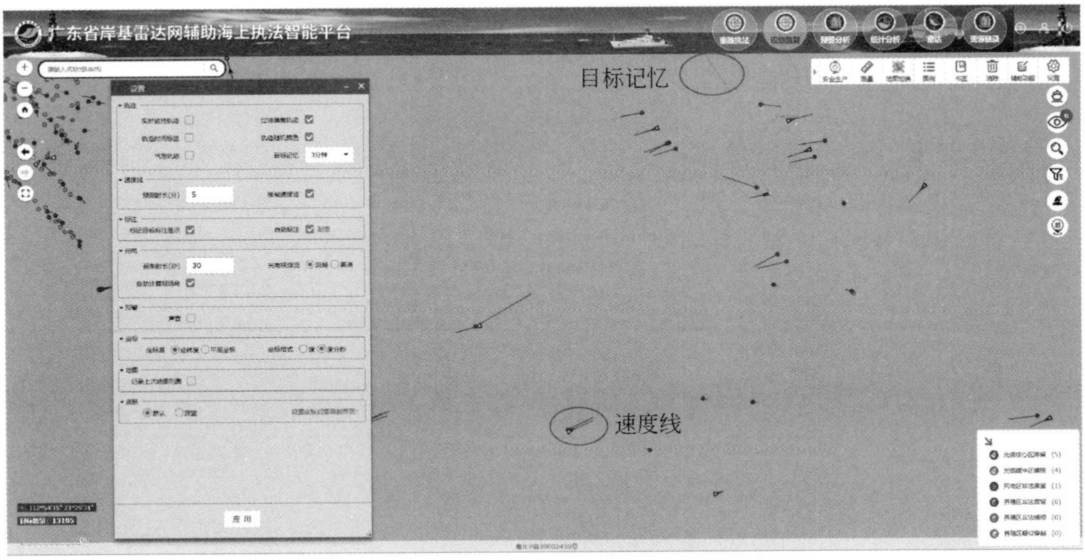

图 8.27　设置功能界面

1）轨迹

（1）实时监控轨迹：勾选则默认显示实时目标的简易轨迹；

（2）过滤偏差轨迹：勾选则会过滤掉部分因 AIS 设备不稳定产生的明显偏移轨迹；

（3）显示轨迹时长（h）：设置气泡显示时，默认显示轨迹时长；

（4）轨迹随机颜色：打开轨迹功能后，节点颜色随机显示；

（5）打开气泡显示轨迹：若勾选此设置，则气泡打开时自动显示目标轨迹；

（6）目标记忆：若目标消失，根据设定的时间会再显示一段时间。该类目标变灰色透明，速度线为橘色，如图 8.27 所示。

2）速度线

（1）显示速度线长度（min）：设置此值后，系统会根据目标的方向和速度显示目标 X 分钟后的预计行驶轨迹；

（2）是否绘制速度线：勾选才按速度方位角和设置的“显示速度线长度”绘制速度线，如图 8.27 所示。

3）标注

（1）显示标记目标标注信息：勾选才显示标记目标的标注信息。

（2）自动标注：放大到一定比例尺自动标注所有目标。配置可以选择需要显示的内容。如图 8.28 所示，可选择各种字段。

4）光电

（1）录制时长（s）：在“设置”中设置光电录制时长，录制光电视频时点击“录制”，系统将录制相应时长的视频信息。

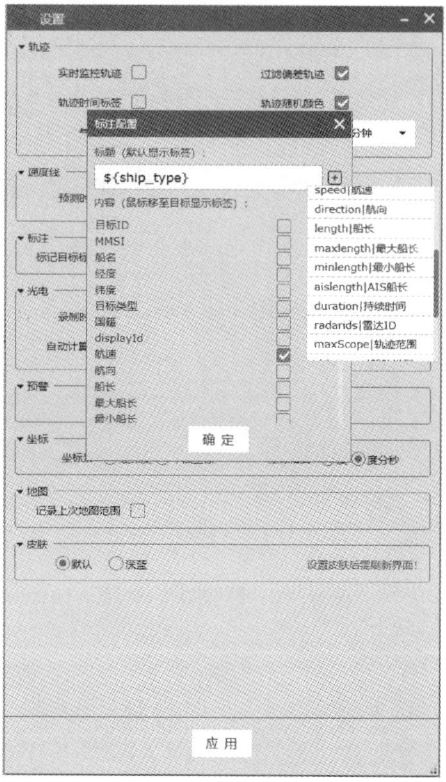

图 8.28　字段自动标注的选择界面

（2）光电视频流：流畅或高清，如图 8.29 所示。

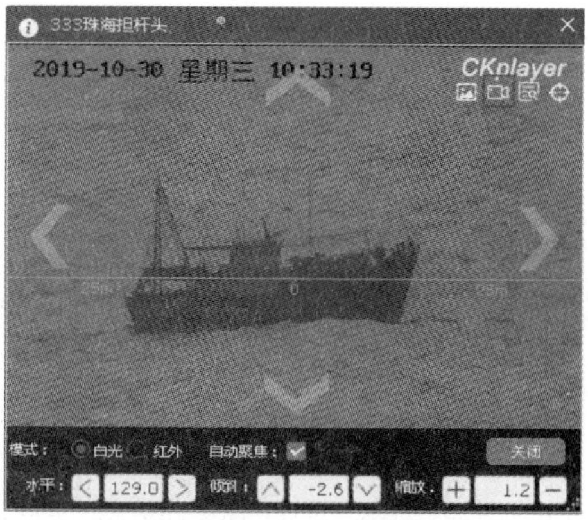

图 8.29　光电视频流

5）坐标

在坐标系中可选择经纬度、平面坐标；在坐标格式中可选择度、度分秒。如图 8.30 所示。

6）地图

记录上次地图范围：勾选，则下次登录地图自动定位到最后一次的地图范围。

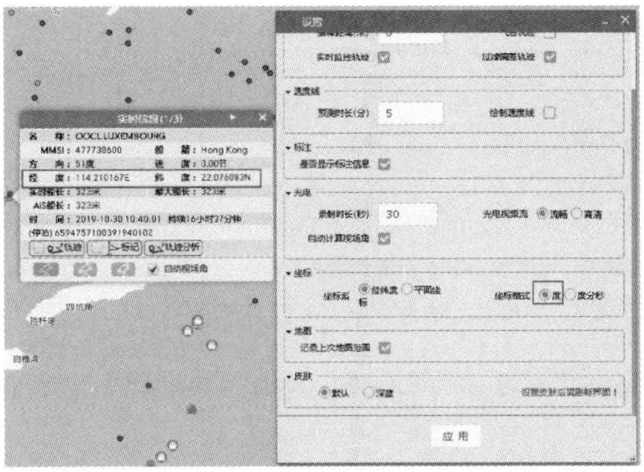

(a) 经纬度-度

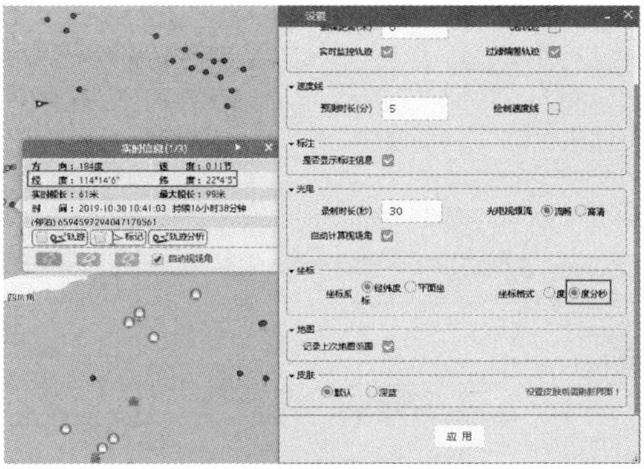

(b) 经纬度-度分秒

(c) 平面坐标图

图 8.30　坐标系和坐标格式选择

8.4.7　历史数据查询

根据历史数据建立了 MMSI 和对应船名的索引信息表。历史数据查询模块通过输入 MMSI 或部分名称信息，对索引表进行查询，将匹配的信息展示在查询框的列表中。选中其中一笔记录，并设置起止时间，系统会将起始时间内该 MMSI 的所有目标数据按时间顺序进行轨迹的续接展示，并展示其船速变化曲线、船长变化曲线、航向变化曲线和轨迹列表。表 8.36 和表 8.37 分别为历史轨迹查询和展示对应的 IPO 表，图 8.31 为对应实现的流程图。

表 8.36　历史轨迹查询 IPO 表

<table>
<tr><td>输入：
名称或 MMSI（模糊查询）</td><td>输出：
查询结果列表</td></tr>
<tr><td colspan="2">处理：
根据输入的名称或 MMSI 信息，在名称或 MMSI 索引表中进行查询，查询到对应的记录，并将所有匹配的结果展示在结果列表中。</td></tr>
</table>

表 8.37　历史轨迹展示 IPO 表

<table>
<tr><td>输入：
MMSI
起始时间
结束时间</td><td>输出：
展示对应时间段内，对应的 MMSI 的所有目标轨迹</td></tr>
<tr><td colspan="2">处理：
根据 MMSI、起始时间和结束时间在历史库中查询到该时间段内该 MMSI 的所有目标轨迹。</td></tr>
</table>

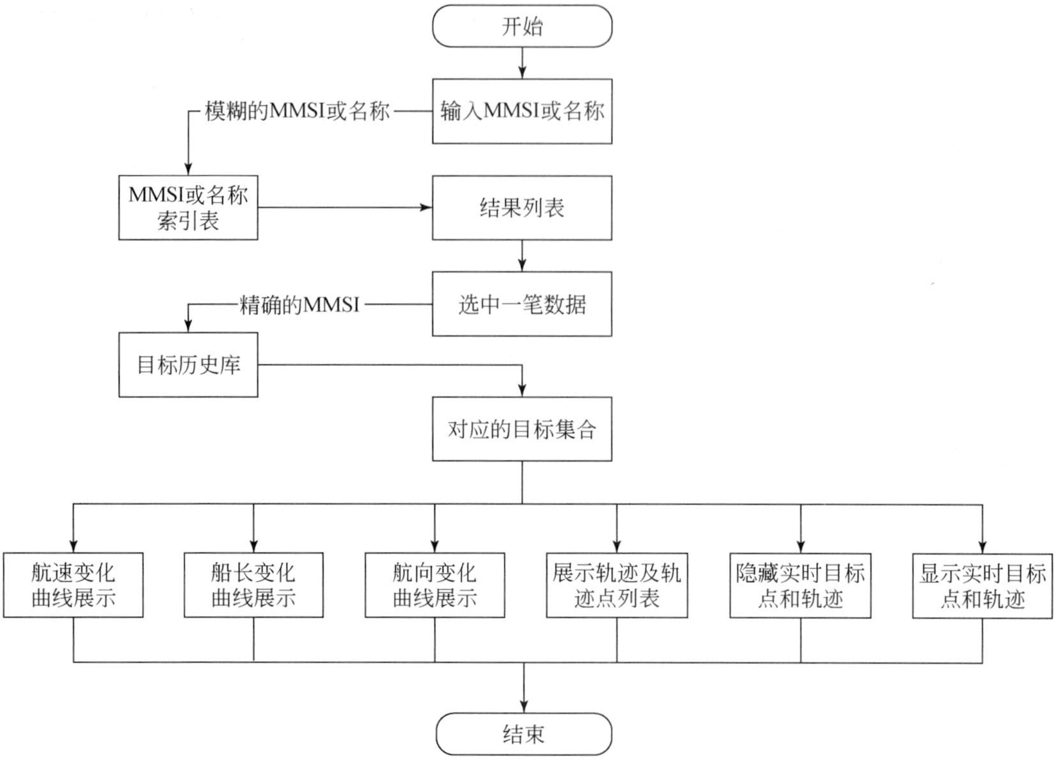

图 8.31　历史数据查询功能实现流程图

8.5　辅助执法功能设计与实现

8.5.1　实时监控

实时监控包括渔政执法和设施监管两个模块的设计，如前所述，这两个模块在功能上的设计是相同的，区别仅在于显示的预警数据不同。渔政执法显示的是单拖、双拖、非法采砂、合法采砂、保护区非法闯入的预警信息，设施监管则显示养殖区、风电区、海底光缆等区域的预警信息。

在地图上显示雷达目标、AIS 目标以及雷达与 AIS 融合目标的实时位置，系统每隔 10 s 会对实时目标信息进行更新。实时目标将按目标类型，以不同的风格进行展示。

1. 实时目标信息展示

1）功能设计

实时监控接收来源于实时数据推送服务的实时目标数据，按目标的类型以不同的图标在地图上分类展示，并实时更新目标的最新位置信息。主要展示的内容包括实时目标信息、目标最近三光电、实时目标轨迹信息查看、查看目标轨迹列表信息、航速曲线分析、船长曲线分析、航向曲线分析等。

表 8.38～表 8.44 分别为描述实时目标信息展示、目标最近三光电、实时目标轨迹信息查看、查看目标轨迹列表信息、航速曲线分析、船长曲线分析、航向曲线分析等功能的 IPO 表，实时目标信息展示实现流程图如图 8.32 所示。

表 8.38　实时目标信息展示 IPO 表

输入：	输出：
实时目标信息	实时目标按目标类型的不同以不同的图标进行渲染展示
处理： 接收来自数据推送服务的实时目标数据，该数据分三个集合，新增目标、删除目标、更新目标。对于新增目标，在地图上渲染出来；对于删除目标，在地图上擦除；对于更新目标，更新其最新的位置信息。系统在地图上按目标的类型不同，绘制不同的图标，以区分展示。	
备注： 1.系统根据数据来源的传感器类型将目标类型分为：雷达目标、AIS_A、AIS_B、AR 和 BR，不同的类型在地图上以不同的图标展示； 2.系统将目标数据状态划分为在航、静止、岛礁（灯塔）、沉船、风电、浮标和网箱，其中岛礁（灯塔）、沉船、风电、浮标和网箱是固定目标类型，这些固定目标数据在地图上以不同的图标显示；静止目标是指速度小于 0.8 kn 的新增的目标，或为在航目标但其速度变慢，在对该目标连续追踪 60 个航迹点的时间段内其速度持续小于 1 kn，静止目标按目标类型图标的灰色颜色显示； 3.若用户设置默认显示速度线和速度线时长（min），则实时数据在地图上渲染时绘制其速度线，速度线根据目标的航行方向和速度预测其 n 分钟后到达的位置，当前位置和预测位置的连线即速度线； 4.若用户设置显示实时监控轨迹、轨迹时长（h）、轨迹点数量、抽稀距离（m），则当地图比例尺大于 1∶2 km 时，系统在地图上显示当前地图范围内目标设定时长的轨迹，并按设置的轨迹点数量和抽稀距离对轨迹点进行抽稀显示； 5.实时数据 4 s 更新一次最新位置信息。	

表 8.39　目标最近三光电展示 IPO 表

输入：	输出：
目标当前经纬度信息	最近三光电 ID
处理： 根据目标当前的经纬度信息，在光电库中获取离目标最近且有权访问的三个光电，并在气泡中由近到远排列展示，若光电被占用则图标显示为红色，若可用则显示为绿色。	

表 8.40　实时目标轨迹信息查看 IPO 表

输入：	输出：
勾选目标轨迹	在地图上展示该目标的轨迹信息
处理： 根据目标 ID 获取该 ID 的最近 2 h（这个可以设定）的历史点，并在地图上绘制其轨迹线。	

表 8.41　查看目标轨迹列表信息 IPO 表

输入：	输出：
查看轨迹列表信息	展示目标的轨迹列表信息，展示的信息包括目标 ID、MMSI、船名、航速、船长、AIS 船长、船向、经度、纬度、时间
处理： 点击查看轨迹后，系统从历史数据库中读取对应目标的 ID、MMSI、船名、航速、船长、AIS 船长、船向、经度、纬度、时间等信息，按时间的倒序形式进行展示。	

表 8.42　航速曲线分析展示 IPO 表

输入： 目标 ID	输出： 展示该 ID 所有目标点的航速变化曲线
处理： 根据目标 ID 到历史库中查询其所有目标点集合，获取其速度并展示速度随时间的变化曲线。 其他处理：大于 3 kn 的用红色线表示，小于 3 kn 的用浅蓝色表示。	

表 8.43　船长曲线分析展示 IPO 表

输入： 目标 ID	输出： 展示该 ID 所有目标点的船长变化曲线
处理： 根据目标 ID 到历史库中查询其所有目标点集合，获取其实际船长并展示实际船长随时间的变化曲线。	

表 8.44　航向曲线分析展示 IPO 表

输入： 目标 ID	输出： 展示该 ID 所有目标点的航向变化曲线
处理： 根据目标 ID 到历史库中查询其所有目标点集合，获取其实际航向信息并展示航向随时间的变化曲线。	

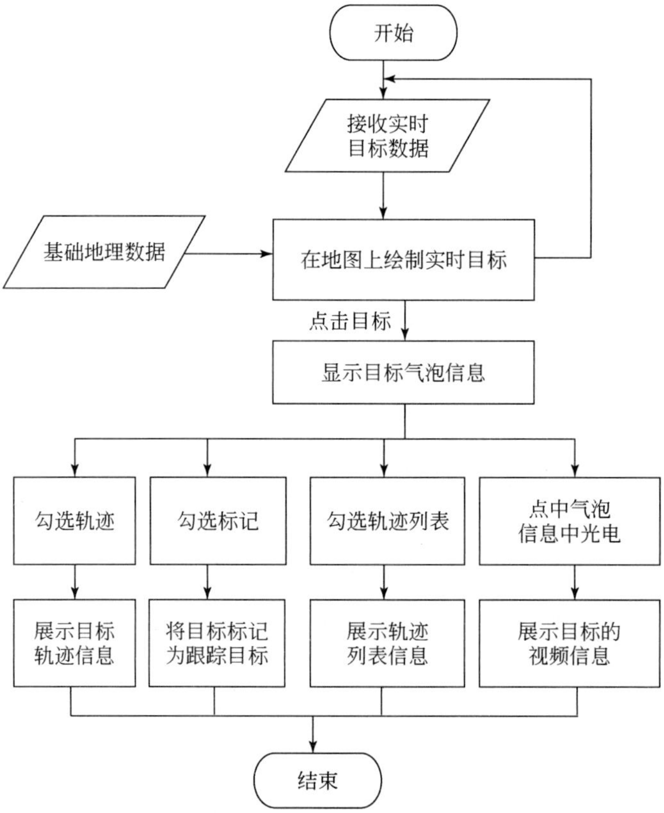

图 8.32　实时目标信息展示实现流程图

2）实时目标信息界面设计

实时监控接收来源于实时数据推送服务的实时目标数据，并在地图上显示雷达目标、AIS 目标以及两者融合目标的实时位置，并实时更新目标的最新位置信息。系统还提供目标的气泡信息、轨迹信息、轨迹点列表、航速变化曲线、船长变化曲线和航向变化曲线的展示功能。系统根据当前目标点的经纬度信息从光电库中获取最近三个光电信息，并按距离的远近在气泡中排位显示，若光电可用图标则显示绿色，若光电被占用则显示红色。目标气泡信息包括目标 ID、方向、速度、经纬度、实时船长、最大船长、时间、运动轨迹、轨迹列表信息、船名、船籍和 MMSI 等信息，如图 8.33 所示。图 8.34 为轨迹列表详细信息展示。

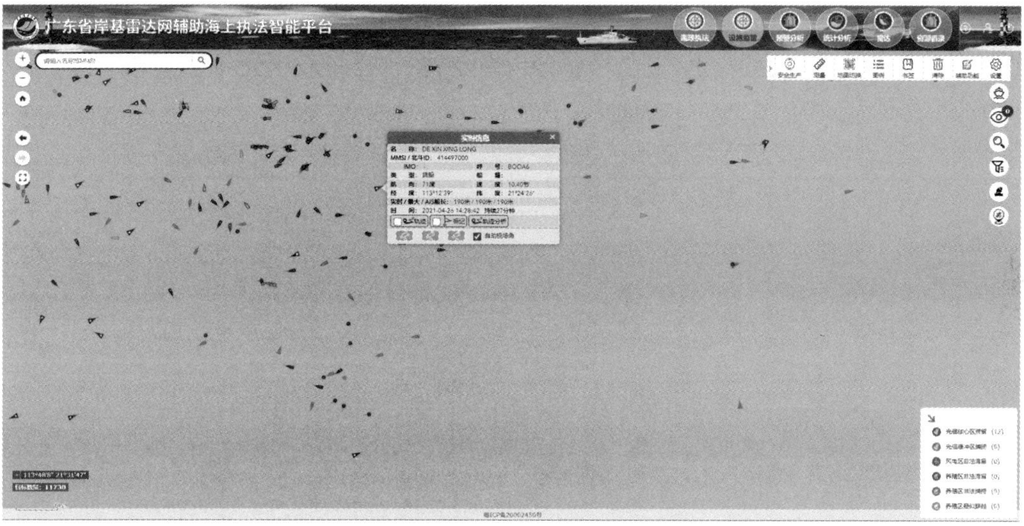

图 8.33　目标气泡信息展示

6792326822082588689　　统计图分析　轨迹列表

MMSI	displayId/光电目标ID	船名	航速	船长	ais船长	船向	移动范围	经度	纬度	时间
414497000	2076	DE XIN XING LONG	10.5节	190米	190	71度	8331米	113.208546E	21.406237N	2021-04-26 14:27:58
414497000	2076	DE XIN XING LONG	10.5节	190米	190	71度	7940米	113.204920E	21.405237N	2021-04-26 14:26:55
414497000	2076	DE XIN XING LONG	10.4节	190米	190	71度	7611米	113.201914E	21.404260N	2021-04-26 14:25:53
414497000	2076	DE XIN XING LONG	10.6节	190米	190	71度	7275米	113.198892E	21.403153N	2021-04-26 14:24:52
414497000	2076	DE XIN XING LONG	10.7节	190米	190	71度	6927米	113.195629E	21.402368N	2021-04-26 14:23:48
414497000	2076	DE XIN XING LONG	10.6节	190米	190	71度	6614米	113.192809E	21.401325N	2021-04-26 14:22:46
414497000	2076	DE XIN XING LONG	10.6节	190米	190	71度	6300米	113.189903E	21.400510N	2021-04-26 14:21:43
414497000	2076	DE XIN XING LONG	10.6节	190米	190	71度	5953米	113.186774E	21.399350N	2021-04-26 14:20:41
414497000	2076	DE XIN XING LONG	10.5节	190米	190	71度	5577米	113.183262E	21.398071N	2021-04-26 14:19:38
414497000	2076	DE XIN XING LONG	10.4节	190米	190	71度	5262米	113.180377E	21.397486N	2021-04-26 14:18:35

1 - 10 共 26 条结果　　1 2 3 >

图 8.34　轨迹列表详细信息展示

2. 预警目标展示

1）预警目标展示功能设计

实时目标数据中若有预警目标，则按预警类型的不同在地图上以不同的图标显示其位置信息，并统计各预警类型的实时目标数量。当实时目标一旦被分析出为预警目标后，立即更新该目标的图标为对应预警类型的图标，预警数量递增；一旦预警的实时目标消失，系统立即递减对应预警类型的预警数量。系统的预警类型包含有单拖、双拖、光缆核心区滞留、光缆缓冲区捕捞、疑似非法采砂、合法采砂、风电区非法滞留、养殖区非法滞留、养殖区非法捕捞、养殖区疑似穿越和保护区非法闯入。预警数据展示 IPO 表如表 8.45 所示，预警核实功能实现流程图如图 8.35 所示。

表 8.45　预警数据展示 IPO 表

输入： 实时目标 ID	输出： 系统在地图上以不同的图标类型展示不同的预警数据
处理： 根据实时目标 ID，在预警事件表中查询是否有预警，若有预警则查看其事件类型，并按对应的类型图标在地图上展示其实时位置信息。	

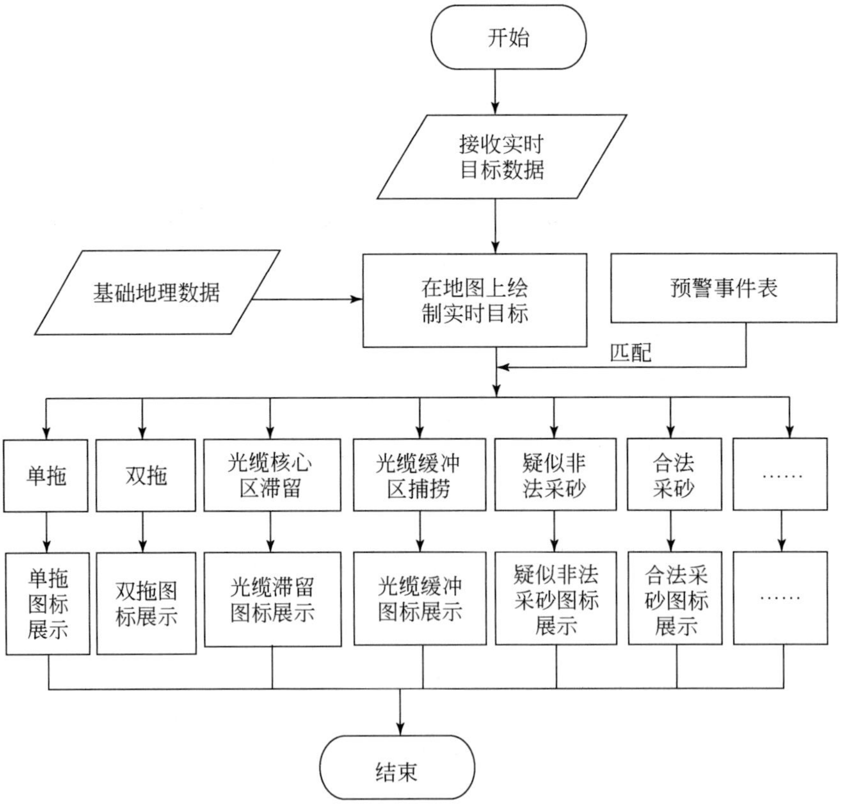

图 8.35　预警核实功能实现流程图

2）预警目标展示界面实现

在实际设计中，渔政执法和设施监管所涉及的预警目标不同，如图 8.36 和图 8.37 所示。由图可知，渔政执法的预警目标主要针对非法捕捞（单拖和双拖）、非法采砂、保护区非法闯入三大类；设施监管的预警目标主要针对光缆核心区滞留、光缆缓冲区捕捞、风电区非法滞留、养殖区非法滞留和捕捞、养殖区疑似穿越等。每种类型列表后面括号的数字，表示目前监控海域该类型预警的目标数量。根据图 8.36 可以看出，目前海上单拖目标数有 61 个，疑似非法采砂目标有 2 个，保护区非法闯入目标有 36 个。根据图 8.37 可以看出，目前光缆核心区滞留目标为 19 个，光缆缓冲区捕捞目标为 1 个。

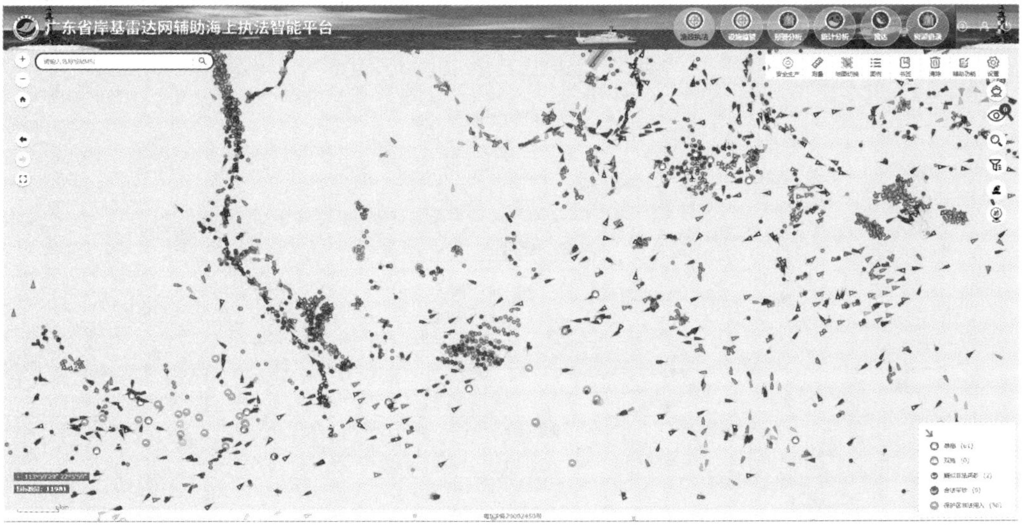

图 8.36　渔政执法的预警目标类型

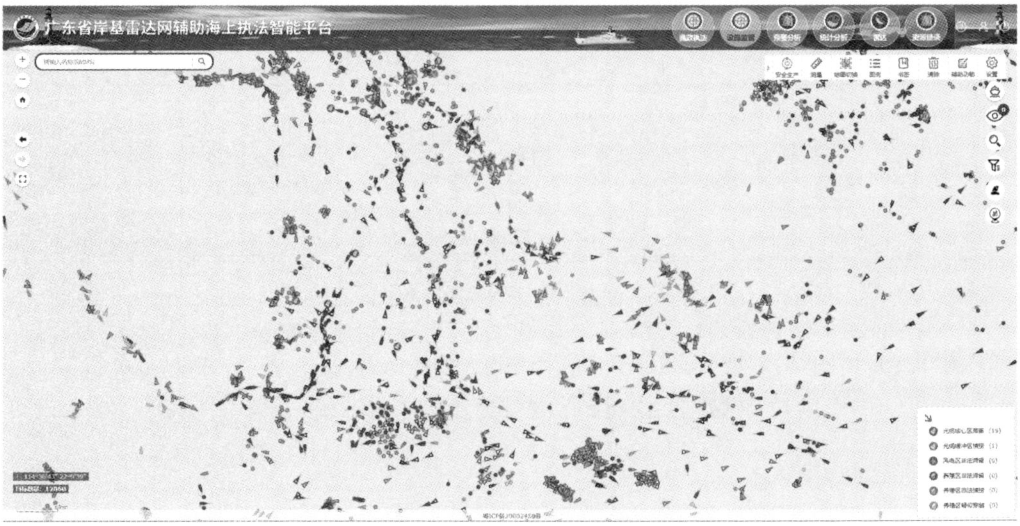

图 8.37　设施监管的预警目标类型

3. 预警数据过滤

在实时监控中，系统只提供展示单个预警类型实时目标位置的功能。预警实时目标过滤展示 IPO 表如表 8.46 所示，预警过滤流程图如图 8.38 所示。

表 8.46　预警实时目标过滤展示 IPO 表

输入：	输出：
事件类型	在实时监控模块，系统在地图上只显示满足指定事件类型的目标，对于其他目标则隐藏不显示
处理： 根据事件类型和预警事件表，在实时目标集合中检索到对应的事件类型目标，系统在地图上只显示该事件类型的实时预警目标。	

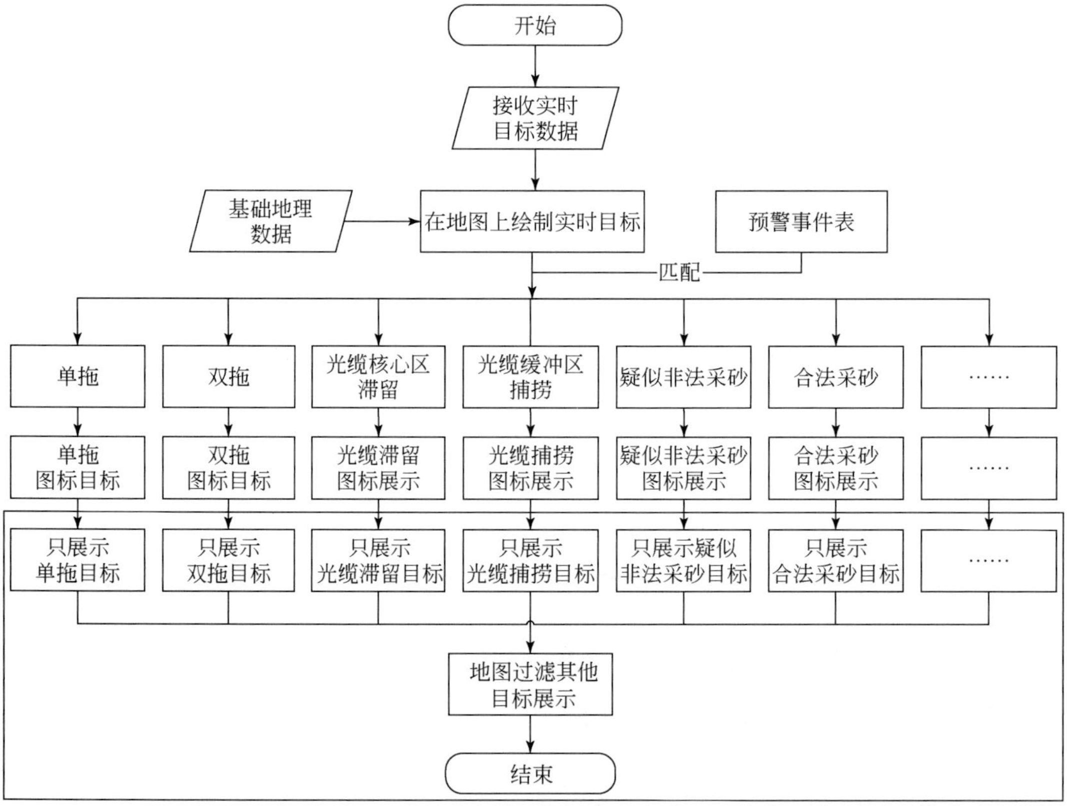

图 8.38　预警过滤流程图

在图 8.36 和图 8.37 的右下角，点击相应预警类型后面的数字，可直接显示预警目标的位置，并弹出对应这些预警目标的信息。

4. 目标光电跟随

系统提供对某一目标自动获取最近的三个光电（该用户有权限的光电），用户可以指定其中的一个光电对目标进行跟随，获取并播放目标的视频信息，随着目标的移动，系统自动计算目标的视场角并指挥光电跟随目标转动，以达到目标一直出现在视频正中心附近的效果。目标光电跟随 IPO 表如表 8.47 所示，目标光电跟随实现流程图如图 8.39 所示。

表 8.47　目标光电跟随 IPO 表

输入： 目标 ID、光电 ID、用户 ID	输出： 光电视频信息
处理： 系统调用光电视频服务传递目标 ID、光电 ID 和用户 ID，光电视频服务根据光电 ID、用户 ID 判断该用户是否具有该光电的访问权限。若该用户具有该光电的访问权限，则获取光电视频信息并返回到客户端，间隔固定的时间，重新根据目标的最新位置获取视场角信息，并传递给光电设备，控制其转动。若该用户不具有光电的访问权限，则禁止访问并退出程序。 何时停止光电跟随：目标消失、客户端关闭了光电视频插件和用户触发了该光电的指定位置查看视频的按钮。	

在目标过滤后，选择其中需要关注的预警目标，点击目标会弹出目标信息表，点击其上可用的光电设备图标，可进行目标的光电跟踪，如图 8.40 所示。

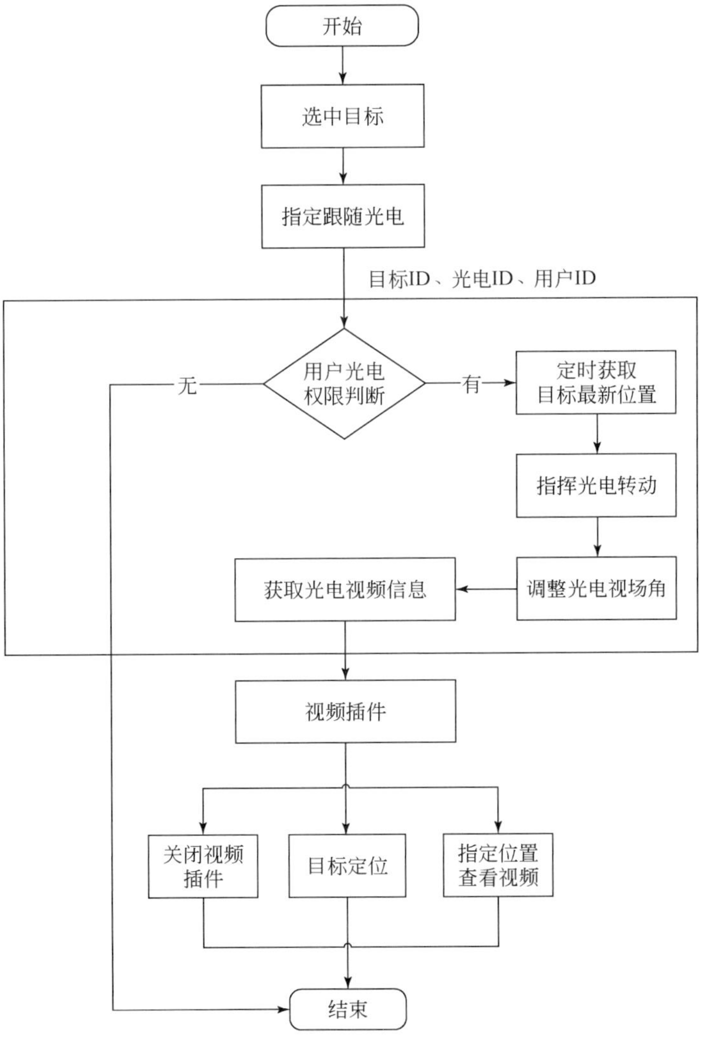

图 8.39　目标光电跟随实现流程图

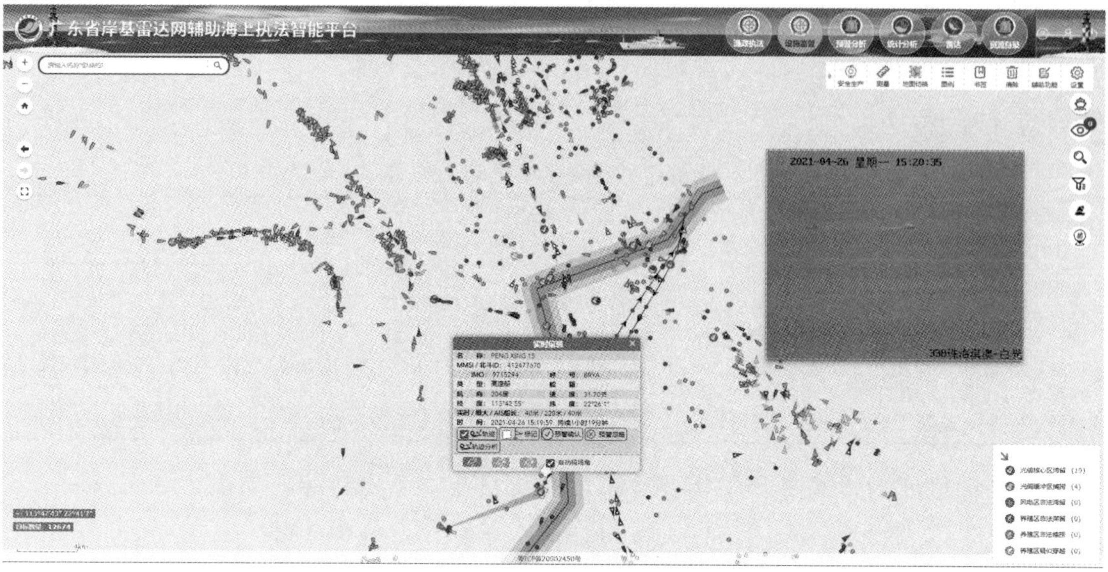

图 8.40　保护区非法闯入时光电跟踪监控（后附彩图）

5. 预警确认

若当前实时目标是预警目标，则在其气泡中提供预警确认和预警忽略的快捷访问功能，便于值班人员进行预警确认和预警信息的忽略。表 8.48 和表 8.49 分别为预警确认和预警忽略快速入口的 IPO 表。

表 8.48　预警确认 IPO 表

输入： 目标 ID	输出： 气泡出现预警确认按钮可进行预警确认
处理： 根据目标 ID 在事件表中查找其是否有预警事件，若该目标是预警目标，则在弹出的气泡信息中，显示预警确认和预警忽略的快速入口按钮。	

表 8.49　预警忽略 IPO 表

输入： 目标 ID	输出： 气泡出现预警忽略按钮可进行预警忽略
处理： 根据目标 ID 在事件表中查找其是否有预警事件，若该目标是预警目标，则在弹出的气泡信息中，显示预警忽略和预警确认的快速入口按钮。	

在点击预警目标后，会出现信息框，还会显示预警确认和预警忽略的快速入口按钮，如图 8.41 的信息框所示，其上有预警确认和预警忽略的快捷按钮，点击后会弹出预警确认框，有两种确认方式供选择，分别是经验确认和光电确认。点击“预警忽略”可忽略预警目标。

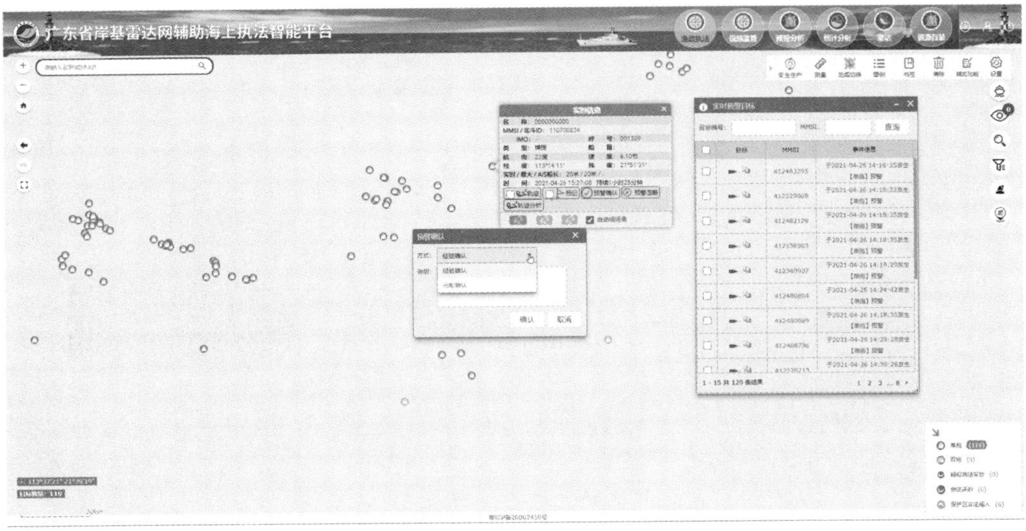

图 8.41　预警确认选择方式

6. 目标查询

主要实现对实时目标的查询，提供了两种查询方式：简单查询和高级查询，并提供查询结果目标的定位和自动打开气泡的功能。表 8.50～表 8.52 分别为实时目标简单查询、实时目标高级查询和查询结果目标定位与气泡展示对应的 IPO 表。图 8.42 为实时目标查询具体实现流程图。

表 8.50　实时目标简单查询 IPO 表

输入： 目标 ID、MMSI 或名称	输出： 目标查询结果列表
处理： 系统根据目标 ID、MMS 或名称在实时目标集合中查找对应目标信息，查询结果以列表的形式展示在查询区的结果列表中。	

表 8.51　实时目标高级查询 IPO 表

输入： 传感器类型 船速范围、船长范围、持续时间、移动范围 目标状态 空间范围	输出： 目标查询结果列表
处理： 系统根据传感器类型、船速范围、船长范围、持续时间、移动范围在实时目标集合中查找对应目标信息，查询结果以列表的形式展示在查询区的结果列表中。	

表 8.52　查询结果目标定位与气泡展示 IPO 表

输入： 目标 ID、定位功能、是否显示气泡	输出： 地图定位到对应的目标
处理： 根据目标 ID 在实时目标中检索，并将地图定位到该目标，将目标用红色框标记起来。若“是否显示气泡”处于勾选状态，则地图在定位到该目标的同时显示目标气泡，若“是否显示气泡”处于不勾选状态，则地图只定位到该目标。	

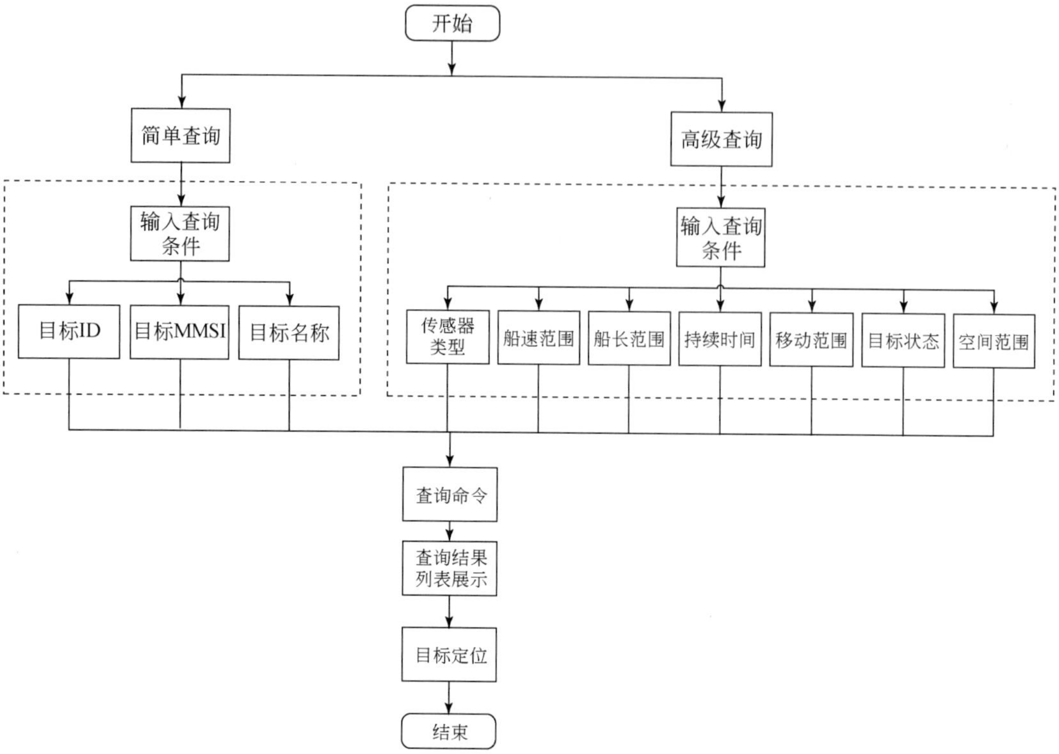

图 8.42　实时目标查询具体实现流程图

图 8.43 和图 8.44 为实时目标简单查询和高级查询实现后的界面。由图 8.43 和图 8.44 可知，简单查询是通过输入 ID 或 MMSI 或名称对实时目标进行查询，并将查询结果显示在查询列表里。高级查询是通过传感器类型、目标属性、目标状态及空间范围对实时数据进行查询检索，并将结果显示在查询列表里。传感器类型包含有雷达目标、AIS_A、AIS_B、AR、BR，传感器类型可多选；目标属性包含船速范围（单位：kn）、船长范围（单位：m）、持续时间范围（单位：min）和移动范围（单位：m）；目标状态包含在航、静止、岛礁（灯塔）、沉船、风电、浮标和网箱等，目标状态可多选；另外高级查询包含了空间查询（圆形、多边形、点）功能。查询结果列表字段包含有船名/MMSI、航速、船长、持续时间、移动范围、标记，点击相应的表头能提供排序功能。

在图 8.44 中选择圆形或多边形，在地图上进行区域绘制，查询列表显示满足上面属性查询条件和绘制图形区域内的目标；选择点时，需要对点的半径范围进行设置（单位：km），在地图上选择点的位置，以该点的位置为圆心，绘制查询区域。点击查询结果列表的目标编号，地图自动定位到该目标位置并以气泡显示该目标的实时信息；对目标进行勾选，系统自动将勾选目标设置为跟踪目标并显示该目标的历史轨迹点。图 8.45 为多边形查询方式获取的目标信息显示。

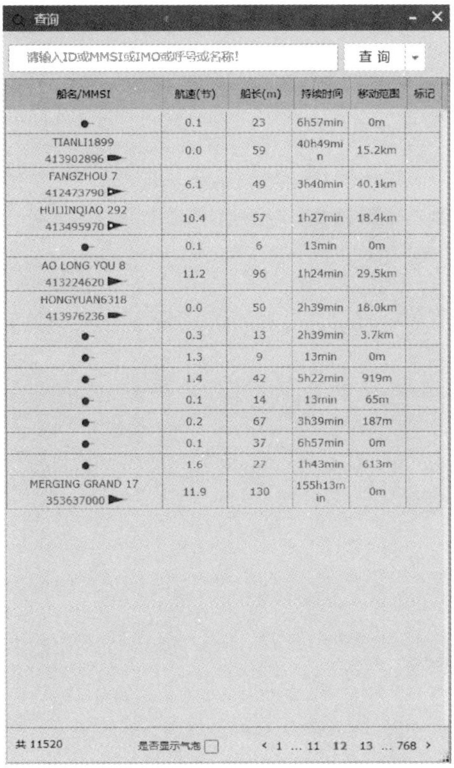

图 8.43　实时目标简单查询界面

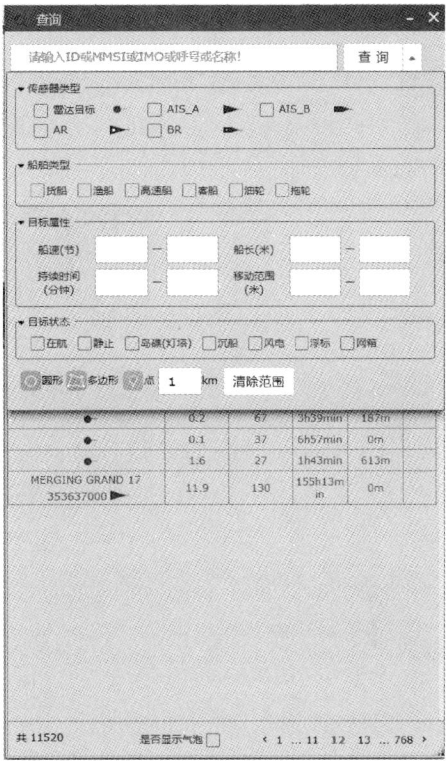

图 8.44　实时目标高级查询界面

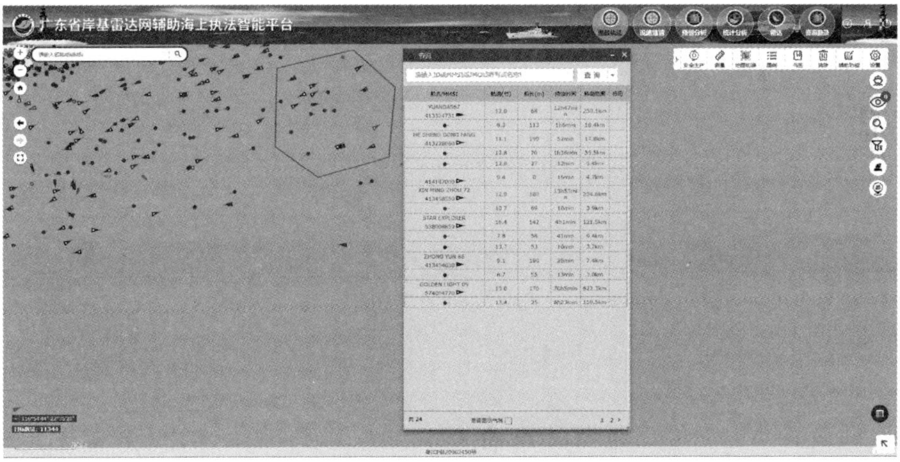

图 8.45　多边形查询方式获取的目标信息显示

7. 目标过滤

系统提供按目标类型、船速范围、船长范围和空间范围对目标进行过滤的功能，并在地图上显示过滤后的结果。实时目标过滤提供两种方式：简单过滤和高级过滤。

简单过滤的过滤条件包含传感器类型、船舶类型、目标属性（船速范围、船长范围、持续时间范围、移动范围）、目标状态和范围过滤，如图 8.46 所示。高级过滤提供过滤方案的定制，用户可以定制多个方案，但是只能应用一个方案。方案应用后，重新登录系统时应用该过滤方案。过滤方案定制提供的过滤条件有传感器类型、船速范围、船长范围和空间范围，如图 8.47 所示。注意：若实时目标中存在预警目标，预警目标不被过滤。

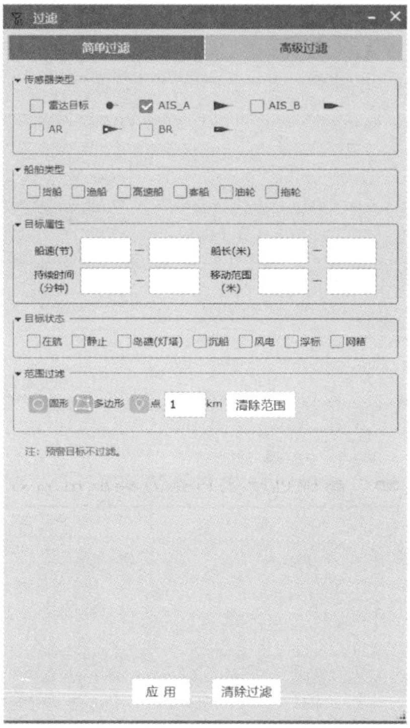

图 8.46　实时目标简单过滤界面

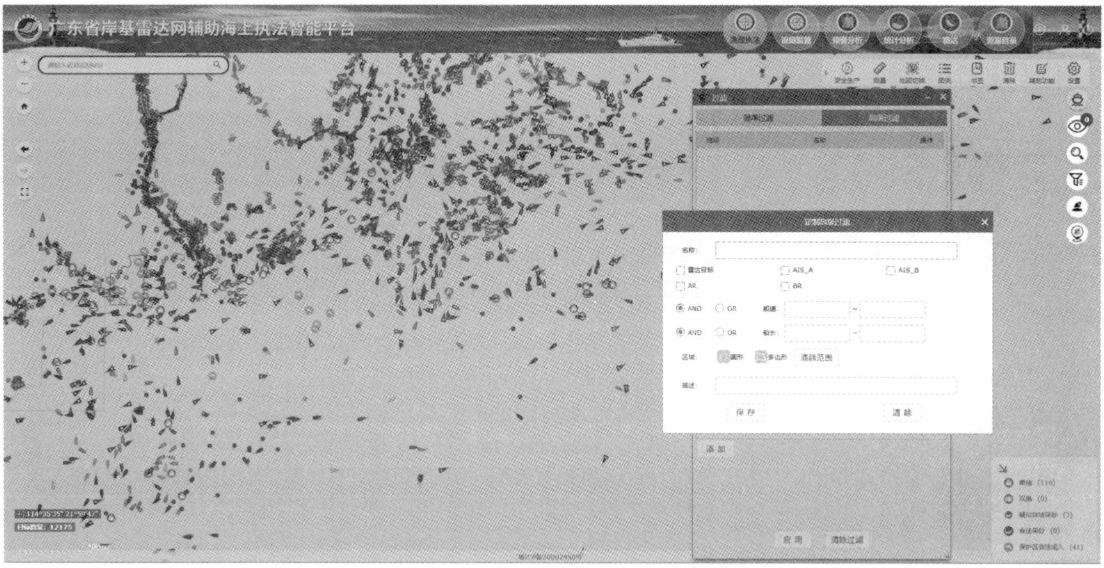

图 8.47　实时目标高级过滤界面

表 8.53～表 8.55 分别为简单过滤、高级过滤之新增过滤方案和高级过滤之过滤方案应用对应的 IPO 表，图 8.48 和图 8.49 分别为简单过滤和高级过滤的实现流程图。

表 8.53　简单过滤 IPO 表

输入：	输出：
按传感器类型、船舶类型、目标属性（船速范围、船长范围、持续时间范围、移动范围）、目标状态和范围过滤	地图上展示过滤后的目标信息
处理：	
系统根据传感器类型、船舶类型、目标属性（船速范围、船长范围、持续时间范围、移动范围）、目标状态和范围过滤在实时目标信息表中查找对应目标信息，过滤目标结果信息展示在地图中。	

表 8.54　高级过滤之新增过滤方案 IPO 表

输入：	输出：
方案名称、方案内容（传感器类型、船速范围、船长范围、空间范围）、备注	过滤方案保存成功
处理：	
在过滤方案表中新增一笔当前用户的过滤方案信息。	
备注：	
一个用户可以新增多笔过滤方案，但是同一时刻只能应用一种方案。	

表 8.55　高级过滤之过滤方案应用 IPO 表

输入：	输出：
用户 ID、方案名称、应用	按过滤方案对地图上的实时目标进行过滤
处理：	
根据过滤方案的过滤条件对地图上的实时目标进行过滤。	
备注：	
预警目标不过滤。	

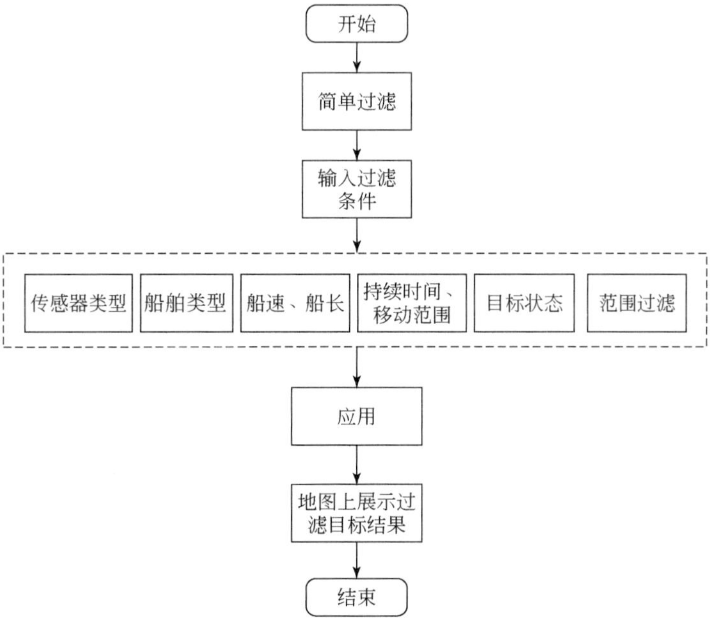

图 8.48　简单过滤实现流程图

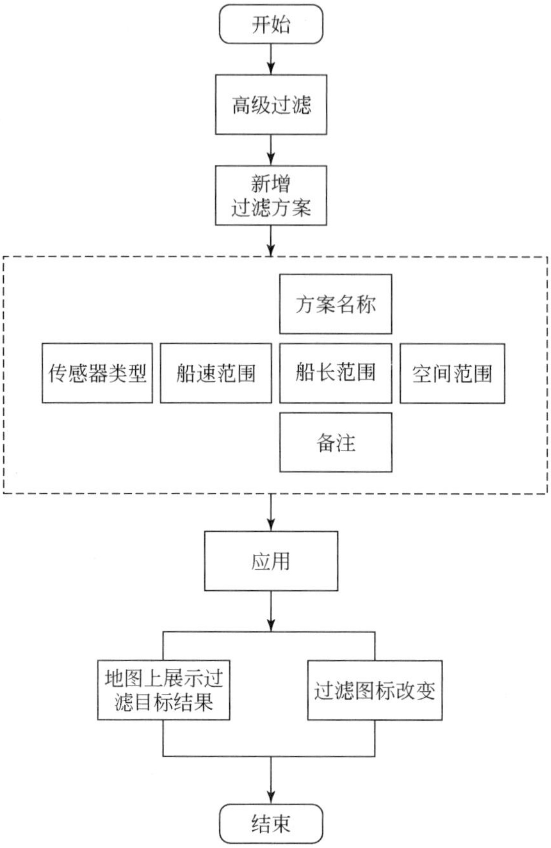

图 8.49　高级过滤实现流程图

8.5.2　预警核实

1. 预处理

预处理提供以下功能：①最新预警目标的提醒功能；②按事件类型、预警时间、处理状态（包括处理类型和处理操作）、目标 ID、MMSI 和目标名称对预警目标进行查询，展示查询结果和对查询结果的统计功能；③预警目标的定位和轨迹显示功能；④预警目标的确认和忽略功能。表 8.56～表 8.58 为预处理目标查询、预警目标定位及轨迹、预警目标处理操作对应的 IPO 表。图 8.50 为预处理的实现流程图，图 8.51 为预处理界面展示。

表 8.56　预处理目标查询 IPO 表

输入： 查询条件（事件类型、预警时间、处理状态、目标 ID、MMSI、目标名称）	输出： 查询结果以列表和统计图的形式切换展示
处理： 系统根据输入的查询条件在数据库的预警事件表查找相应预警目标信息，查询结果以列表和统计图的形式切换展示。	

表 8.57　预警目标定位及轨迹 IPO 表

输入： 目标 ID	输出： 在地图上展示预警目标轨迹信息
处理： 根据预警目标 ID 在目标历史库中查询该目标的所有轨迹点，并在地图上定位该目标并展示其轨迹。	

表 8.58　预警目标处理操作 IPO 表

输入： 目标 ID、处理操作（确认操作、忽略操作）	输出： 该预警目标状态变为确认或忽略状态
处理： 若确认该预警目标的预警事件且该目标还在实时目标中，则该目标的图标会变为该预警事件的确认图标； 若忽略该预警目标的预警事件且该目标还在实时目标中，则该目标的图标会变为正常的目标图标。	

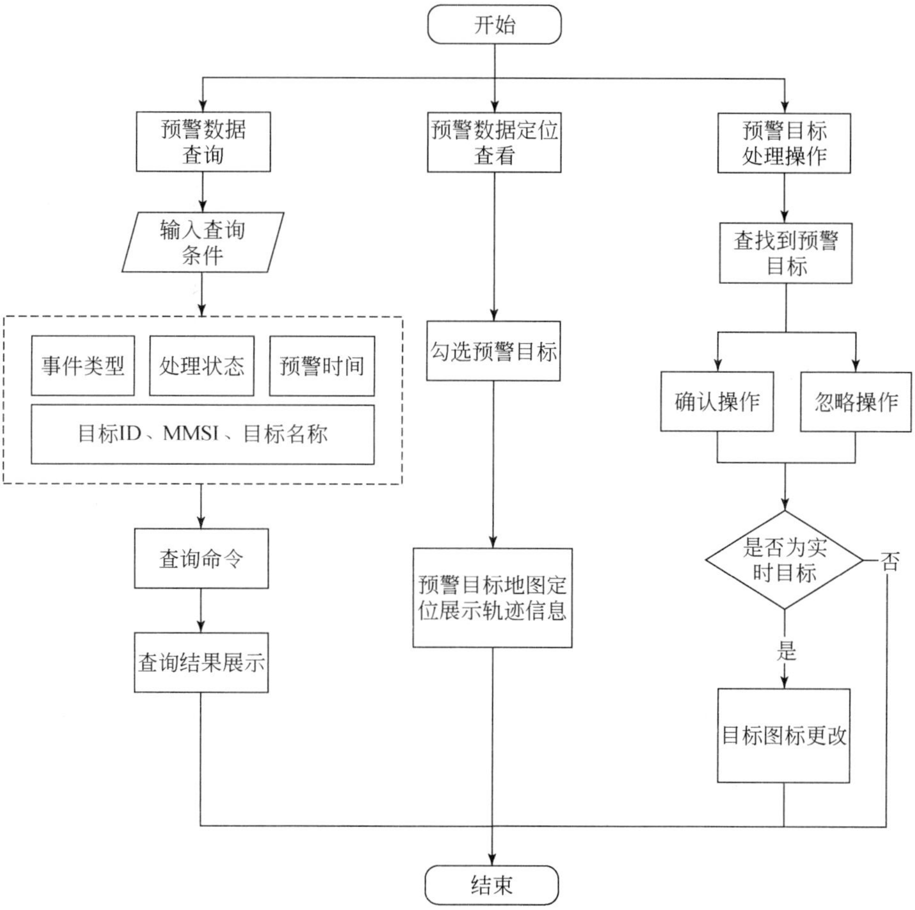

图 8.50　预处理的实现流程图

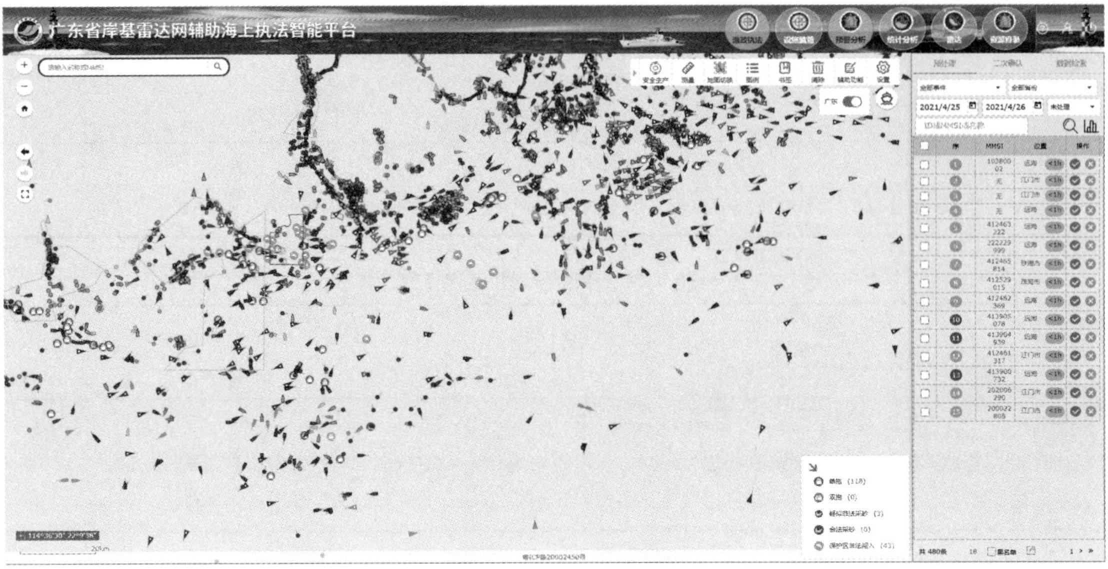

图 8.51　预处理界面展示（后附彩图）

2. 二次确认

二次确认模块对预处理中确认的预警事件进行再次确认，若再次确定预警事件属实则勾选并点击“推送”，输入收信人手机号，则该笔预警事件推送到移动端进行预警；若确认预警事件并非预警则点击“忽略”，若目标还在实时目标中，则目标的图标由预警图标改为正常图标显示。表 8.59 和表 8.60 为二次确认目标查询、二次确认预警目标推送对应的 IPO 表。图 8.52 和图 8.53 分别为二次确认实现的流程图和二次确认呈现界面。

表 8.59　二次确认目标查询 IPO 表

输入：	输出：
查询条件（事件类型、省份、时间、处理状态、目标 ID、MMSI、目标名称）	查询结果以列表的形式展示
处理： 系统根据输入的查询条件在数据库的预警事件分析表中查找相应预警目标信息，查询结果以列表的形式展示。	

表 8.60　二次确认预警目标推送 IPO 表

输入：	输出：
推送命令	写入一笔信息到消息服务器
处理： 系统接收到推送命令后，将预警数据信息写入消息服务器，由消息服务器推送到移动端，移动端接收到消息后将显示推送的预警信息。	

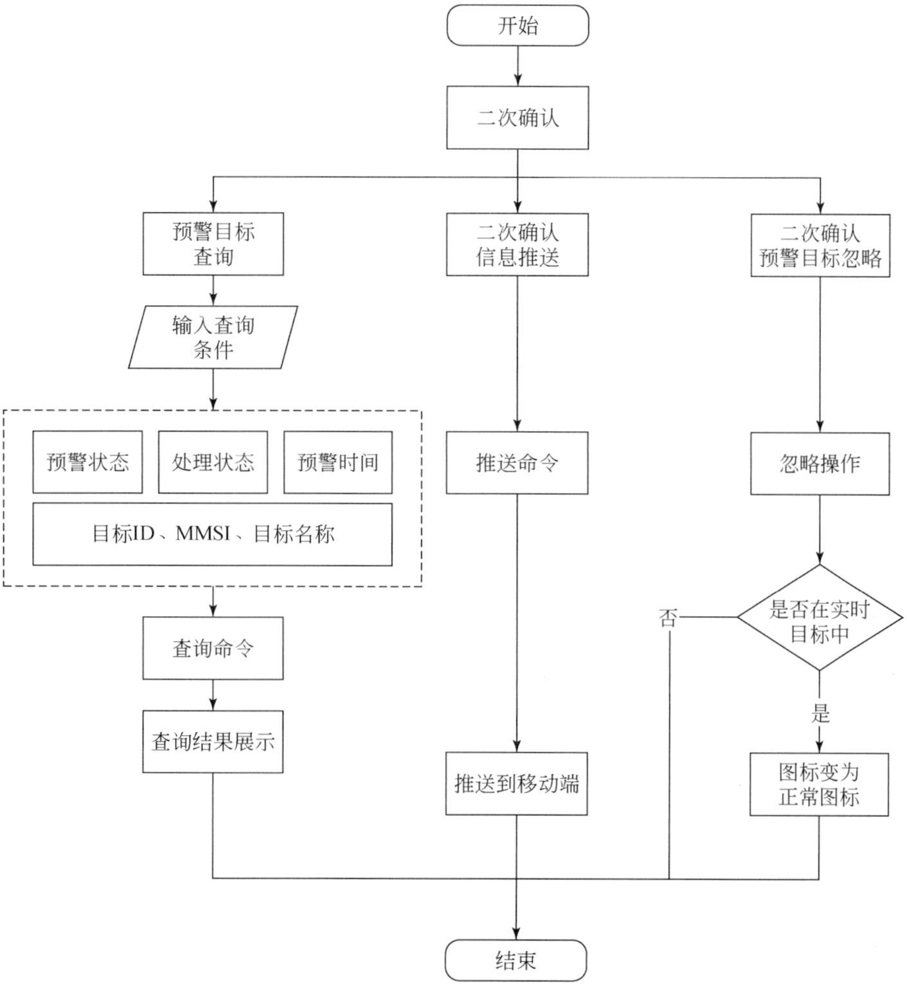

图 8.52　二次确认实现的流程图

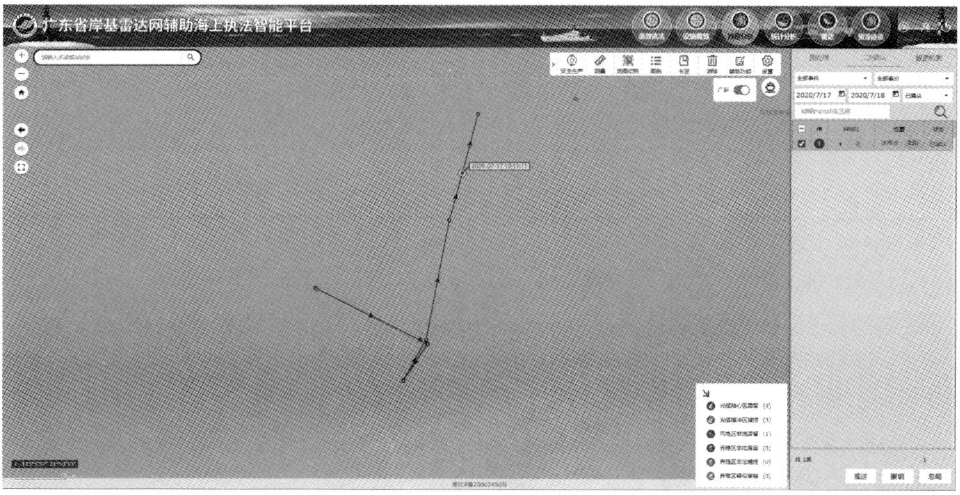

图 8.53　二次确认呈现界面

3.数据检索

数据检索提供对历史数据进行查询定位、轨迹展示及轨迹回放的功能，提供指定时段的当前地图范围内的目标轨迹回放功能。主要实现根据起始时间、结束时间、目标 ID、MMSI、目标名称查询历史目标，且能输入多个目标的 ID、MMSI 进行信息查询，多个目标 ID、MMSI 之间使用英文逗号进行分割；其中查询方式包括简单查询、高级查询，同时可以通过点击目标 ID 信息显示该目标在该时间段内的历史轨迹。表 8.61～表 8.64 分别为数据检索、目标定位及轨迹展示、回放指定目标轨迹、回放当前地图范围内目标所对应的 IPO 表。图 8.54 为数据检索功能实现流程图。

表 8.61　数据检索 IPO 表

输入： 查询条件（起始时间、结束时间、目标 ID、MMSI、目标名称、目标类型、船速、船长、区域范围）	输出： 查询结果以列表的形式展示
处理： 系统按提供的查询条件在历史数据库中查找相应目标信息，查询结果以列表的形式展示。 注：由于历史库数据量巨大，所以规定一次只能查询 1 万条目标数据。	

表 8.62　目标定位及轨迹展示 IPO 表

输入： 目标 ID	输出： 在地图上展示目标起始轨迹信息
处理： 系统根据目标 ID 在历史库中查找目标 2 h 轨迹点并在地图上进行轨迹线展示。	

表 8.63　回放指定目标轨迹 IPO 表

输入： 目标 ID、是否显示周边轨迹、播放、播放间隔、播放时间段、地图范围	输出： 回放目标轨迹
处理： 系统根据播放时间段和播放间隔调整播放进度条上的时间，从起始时间开始按间隔时间播放目标轨迹。 若显示周边轨迹，则目标轨迹播放时，地图上显示播放时刻周边目标的轨迹； 若不显示周边轨迹，则目标轨迹播放时，地图上显示播放时刻周边的目标点位置。	

表 8.64　回放当前地图范围内目标 IPO 表

输入： 地图范围、播放时间段、播放时间间隔和是否显示周边轨迹	输出： 回放当前地图范围内目标轨迹
处理： 系统根据播放时间段和播放间隔调整播放进度条上的时间，从起始时间开始按间隔时间播放当前地图范围内所有目标轨迹。 若显示周边轨迹，则播放时，地图上显示播放时刻周边目标的轨迹； 若不显示周边轨迹，则播放时，地图上显示播放时刻周边目标点位置。	

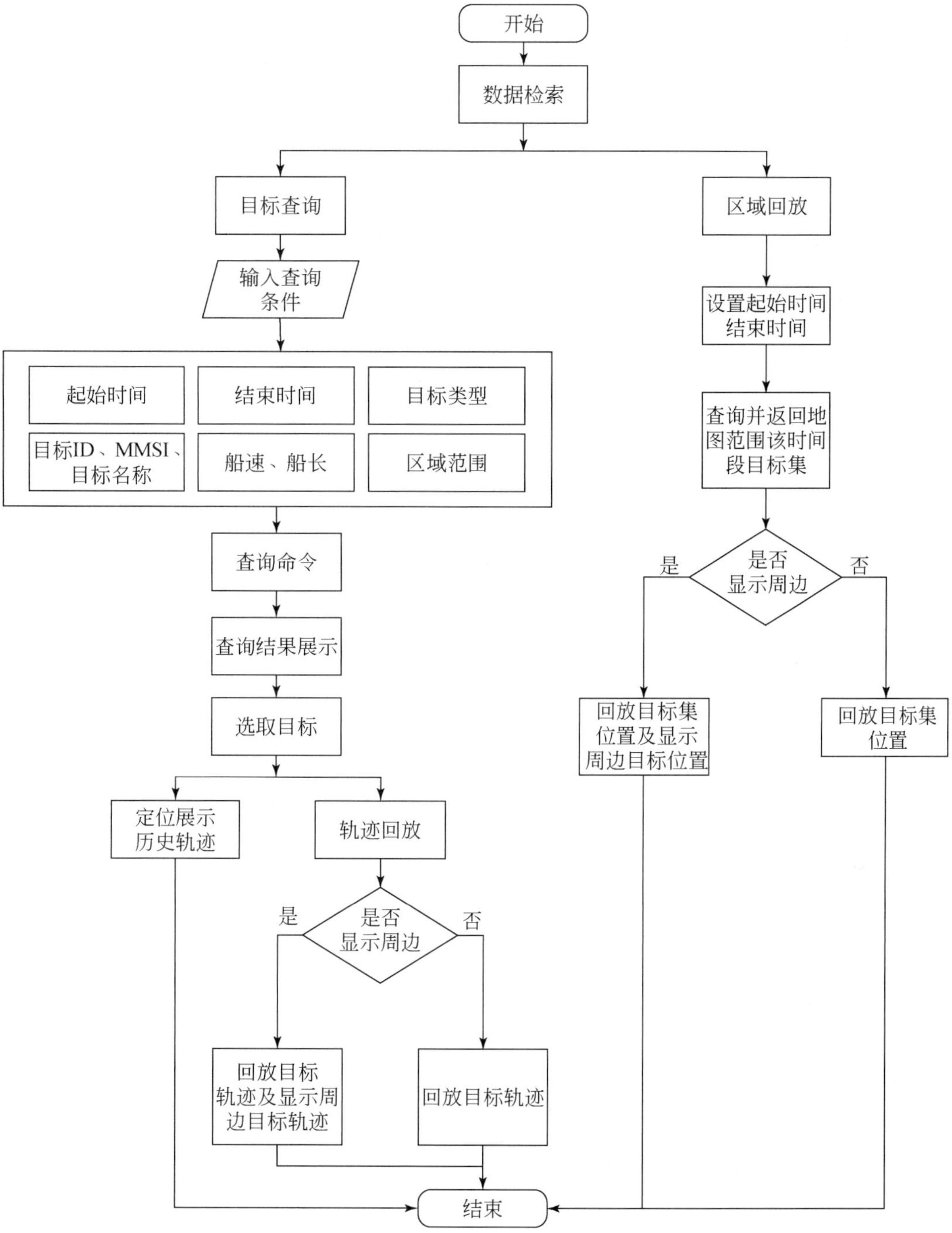

图 8.54　数据检索功能实现流程图

数据检索分简单检索和高级检索，其中简单检索的检索条件有时间段、区域、目标 ID、MMSI 和目标名称，在数据检索界面查询区域选择查询条件，点击“查询”图标按钮查询信息并以列表显示符合条件的结果，如图 8.55 所示。

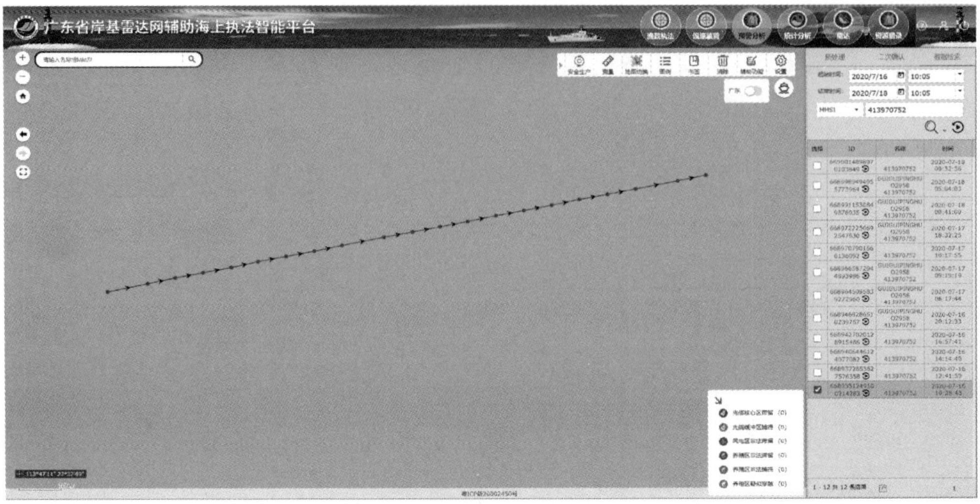

图 8.55　数据检索界面

高级检索的检索条件有时间段、传感器类型、船速范围、船长范围和空间范围。在数据检索界面的查询区域，点击“查询”按钮右侧黑色倒三角“▾”显示高级查询条件，选择查询条件，点击“查询”按钮查询信息并以列表显示符合条件的结果，图 8.56 为数据检索目标轨迹回放界面。

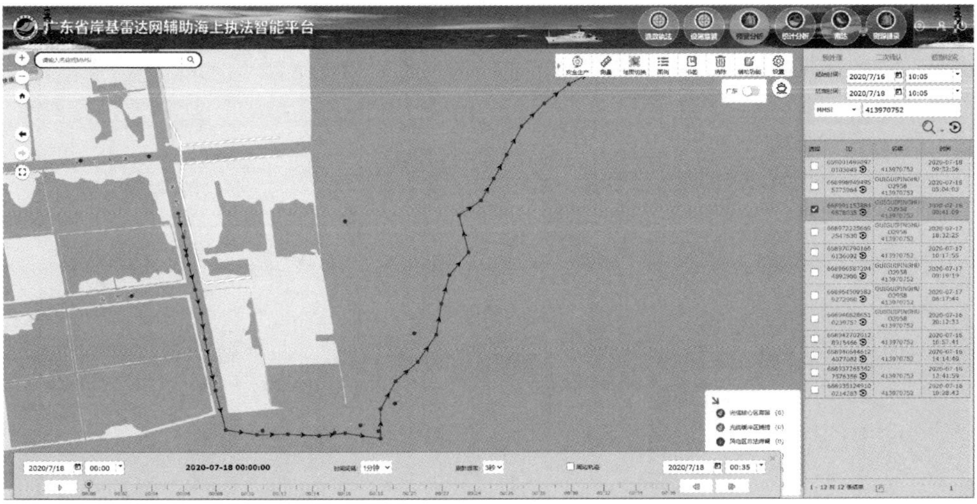

图 8.56　数据检索目标轨迹回放界面

8.5.3　统计分析

统计分析主要是对预警事件进行趋势分析、查询统计及专题分析。

1. 趋势分析

趋势分析默认对一周内所有的时间类型与 4 h 的时间间隔分析预警数据（用户也

可以自主选择统计时间与时间间隔)，以统计图的形式展示统计结果，通过对类型及时间段的统计，可以分析出不同类型作业的时间段，获取违规事件高发的时间段，对执法部门的行动起辅助作用。

表 8.65 和表 8.66 分别为按类型查询统计和按时间段事件类型查询统计的 IPO 表。图 8.57 为趋势分析功能实现的流程图。

表 8.65　按类型查询统计的 IPO 表

输入： 查询条件（分析时段、事件类型）	输出： 查询结果以饼状图的形式展示
处理： 系统按提供的查询条件在历史数据库中查找相应的事件进行统计，统计结果以饼状图的形式展示。	

表 8.66　按时间段事件类型查询统计 IPO 表

输入： 查询条件（分析时段、事件类型、时间间隔）	输出： 查询结果以柱状图的形式展示
处理： 系统按提供的查询条件在历史数据库中查找相应时间段的事件进行统计，统计结果以柱状图的形式展示。	

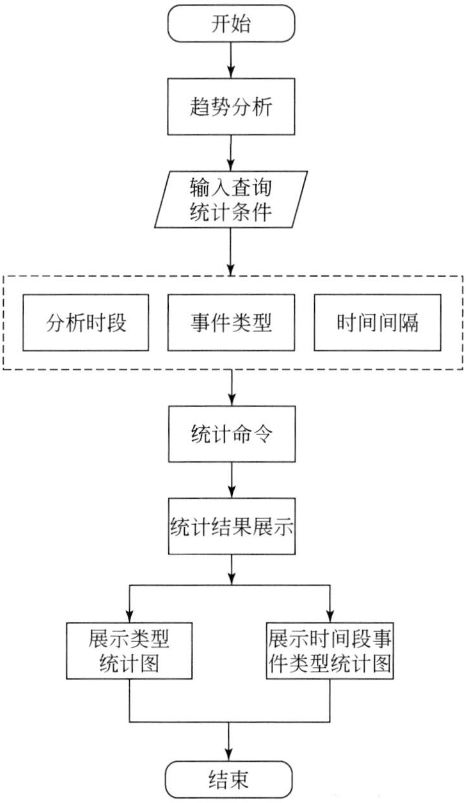

图 8.57　趋势分析功能实现流程图

系统提供按分析时段、事件类型对事件进行查询统计，并以饼状图展示统计结果的功能；提供按分析时段、事件类型、时间间隔对时间段事件类型查询统计，并以柱状图的形式展示统计结果的功能。图 8.58（a）和图 8.58（b）分别显示了 6 h 和 2 h 时段的趋势分析图，可根据柱状图和饼状图掌握预警事件的分布趋势。

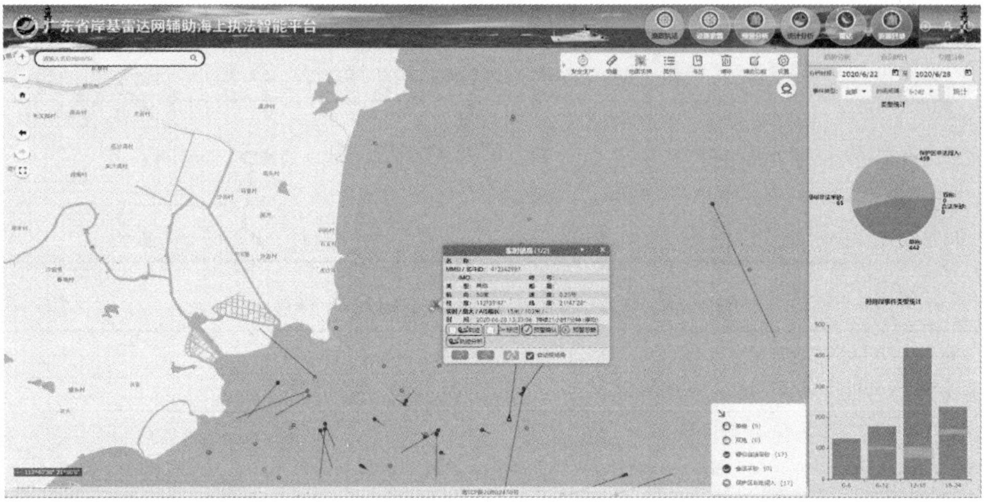

(a) 6 h时段统计设计

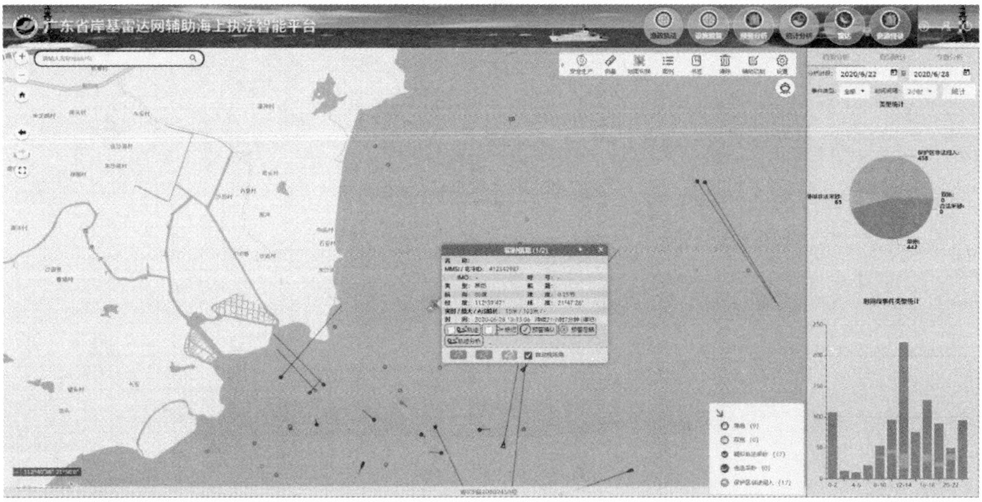

(b) 2 h时段统计设计

图 8.58　类型查询统计和时间段事件类型查询统计图展示（后附彩图）

2.查询统计

系统提供按起始时间、结束时间和处理结果查询违规目标明细表；提供按起始时间、结束时间、处理结果统计违规目标分布信息，并以列表的形式展示。表 8.67 和表 8.68 为违规目标明细查询和违规目标分布查询统计的 IPO 表。图 8.59 为查询统计功能实现流程图。图 8.60 为查询结果显示，可根据图 8.60 选择处理结果的类型。

表 8.67　违规目标明细查询 IPO 表

输入： 查询条件（起始时间、结束时间、处理结果）	输出： 违规目标明细表
处理： 系统按提供查询条件在历史数据库中查找相应的事件，并以列表的形式展示。	

表 8.68　违规目标分布查询统计 IPO 表

输入： 查询统计条件（起始时间、结束时间）	输出： 违规目标分布表
处理： 系统按提供查询条件在历史数据库中查找相应的违规目标并进行信息统计，以列表的形式展示。	

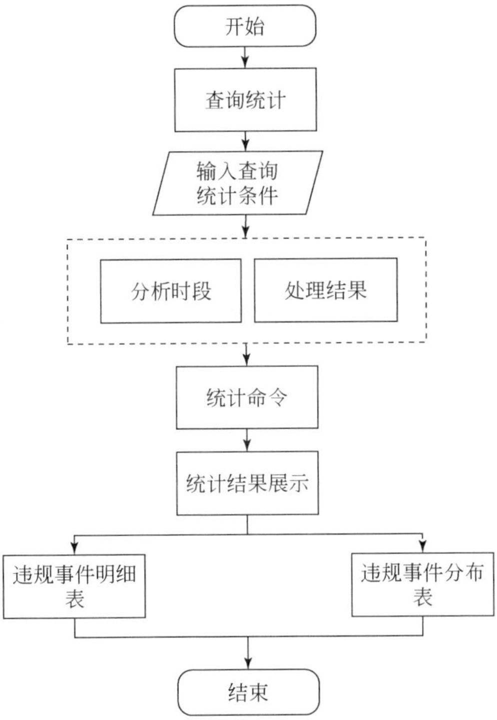

图 8.59　查询统计功能实现流程图

通过对一定时间段内的违规记录分区域、船名、目标 ID、MMSI、发现时间、经度、纬度、违规情况、处理结果等进行列表展示及数据统计，并提供导出功能，方便值班人员完成违规事件报告。

通过查询统计用户自定义的时间段内的违规记录，根据用户处理的状态（未处理、已忽略、已确认、已确认推送、推送完成）在 Oracle 数据库的数据表查询符合要求的数据，并在前端系统根据发生区域、船名、目标 ID、MMSI、发现时间、经度、纬度、违规情况、处理结果等信息进行列表展示及数据统计，并提供导出功能，将数据导入 excel 软件中，以便客户获取最详细的违规事件报告，如图 8.60 所示。

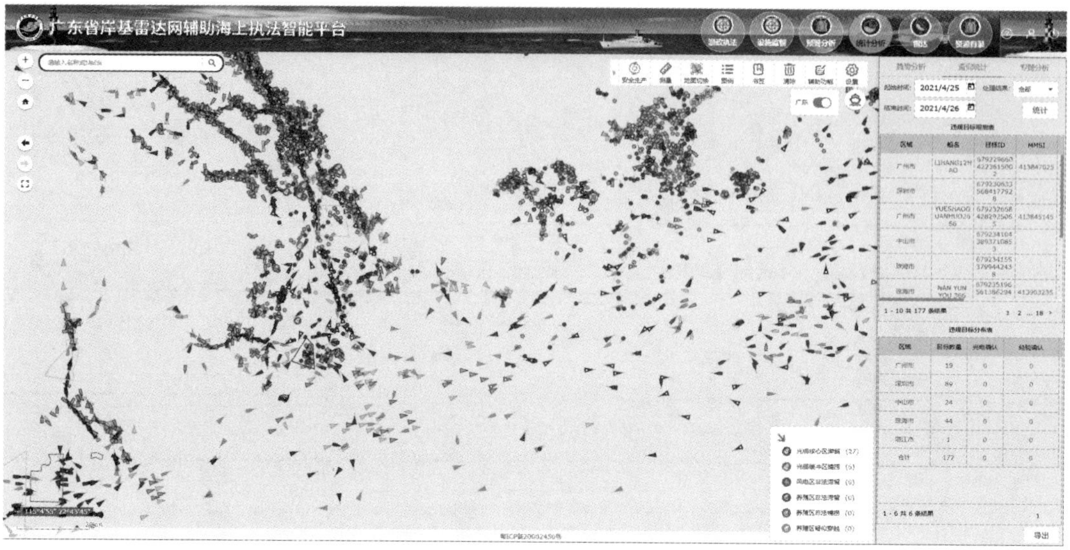

图 8.60　查询结果展示

3.专题分析

专题分析主要是针对违规事件推出的热力图生成功能，其实现流程图如图 8.61 所示。在 Oracle 数据库事件表中获取符合要求的数据，根据数据的坐标点，绘制一个简单的热力图，通过 ArcGIS API 功能叠加到地图上展示，以便客户对违规事件发生的地点区域有更加直观的掌握。

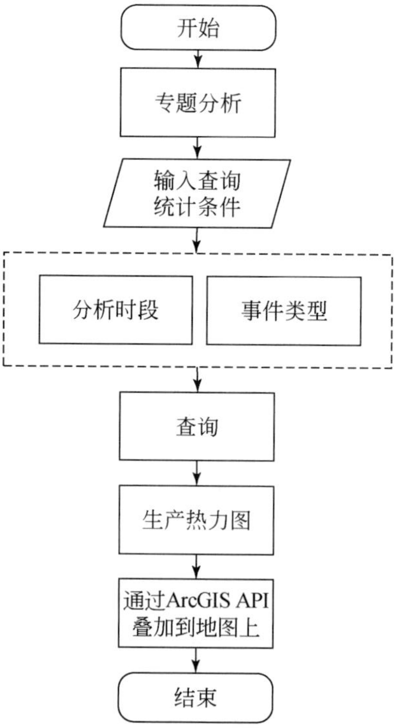

图 8.61　专题分析流程图

系统提供按时间范围和事件类型对值班事件热力分布图进行查询播放的功能。表 8.69 为值班事件热力分布图播放 IPO 表，图 8.62 为值班事件热力图播放实现流程图。

表 8.69　值班事件热力分布图播放 IPO 表

输入： 播放条件（时间范围、事件类型）	输出： 播放对应事件类型对应时间范围的事件热力分布图
处理： 系统输入播放条件在数据库的预警事件表查找相应预警目标信息，并以热力图的形式进行播放。	

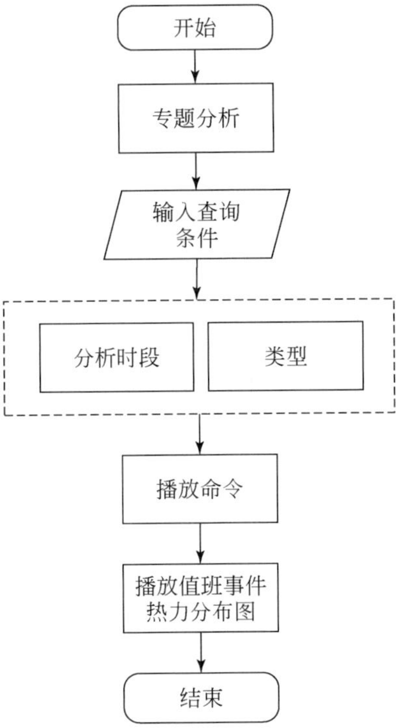

图 8.62　值班事件热力图播放实现流程图

在专题分析界面的查询区中，选择查询时间范围、事件类型，点击“查询”按钮，点击“播放”，可播放对应时间热力分布图信息。如图 8.63 所示，图中红色的区域为违规事件的高发区域。

8.5.4　雷达站点分布

雷达主要是对雷达分布、覆盖情况信息以及地图联动展示雷达列表信息。表 8.70～表 8.72 为雷达建设情况、岸线覆盖情况和雷达查询对应的 IPO 表，图 8.64 为雷达站点相关信息展现流程图。

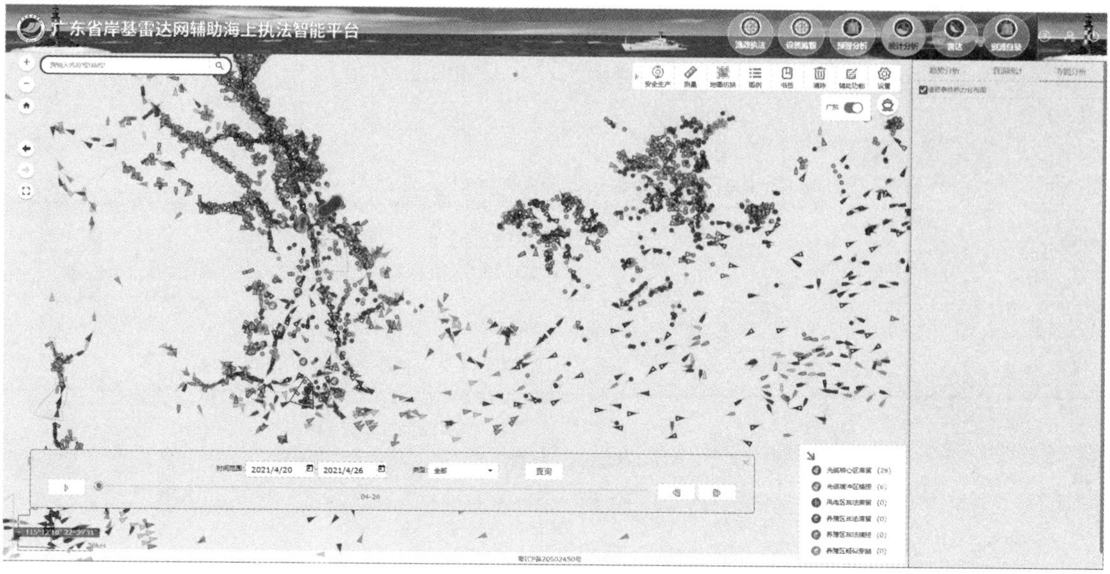

图 8.63　热力专题图（后附彩图）

表 8.70　雷达建设情况 IPO 表

输入：	输出：
用户 ID	展示雷达建设情况环状图
处理： 系统根据用户 ID，展示已建和筹建的雷达个数以及占比情况，并以统计图的形式进行展示。	

表 8.71　岸线覆盖情况 IPO 表

输入：	输出：
用户 ID	展示各沿海省市岸线覆盖情况统计图
处理： 系统根据用户 ID，展示各沿海省市已覆盖和未覆盖的岸线长度以及占比情况，并以统计图的形式进行展示。	

表 8.72　雷达查询 IPO 表

输入：	输出：
查询条件（雷达名称、省份）	雷达查询结果列表信息
处理： 系统根据雷达名称、省份在雷达信息表中查找对应雷达信息，查询结果以列表的形式展示在查询区的结果列表中，并点击列表中的雷达名称，可定位到相应雷达的地图位置。	

图 8.65 为最终展示的界面，该界面主要提供雷达建设情况和岸线覆盖情况统计功能，在查询列表信息界面，点击雷达名称，地图可定位到对应雷达位置，并展示对应雷达气泡信息；提供 10 n mile 和 20 n mile 雷达覆盖范围信息查看；提供按雷达名称和省份对雷达信息进行查询，并以列表形式展示的功能；提供地图联动展示的功能。在雷达界面，勾选好 10 n mile 或 20 n mile，可在地图上查看对应 10 n mile 和 20 n mile 雷达的覆盖范围情况，如图 8.66 所示。勾上“地图联动”，移动地图，右边列表会根据地图显示的范围，显示该范围内的雷达。

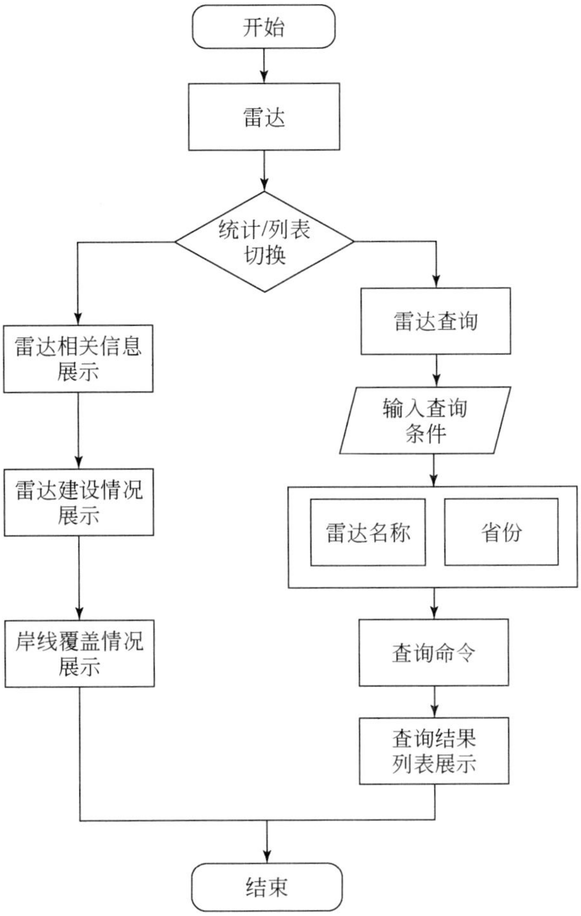

图 8.64　雷达站点相关信息展现流程图

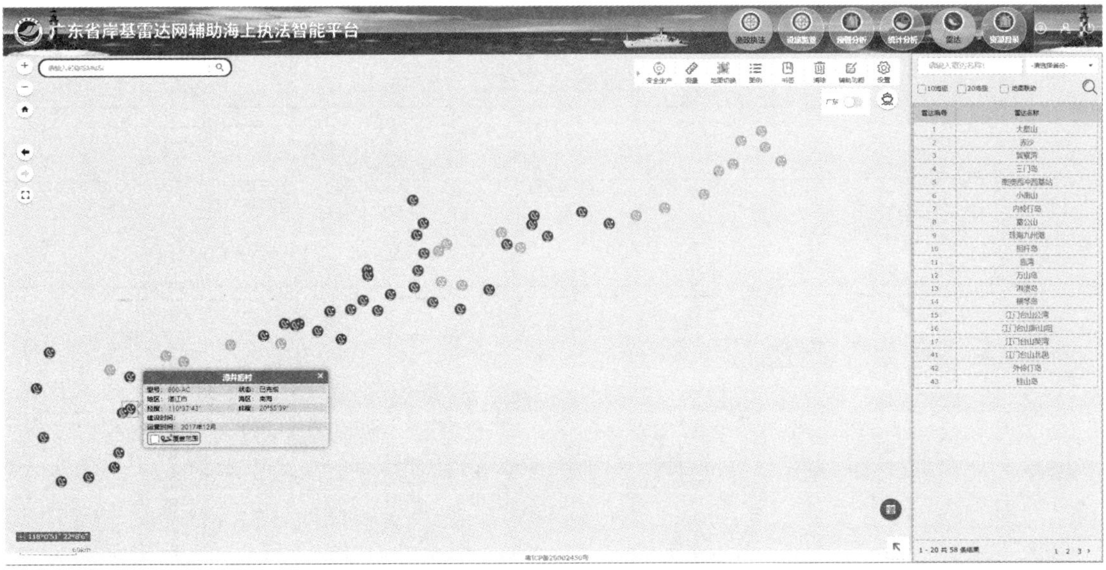

图 8.65　雷达站点分布图

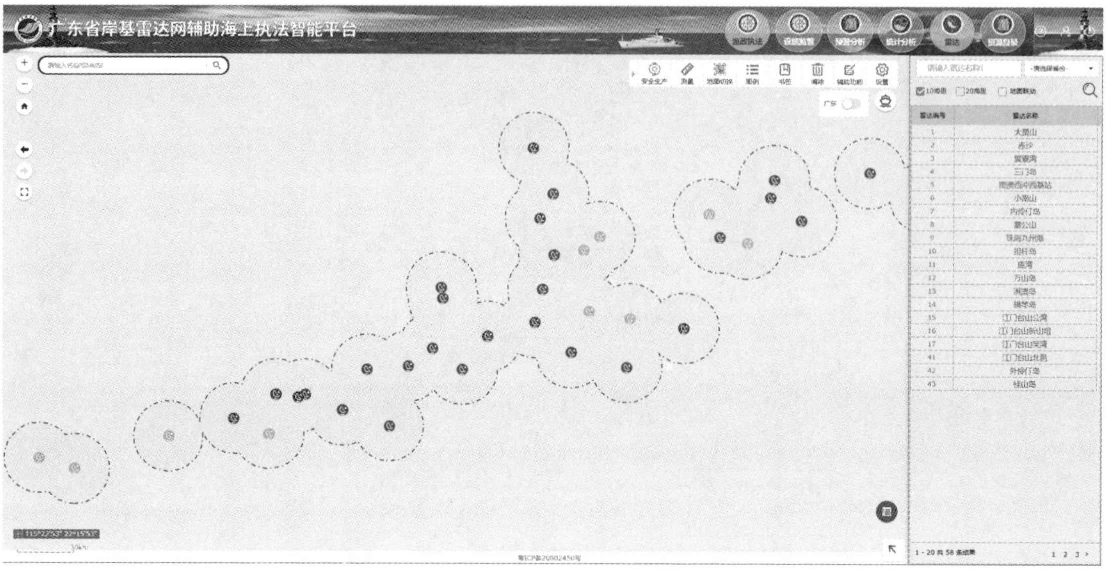

图 8.66　10 n mile 雷达的覆盖范围情况

8.5.5　资源目录

资源目录主要为用户提供图层叠加展示的功能，资源目录中的图层包括海洋功能区划（保留区、港口航运区、工业与城镇用海区、海洋保护区、矿产与能源区、旅游休闲娱乐区、农渔业区）、渔场、海洋牧场、钻井平台、风电区、禁渔线区域、风场、浪场、洋流。资源目录的数据发布通过 ArcGIS 服务来实现，系统通过调用相应的服务，将相关信息显示在地图上。表 8.73 为资源图层叠加展示的 IPO 表，图 8.67 为实现流程图。在智能平台的主界面上，点击“资源目录”，在弹出的列表中，勾选相应资源，可展示对应资源图层信息，如图 8.68 所示。

表 8.73　资源图层叠加展示 IPO 表

输入： 图层 ID	输出： 图层信息在地图上叠加展示
处理： 1.勾选图层，请求相应图层服务叠加展示； 2.所选中的图层信息在地图上展示。	

8.5.6　安全生产监控

海上安全生产监控是指台风对海上安全及生产的影响，功能是展示历史台风的相关信息、台风路径播放信息以及展示当前沿海地区近海区域的目标个数。平台通过中央气象台-台风网公开接口来获取中央气象台的台风信息，并将历史台风信息储存在历史台风表中，然后通过 ArcGIS Server 发布广东省各市海域管辖范围的地图服务，在 Web 端地图上叠加 ArcGIS API 功能，通过实时数据的坐标点位置，判断目标是在哪个市的管辖范围，从而得到各地市的海上目标数量，实现对台风天气海面上是否还有未回港船只、在外船只数量的监控。

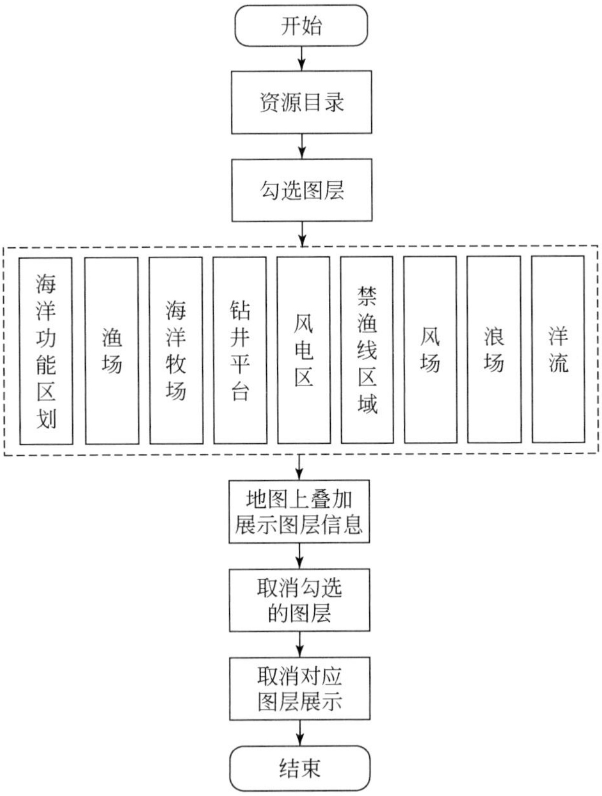

图 8.67　资源目录功能实现流程图

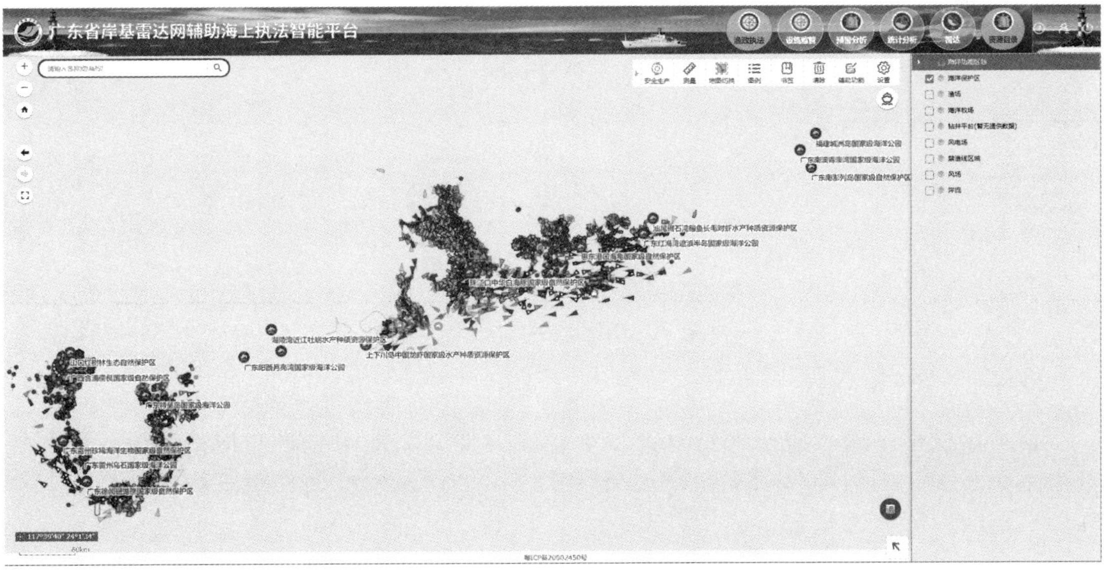

图 8.68　资源目录之海洋保护区展示

平台还提供了历史台风查看和台风播放的功能，其 IPO 表如表 8.74 和表 8.75 所示。图 8.69 为历史台风数据显示。以湛江为例，可清楚看到目前海上目标有 685 个，以及这些目标的分布态势。如果台风过境，这些目标需要归港，就集中在规定的避风港口内。这种分布态势有助于海上监管。

表 8.74　历史台风查看 IPO 表

输入：	输出：
台风名称	展示台风路径信息
处理： 根据台风 ID，在历史台风信息表中找到对应的台风信息进行展示。	

表 8.75　台风播放 IPO 表

输入：	输出：
台风名称、播放命令	播放台风信息
处理： 系统根据台风 ID 查找到台风路径信息，并对台风路径信息进行播放展示。	

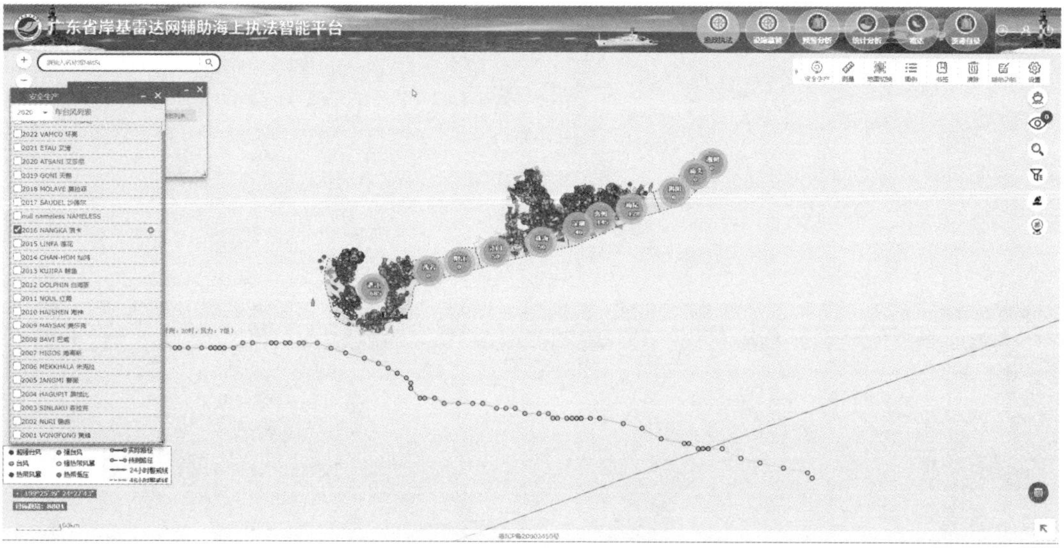

图 8.69　历史台风数据显示

8.5.7　区域管理

系统提供电子围栏区域管理功能，主要管理区域的基本信息和报警条件信息，后台电子围栏算法会根据区域的预警时间段、区域类型和相应的预警条件分析是否有目标触动预警，并在预警分析中进行展示。

区域管理包含基本信息、预警条件和区域面 3 个部分，其中基本信息包含名称、类型、开始日期、结束日期、监测时段、出港角度、状态，预警条件包含事件类型、预警类型、预警级别、数据类型等。区域的预警条件根据预警类型的不同而不同，如表 8.76 所示。表 8.77～表 8.80 分别为区域管理信息查询、新增区域信息、修改区域信息、删除区域信息对应的 IPO 表，图 8.70 为区域管理功能实现流程图。

表 8.76　预警类型和预警条件信息表

序号	预警类型	预警条件
1	闯入预警	船速范围、船长范围、数据类型
2	闯出预警	船速范围、船长范围、数据类型
3	滞留预警	滞留时长、滞留范围、船速范围、船长范围、数据类型
4	船速可疑	船速范围、船长范围、数据类型、持续时长、减速百分比

表 8.77　区域管理信息查询 IPO 表

<table>
<tr><td>输入：
查询条件（区域类型、区域状态、区域名称）、查询命令</td><td>输出：
查询结果列表，列表内容包含有序号、名称、区域类型、事件类型、状态、操作（编辑、删除）</td></tr>
<tr><td colspan="2">处理：
系统根据输入的查询条件在数据库的区域管理表中查找相应区域信息，查询结果以列表的形式展示，查询条件包括区域类型、区域状态、区域名称等。
权限限制：当前用户只能查询本单位的区域管理信息。</td></tr>
</table>

表 8.78　新增区域信息 IPO 表

<table>
<tr><td>输入：
基本信息（名称、类型、开始日期、结束日期、监测时段、出港角度、状态）
预警条件（预警类型、预警级别、滞留时长、滞留范围、船速范围、船长范围、数据类型、持续时长）
绘制区域
保存命令</td><td>输出：
信息新增成功</td></tr>
<tr><td colspan="2">处理：
在区域管理表中新增一笔数据记录，且刷新页面。
新增区域的单位名称被当前用户所在单位赋值。
特殊处理：需要通过消息服务器发送一个区域更改了的标识给预警分析算法，预警分析算法重新将区域信息读取到内存进行预警分析。</td></tr>
</table>

表 8.79　修改区域信息 IPO 表

<table>
<tr><td>输入：
改动后的信息内容
基本信息（名称、类型、开始日期、结束日期、监测时段、出港角度、状态）
预警条件（预警类型、预警级别、滞留时长、滞留范围、船速范围、船长范围、数据类型、持续时长）
绘制区域
保存命令</td><td>输出：
信息修改成功</td></tr>
<tr><td colspan="2">处理：
根据区域 ID 在区域管理表中找到要更新的数据记录，将表单中的数据更新到对应的字段中，并提示保存成功，且刷新页面。
权限控制：只有本单位的单位管理员才具有本单位区域的编辑权限。
特殊处理：需要通过消息服务器发送一个区域更改了的标识给预警分析算法，预警分析算法重新将区域信息读取到内存进行预警分析。</td></tr>
</table>

表 8.80　删除区域信息 IPO 表

输入： 区域名称 删除命令	输出： 区域信息删除成功
处理： 通过区域 ID 在区域管理表中找到要删除的数据记录，删除并刷新页面。 权限控制：只有本单位的单位管理员才具有本单位区域的删除权限。 特殊处理：需要通过消息服务器发送一个区域更改了的标识给预警分析算法，预警分析算法重新将区域信息读取到内存进行预警分析。	

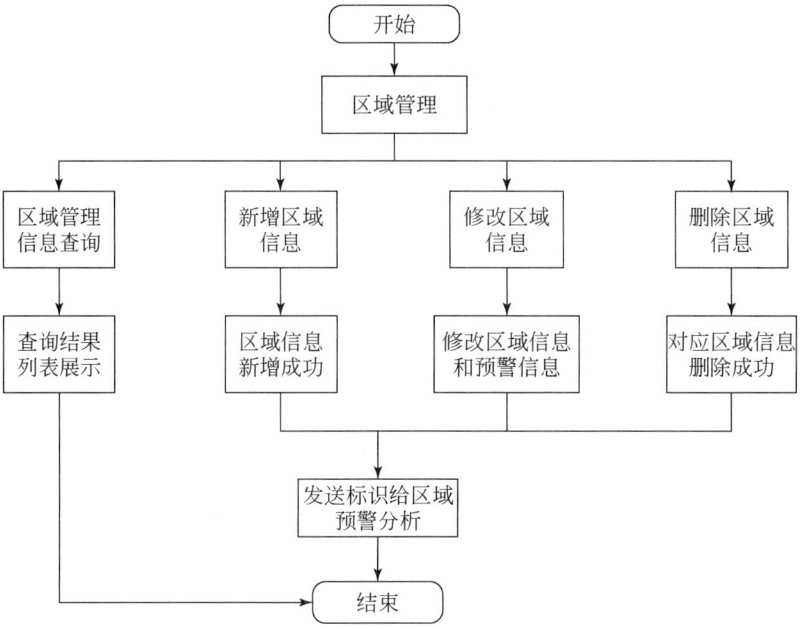

图 8.70　区域管理功能实现流程图

点击主界面的"辅助功能"按钮，弹出对话框，点击"区域管理"按钮，弹出区域管理的操作界面。在区域管理的操作界面中，点击"全部类型"，会弹出下拉菜单，列出可进行区域管理的类型，包括电缆管道报警区、电缆管道预警区、采砂区、风电区、养殖区、自然保护区，如图 8.71 所示。

区域管理提供区域管理的新增、编辑、查询、删除及查看功能，其中单位管理员具有所有权限，而普通用户只有查询和查看区域信息的权限。

1.新增区域

在区域管理界面点击"新增"按钮，弹出如图 8.72 的界面，输入区域的基本信息，其中状态一栏是用于选择标记区域是启用还是停用，如果区域为启用状态，同时当前时间在区域管理设定的开始时间和结束时间内，且当前时间处在区域管理设定的监测时段内，则电子围栏算法会分析该区域，停用则不分析该区域。

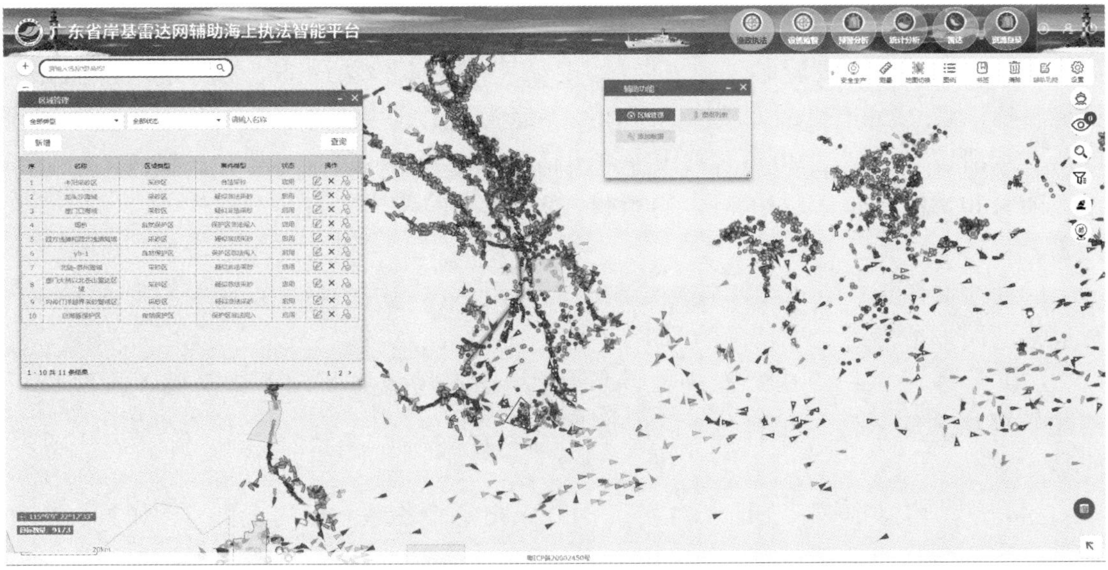

图 8.71　区域管理界面

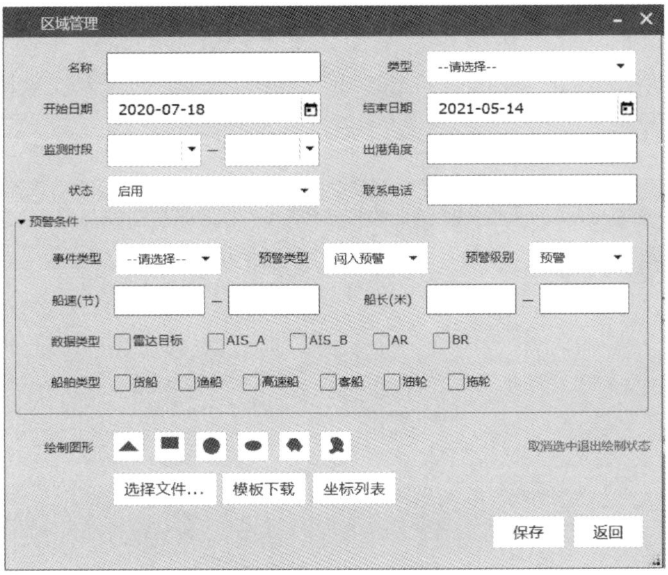

图 8.72　区域管理新增界面

在图 8.72 界面中，包含了几个模块的功能，具体如下：

(1) 输入预警条件，其中预警类型包含闯入预警、闯出预警、滞留预警和船速可疑，其中数据类型若不勾选则对所有的数据类型进行分析；闯入预警：预警条件包含船速范围、船长范围和数据类型，若都不设置则对所有闯入目标进行预警，设置相应的值后对满足条件的目标进行预警；闯出预警：预警条件包含船速范围、船长范围和数据类型，若都不设置则对所有闯出目标进行预警，设置相应的值后对满足条件的目标进行预警；滞留预警：预警条件包含滞留时长、滞留范围、船速、船长和数据类型，若设置滞留时长，不设置滞留范围，则从第一次分析该目标时开始计时，当该目标在区域内滞留时长超过设置时长则预警；若设置了滞留时长（20 min）、滞留范围（300 m），则当目标滞留 20 min 之后，以目标最新经纬度为圆心画 300 m 的缓冲区，在缓冲区内的历史点滞留时间超过 20 min 则预警，不超过则不预警；船速可疑：预警条件包含船速、船长和持续时长，目标在区域内保持某一范围的船速，持续超过设定持续时长则预警；

（2）绘制图形：点击图形按钮绘制相应的图形，双击图形可以编辑图形的节点，可以拖动图形节点绘制更精确的图形；

（3）导入区域：点击“选择文件”，进入导入区域界面，下载模板，按照模板给的数据格式输入区域坐标位置，即可将该区域导入区域，点击“保存”按钮，保存区域；

（4）自动信息推送：在图 8.72 界面的联系电话中输入相应的手机号，如果有预警信息时，就会自动推送到制定的手机上。

2. 编辑区域

点击“区域管理”，打开区域管理页面，先通过查询功能找到要编辑的区域；点击查询结果列表的操作列的“编辑”按钮，地图定位到该区域并显示该区域的详细信息页面，如图 8.73 所示。

图 8.73　待修改区域及其相关信息

双击区域面，可以对区域图形进行编辑；在区域信息页面修改区域的基本信息和预警条件；点击“保存”按钮。注：只修改区域面也必须点击保存。

3. 删除区域

点击“区域管理”，打开区域管理页面；先通过查询功能找到要删除的区域；点击查询结果列表的操作列的“×”按钮即可。

参考文献

[1] 曾锡安. 基于C/S与B/S混合结构的生态放流远程监测系统研究与开发［D］. 兰州：兰州理工大学，2019.

[2] 于群. 基于B/S和C/S混合架构的无人值守机房智能计费系统设计［J］. 科技通报，2020，36（3）：68-72.

[3] 汤国安，杨昕，等. ArcGIS地理信息系统空间分析实验教程［M］. 2版. 北京：科学出版社，2012.

[4] 刘光，曾敬文，曾庆丰. Web GIS从基础到开发实践：基于ArcGIS API for JavaScript［M］. 北京：清华大学出版社，2015.

第 9 章　辅助海上现场行政监管与执法的雷达网移动端 App

本章主要介绍移动端和 Web 端数据对接相关接口设计、移动应用软件主要功能的实现算法，以及移动端工作平台的相关功能及操作。

9.1　移动端和 Web 端数据对接相关接口设计

在近海复杂水域，小型船舶的活动具有方式多样化、范围大的特点，因此，为现场监管与执法人员配备基于互联网的移动应用软件（application，App）很有必要。通过开发移动端 App，将基于广东省岸基雷达网辅助海上执法智能平台的目标信息推送到手机或者掌上电脑上，为海域行政监管与执法部门提供海上实时态势，开展海洋信息专项服务，实现 Web 端与移动端信息同步。

辅助海上现场行政监管与执法的雷达网移动端 App，主要通过即时通信技术从服务器获得数据。即时通信是指基于网络实现的即时或者实时消息通信业务，其特点是在网络中两方或者多方之间发生频繁的数据交互。[1] 常用的即时通信技术包括 AJAX 轮询、Long Polling 技术、ifame 流和 WebSocket 等。[2] 广东省岸基雷达网辅助海上执法智能平台 Web 端与移动端的数据通信属于频繁操作的点对点通信情况，与其他技术相比较，WebSocket 技术更加适用于这种情况。

WebSocket 是基于 TCP 的一种网络协议，根据浏览器的需要为进行双向通信的应用程序提供一种通信机制，即让服务器数据主动推送给客户端，实际上也是在单个 TCP 连接上进行全双工通信的协议。[3] 它的出现使得客户端和服务器端之间的数据交换变得更加简单，允许服务器端主动向客户端推送数据。在 WebSocket API 中，浏览器和服务器只需要完成一次握手，两者之间就可以直接创建持久性的连接，并进行双向数据传输。[4]

如前所述，在广东省岸基雷达网辅助海上执法智能平台中，移动端 App 程序主要通过 WebSocket 数据接口进行关联，从 Web 端获取相应的信息。在 App 程序开发中主要涉及各种接口的设计，包括移动端登录接口、更新判断接口、单位信息接口、对应群组列表接口、实时目标获取接口、预警数据接口、实时轨迹接口、标记功能接口、光电接口等。

9.1.1　移动端登录接口

移动端登录接口主要功能是将用户密码信息与移动端登录输入信息进行对比，验证用户是否有登录权限，表 9.1 为移动端登录接口的相关信息。

表 9.1　移动端登录接口的设置

接口设置	取值	备注
接口名称	登录验证	—
接口类型	WebService/JSON	—
接口提供者	广东海洋大学	—
调用名称	发送请求到 http://{baseUrl}:9080/cas/v1/tickets?username=admin&password=admin 从响应 header 获取 Location 中包含的获取 ticket 的服务地址	—
接口参数 1	loginname	登录名
接口参数 2	Password	登录密码
正常返回值	success	—
异常返回值	返回 Json 中包括报错信息、错误代码	—
数据格式说明	例如： 调用接口后返回的内容为：success	—

9.1.2　更新判断接口

更新判断接口的主要功能是判断移动端 App 的版本号是否最新。登陆后，此接口会发送请求到相应的地址，获取服务器程序，在 updateConfig.config 配置文件中提取最新的版本号，即 AppID，与设备安装程序里的 AppID 进行对比，如果一致则不需要更新，如果不一致则进行更新。表 9.2 为更新判断接口的设置。

表 9.2　更新判断接口的设置

接口设置	取值	备注
接口名称	获取应用程序 ID	—
接口类型	WebService/JSON	—
接口提供者	广东海洋大学	—
功能描述	通过	—
调用名称	qhlyx/updateConfig.config	—
接口参数 1	AppID	App 版本号
正常返回值	应用程序 ID（AppID）	—
异常返回值	-1	—
数据格式说明	例如：调用接口后返回的内容为：1.04	—

9.1.3 单位信息接口

单位信息接口主要功能用于获取用户的单位 ID 即 unitid，获取之后通过程序进行核实，然后显示相应单位的数据，表 9.3 为获取单位信息接口的设置。

表 9.3 获取单位信息接口的设置

接口设置	取值	备注
接口名称	单位信息	—
接口类型	WebService/JSON	—
接口提供者	广东海洋大学	—
调用名称	/api/org/unit/getInfoById/{unitid}	—
接口参数 1	unitid	单位 ID
正常返回值	返回 Json 格式的单位信息	—
异常返回值	no content	—

数据格式说明	例如：
	调用接口后返回 Json 的格式为：
	{
	"isdept":0,
	"orgunitregion":[
	{
	"regionid":"440000",
	"unitid":2171
	}
	],
	"parentid":2141,
	"status":1,
	"unidcode":"11123456",
	"unitid":2171,
	"unitname":"广东海洋大学",
	"unitshort":"广东海洋大学",
	"unittype":"F"
	}
		—

9.1.4 对应群组列表接口

对应群组列表接口主要功能是用于获取对应群组列表，即用户角色分类信息，表 9.4 为根据应用程序 ID 获取对应群组列表接口。

表 9.4 对应群组列表接口的设置

接口设置	取值	备注
接口名称	根据应用程序 ID 获取对应群组列表	—
接口类型	WebService/JSON	—
接口提供者	广东海洋大学	—

续表

接口设置	取值	备注
调用名称	/api/loginfo/getUserInfo/	—
接口参数 1	getUserInfo	角色分类
正常返回值	返回 Json 格式的系统对应群组列表信息	—
异常返回值	返回 Json 中包括报错信息、错误代码	—
数据格式说明	例如： 调用接口后返回 Json 的格式为： { "appfullname":"广东省岸基雷达网辅助海上执法智能平台", "groupId":98, "groupName":"单位管理员" }, …	—

9.1.5 预警数据接口

预警数据接口主要功能是用于获取 Web 端预警数据，表 9.5 为预警数据接口信息。平台设置不同的单位 ID，每个用户将会有一个单位 ID 字段，登录时进行判断，然后对该用户只显示该单位 ID 下的预警数据。预警数据也会根据类型的不同推送到不同单位 ID 下，从而实现只能看到本单位的预警数据。

表 9.5　预警数据接口的设置

接口设置	取值	备注
接口名称	预警数据	—
接口类型	WebService/JSON	—
接口提供者	广东海洋大学	—
调用名称	/api/loginfo/getUserInfo/	—
接口参数 1	unitid	用户 ID
接口参数 2	useradmin	是否是管理员（true|false）
接口参数 3	ruleIds	预警类型集，使用英文逗号分隔
接口参数 4	xzqh	行政区划
接口参数 1	xzqhList	行政区划 ID
接口参数 1	appId	应用 ID
正常返回值	返回 Json 格式的数据，包含目标 ID 和预警类型等	—
异常返回值	返回 Json 中包括报错信息（如："msg"："未知异常，请联系管理员"，"code"：500）	—

续表

接口设置	取值	备注

数据格式说明	例如：
	调用接口后返回 Json 的格式为：
	{
	目标 id: [
	{
	"handleResultType": 0,
	"info":"[{"portname":"白海豚保护区","remark":"闯入预警","location":[113.0229647281244,21.777904593145937],"time":1603898655095}]",
	"objectId":"7359161",
	"regionId":区域 id,
	"ruleId":预警类型,
	"targetIds":目标 id 集,
	"warningTime":预警时间
	}
	]
	}
		—

9.1.6 实时轨迹接口

实时轨迹接口主要功能是用于获取实时目标最新轨迹接口，表 9.6 为实时轨迹接口的设置。

表 9.6 实时轨迹接口设置

接口设置	取值	备注
接口名称	实时轨迹	—
接口类型	WebService/JSON	—
接口提供者	广东海洋大学	—
调用名称	api/arcgis/rest/services/Hosted/TG_RADAR_MOVE	—
接口参数 1	targetId	目标 ID
接口参数 2	startTime	开始时间
接口参数 3	endTime	结束时间
正常返回值	返回 Json 格式的数据，包含轨迹点数量和点信息属性。	—
异常返回值	返回 Json 中包括报错信息（如："msg"："未知异常，请联系管理员"，"code"：500）。	—

数据格式说明	例如：
	调用接口后返回 Json 的格式为：
	{
	"features":[
	{
	"attributes":{
	"end_ts":1603962347671,
	"identify_name":"",
	"mmsi":413903821,
	"reserve_id": 0,
	"ship_belong":"44",
	"start_ts":1603960345599,
	"target_id":"6727497264905269286",
	"target_name":""
	}
	}
	],
	"return": 10000,
	"total": 10000
	}
		—

9.1.7　标记功能接口

标记功能的主要功能是用于船舶目标的标记信心，表 9.7 为标记功能接口的设置。

表 9.7　标记功能接口的设置

接口设置	取值	备注
接口名称	标记	
接口类型	WebService/JSON	
接口提供者	广东海洋大学	
调用名称	warnMark/updateAndInsert	
接口参数 1	targetId	目标 ID
接口参数 2	shipClass	船舶类型
接口参数 3	priority	优先级
接口参数 4	userId	用户 ID
接口参数 5	shipInfo	船舶信息
接口参数 6	appId	应用 ID
正常返回值	返回 Json 格式数据，船舶信息，船舶类型等	
异常返回值	返回 Json 中包括报错信息（如："msg"："未知异常，请联系管理员"，"code"：500）。	

数据格式说明	例如：
	调用接口后返回 Json 的格式为：
	{
	"appId":应用 id,
	"createTim":创建时间,
	"priority":"5",//固定值 1
	"shipClass":船舶类型,
	"shipInfo"://船舶信息（json 格式）
	"{"target_id":目标 id,
	"mmsi":mmsi,"target_name":"","longitude":经度,"latitude":纬度,"ship_class":1,"ship_belong":"13",…}",
	"targetId":目标 id,
	"userId":用户 id
	}	

9.2　主要功能实现

9.2.1　基于网页的移动端海图系统

基于 ArcGIS API 进行二次开发，支持电子海图、矢量图、卫星图三种背景底图的切换，通过调用不同的底图服务从而实现不同类型底图的展示及切换。若用户有自己的底图资源，可通过 ArcGIS Server 发布相关的底图服务，修改地址对底图进行替换。图 9.1 为图层切换流程图，图 9.2 为 App 底图显示界面。

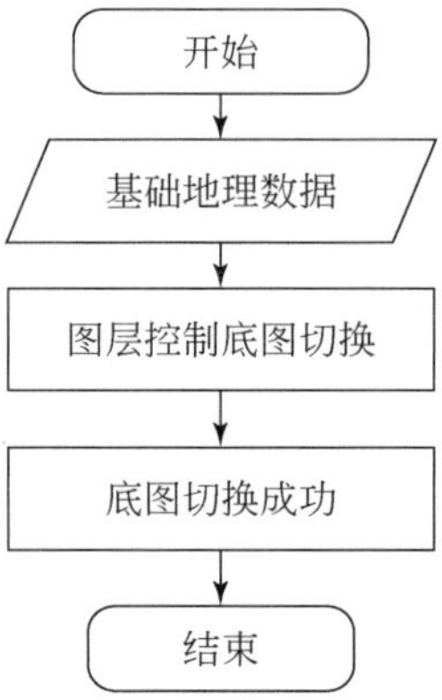

图 9.1　图层切换流程图

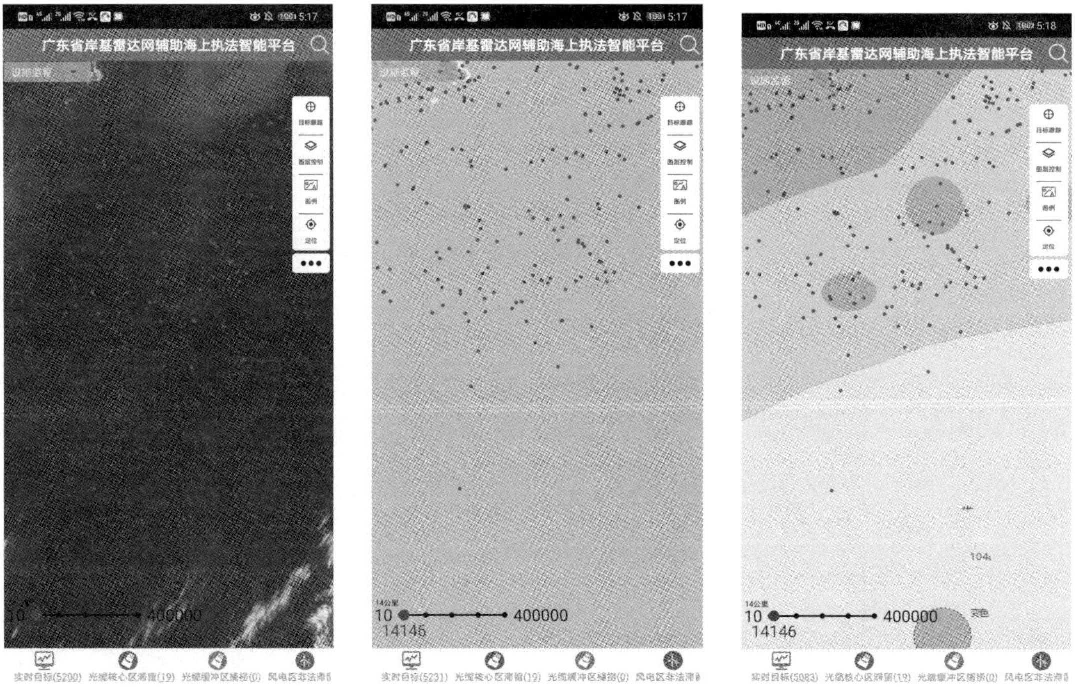

（a）　遥感图　　　　（b）矢量图　　　　（c）海图

图 9.2　App 底图显示界面

9.2.2　联网状态下的软件升级

在互联网的环境下，App 会检测设备已安装的系统版本号与服务器的版本号是否相同。若是不相同，则会在设备 App 上提示更新，将服务器端更新的文件，下载到设备上进行更新，联网状态下的软件升级实现流程图如图 9.3 所示。

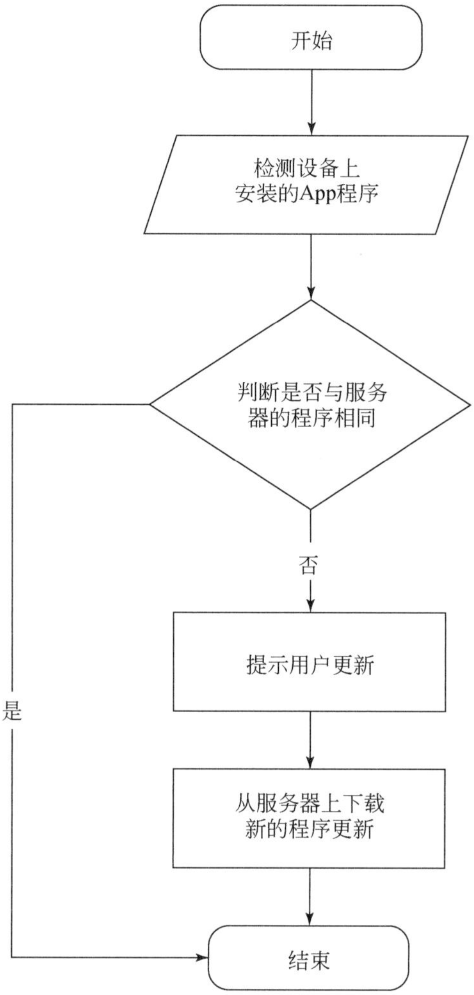

图 9.3　联网状态下的软件升级实现流程图

通过发送相关地址请求，从而获取服务器 App 程序 updateConfig. config 配置文件中的版本号，即 appid，与设备安装 App 程序里的 appid 进行对比。根据返回的结果判断是否需要更新，具体内容参见表 9.2。

9.2.3　数据通信及带宽优化

目前的雷达网目标数据量很大，对移动端的通信带宽产生很大的压力，为此，需要结合现场行政监管与执法的行政边界、有效目标区域等基础地理信息，进行数据智能剪裁，减少数据通信量。

通过提前划定执法区域，根据执法区域的坐标范围，在后台对数据进行过滤，只通过接口传输该区域内的数据，从而实现减少数据量的传输，对数据通信及带宽进行优化。通过 WebSocket 双向通信，将区域设置的数据发送到 Web 端，请求该区域内的数据；Web 端将相应的数据推送到移动端。图 9.4 为按区域显示流程图。

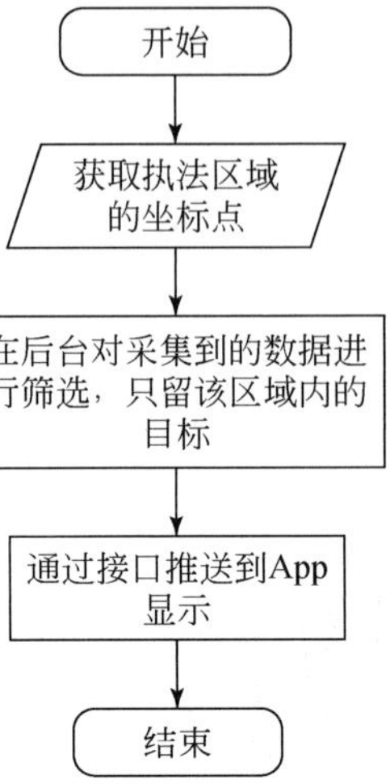

图 9.4　按区域显示流程图

9.3　移动端工作平台

9.3.1　安装说明

移动端 App 的安装程序为 app-gdajzfpt-release-1.0.6.apk，在手机上点击该程序后弹出图 9.5 的界面。需要说明的是安装广东省岸基雷达网辅助海上执法智能平台 App 需要赋予程序存储及读取位置信息的权限，以便在辅助执法过程协助相关人员获取自己的位置信息。

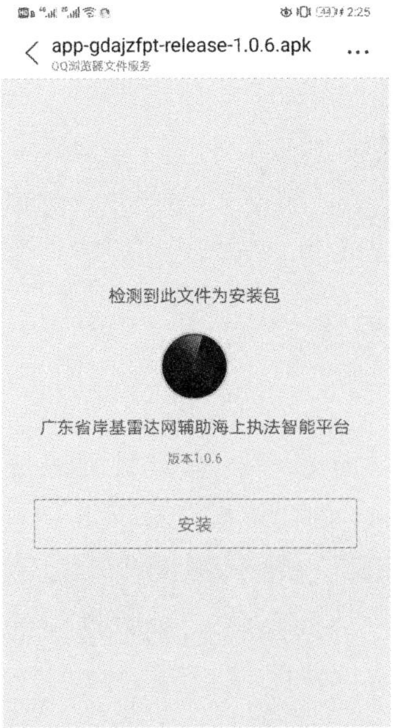

图 9.5　安装界面

9.3.2　登录与退出

1.登录

点击广东省岸基雷达网辅助海上执法智能平台 App，进入用户登录界面，如图 9.6 所示。输入用户名和密码，点击“登录”按钮进入系统，系统仅显示雷达分布图，几秒后自动跳转了图 9.7 的界面，显示所有海上目标态势。

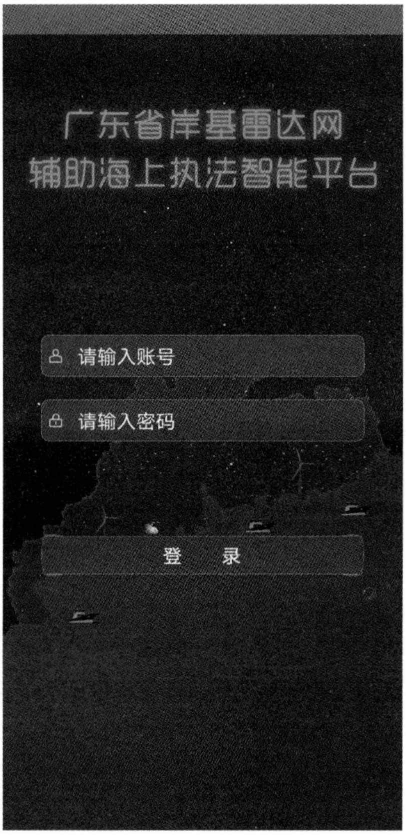

图 9.6　登录界面

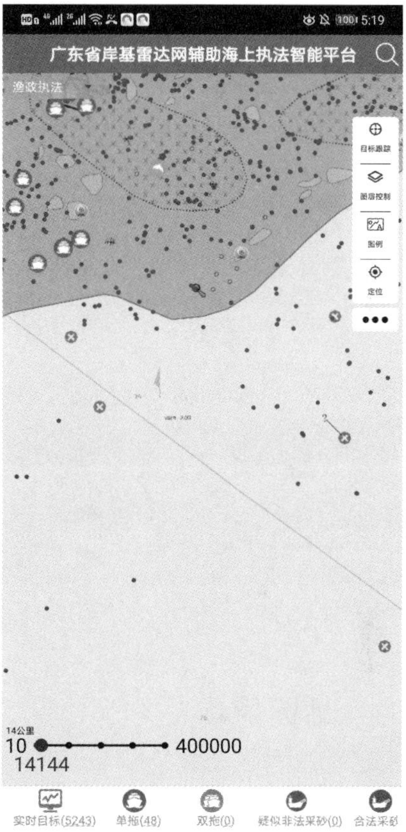

图 9.7　海上目标态势

2.退出

点击移动设备中的“返回”按钮，提示“确定退出广东省岸基雷达网辅助海上执法智能平台”，点击“确定”，退出系统。

9.3.3　界面布局

图 9.8 为移动端 App 的界面布局图，主要包括：①渔政执法和设施监管的切换；②主要功能操作；③图例说明；④目标信息；⑤预警目标显示等。左上角可进行渔政

执法和设施监管的切换，得到不同的操作界面，主要体现在监管和预警的目标不同。与 Web 端一样，渔政执法显示的是单拖、双拖、非法采砂、合法采砂、保护区闯入闯出的预警信息，如图 9.9 所示；设施监管则显示养殖区、风电区、海底光缆等区域的预警信息，如图 9.10 所示。当放大比例尺时，才能看到目标相应的图标。

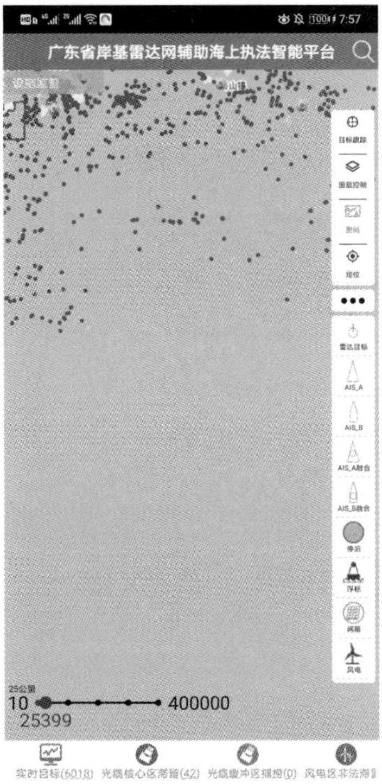

图 9.8　移动端 App 界面布局

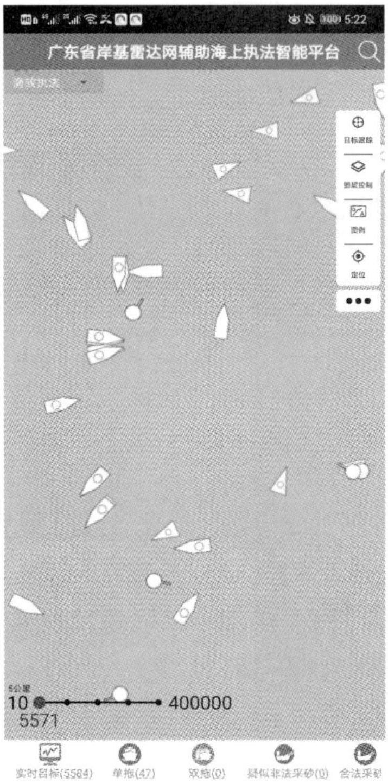

图 9.9　渔政执法预警目标

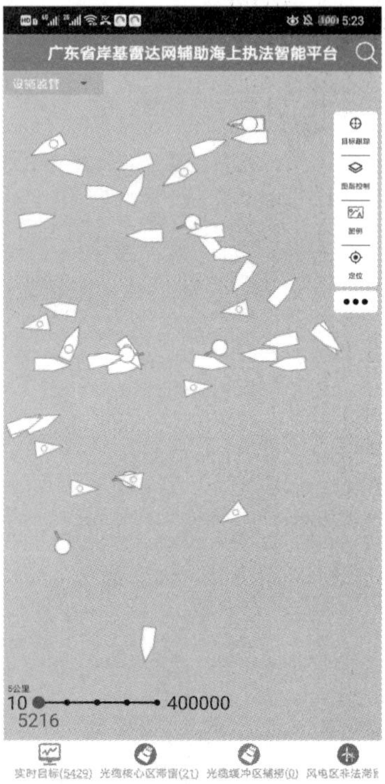

图 9.10　设施监管预警目标

9.3.4　地图操作

1. 地图放大缩小

在地图界面，对屏幕上的地图进行放大缩小操作，地图界面将进行对应的放大缩小。

2. 地图拖动

在屏幕上，对地图进行上下左右各方位拖动，地图界面将进行对应方位移动。

3. 图例展示

在地图上展示图例的功能。在系统的地图界面，点击“图例”按钮，显示图例信息，再点一次可以将图例收起。

4. 定位展示

实现地图定位展示的操作。在系统的地图界面，点击“定位”按钮，地图将定位到用户当前所在位置界面。注：地图定位需打开设备定位开关。

5. 图层控制

实现底图切换展示的操作。在地图右侧的菜单栏中，点击“图层控制”按钮，展示海图、卫星图、矢量图三种类型的底图，点击相应的图表，可以进行切换展示，并可以叠加海洋功能区划、渔场、海洋牧场等图层信息，如图 9.11 所示。

图 9.11　图层控制

9.3.5　实时信息

1. 信息叠加

在地图上显示雷达目标、AIS 目标及雷达与 AIS 融合目标的实时位置，系统后台对目标不断进行实时更新。同时调用已经在 ArcGIS 上发布的海洋地理信息地图服务，从而完成叠加显示。

实时目标通过 WebSocket 进行双向通行，后端推送处理后的目标数据，移动端接收数据后进行相应的目标类型分类过滤，筛选相关区域目标，并定时检测服务器端 Socket 的开启状态，发现已关闭的情况下进行重连。基于 ArcGIS API 对图层进行渲染叠加，依据面优先于线、线优先于点的顺序叠加，并对图层点击相应的气泡展示。通过底部菜单（图例菜单）进行图层叠加控制，对预警目标进行叠加和移除控制。

实时目标数据显示流程如图 9.12 所示。

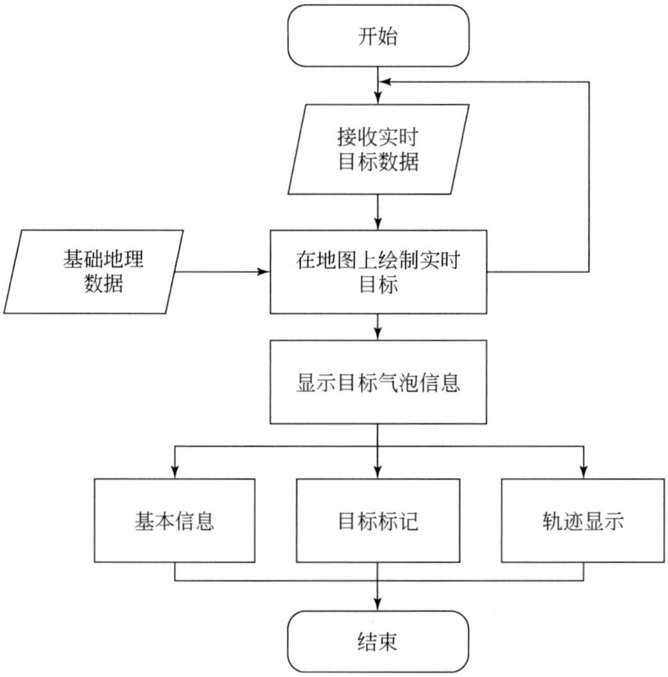

图 9.12　实时目标数据显示流程

2.显示信息切换

主要包括全部实时目标和预警目标切换展示的功能。系统默认是“实时目标”显示，此时展现的是整个海域的实时目标及其总数，如图 9.13 所示。单击“实时目标”按钮，切换到“预警目标”，此时展现的是整个海域的实时预警目标及其总数，如图 9.14 所示。

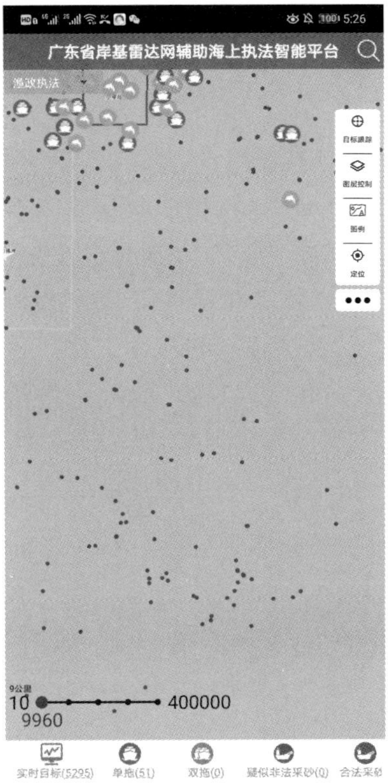

图 9.13　实时目标

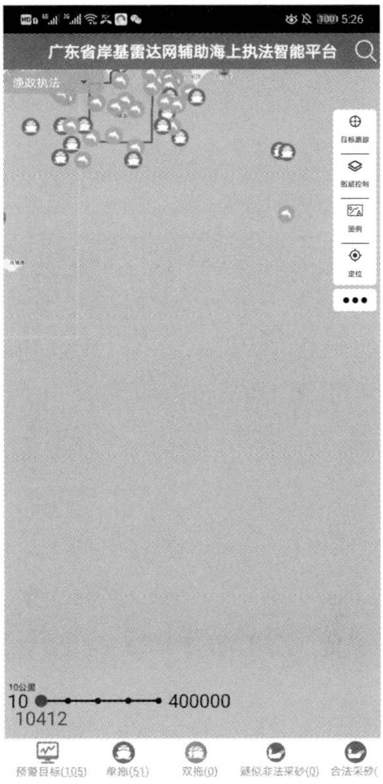

图 9.14　预警目标

3. 目标查询

实现输入目标 ID 或 MMSI 搜索目标信息的操作。在地图界面中，点击右上角的""图标按钮，弹出搜索条件输入框；在搜索栏输入框中输入查询条件（目标名称、目标 ID 或 MMSI），点击"搜索"按钮，界面下方将显示查询结果列表信息，点击查询结果栏，地图将定位到对应目标位置。

4. 预警信息

单击相应的预警目标按钮可在控制地图上实现实时目标、单拖、双拖、光缆核心区捕捞、光缆缓冲区捕捞、疑似非法采砂、合法采砂、风电区非法滞留、养殖区非法捕捞、养殖区疑似穿越、保护区非法捕捞预警目标信息的显示和隐藏。图 9.15 为预警信息的获取流程图。各预警目标的具体功能如下。

1）单拖

（1）功能描述：实现对应区域单拖预警目标信息显示和隐藏的功能。

说明：单拖""图标括号中的数值代表实时单拖预警目标的个数。

（2）操作描述：单击"单拖"按钮，可对单拖预警目标进行显示和隐藏。

2）双拖

（1）功能描述：实现对应区域双拖预警目标信息显示和隐藏的功能。

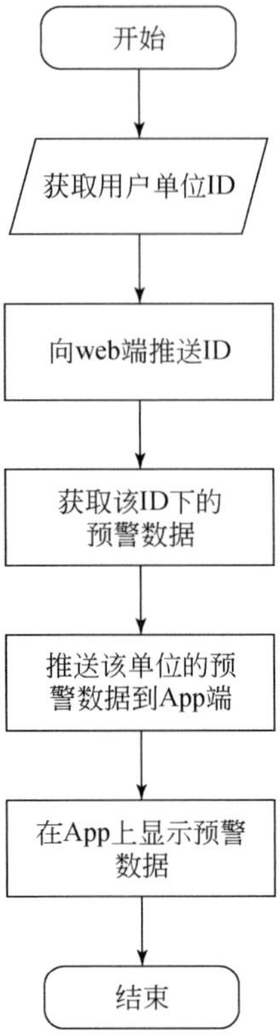

图 9.15　预警信息的获取流程图

说明：双拖“ ”图标括号中的数值代表实时双拖预警目标的个数。

（2）操作描述：单击“双拖”按钮，可对双拖预警目标进行显示和隐藏。

3）光缆核心区滞留

（1）功能描述：实现对应区域光缆核心区滞留预警目标信息显示和隐藏的功能。

说明：光缆核心区滞留“ ”图标括号中的数值代表实时光缆核心区滞留预警目标的个数。

（2）操作描述：单击“光缆核心区滞留”按钮，可对光缆核心区滞留预警目标进行显示和隐藏。

4）光缆缓冲区捕捞

（1）功能描述：实现对应区域光缆缓冲区捕捞预警目标信息显示和隐藏的功能。

说明：光缆缓冲区捕捞“ ”图标括号中的数值代表实时光缆缓冲区捕捞预警目标的个数。

（2）操作描述：单击“光缆缓冲区捕捞”按钮，可对光缆缓冲区捕捞预警目标进行显示和隐藏。

5）疑似非法采砂

（1）功能描述：实现对应区域疑似非法采砂预警目标信息显示和隐藏的功能。

说明：疑似非法采砂“ ”图标括号中的数值代表实时疑似非法采砂预警目标的个数。

（2）操作描述：单击“疑似非法采砂”按钮，可对疑似非法采砂预警目标进行显示和隐藏。

6）合法采砂

（1）功能描述：实现对应区域合法采砂预警目标信息显示和隐藏的功能。

说明：合法采砂“

”图标括号中的数值代表实时合法采砂预警目标的个数。

（2）操作描述：单击“合法采砂”按钮，可对合法采砂预警目标进行显示和隐藏。

7）风电区非法滞留

（1）功能描述：实现对应区域风电区非法滞留预警目标信息显示和隐藏的功能。

说明：风电区非法滞留“

”图标括号中的数值代表实时风电区非法滞留预警目标的个数。

（2）操作描述：单击“风电区非法滞留”按钮，可对风电区非法滞留预警目标进行显示和隐藏。

8）养殖区非法滞留

（1）功能描述：实现对应区域养殖区非法滞留预警目标信息显示和隐藏的功能。

说明：养殖区非法滞留“

”图标括号中的数值代表实时养殖区非法滞留预警目标的个数。

（2）操作描述：单击“养殖区非法滞留”按钮，可对养殖区非法滞留预警目标进行显示和隐藏。

9）养殖区非法捕捞

（1）功能描述：实现对应区域养殖区非法捕捞预警目标信息显示和隐藏的功能。

说明：养殖区非法捕捞“

”图标括号中的数值代表实时养殖区非法捕捞预警目标的个数。

（2）操作描述：单击“养殖区非法捕捞”按钮，可对养殖区非法捕捞预警目标进行显示和隐藏。

10）养殖区疑似穿越

（1）功能描述：实现对应区域养殖区疑似穿越预警目标信息显示和隐藏的功能。

说明：养殖区疑似穿越“

”图标括号中的数值代表实时养殖区疑似穿越预警目标的个数。

（2）操作描述：单击“养殖区疑似穿越”按钮，可对养殖区疑似穿越预警目标进行显示和隐藏。

11）保护区非法闯入

（1）功能描述：实现对应区域保护区非法闯入预警目标信息显示和隐藏的功能。

说明：保护区非法闯入“

”图标括号中的数值代表实时保护区非法闯入预警目标的个数。

（2）操作描述：单击“保护区非法闯入”按钮，可对保护区非法闯入预警目标进行显示和隐藏。

9.3.6　光电控制

光电控制主要是对光电视频信息进行查看。查找到要查看的目标，点击屏幕下方的“光电”按钮，展示对应光电视频信息，如图 9.16 所示。

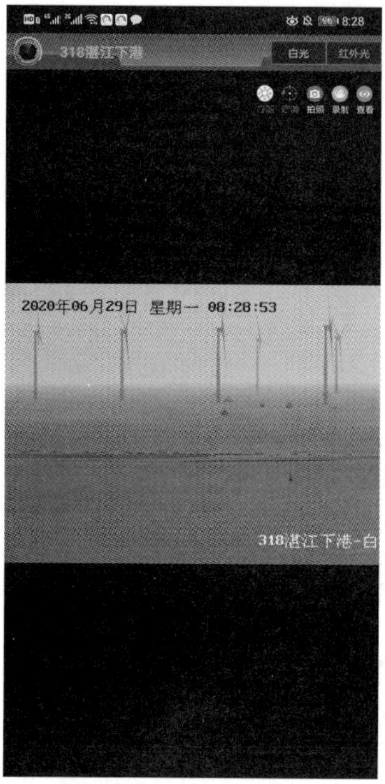

图 9.16　光电视频信息界面

在光电视频信息界面点击“红外光”，可查看红外光模式下的视频信息，点击“白光”可查看白光模式下的视频信息；点击“控制”，可移动查看视频信息；点击“巡游摄像头”可跟拍目标信息；点击“拍照”按钮可自动拍摄照片；点击“录制”按钮，可根据预先设置的时长录制视频，为执法提供依据；点击“查看”按钮，可调出存在服务器的视频或者照片。

9.3.7　统计分析

通过查询 Oracle 数据库中的预警事件表（所有算法识别出的单拖、双拖等各类预警事件都会储存在这张表中），来对预警事件进行统计。该功能与 Web 端统计功能类似。

系统提供按分析时段、事件类型对事件进行查询统计，并以饼状图展示统计结果的功能。在主界面右侧工具栏中点击“…”按钮，展开其余未显示按钮，如图 9.17 所示。点击“统计分析”按钮，进入统计分析界面，如图 9.18 所示。

输入查询条件（分析时段、事件类型，时间段），点击“查询”，系统按提供查询条件在历史数据库中查找相应事件进行统计，统计结果以饼状图形式展示，如图 9.19 所示。

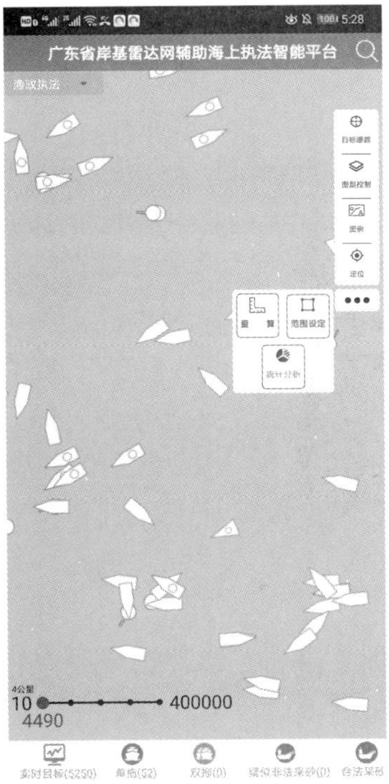

图 9.17　数据统计与计算操作界面

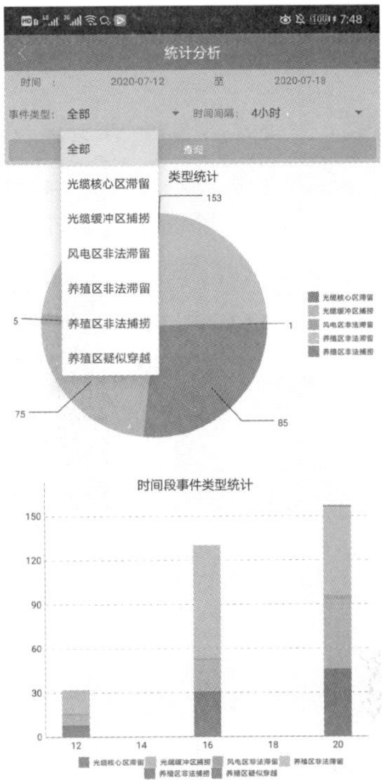

图 9.18　统计分析界面

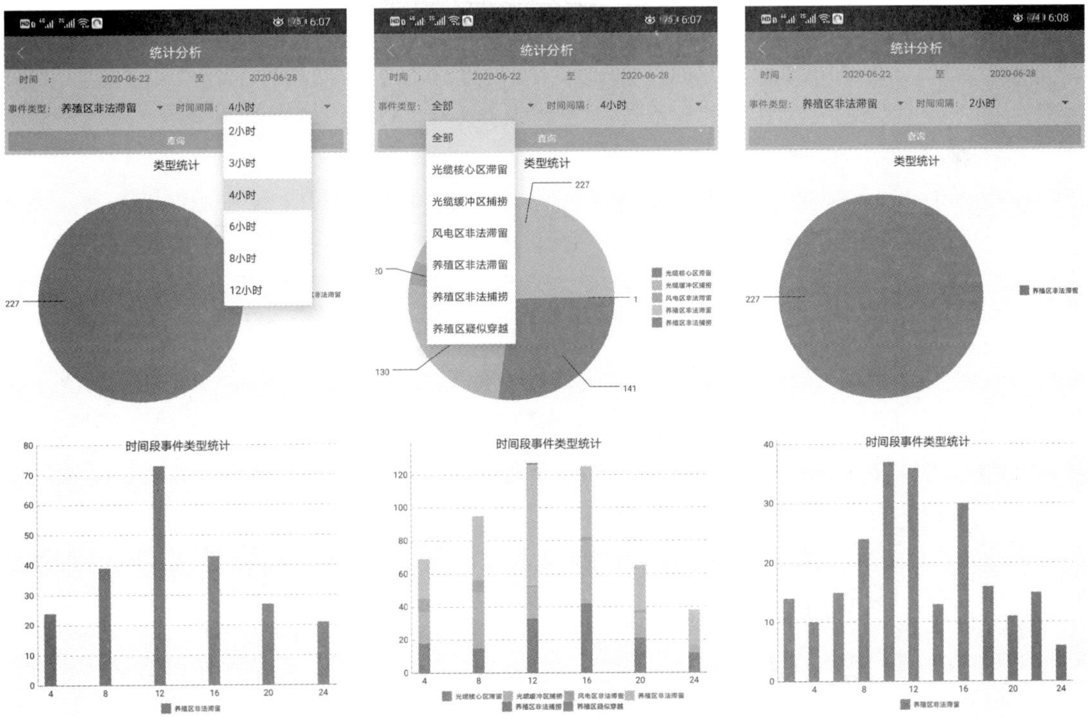

(a) 分析时段和时间段　(b) 分析类型选择　(c) 指定养殖区非法滞留

图 9.19　输入查询条件

9.3.8 目标跟踪

目标跟踪主要实现标记跟踪目标、查看目标信息、跟踪目标定位、查看跟踪目标历史轨迹、删除跟踪目标等操作。目标被标记为跟踪目标后，会在地图上不断闪烁；跟踪目标被删除后，目标为正常目标，将不会地图上持续闪烁。如图 9.20 所示。

1）标记跟踪目标

在实时目标信息界面，点击目标，弹出当前实时目标信息列表，点击所选目标栏中的标记，目标被标记为跟踪目标并在地图上闪烁；或者点击“查询”，在查询结果列表中点击要跟踪的目标，则目标被标记为跟踪目标，并在地图上持续闪烁。

2）跟踪目标定位

在地图右边菜单栏界面，点击“⊕”目标跟踪图标按钮显示跟踪目标结果列表，点击列表栏，地图将定位到对应跟踪目标界面。

3）查看历史轨迹

在跟踪目标结果列表界面，点击“”历史轨迹图标按钮，在系统中将显示对应跟踪目标的历史轨迹信息。

在地图界面，点击目标，系统对所选目标用红色框进行标出，并在界面下方展示目标信息列表，可查看目标 ID、MMSI、船长、船速、历史轨迹，并可对目标进行跟踪标记操作。

点击“目标的光电控制”按钮可对指定目标进行跟随并展示实时视频影像的功能，系统还提供光电控制的相关功能。光电做了权限控制，有权限的人员才可查看并控制光电，权限需要系统管理员在系统后台进行设置。

4）删除跟踪目标

在跟踪目标结果列表界面，点击“”图标按钮，提示“是否删除目标”，点击“删除”，系统去掉目标的跟踪标记，在目标跟踪列表中删除该目标信息。

9.3.9 范围设定

在主界面右侧工具栏中点击“…”按钮，展开其余未显示按钮，如图 9.21 所示。点击“范围设定”按钮，进入范围设定界面，如图 9.22 所示。在图 9.22 上划定执法所关注的区域及邻近区域，区域划定后，添加范围并保存。在下一次更新目标时，就只显示区域内的目标了，如图 9.23 所示。

如果不想要该区域，可以删除，如图 9.24 所示。数据在下次更新时，就恢复显示整个广东省海上目标数据。

9.3.10 测量功能

系统提供测量功能，可手动对地图上目标之间的距离，区域的大小进行测量。点击量算功能，如图 9.25 所示，在地图上点击“位置”，两点自动计算距离，如图 9.26 所示；两点以上计算面积以及边线距离，如图 9.27 所示。

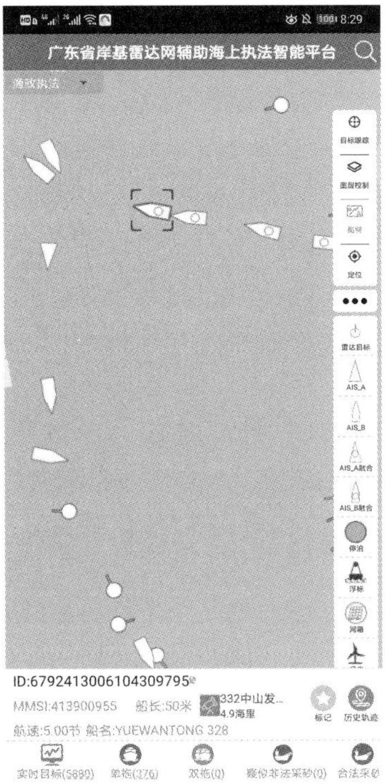

（a）　选中目标

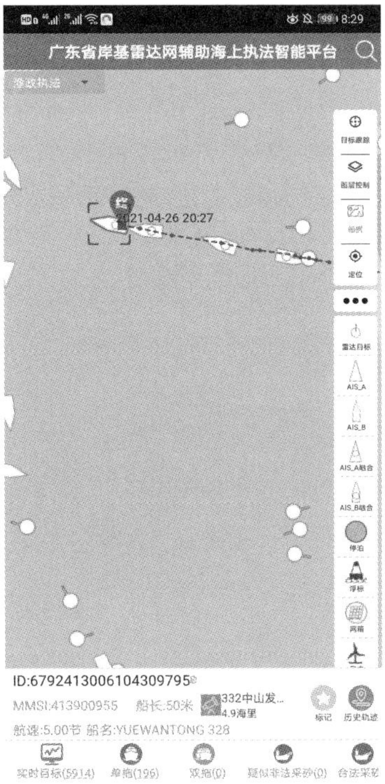

（b）显示轨迹

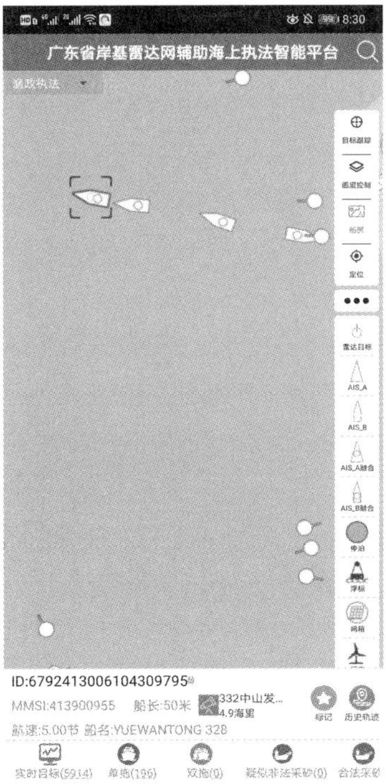

（c）标记

图 9.20　目标信息的查看

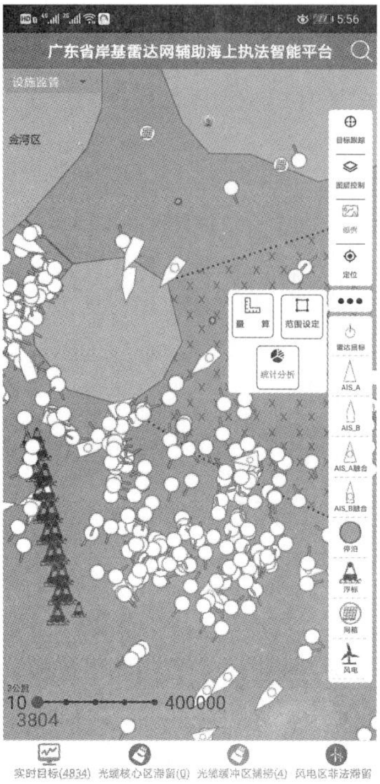

图 9.21　范围设定界面

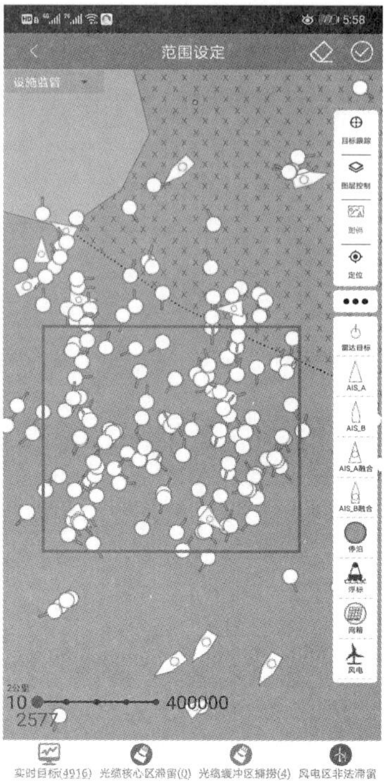

图 9.22　范围设定操作

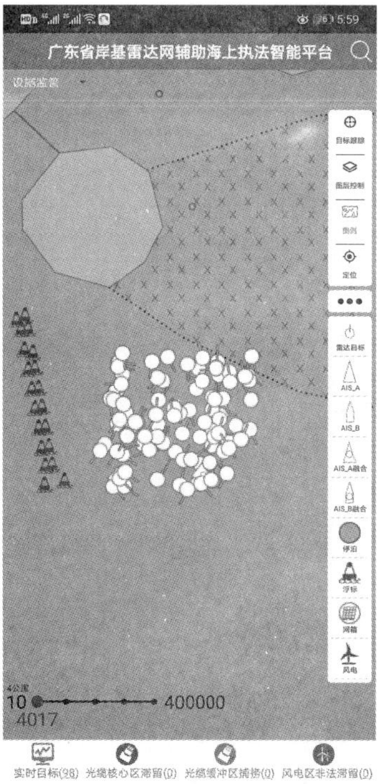

图 9.23　仅显示区域范围的目标

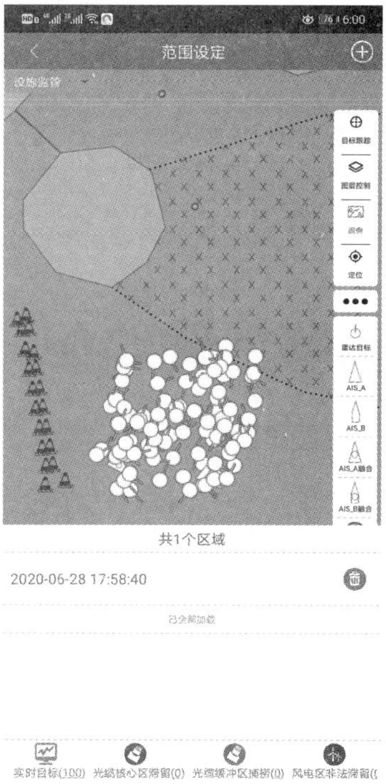

图 9.24　删除划定区域

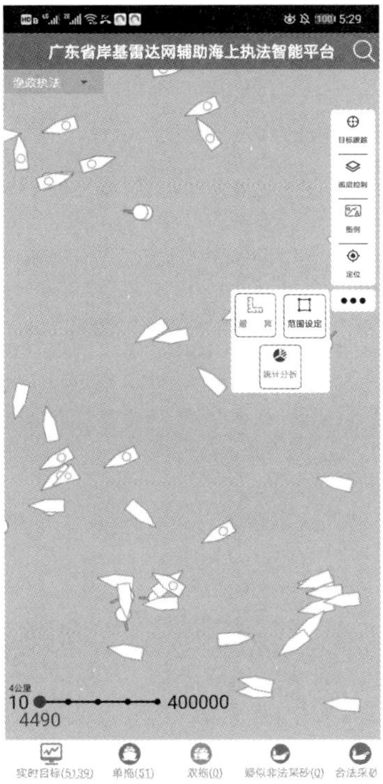

图 9.25　量算功能

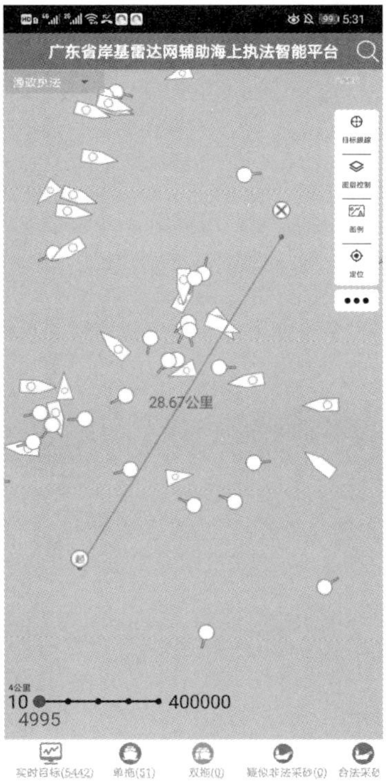

图 9.26　量算距离

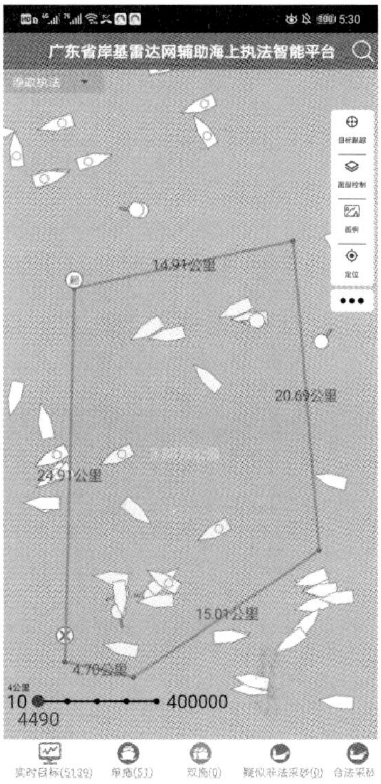

图 9.27　量算面积

参 考 文 献

[1] 梁思奇. 智能巡检中移动即时通讯客户端关键机制的设计与实现［D］. 北京：北京邮电大学，2020.

[2] 王丽红，王夏黎，曹晨洁，等. 基于 websocket 的桥梁结构变形实时监测系统设计［J］. 计算机技术与发展，2020，30（5）：132-136.

[3] 蔡晓洁，陆世明，张子彬，等. 移动端旅游导航 Web APP 的设计［J］. 信息与电脑，2020，32（3）：57-59.

[4] 许振杰. 基于 AIS 与雷达的船舶监控系统研究与实现［D］. 南京：南京邮电大学，2018.

彩 图

(a) 雷达与光电传感器　　(b) AIS接收天线

图 1.2　海大主楼雷达站现场图

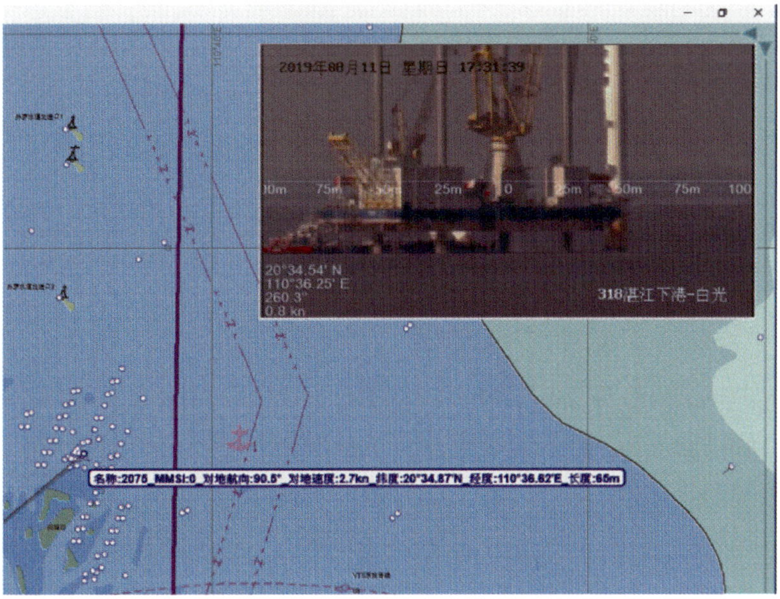

(b) 平台

图 2.7　广东省岸基雷达网对外罗海风电场的看护

图 6.7 CKplayer 播放器在系统中的应用效果

图 8.12 登录界面

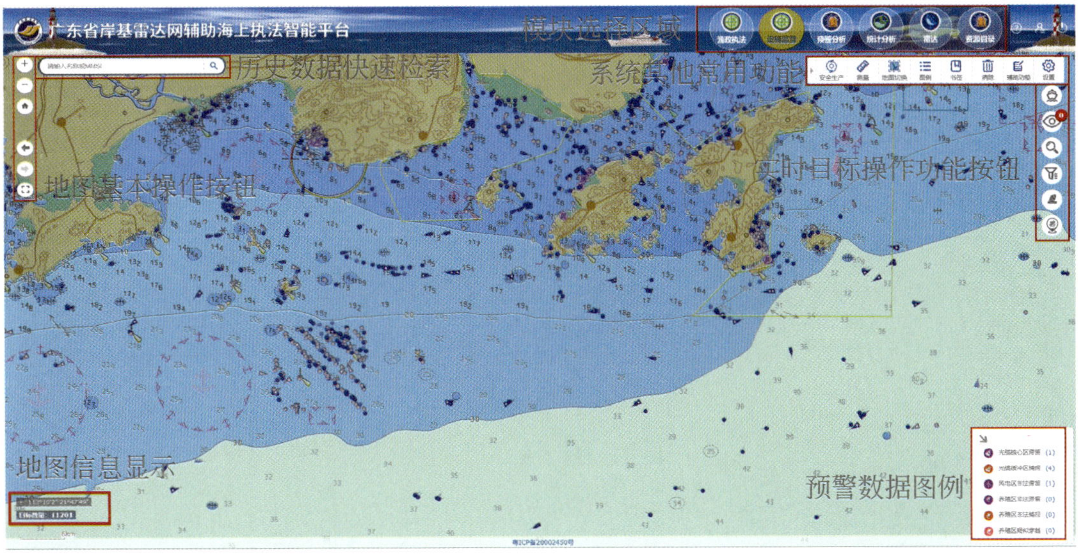

图 8.13　主界面

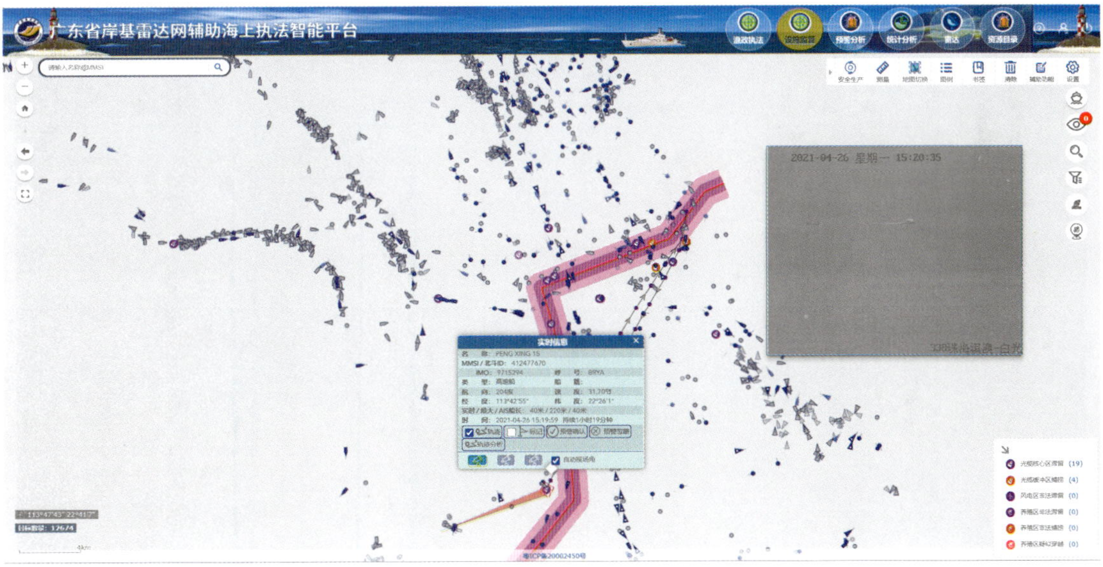

图 8.40　保护区非法闯入时光电跟踪监控

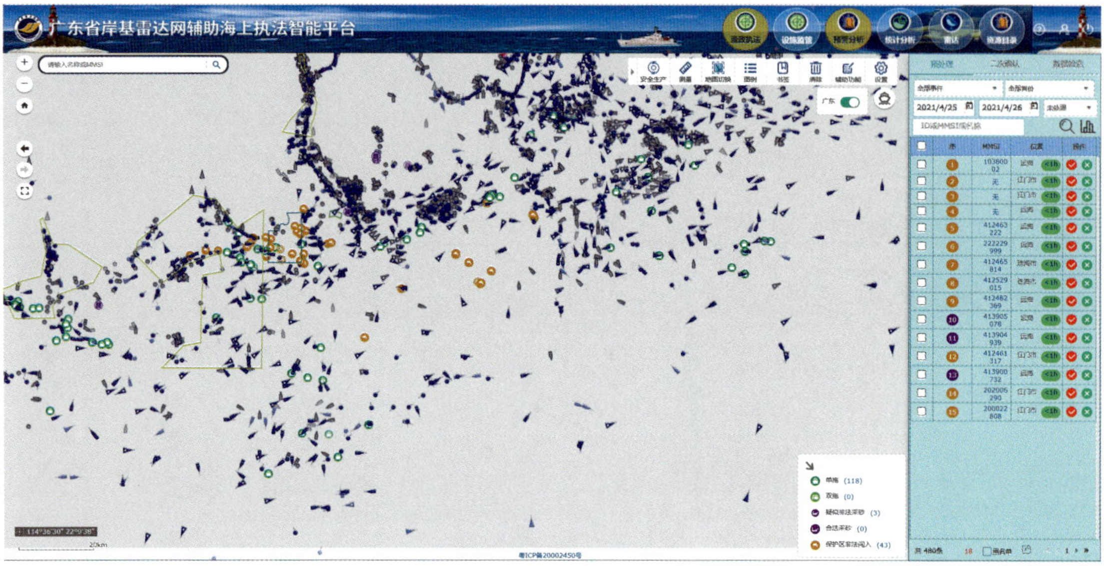

图 8.51　预处理界面展示

(a) 6 h时段统计设计

(b) 2 h时段统计设计

图 8.58　类型查询统计和时间段事件类型查询统计图展示

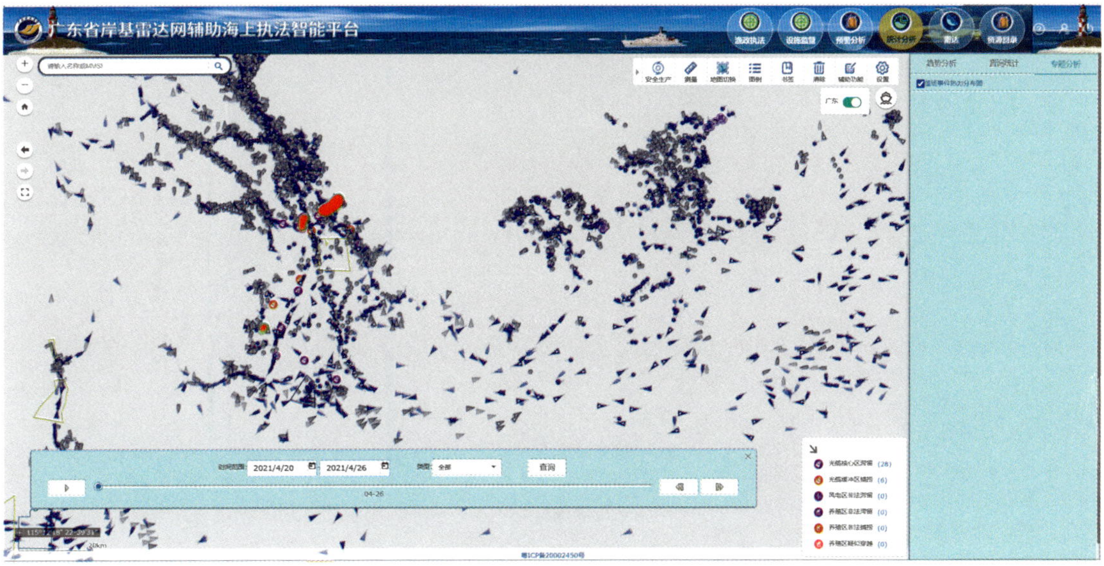

图 8.63　热力专题图